博学而笃志,切问而近思。
（《论语·子张》）

博晓古今,可立一家之说；
学贯中西,或成经国之才。

大学管理类教材丛书
COLLEGE MANAGEMENT SERIES

质量管理学（第四版）

龚益鸣　蔡乐仪　编著

复旦大学出版社

内容提要

"21世纪是质量的世纪"。质量和质量管理是企业经营的永恒主题,学习质量和质量管理的基本知识是每一个生产经营者所必备的素质要求之一。本书从当今质量管理的实际出发,系统阐述了质量管理学的基本概念、理论和方法,介绍了一些质量管理的动态和热点问题,如顾客满意理论、卓越绩效评价准则、6Sigma管理模式等。本书可作为工商管理及经济管理类专业教材和企业质量管理的培训用书。

第四版前言

自 2007 年 9 月本书第三版出版以来，我国的质量形势有了很大的变化。习近平总书记提出，供给侧结构性改革的主攻方向是提高质量，提升供给体系的中心任务是全面提高产品和服务质量。李克强总理强调，质量发展是强国之基，立业之本和转型之要。因此，一方面，企业必须以提高发展质量和效益为中心，将质量强国战略放在更加突出的位置，开展质量提升行动，加强全面质量监管，全面提升质量水平，加快培育国际竞争新优势，为实现"两个一百年"奋斗目标奠定质量基础。另一方面，我国质量管理的理论研究和应用实践也有了很大的发展。2015 版 ISO 9000 系列标准于 2015 年 9 月正式发布并在我国实施。环境管理体系（EMS）、职业健康安全管理体系（OHSMS）、食品安全管理体系（FSMS）等也得到越来越多企业的重视和应用。一些管理基础较好的企业，为了进一步提升自己的质量竞争力和经营业绩，纷纷引进《卓越绩效评价准则》、6Sigma 管理模式和顾客满意经营战略，根据企业的实际情况，进行探索和实践。

为了反映这种变化和发展，决定再次修订本书。除了增加一些新内容，精简一些相对陈旧的内容以外，本次修订在"思想理念"上也尽作者所能做了调整，以使那些先进有效的质量管理理论和方法能更准确地传递给读者。

"21 世纪是质量的世纪。"要使我国尽快赶上世界经济发展的步伐，成为社会主义强国，必须实行质量振兴的基本国策。企业必须树立"质量第一、用户第一"的质量理念，了解市场经济条件下质量竞争的特点和方式，根据不同的需要，掌握必要的质量管理理论和方法。作为编者，仍是一如既往地希望本书能对各位读者有所帮助。对于本书存在的种种不足之处，甚至纰缪之处，热切期望读者的批评和建议。

本书本版由复旦大学质量管理研究所龚益鸣和上海机械工业质量管理协会蔡乐仪编写。全书共分十五章，其中第一、二、七、八、九、十、十一、十二、十三章由龚益鸣编写，第三、四、五、六、十四、十五章由蔡乐仪编写。龚益鸣拟定了本次修订提纲，最后对全书进行了统稿。

编著者

2020 年 4 月

目　录

第一章　绪论	1
学习目标	1
第一节　质量的意义	1
第二节　走向知识经济时代的质量战略	6
本章小结	14
练习与思考	14
第二章　质量和质量管理的基本概念	15
学习目标	15
第一节　术语和定义	16
第二节　产品质量形成规律	25
第三节　全面质量管理的基本概念	27
第四节　质量管理的基础工作	31
本章小结	34
练习与思考	34
第三章　质量管理体系标准	35
学习目标	35
第一节　ISO 9000 族标准概述	36
第二节　质量管理原则和质量管理体系基础	42
第三节　质量管理体系要求与体系的建立	49
第四节　追求组织的持续成功	62
本章小结	66
练习与思考	66
第四章　质量审核和质量认证	67
学习目标	67
第一节　质量审核概念和程序	67

　　　　第二节　质量审核的实施　74
　　　　第三节　质量改进　79
　　　　第四节　质量认证的概念和历史　87
　　　　第五节　质量认证的实施和管理　92
　　　　本章小结　98
　　　　练习与思考　98

第五章　质量监督　99

　　　　学习目标　99
　　　　第一节　质量监督概述　100
　　　　第二节　产品质量监督　102
　　　　第三节　质量仲裁　108
　　　　第四节　特殊产品的质量监督管理制度　113
　　　　第五节　产品质量法　119
　　　　本章小结　129
　　　　练习与思考　129

第六章　企业质量管理　130

　　　　学习目标　130
　　　　第一节　市场研究与产品开发过程的质量管理　131
　　　　第二节　生产过程的质量管理　135
　　　　第三节　市场营销与服务提供过程的质量管理　138
　　　　第四节　质量管理实施中的四种重要方法　144
　　　　第五节　质量管理成功企业的共同特征与策略　147
　　　　本章小结　151
　　　　练习与思考　152

第七章　原理和常用工具　153

　　　　学习目标　153
　　　　第一节　统计质量控制的基本原理　153
　　　　第二节　统计过程控制的常用工具　163
　　　　本章小结　170
　　　　练习与思考　170

第八章　工序（过程）质量控制　171

　　　　学习目标　171
　　　　第一节　工序质量的受控状态　172

　　　　第二节　工序能力和工序能力指数　175
　　　　第三节　工序质量控制图　182
　　第四节　实施统计过程控制（SPC）中的一些问题　192
　　　　　　本章小结　197
　　　　　　练习与思考　197

第九章　6Sigma 管理简介　199

　　　　　　学习目标　199
　　　　第一节　6Sigma 管理的起源和意义　200
　　　　第二节　6Sigma 管理的概念和特点　202
　　第三节　6Sigma 管理中常用的度量指标和工具　208
　　　　第四节　6Sigma 管理的组织和实施　212
　　　　第五节　6Sigma 管理过程的两个基本模式　217
　　第六节　中国企业实施 6Sigma 管理的问题和对策　222
　　　　　　本章小结　225
　　　　　　练习与思考　225

第十章　质量检验　226

　　　　　　学习目标　226
　　　　第一节　质量检验的基本概念　227
　　　第二节　质量检验的组织和主要管理制度　233
　　　　第三节　验收抽样检验的基本概念　237
　　　　第四节　验收抽样方案的操作特性和设计　242
　　　第五节　验收抽检方案应用中的一些问题　247
　　　　　　本章小结　251
　　　　　　练习与思考　251

第十一章　质量成本管理　252

　　　　　　学习目标　252
　　　　第一节　质量成本的含义及核算　253
　　　　第二节　质量成本的分析与报告　257
　　　　第三节　质量成本的计划与控制　260
　　　　第四节　质量成本的合理构成　263
　　　　第五节　质量成本管理应用的发展　265
　　　　　　本章小结　268
　　　　　　练习与思考　269

第十二章　服务质量管理　270

学习目标　270
第一节　服务的定义、特征和分类　271
第二节　服务质量及其形成模式　274
第三节　服务质量的测量　279
第四节　服务质量体系　283
第五节　服务过程质量管理　290
本章小结　299
练习与思考　299

第十三章　顾客满意理论　300

学习目标　300
第一节　顾客满意质量理念及其意义　301
第二节　顾客需求分析　306
第三节　顾客满意指数　315
第四节　中国顾客满意指数（CCSI）介绍　322
第五节　顾客满意度的测评　323
本章小结　327
练习与思考　328

第十四章　卓越绩效评价准则介绍　329

学习目标　329
第一节　概述　329
第二节　卓越绩效评价准则　336
本章小结　345
练习与思考　345

第十五章　与质量管理有关的其他管理体系　346

学习目标　346
第一节　环境管理体系　347
第二节　职业健康安全管理体系　357
第三节　其他管理体系　364
第四节　一体化管理体系的概念　377
本章小结　384
练习与思考　384

第一章 绪 论

学习目标

1. 认识质量对消费者、企业和社会经济发展的意义。
2. 认识 21 世纪企业质量战略中创新、品牌建设和质量文化培育的重要性。
3. 对企业如何进行创新、品牌建设和质量文化培育有所思考。

第一节 | 质量的意义

对质量的高度重视和普遍关注，千方百计不遗余力地追求和创造高质量，已成为当今世界的一个显著特点。质量问题不仅关系到广大消费者的权益，关系到企业的生存与发展，同时也是社会经济发展的重要战略因素。

一、质量是消费者权益的保障

随着社会主义市场经济的发展，以及科学技术的进步和社会生产力的提高，人民群众的生活水平不断改善。在全面建成小康社会以后，人们更加关心和重视生活质量的提高。人们要求更新、更好、更适合的产品质量和服务质量，而不再满足于产品或服务的有无和多少。这种消费观念的变化，是社会进步的表现，也是当今市场竞争如此激烈的一个客观因素。

消费者需求是多方面的，可概括为生理需求和心理需求两个方面。消费者的生理需求除维持自身生存的需要外，还包括对消费质量的要求、对优质环境的要求等，主要反映消费者权利保障的程度。消费者的心理需求是消费者对精神享受的需求，对自我表现、自身发展的需求，以及对社会交往的需求等，主要反映消费者利益满足的程度。在市场经济条件下，消费者对商品和服务的需求能否在等价交换的前提下，通过货币支付顺利地实现，是消费者权益的重要体现。

由于消费者的需求不被满足，因而其权益受损，主要有三个方面的表现。(1)数量不足，即满足消费者各种需求的商品和服务的供给不足。市场供应不足，供给缺口使消费者对商品和服务的选择受到了影响，即使得到了商品或服务，消费者需求的满足仍是不充分、不自由的。消费者的权益得不到最基本的保障。(2)质量不符合要求。产品或服务的质量直接关系到消费者的利益。质量低劣，不仅给消费者带来经济上的损失、精神上的烦恼，有时还会威胁到消费者的健康和安全。(3)虚假满足。商品或服务的品种、功能、结构不符合消费者的实际需要或偏好，但又没有充分的、自由的选择余地。此时，供应数量上的满足并不代表消费者真正的需求得到了满足，消费者的实际权益仍然受到了损害。

当前，随着我国经济体制改革的逐步深入，消费者需求的满足程度不断提高，绝大多数商品市场饱和，处于供过于求或供求平衡的状态，买方市场已经形成。因此，如何保证和提高商品或服务的质量，满足广大消费者日益增长且多样化的需要，已是当前保障消费者合法权益的紧迫问题。为了维护消费者的合法权益，推动和健全市场经济体制，国家市场立法逐步完善，《反不正当竞争法》《产品质量法》《消费者权益保护法》等法律、法规相继颁布，为维护消费者权益提供了法律保障。

二、质量是企业生存与发展的基础

(一)质量是企业竞争力的关键因素

质量问题历来受到人们的关心。在生产力低下、供应普遍不足的年代，人们对质量的追求是被压抑的。对于食不果腹、衣不蔽体的人，关心的是温饱问题，不可能去追求锦衣玉食。现在，无论是国内市场还是国际市场，买方市场的总体格局已经形成，产品和服务的市场竞争十分剧烈。质量已成为竞争中成败的关键因素。

产品及服务是企业竞争力的载体。由于买方市场的形成和消费者观念的变化，产品及服务质量作为企业竞争力的关键因素正日益受到广泛的认同。事实上,高质量的产品及服务更具有合理的成本和富有竞争性的价格。离开了质量改进而单纯的成本降低并不能真正持久地提高产品及服务的市场竞争力。相反,持续的质量改进必然导致相对成本的合理下降。事实证明,高质量的产品及服务在竞争中总能处于有利的地位。

20 世纪 70 年代时,普遍认为"对市场份额的追逐是管理战略的关键",即认为市场份额的最大化是达到利润最大化的一种重要途径。随着这种理论的广为流传,美国及其他西方国家的大多数大型企业都采用了不同形式的市场份额策略,并相信它会带来更多难得的利润。美国马萨诸塞州坎布里奇市的战略计划研究所为了研究"市场战略对利润水平的影响",建立了一个数据库。在数据库建立后的最初 10 年中,研究人员确实认为市场占有率是利润的主要来源。但是,后来进行的深入研究却导致了更为深刻的结论:市场占有率高确实带来利润,但是,持续的高市场占有率则来自"顾客可感觉到的产品或服务的相对质量"的领先地位。这就是说,能够维持高市场占有率的原因在于顾客对产品或服务的质量相对于竞争者提供的质量的感觉和评价。相对质量是影响一个企业市场成就的最重要因素,就市场占有率而言,相对质量比价格具有大得多的影响。

美国环球航空公司前质量副总裁约翰·格鲁柯克博士(J. M. Groocock)在《质量链》(The Chain of Quality)一书中,应用"市场战略影响利润"的思想,对环球航空公司的经营状况进行了分析研究。他以顾客的质量评价为标准,评估了环球航空公司 47 个事业部的 148 个产品品种,并与竞争公司的 560 个品种作了对比。研究结果表明,环球航空公司各事业部的前三名(以顾客可感觉的质量排序)与最后三名的利润比约是 3 : 1。前三名的单位资产收益率为 26.6%,而末三名为 8.9%。前三名的单位销售利润率是 7.2%,末三名则是 2.9%。这一研究结果充分证实了在"市场战略对利润的影响"中,相对质量是一项关键的因素。

对于我国绝大多数商品而言,买方市场的格局已经形成,市场竞争不仅无法避免,而且竞争已达白热化。但是,综观国内市场近几年来的演变,人们已看到,在大量产品积压滞销的同时,那些名优产品、创新产品仍呈现较高的销售增长幅度,占据市场主导地位。据国家统计局(1998 年 5 月 10 日《文汇报》报道)对全国百家亿元商场 100 种主要商品的调查显示,在大多数商品品种中,销售额排在前三名的品牌的市场占有率之和超过 50%,名牌效应十分明显,市场集中度进一步提高。这些事实进一步证明,市场疲软的背后是产品疲软,质量才是企业竞争力的关键因素。唯有高质量,企业才能在竞争中求生存、求发展。

(二)质量是企业经济效益的基础

在市场经济条件下,企业的一切经营活动必须以提高经济效益为中心。提高经济效益的途径很多,如增加产量、提高价格、降低成本等。增加产量只是一项企业内部生产决策，如果不能通过市场营销扩大市场占有率，增加销售量，那么，增产就是滞销、积压，非但不能带来效益的增加，反而会引起效益的减少，甚至亏损。提高价格虽然可以增加单位产品的利润，但是，如果价格不能被市场接受，则将使销售萎缩，市场份额缩小，甚至会失去市场。降低成本当然可以扩大产品降价空间，提高产品市场竞争力。但是，如果产品本身缺少市场吸引力，也难以因此而扩大销售，最终可能得不偿失，这已为这些年来在许多市场上风行的恶性降价竞争的不良后果所证实。其实，企业为了实现并增加经济效益，不论通过何种途径，都必须以产品或服务的质量优势（含品种创新）为基础。没有质量优势，其他一切都是软弱无力的，充其量只能得益一时，而不可能取得长期竞争优势。相反，如果企业产品或服务在品种上新颖，质量上过硬，深受消费者喜爱，销售量上升，则增加产量不仅是可行的，也是必然的。同样，由于市场份额的扩大，适当的提价非但不会影响销售，反而有助于拉开和其他一般产品或服务的档次，有利于形成其名牌地位。至于成本，随着质量持续改善，不良品率的降低，生产规模的扩大，以及企业内部各项管理工作的进步，成本的合理降低也是必然之事。所以，质量是企业经济效益的基础，"提高经济效益的巨大潜力蕴藏在产品质量之中"，质量管理是企业经营管理的中心工作。

市场研究充分证明了质量对企业经济效益的重要作用。1985年美国质量管理协会曾委托盖洛普民意测验公司调查顾客愿意为高质量额外支付多少钱。调查结果表明，大多数顾客愿为高质量多付钱，在质量和价格之间，质量对顾客的购买行为具有更强的影响力。例如，顾客愿多花1/3的钱购买一辆质量较好的汽车，愿多花1/2的钱购买一台质量更好的洗衣机，愿多花2/3的钱购买一台质量更好的电视机，愿多花一倍的钱购买一双高质量的鞋子等。其实，类似的消费行为在我国也是比比皆是。在当今消费品市场普遍缺乏热点的情况下，名优产品、高质量产品仍是人们选购的主要目标，而低质量产品或质量不能使人放心的产品即使价格便宜也少有人问津。从顾客的角度看，质量好、功能强、可靠性高、寿命长的产品能为自己带来更多的实惠和好处，即使多花点钱也是值得的。尤其是在当前假冒伪劣产品冲击市场的情况下，消费者对质量的追求更是和自己的切身利益有密切的关系。

买方市场的形成和消费者的日益成熟是现代市场经济的必然趋势，企业必须不懈地追求品种创新和质量改进来满足消费者不断增长的消费需求，在激烈多变的市场竞争中求生存、求发展。只有获得消费者的满意，产品或服务才能被消费者接受，企业才可能取得自己的效益。目前，已有越来越多的企业以用户满意为经营战略，这是企业走质量效益型道路的必由之路。

（三）质量是企业经营素质的体现

优质产品或服务是企业竞争力的关键因素，也是企业经济效益的基础。但是，优秀的、富有竞争力的质量并不能轻易获得。从产品或服务质量的形成来看，质量和产品或服务的开发设计过程、制造或提供过程、销售和消费过程都有关，因此涉及企业的方方面面，是企业经营管理活动的综合成果。

为了提高质量，需要从企业经营管理的所有方面进行持续的改进，并通过质量体系将影响质量的所有要素有机地组织起来。因此，通过质量管理，能有效地促进企业的计划管理、生产和服务管理、劳动管理、物资管理、设备及设施管理、财务管理等各方面管理工作的改进，从根本上改善企业素质，提高企业经营管理的总体水平。

企业的任何工作都要人来完成，人的素质直接决定了各项工作的质量，从而最终影响产品或服务的质量。质量管理首先要抓人的素质的提高，企业各类人员的素质是质量管理成功的基本保证。同时，成功的质量管理必定能从根本上提高企业各类人员的整体素质。

社会经济发展和质量管理的实践表明，走"质量效益型"企业发展的道路，是市场经济条件下企业的必由之路。开展以质量为核心、以顾客满意为目标的全面质量管理，有利于全面提高企业的经营素质，增强企业活力和竞争力，是企业健康发展的有效途径。

三、质量是社会经济发展的重要战略因素

当前，世界经济的发展正经历着由数量型增长向质量型增长的转变，市场竞争也由以价格竞争为主转向以质量竞争为主。质量问题正成为各国社会经济发展中的一个重要战略问题。

在开放的世界经济环境中，国际贸易和经济合作是任何国家发展经济不可缺少的条件，国家间的相互依赖是当代世界的一个主要特点。在国际市场上，产品、服务、资源和技术的竞争十分激烈，而质量是进入市场参与竞争的通行证。没有质量优势，势必在竞争中处于劣势。各发达国家和许多发展中国家都高度重视产品质量和服务质量，并把赢得和保持质量优势作为经济发展战略的重要目标，以及争夺世界市场的主要武器。在他们看来，以后的主要战场是一场不用枪炮、不流血的商业战，其主要武器就是产品及服务的质量。振兴经济和发展经济只能依靠质量的革命，贸易保护主义或货币贬值等手段不能真正解决问题，难以建立长期的、有效的竞争优势。应当看到，这些国家奉行"质量第一"和"质量效益型"的经济发展战略，并因此而取得的巨大经济成就，对于我国的社会发展和经济建设是一项宝贵的经验。质量是社会经济发展中的一个重要战略因素，我们应当对此有比较清醒的认识。

20世纪末发生的亚洲金融危机告诉我们，传统的宏观经济运行指标并不能全面正确地反映国民经济的运行质量，可持续的经济增长才是优良的国民经济运行质量的重要特征。中国经济正面临着在21世纪实现可持续增长的重要任务。我国"九五"发展规划明确指出，只有完成两个根本性的转变，即从传统的计划经济向社会主义市场经济转变以及增长模式由粗放型向集约型的转变，中国经济才有可能保持持续增长。粗放型的增长模式是靠投入量的增加来促进增长，而集约型的增长强调经济运行效率。

可持续的经济增长是高效益基础上的高质量的社会经济增长，是在投入产出关系合理、产业结构协调及全面高度化、供求关系大致平衡、经济效益较高的基础上进行的，因此是唯一适合中国国情的发展道路。

目前，我国正处于建立社会主义市场经济体制的过程中。长期计划经济体制沉淀下来的各种弊病还没有能完全消除。低层次重复投资、重复生产的现象还十分突出，产业同构化倾向严重，经济增长主要依靠粗放型的投资拉动，经济增长速度高但运行效率较低。据有关经济增长因素分析测算，在我国经济的产值增长中，科技进步贡献率只占 10% 左右，而工业发达国家已达 60% 以上。因此，我们必须认识到，在世界经济正走向知识经济时代的大背景下，中国经济增长更应该注重建立在科技进步基础上，加快产业结构的战略性调整，使我国经济进入以科技创新为主要推动力的发展阶段，缩短与世界发达国家的差距。

作为社会经济发展的战略因素，质量的作用比以往任何历史时期都要重要。质量不仅是国际市场中竞争的主要手段，还是对关系人类社会安全和生存环境的种种威胁的防御力量。美国著名质量管理专家朱兰提出的"质量堤坝"的概念，以及我国"质量长城"的提法都是十分形象的比喻。21 世纪是质量的世纪，质量是人类社会发展的永恒主题。

第二节 走向知识经济时代的质量战略

一、机遇和挑战

高速发展的世界经济，正逐步进入一个崭新的时代——知识经济时代。当今世界科学技术日新月异，以信息技术、生物技术为代表的高新技术及其产业迅猛发展，深刻影响着各国的政治、经济、军事、文化等各个方面。国际经济结构、产业结构和产品结构正经历着巨大的变革。国际市场一体化进程加快，产品技术含量不断提高，新旧产品快速更迭。面对日趋激烈的市场竞争，越来越多的企业感受到前所未有的生存压力。全球性的企业兼并与重建工程，正是各企业为适应知识经济时代生存和发展需要所采取的重大举措。为增强企业的竞争能力，越来越多的经营者努力挖掘企业长远发展的潜能，设立并组织实施适应知识经济时代特征的企业质量战略已成为这些企业的当务之急。

"知识经济"不仅是针对发达国家的情况而提出的，对于发展中国家甚至不发达国家，也有重要意义；"知识经济"也不仅仅只是指高科技产业经济，对于传统经济也同样有一个如何更多地依靠知识、提高知识含量的问题。对于发展中国家，对于处在传统产业部门的许多人来说,"知识经济"的境界虽然尚未达到,但全球性"知识革命"的浪潮已扑打而来,每个国家、每个地区、每个企业乃至每个人都难以避开。它既给我们带来了机遇,也对我们构成了威胁和挑战。

在联合国"经济合作与发展组织"(OECD)1996 年发表的一篇题为《以知识为基础的经济》的报告中,"知识经济"被定义为"是建立在知识和信息的生产、分配和使用之上的经济"。因此,21 世纪的经济将是以知识为基础的经济,而信息和知识革命将是通向这个经济形态的桥梁。企业最高管理者设计质量战略应以此为基本的出发点。

适应知识经济时代要求的企业经营者应当以长期发展的眼光规划产品战略和技术战略,引导创新、技术领先是知识经济时代成功企业的共同特征。网络技术和电子商务的发展缩短了人与人之间的距离,跨地域的国际市场竞争正成为必然,因此产品和营销战略设计必须具有全球观念。"声誉"作为产品的无形质量因素,日积月累沉淀于公司品牌之中。实现企业成功的决定因素必须依靠适宜的人员和企业文化。因此,在持续的以用户满意为中心的经营活动中,知识经济时代的质量战略需要在技术创新、品牌导向和企业文化培育等方面得到拓展。

二、创新是质量战略之魂

(一)知识经济的本质是创新

《中共中央国务院关于加强技术创新,发展高科技,实现产业化的决定(1999 年 8 月 20 日)》指出:"创新是一个民族进步的灵魂,是国家兴旺发达的不竭动力。"经济统计对比分析资料表明,创新也是一个企业发展的灵魂,是否具有创新意识、创新能力直接关系到企业和行业的兴衰存亡。创新是灵魂,绝不只是一个口号,而是实实在在不可违背的市场规律。

目前,培育和发展知识经济已成为全世界范围内的热点和潮流。其实,正如我国著名的质量管理专家、国际质量科学院院士刘源张先生在 1998 年第三届上海国际质量研讨会的书面发言中指出的:"对于知识经济,首先是创新,甚至可以说没有创新,就没有所谓的知识经济。"所以,面向知识经济时代的质量战略必须最大限度地突出创新,以培育创新意识、发展创新能力为质量战略的基本出发点,把创新努力贯穿于产品或服务质量形成的全过程中。从知识经济的本质是创新的角度看,知识经济时代的质量竞争,其实是体现在产品或服务中的知识的竞争,而竞争力正是创新能力的直接表现。

(二)创新的主要表现

"创新理论"是奥地利经济学家和社会学家熊彼得(J. Schumpeter)在 1912 年出版的《经济发展理论》一书中首先提出来的。熊彼得认为,创新(innovation)是指企业家对生产要素重新组合,其内容包括下列五种情况。

（1）引进新产品，即产品创新。
（2）引进新的生产力，即工艺创新。
（3）开辟新市场。
（4）控制原材料的新供应来源，即利用和开发新的资源。
（5）实现企业的新组织，即组织体制和管理的创新。

创新并不简单地等于发明（invention）。发明是发明家的事，创新是企业家的任务。企业家把新的发明引入经济领域中，就是创新。创新需要冒险，但并非任何冒险的事情都是创新。创新理论在西方已广泛传播，并对西方经济学的许多流派产生了影响。

在知识经济时代，创新大致表现在如下两个方面。

1. 创新首先表现在技术创新上

技术创新是指产品创新和工艺创新，两者都以技术变革为主要内容和基础。技术创新是一个涉及社会面很广、影响很大的复杂过程。从不同的角度去研究，可以赋予技术创新以不同的定义。例如，美国国会图书馆研究部对技术创新的定义为："是一个从产生新产品或新工艺的设想到市场应用的完整过程，它包括新设想的产生、研究、开发、商业化生产到扩散这样一系列的活动。"这个定义比较全面地说明了技术创新的含义，清楚地说明了技术创新是一个科技、经济一体化的过程，强调了技术创新的最终目的是技术的商业应用和创新产品的市场成功。中共中央和国务院《关于加强技术创新，发展高科技，实现产业化的决定（1999年8月20日）》中对技术创新也作了阐述，指出："技术创新是指企业应用创新的知识和新技术、新工艺，采用新的生产方式和经营管理模式，提高产品质量，开发生产新的产品，提供新的服务，占据市场并实现市场价值。企业是技术创新的主体。技术创新是发展高科技、实现产业化的重要前提。"由于这一阐述同时还指出了技术创新和应用创新知识的关系，技术创新还包括新的经营管理模式，技术创新的主体是企业，以及技术创新是发展高科技、实现产业化的重要前提等。所以，这一阐述比美国国会图书馆研究部的定义更宏观、更有时代感，也更符合我国当今发展知识经济的需要。技术创新对于提高我国国民经济的质量和效益，提高我国的国际竞争力具有决定性的意义。技术创新对于一个企业的生存和发展同样具有决定性的意义。有了技术创新，企业才能有生生不息的活力，才能在市场竞争中激流勇进。

20世纪80年代以来，虽然我们一再强调"科学技术是第一生产力"，但我国的R&D（研究与开发）经费投入占GDP的比重长期在0.5%~0.7%之间徘徊，而发达国家一般都在2%以上，中等收入国家也在1%以上。作为一个大国，我国的财政性科技投入还不足一个跨国公司的水平。1998年，我国财政科技拨款为466.5亿元人民币，而美国通用汽车公司1998年销售收入为1 640亿美元，仅以5%投入R&D来算，也已高达82亿美元，合670亿元人民币。除了投入太少以外，我国在科技方面的投入产出绩效也不好。据统计，我国在1981—1991年间曾耗资2 000亿美元引进技术及装备，其中技术引进为245亿美元。由于我国企业在引进技术的消化创新上大多数效果较差，以致我国至今仍是技术进口大国。相比之下，日本在花了57.3亿美元引进25 700项技术之后，实现了自主创新并成为技术输出国。此外，在培育企业成为技术创新的主体，全面提高企业技术创新能力方面，我们还面临着艰巨的任务。在我国，作为科技投入主体的大、中型企业，其R&D的投入处于低水平。以1990—1994年为例，始终在销售收入的1.3%左右。根据日本的经验，投入低于3%，企业就没有竞争力，大企业应在5%以上，著名企业在10%以上。同时，1995年的一项中外比较也表明，我国科技投入来源中企业占18%、政府占79%，其他国家一般是各占一半，韩国则高达3∶1。这说明了我国的企业还远未成为技术创新的投入主体和开发主体。

在1999年8月23—26日召开的全国技术创新大会上，朱镕基同志对今后时期我国技术创新的主要方向和重点作了概括："一方面，要用高新技术改造和提高传统产业，促进传统产业升级；另一方面，要不失时机地加速发展有市场需求和前景的高科技和高新技术产业，带动和促进新兴产业的崛起；必须把改造和提升传统产业同加速发展高新技术产业很好地结合起来，走有中国特色的技术跨越发展道路。这是科技进步和经济发展客观规律的要求，也是我国经济面临新形势、新任务的必然选择。"同时指出："加强技术创新，关键是要进一步深化改革，建立有利于加速科技进步和创新的体制与机制。特别要积极推进科技体制、教育体制和经济体制的配套改革，从根本上解决科技、教育与经济脱节的问题。最重要的是建立以企业为中心的技术创新体系，使企业成为技术创新的主体，全面提高企业技术创新能力。"

2. 创新还必须表现在管理创新上

管理创新和技术创新是相辅相成的关系。技术创新需要与之相适应的管理体制和机制。优秀的管理体制和机制是技术创新得以成功的保证，是技术创新活力长盛不衰的源泉；反过来，技术创新又经常是管理创新的先导和动因。

在1999年8月下旬召开的全国技术创新大会上，某位企业家在其大会交流发言中总结了企业1984年成立以来由小到大、迅速成长的经历。他特别强调，"技术创新不仅仅是一个纯粹的技术或科研问题，而是一个深层次的管理问题。尤其对我国企业来说，初涉市场经济，对市场的特点还知之不多，要做好技术创新工作，更要抓好企业管理。技术创新，管理先行，这样才能达到事半功倍的效果。"他认为，"技术创新的核心，是在对市场有深刻理解以后，根据市场的需要，形成自己的管理基础，然后在此基础上实施企业的技术创新。……其实，没有管理创新作为基础，技术创新也是很难实现的"。他还举了美国硅谷的例子，他说："那里有许许多多小企业，一年有几百家兴起，同时也有几百家垮下来。兴起的原因是有一种技术领先的新产品，小企业可以迅速扩张；但是，一种技术总有被人超过的时候，这样它就完了。如果企业有良好的管理素质，制定正确的战略目标，对市场进行分析研究，这样企业才能不衰败下去。"联想集团的创新之路,真实地说明了管理创新是技术创新的基础,营造良好的创新环境,是技术创新成功的基本条件。

管理创新可以具体表现在许多方面。

(1)组织形态、组织管理上的创新。上海亿元以上超市公司的总销售额从1996年的45亿元迅速增加到1998年的173亿元。在市场总体处于比较疲软的情况下,超市能取得这样的发展业绩,主要在于它是一种创新的业态。其一整套销售和管理的组织体系迎合了现代消费者的口味。而且,这种业态本身在不断创新,逐渐衍生出大卖场、便利店等各种形态,以进一步满足不同消费层次、不同消费行为的需要。

(2)机制的创新。1998年上海工业企业前50位中,三资企业和股份制企业占了半壁江山,这和它们灵活的机制是分不开的;全上海排前10位的宾馆,也基本上被三资企业包揽。国有企业中大凡勇于机制创新的,也能有上佳的表现。宝钢、永新、白猫等一批企业的成绩便是明证。

(3)发展战略的创新。以上海房地产业为例,排名销售面积前20位的房地产"大户"中有相当一部分把发展战略定位在开发面向工薪阶层的商品房上。在前些年一窝蜂上高档商品房、别墅的浪潮中,这些企业没有跟风,他们把握住了住宅分配最终要走向市场的大势,在发展战略上看早一步,才有现在这样较为出色的销售业绩。

三、品牌建设是质量战略的导向

(一)品牌的意义

国外企业界流行这么一句话:愚笨的商人卖产品,聪明的商人卖牌子。品牌作为现代商战的战略制高点,其作用已日益为世人所重视。

品牌是企业的无形财富和重要的知识产权,它代表着企业的公众形象及产品的质量和信誉,是企业开拓市场的重要工具。一个服务规范、产品质量上乘的企业,它的商标就是一个市场认可的证明,能够创造难以估量的经济效益。当今世界,一个国家整体经济实力的高低,在很大程度上是以这个国家拥有多少世界名牌为象征的。美国的可口可乐、德国的奔驰、日本的索尼等,是这些国家在国际市场上的通行证。正是通过这些著名品牌,发达国家树立了自己的形象,也牢牢控制着国际市场。

进入知识经济时代,产品或服务的知识含量及技术密集度越来越高,新旧更新日益频繁,生产方式和销售方式也在不断创新,消费者往往难以区分产品或服务的质量和价格差异,公司的品牌形象便成为市场竞争的决定因素。建立成功品牌的一个重要功效是它能将人们对某一优秀产品或服务的印象转移和延伸到该公司的全部产品,使其他产品或服务自动获得顾客的尊重。对于品牌的作用,有人曾作了如此动情的、充满诗意的赞叹:"品牌是留住企业所有广告活动和提升努力之成果的铁锚。品牌具有神奇的魅力,它充满人性,能恒定地抓住人们的情感。品牌能够建立信心,它是指引企业前进道路的灯塔,凝聚了企业员工、供应商、经销商和顾客的共同价值认知。品牌反映出公司的全部内涵，它连接着地方、区域和全球，它帮助产品赢得在人们心中生存的权利。"

事实也的确如此。谁拥有名牌就意味着谁拥有了市场和效益。据联合国工业计划署统计，目前名牌占全球品牌的份额不到3%，但名牌产品却占全球产品市场的40%以上，其产品销售额占全球销售额的50%左右。

我国的市场竞争也已进入了品牌竞争的阶段。据国内贸易局商业信息中心公布的资料显示：通过对国内26个省、区、市的31座城市的1 212家商店中30类商品的3 091个品牌1997年销售情况的检测，我国居民日常消费的主要食品、日用品市场竞争激烈，整个食品、日用品市场销售额分布呈高度集中格局，绝大部分销售额集中于少数品牌。电冰箱、全自动洗衣机的十大主导品牌的市场综合占有率之和在90%以上，大屏幕彩电、VCD、微波炉、电饭锅和吸尘器十大主导品牌的市场综合占有率之和在80%以上。品牌竞争已成为当今市场竞争的一个重要表现。

（二）争创名牌

名牌是企业科技水平、管理水平、生产水平和营销水平的综合成果，需要企业作出长期的、艰苦的努力。众多企业正以争创名牌作为自己的质量战略目标。那么，名牌的本质是什么？什么样的产品才能称为名牌呢？

名牌产品的本质特征是其差异性。一些竞争对手通过明显区别于其他同类产品的可觉察的使用价值，将自己的产品与其他公司的同类产品明显地区别开来。差异性包括产品的差异性和市场的差异性。产品的差异性主要是产品性能、质量等与技术有关的差异，市场差异性则主要是指广告、促销手段等与传播和销售有关的差异。

例如，当今西服市场上品牌之多使购买者眼花缭乱，但雅戈尔西服却以其与别的西服的差异性获得了消费者的青睐。雅戈尔西服工艺考究，并能根据人体特点，对上衣的背部和各处口袋的瘦狭造型进行创新改造，袖口处采用"分缝"做法，又用意大利特制垫肩，使肩袖平服、轻软，穿着舒服，裤腰处装有伸缩扣，可按实际腰围调节尺寸。雅戈尔西服优良的差异性为它开拓了市场，成为西服市场上的名牌之一。

每种名牌产品都具有与其他产品不同的差别技术和技术诀窍，但使用先进技术和高新技术的产品不一定就是名牌产品。在任何技术层次上都可以有名牌产品。创造名牌产品，有了技术基础，还须不断创新。创新能力是创造和保护名牌的重要核心能力，是名牌的生命源泉。因此，技术是名牌的基础，创新则是名牌的生命。

1997年国家经贸委、国家技术监督局联合发出的《关于推动企业创名牌产品的若干意见》提出了国家名牌产品应具备的六个基本条件。

（1）产品质量在国内同类产品中处于领先地位，并达到国际同类产品的先进水平，产品已获得国家产品质量奖励。

（2）产品适应市场需求，具有高知名度、高市场占有率，企业生产能力达到经济规模，年销售额、经济效益居本行业的领先水平并连续保持五年以上。

（3）企业质量体系健全并有效运行。

（4）企业具有先进可靠的生产技术条件和技术装备，有很强的产品开发能力。

（5）市场评价好，售后服务体系健全，消费者（用户）满意。

（6）近三年中国家、行业主管部门及省一级产品质量监督抽查中质量合格，出口产品无退货、索赔等质量事故。

上述关于名牌产品的六项基本条件是全面的，而且突出了市场实绩这个导向，是企业争创名牌产品（或服务）时的原则性标准。

（三）如何实施品牌战略

现在，占领中国市场的国外产品中，许多都是国际名牌。跨国公司对发展中国家的经营战略一般有这么三步：一是输出产品；二是输出资本；三是输出品牌。输出品牌是成本最低、手段最隐蔽、作用最久远的经营战略。我们必须清醒地看到，跨国公司来华合资绝不仅仅是因为看中我国的土地和劳动力等资源便宜，而是要占领我国的市场。因此，中国品牌面对洋品牌的严峻挑战，如何发展和壮大民族工业，发展国货名牌，已愈来愈引起国人的注意。推行品牌营销、实施名牌战略，是我国众多企业，尤其是国有大、中型企业刻不容缓的战略任务。

名牌必须是消费者满意的产品，应当具有出色的功能、优良的质量和完善的服务，并在某些方面超出一般产品之上。名牌从激烈的市场竞争中脱颖而出，其卓越的品质和良好的信誉是必要的前提。名牌一旦诞生，其生命之泉究竟能流多久，是名噪一时一地，还是青春永驻，不断壮大，取决于其能否适应市场的变化发展而不断更新提升产品品质及市场信誉。为了使名牌的生命之泉永远充满活力，企业必须以最大的努力关注并推动技术创新和管理创新，要勇于"否定"名牌，否定的目的是创造更新更优秀的新名牌，这是名牌得以永生的唯一途径。创造名牌，发展名牌，一代一代的名牌所产生的持续效应是名牌企业品牌营销战略的基石。我国许多著名企业奉行的信条，即"没有最好，只有更好"，这正是品牌营销战略内涵的绝好注解。产品及其延伸服务的质量是企业创立品牌、发展品牌的基础，而永不自满、不断创新则是名牌企业强盛生命力的源泉。

产品及其相关服务的质量固然是名牌的基础，但仅有质量还不足以使产品成为名牌产品，众多企业的实践证明，实施品牌战略，需要精心策划和组织，在产品品质竞争力的基础上，推行系统有效的品牌营销策略，加强产品宣传、塑造名牌形象、提升品牌知名度，培育消费者品牌偏好及品牌忠诚，实现品牌的可持续发展。

企业实施品牌战略，是一项复杂艰巨的系统工程。它既和企业质量管理有关，也和市场营销有关，但又不等同于两者。许多成功企业的实践表明，品牌经理制是企业实施品牌战略的可行方法。品牌经理制就是通过专职的、专业的机构对企业的品牌建设实施全方位、全过程的管理，在企业内部全面负责品牌的构思、设计、注册、宣传、保护、发展和投资组合，以及品牌管理和品牌资源的经营。实行品牌经理制有利于确立品牌经营和管理在企业经营管理中的独特地位；有利于集中各种品牌资源优势；有利于跟踪市场变化，引导消费者的品牌消费行为，发展品牌偏好，提高品牌满意度和知名度，培育品牌忠诚度；也有利于品牌的延伸管理，将品牌资源的经营搞大搞活。

四、质量文化培育是质量战略的根本

企业之间的市场竞争，是产品与服务的竞争，又是管理与经营方式的竞争，经营机制与体制的竞争，但归根结底是企业文化之间的竞争。企业文化强调管理的文化层面和人的作用，是企业在长期生产经营中形成、具有企业个性特征并为企业全体员工认同和遵循的价值体系和文化形态的总和。一般认为，企业文化包括企业的物质文化、制度文化和精神文化。它不仅直接显现为产品质量、服务质量、管理和工作质量，而且还延伸表现为消费质量、生活质量和环境质量，在微观上体现出企业的整体素质，在宏观上则体现出整个民族的素质。企业文化是一种客观存在，它反映了一个企业的历史传统，又支配着一个企业的现实表现；它塑造着企业的基本理念，又规范着企业的群体行为；它使企业呈现特定的整体形象，又对每个员工的精神面貌产生深刻的影响。企业文化渗透在企业的所有方面，并融入具体的管理及其文化现象显示自己的存在，发挥自己的灵魂作用。

质量文化是企业文化的核心和重要内涵，这一关系是市场经济的本质表现和基本要求，市场经济越发达，这种关系越明显。质量文化倡导全面质量管理，致力于提高企业全体员工的质量意识、质量理念和质量管理的理论及技能水平，这些正是企业文化的根本所在。世界上成功的企业无一不是以其优秀的质量文化作为取胜之道的。对于我国广大企业，无论是从当前的质量实际出发，还是从转换企业经营机制、适应社会主义市场经济的发展需要考虑，都迫切需要重视和大力建设企业质量文化。正如企业文化是企业经营战略的根本，任何企业的质量战略植根于其自身的质量文化土壤之上，任何具有竞争活力的、追求卓越经营的质量战略都必须以培育相应的质量文化为其出发点和归宿。

质量文化和质量战略具有相互的能动作用。卓越的质量文化可以催化卓越的质量战略，同时又为其圆满实施提供保证和条件；反过来，卓越的质量战略必然以培育相应的质量文化为其内在要求，同时又为质量文化建设创造动力和机遇。质量文化建设是质量战略的重要组成部分，也是企业领导人的基本职责之一。一般来说，企业质量文化的培育作为质量战略的根本，在组织上涉及企业中每一个部门和每一个个人；在内容上则涉及经营管理，尤其是质量管理的所有方面，如企业的质量决策文化、质量产品文化、质量服务文化、质量道德文化、质量公关文化及质量文本文化等，但是质量文化的核心是"质量第一，用户第一"的经营理念，这是质量文化培育必须遵循的基本原则。

总而言之，知识经济时代是一种崭新的社会经济形态，每一个企业都面临着严峻

的挑战和良好的机遇。企业要生存和发展,就必须尽快实现经济体制和增长方式的彻底转换。反映在质量战略上,为了适应知识经济的要求,企业必须着力培育以"质量第一,用户第一"的经营理念为核心的质量文化,通过技术创新和管理创新,增强企业经营活力和市场竞争力,努力塑造名牌产品,创立品牌形象。这是知识经济时代企业质量战略的基本特征,也是我国企业走向新经济时代的必由之路。

本章小结

本章从质量是消费者权益的保障、质量是企业生存与发展的基础和质量是社会经济发展的重要战略因素三方面阐述了新世纪质量问题的重要意义;从创新、品牌建设和质量文化培育三方面介绍了新世纪企业质量战略的意义和特点。

练习与思考

1. 为什么说质量是消费者权益的保障?
2. 为什么说质量是企业生存与发展的基础?
3. 为什么说"作为社会经济发展的战略因素,质量的作用比任何历史时期都要重要"?
4. 知识经济的本质是什么?如何理解?
5. 为什么说创新是质量战略之魂?
6. 技术创新和管理创新有哪些具体表现?
7. 企业实施品牌战略有什么意义?
8. 企业质量文化建设有什么意义?其核心是什么?

第二章 质量和质量管理的基本概念

学习目标

1. 掌握质量管理体系领域的术语和定义，运用概念图方法分析术语之间的逻辑关系，并熟悉常用的重要术语。
2. 了解产品质量形成的基本规律和"朱兰三部曲"的内涵。
3. 了解质量管理的发展历程、掌握全面质量管理的理论内涵和基本特点，并对质量管理基础工作的基本内容有所了解。

本章主要阐述质量和质量管理的基本概念，包括术语和定义、产品质量形成规律、全面质量管理的基本概念以及质量管理的基础工作等内容。

第一节 | 术语和定义

一、术语的概念关系

ISO 9000：2000 使用质量管理体系标准的所有潜在用户都容易理解的、合乎逻辑并协调的术语。使用概念图的方法，分析质量管理体系领域内概念之间的关系，将其列入概念体系，以形成合乎逻辑的术语集。

在术语学中概念之间的关系建立在某类特性的分层结构上。因此，一个概念的最简单表述由命名其种类和表述其与上一层次或同层次其他概念不同的特性所构成。

表明概念关系的三种主要形式：属种关系、从属关系和关联关系。

1. 属种关系

在层次结构中，下层概念继承了上层概念的所有特性，并包含有将其区别于上层和同层概念的特性，则上下层概念属于属种关系。

例如，"体系"是第一层次概念，"过程"既是"体系"的下层概念，又是"活动"的上层概念，"活动"则是"过程"的下层概念。"活动"概念可以反映过程的所有特性，过程可以反映体系的所有特性。三个层次概念的区别在于应用的层次不同而已，即仅区别层次时才是有用的。它们的共同特性均是指使用资源把输入转化为输出。因此，可以用图 2-1（a）表达其属种关系。

进一步分析在每个层次上还可以形成概念分支，如图 2-1（b）、（c）、（d）所示。

2. 从属关系

在层次结构中，下层概念形成了上层概念的组成部分，这种概念关系为从属关系。例如：春、夏、秋、冬可被定义为年的一部分，"春、夏、秋、冬"是同层概念，任一季节均不能反映年的所有特性，因此是从属关系，可以用图 2-2（a）表达。再如，质量管理和质量策划、质量控制、质量保证、质量改进概念，也是从属关系，可以表达为图 2-2（b）。

质量管理是在质量方面指挥和控制组织的协调的活动；质量策划是一种活动，致力于设定质量目标；质量控制也是一种活动，致力于达到质量要求；质量保证致力于提供信任；质量改进致力于提高满足质量要求的能力。只有将四个概念综合起来，才能反映质量管理所有特性，因

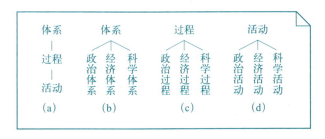

图 2-1
属种关系图

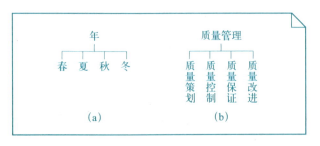

图 2-2
从属关系图

此是从属关系。

3. 关联关系

在某一概念体系中，关联关系不能像属种关系和从属关系那样提供简单的表述，但是它有助于识别概念体系中一个概念和另一个概念之间关系的性质，如原因和结果、活动和场所、工具和功能、材料和产品等。又如：不合格和纠正，是原因和结果的关系，即由于存在不合格，导致必要的纠正活动；质量手册和程序文件，是引用与支持的关联关系；贮存和仓库，是活动和场所的关系，没有仓库，谈不上合适的贮存活动。关联关系可由图 2-3 表述。

标准采用概念图表述术语的分组，以下列出有关质量及有关管理的概念图，如图 2-4、图 2-5 所示，其他概念图可从 ISO 9000：2000 标准附录 A 获得。

图 2-3 关联关系图

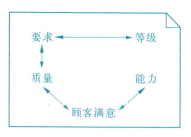

图 2-4 有关质量的概念

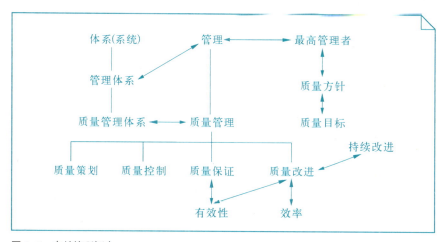

图 2-5 有关管理概念

二、质量管理体系术语

ISO 9000：2000 标准共列质量管理体系术语 80 条，分 10 个部分。

第一部分	有关质量的术语	5 条
第二部分	有关管理的术语	15 条
第三部分	有关组织的术语	7 条
第四部分	有关过程和产品的术语	5 条
第五部分	有关特性的术语	4 条
第六部分	有关合格（符合）的术语	13 条
第七部分	有关文件的术语	6 条
第八部分	有关检查的术语	7 条

第九部分　有关审核的术语　　　　　　　　　　　　　　　　　　　12 条
第十部分　有关测量过程质量保证的术语　　　　　　　　　　　　6 条

这些术语适用于 ISO 9000：2000 族的所有标准，其定义列于表 2-1。

表 2-1　质量管理术语一览表

序号	术语类别	术语名称	定义
1	有关质量的术语	1 质量	一组固有特性满足要求的程度
		2 要求	明示的、通常隐含的或必须履行的需求或期望
		3 等级	对功能用途相同但质量要求不同的产品、过程或体系所作的分类或分级
		4 顾客满意	顾客对其要求已被满足的程度的感受
		5 能力	组织、体系或过程实现产品并使其满足要求的本领
2	有关管理的术语	6 体系	相互关联或相互作用的一组要素
		7 管理体系	建立方针和目标并实现这些目标的体系
		8 质量管理体系	在质量方面指挥和控制组织的管理体系
		9 质量方针	由组织的最高管理者正式发布的该组织总的质量宗旨和方向
		10 质量目标	在质量方面所追求的目的
		11 管理	指挥和控制组织的协调的活动
		12 最高管理者	在最高层指挥和控制组织的一个人或一组人
		13 质量管理	在质量方面指挥和控制组织的协调的活动
		14 质量策划	质量管理的一部分，致力于制定质量目标并规定必要的运行过程和相关资源以实现质量目标
		15 质量控制	质量管理的一部分，致力于满足质量要求
		16 质量保证	质量管理的一部分，致力于提供质量要求会得到满足的信任
		17 质量改进	质量管理的一部分，致力于增强满足质量要求的能力
		18 持续改进	增强满足要求的能力的循环活动
		19 有效性	完成策划的活动和达到策划结果的程度
		20 效率	达到的结果与所使用的资源之间的关系
3	有关组织的术语	21 组织	职责、权限和相互关系得到安排的一组人员及设施
		22 组织结构	人员的职责、权限和相互关系的安排
		23 基础设施	组织运作所必需的设施、设备和服务的体系
		24 工作环境	工作时所处的一组条件
		25 顾客	接受产品的组织或个人
		26 供方	提供产品的组织或个人
		27 相关方	与组织的业绩或成就有利益关系的个人或团体

续表

序号	术语类别	术语名称	定义
4	有关过程和产品的术语	28 过程	一组将输入转化为输出的相互关联或相互作用的活动
		29 产品	过程的结果
		30 项目	由一组有起止日期的、相互协调的受控活动组成的独特过程,该过程要达到符合包括时间、成本和资源的约束条件在内的规定要求的目标
		31 设计和开发	将要求转换为产品、过程或体系的规定的特性或规范的一组过程
		32 程序	为进行某项活动或过程所规定的途径
5	有关特性的术语	33 特性	可区分的特征
		34 质量特性	产品、过程或体系与要求有关的固有特性
		35 可信性	用于表述可用性及其影响因素(可靠性、维修性和保障性)的集合术语
		36 可追溯性	追溯所考虑对象的历史、应用情况或所处场所的能力
6	有关合格(符合)的术语	37 合格	满足要求
		38 不合格	未满足要求
		39 缺陷	未满足与预期或规定用途有关的要求
		40 预防措施	为消除潜在不合格或其他潜在不期望情况的原因所采取的措施
		41 纠正措施	为消除已发现的不合格或其他不期望情况的原因所采取的措施
		42 纠正	为消除已发现的不合格所采取的措施
		43 返工	为使不合格产品符合要求而对其所采取的措施
		44 降级	为使不合格产品符合不同于原有的要求而对其等级的改变
		45 返修	为使不合格产品满足预期用途而对其所采取的措施
		46 报废	为避免不合格产品原有的预期用途而对其采取的措施
		47 让步	对使用或放行不符合规定要求的产品的许可
		48 偏离许可	产品实现前,偏离原规定要求的许可
		49 放行	对进入下一过程的下一阶段的许可
7	有关文件的术语	50 信息	有意义的数据
		51 文件	信息及其承载媒体
		52 规范	阐明要求的文件
		53 质量手册	规定组织质量管理体系的文件
		54 质量计划	对特定的项目、产品、过程或合同,规定由谁及何时应使用哪些程序和相关资源的文件
		55 记录	阐明所取得的结果或提供所完成活动的证据的文件

续表

序号	术语类别	术语名称	定义
8	有关检查的术语	56 客观证据	支持事物存在或其真实性的数据
		57 检验	通过观察和判断,适当时结合测量、试验所进行的符合性评价
		58 试验	按照程序确定一个或多个特性
		59 验证	通过提供客观证据对规定要求已得到满足的认定
		60 确认	通过提供客观证据对特定的预期用途或应用要求已得到满足的认定
		61 鉴定过程	证实满足规定要求的能力的过程
		62 评审	为确定主题事项达到规定目标的适宜性、充分性和有效性所进行的活动
9	有关审核的术语	63 审核	为获得审核证据并对其进行客观的评价,以确定满足审核准则的程度所进行的系统的、独立的并形成文件的过程
		64 审核方案	针对特定的时间段所策划,并具有特定的目的的一组(一次或多次)审核
		65 审核准则	用作依据的一组方针、程序或要求
		66 审核证据	与审核准则有关的并且能够证实的记录、事实陈述或其他信息
		67 审核发现	将收集到的审核证据对照审核准则进行评价的结果
		68 审核结论	审核组考虑了审核目标和所有审核发现后得出的最终审核结果
		69 审核委托方	要求审核的组织或人员
		70 受审核方	被审核的组织
		71 审核员	有能力实施审核的人员
		72 审核组	实施审核的一名或多名审核员
		73 技术专家	提供关于被审核对象的特定知识或技术的人员
		74 能力	经证实的应用知识和技能的本领
10	有关测量过程质量保证的术语	75 测量控制体系	为完成计量确认并持续控制测量过程所必需的一组相互关联或相互作用的要素
		76 计量确认	为确保测量设备符合预期使用要求所需要的一组操作
		77 测量过程	确定量值的一组操作
		78 测量设备	为实现测量过程所必需的测量仪器、软件、测量标准、标准物质或辅助设备或它们的组合
		79 计量特性	能影响测量结果的可区分的特征
		80 计量职能	组织中负责确定并实施测量控制体系的职能

注:ISO 于 2005 年 9 月 15 日发布了第三版《质量管理体系 基础和术语》(ISO 2000:2005),增加和扩展了一些定义和注释,与 ISO 19011:2002 的关联性较大,对质量管理体系的描述没有变化。

三、几个重要的术语和概念

（一）质量及其定义的演进

从术语"质量"定义的演进中，可以反映出人们从符合性质量到追求顾客满意的质量观的转变过程。

在 ISO 8402：86 标准中，"质量"（quality）的定义是："产品或服务满足规定或潜在需要的特征和特性的总和。"在有些资料或场合中，还把"质量"定义为"适用性""适应意图""符合需求"或"用户满意""优良程度"，等等。显然，这些都不能对"质量"做出全面的解释。

在 ISO 8402：1994 标准中，"质量"被定义为："反映实体满足明确和隐含需要的能力的特性总和。"定义中的"实体"（entity，item），是指"可单独描述和研究的事物"。它可以是活动或过程；产品；组织、体系或人；或上述各项的任何组合。这样，"质量"就不再局限于产品和服务，而被扩展至更宽广的领域。

而按 ISO 9000：2000 标准，"质量"的定义则是："一组固有特性满足要求的程度。"

定义中"固有"（其反义是"赋予"），是指在某事或某物中本来就有的，尤其是那种永久的特性。"特性"是指"可区分的特征"，它可以是固有的或赋予的，定性的或定量的。定义中的"要求"是指："明示的、通常隐含的或必须履行的需求或期望。""明示的"可以理解为规定的要求，在文件中予以阐明；而"通常隐含的"则是指组织、顾客或其他相关方的惯例或一般做法，所考虑的需求或期望是不言而喻的。"要求"可由不同的相关方提出，可以是多方面的，特定要求可使用修饰词表示，如产品要求、质量管理要求、顾客要求等。

ISO 9000：2000 标准给出的"质量"定义，充分体现了"质量"的新概念以及该术语的定义演进至今的成果。

在理解"质量"术语时，要注意以下三点。

（1）质量的广义性，质量不仅指产品质量，也可指过程和体系的质量。

（2）质量的时效性，组织应根据顾客和相关方需求和期望的变化，不断调整对质量的要求。

（3）质量的相对性，组织的顾客和相关方对同一产品的功能提出不同的需求；也可能对同一产品的同一功能提出不同的需求；需求不同，质量要求也就不同，但只要满足需求，就应该认为质量是好的。

在全球经济一体化的进程中，一个相互交换产品、服务和资源的国际市场已经形成，并将不断完善。质量是进入国际市场的先决条件，是参与市场竞争的关键。正确理解质量的基本概念是十分重要的。

（二）产品质量

"产品"（product）的定义则是指"过程的结果"，通用的产品类别有下述四种。

（1）服务（如运输）。

（2）软件（如计算机程序、字典）。
（3）硬件（如发动机机械零件）。
（4）流程性材料（如润滑油）。

许多产品由不同类别的产品构成，服务、软件、硬件或流程性材料的区分取决于其主导成分。

服务通常是一种无形的产品，它是在供方和顾客接触面上至少需要完成一项活动的结果。

软件由信息组成，通常是无形产品，并可以方法、论文或程序的形式存在。

硬件通常是有形产品，其量具有计数的特性。

流程性材料通常是有形产品，其量具有连续的特性。硬件和流程性材料经常被称为货物。

质量保证主要关注预期的产品。

"产品质量"可以归结为"过程的结果"所具有"一组固有特性满足要求的程度"，作这样的理解将有助于人们树立和完善关于现代产品质量的观念。

习惯上人们往往在术语"质量"之前冠以限定词，以便将质量细分为产品质量、服务质量、过程质量、工作质量等，但这种概念是狭义的，因为根据 ISO 9000：2000 标准对"产品"的定义，服务乃是产品的一种形式，所以就不再将产品质量和服务质量加以分别或并列。

就质量特性而言，视为硬件的有形产品，通常以其可描述的以及可计数度量的质量特性予以识别，如性能、可信性（可用性及其影响的因素——可靠性、维修性和维修保障性）、安全性、适应性、经济性和时间性等。

作为无形产品的服务，它往往与有形产品相伴相随，在服务提供过程中又往往以有形产品为载体。反映服务质量要求的质量特性主要有功能性、经济性、安全性、时间性、舒适性和文明性等等。

过程质量通常从质量形成的全过程予以考虑，如将其分为策划过程、设计和开发过程、采购过程、生产和服务提供过程、监视和测量装置的控制过程以及测量、分析和改进过程的质量等。

工作质量由相互关联的、具有不同职能和提供方式的具体工作组成，它的特点是人的因素具有最直接、最能动的影响，难以定量地描述和衡量，只能以其工作业绩、成效等进行间接的考察。

（三）产品要求

准确把握产品要求，不仅是提升产品质量的客观要求，而且也是有效运行质量管理体系的需要。产品质量、产品要求和质量管理体系之间的关系如下三点。

（1）产品质量需要以产品要求为衡量准则。产品质量是无形的，把握好产品要求，可以有效控制产品的各类固有特性，只有明细化的产品要求，才能对产品质量做出全面、准确的综合评价。

（2）产品要求是质量管理体系的轴心。在实施质量管理体系的组织中，产品要求是产品生产和服务提供的质量内涵，ISO 9001 标准不规定产品要求，质量管理体系要求是对产品要求的有力支持和有益补充，如果离开本组织的产品要求，其质量管理体系便成为"无本之木"。

（3）质量管理体系服务于产品质量。尽管"质量管理体系要求"有别于"产品要求"，前者是通用的，它并不直接决定产品的质量，但 ISO 9001 标准所倡导的质量管理体系是为产品质量服务的，它的实施将有助于满足产品质量与产品要求的符合性。

产品要求通常表现为技术规范、产品标准、合同协议、法规要求等形式。

产品要求的确定，通常有顾客直接规定、组织明确规定、法规强制规定等方式。

（四）质量特性

ISO 9000：2000 标准将"质量特性"（quality characteristic）定义为："产品、过程或体系与要求有关的固有特性。"对此术语的理解，重点应放在"固有特性"上。

所谓"固有"者，是指在某事或某物本来就有的，尤其是那种永久的特性。它是产品、过程或体系的一部分，不是赋予的，而是产品、过程或体系本身所体现的特性，如产品的几何尺寸、技术性能等是产品的质量特性。过程能力、过程的变差、过程稳定性、过程规范等是过程的质量特性。体系的方针、目标及其内涵和水准指标，体系的构成要素等是体系的质量特性。

（五）效率

ISO 9000：2000 对"效率"（efficiency）的定义是："达到的结果与所使用的资源之间的关系。"资源是具体的，包括一切支持运行的条件。结果是过程或活动的输出，也是具体的。衡量过程或活动的效率应该由其结果和使用资源的价值比较，以得出过程或活动的或质量管理体系的效率。

效率概念的提出，使标准向组织及所有相关方的利益又靠近了一步，在一定程度上隐含了对质量管理体系效率的关注。

（六）缺陷

ISO 9000：2000 将"缺陷"定义为"未满足与预期或规定用途有关的要求"，并指出与不合格有关联关系。它与"不合格"（未满足要求）是有区别的。缺陷的定义强调与"用途有关的要求"，显然只有在使用过程才能更好地发现缺陷，并且会涉及缺陷责任问题。适用的法律法规要求未满足，那是不合格，不是缺陷。缺陷的定义应引起组织高度注意，应恰当规定产品用途，充分识别与用途有关的要求并予以满足。术语"缺陷"应当慎用。

（七）检验与验证、验证与确认的区别

（1）检验与验证之基本不同：检验的依据是产品标准、检验规范等，而验证的依据则是规定的验证要求；检验的客体通常是指产品，而验证的客体则是提供的客观事物（含某些产品）及其文件和记录；检验的方法主要是测量、检查，必要时还有试验，而验证的主要方法则是检查（必要时试验）和认定；检验的结果是判定产品质量是否符合产品标准的要求，而验证的结果则是认定所提供的客观证据是否满足规定要求，即"认定已满足"或"认定未满足"。

（2）验证与确认的区别：定义与含义不同，验证是认定客观证据的真实状况，而确认是认可客观证据已满足要求；验证的依据是规定的验证要求，而确认的依据主要是特定的预期用途或应用的要求及规定的确认要求；验证的客体是提供的客观事物（含某些产品）及其文件和记录，确认的客体主要是产品（通常是最终产品）及其文件和记录；验证的主要方法则是检查（必要时试验）和认定，确认的方法是检查、鉴定（必要时试验）和认可；验证的结果是"认定已满足"或"认定未满足"，而确认的结果则是"认可已满足"或"不予确认"。

（八）体系和过程的关系

简单地说，体系是由过程构成的，体系的目标是通过过程结果的积累和调整而实现的。它们的关系可由图2-6表达。

在特殊情况下，体系可由一个过程构成，此时过程等于体系，见图2-7。

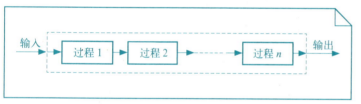

图 2-6
体系和过程的关系

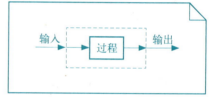

图 2-7
一个过程的体系

（九）过程和活动的关系

简单地说，过程是由活动组成的，过程的目标是通过活动结果的积累和调整而实现的。它们的关系可由图2-8表达。

在特殊情况下，过程可由一项活动构成，它们的关系可由图2-9表达。

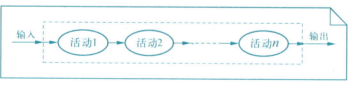

图 2-8
过程与活动的关系

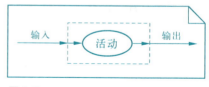

图 2-9
一个活动的过程

体系、过程和活动三者的关系是既有区别，又具有共同之处（如三者都有输入和输出）。有时只是为了分析问题和解决问题具有一种秩序，而把所研究的事物视为体系(系统)或过程或活动。辩证地认识体系、过程和活动的概念及其相互关系,是我们掌握过程方法和管理的系统方法的一把钥匙。

第二节 | 产品质量形成规律

一、质量职能

所谓质量职能(quality function),是指在质量形成全过程中,为实现质量目标所必须发挥的质量管理功能及其相应的质量活动。组织的质量管理是通过对质量形成全过程所有质量职能的管理来实现的。组织中质量职能的划分对于质量管理体系的建立和实施具有重要的影响。

质量职能和质量职责既有联系又有区别。质量职能是针对全过程控制需要而提出的质量活动属性与功能,是质量形成客观规律的反映,具有科学性和相对稳定性,而质量职责则是为了实现质量职能,对部门、岗位与个人提出的具体质量工作分工,其任务通过责、权、利予以落实,因而具有人为规定性。

质量职能是制定质量职责的依据,质量职责是落实质量职责的方式或手段。

组织职能部门的设置和组织的产品特点、组织体制、规模、运作方式以及市场环境有关,质量职能和职能部门所承担的质量职责并非简单的对应关系。一个职能部门可以承担几项质量职能活动。质量管理的主要任务就是要把散布在各个职能部门中的质量职能通过质量职责有机地联结起来,协同一致地实现组织的质量目标。

此外,不应把质量职能与管理的方法或手段相混淆。在组织的质量管理中,这些方法或手段(如质量体系、质量策划、质量信息管理、质量成本、质量审核等)起着计划、组织、协调、控制与改进的作用,其功能是更加有效和高效地实现质量职能。

二、产品质量形成规律

从质量职能的含义认识、理解产品质量形成全过程及其规律性,一般认为有下列主要的质量职能:市场研究、产品实现的策划、设计和开发、采购、生产和服务提供、营销与服务、测量分析和改进等。

产品质量的形成是有规律性的。产品质量不是检验出来的,也不是宣传出来的。如果只是依靠产品出厂前的检验来保证出厂产品的质量,不仅可能严重损害企业的经济效益,而且从某种意义上讲,检验是对资源浪费的容忍。

如果只是依靠如媒体的宣传广告来塑造企业产品的质量形象,那么当产品质量名不副实的真实面貌被市场、媒体曝光后,产品前途和企业信誉、形象都将毁于一旦。

认为产品质量是生产出来的,也是不完全正确的。如果产品开发的创意和市场实际需求有所偏离,或者设计时产品的功能、质量定位不当,或者产品的销售导向及服务不尽如人意,那么即使生产过程完全满足符合性要求,产品也仍然不能很好地满足顾客明示和隐含的要求。从顾客的立场看来,这种产品的质量显然还是不能令人满意的。

因此,产品质量是产品实现全过程的结果。产品质量有一个从形成到实现的过程,在过程中的每一个环节都直接或间接地影响到产品的质量。这些环节,在散布于质量形成全过程的各个质量职能中得以体现。

为了表述产品质量形成的规律性,美国质量管理专家朱兰(J. M. Juran)曾经提出一个被称为质量螺旋(quality spiral)的模型,他把过程中各质量职能按逻辑顺序串联起来,形成一条呈螺旋式上升的曲线,用以反映产品质量形成的客观规律,因此被称为"朱兰质量螺旋",如图 2-10 所示。

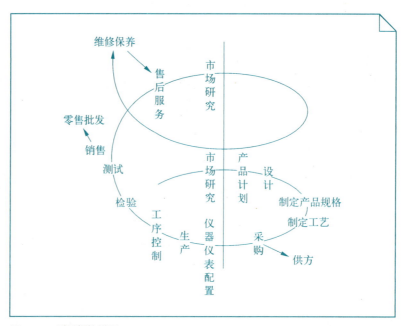

图 2-10　质量螺旋模型

三、朱兰三部曲

朱兰提出的"质量螺旋"有着相当丰富的内涵,就其实质而言,产品质量形成的全过程管理可以概括为三个管理环节,即质量策划、质量控制和质量改进。这三个环节用来反映产品质量形成的客观规律和指导质量管理全过程的实施,简洁明白,且重点突出,通常称之为"朱兰三部曲"。

质量策划、质量控制和质量改进这三个过程中,每个过程都包含一系列活动,如图 2-11 所示。

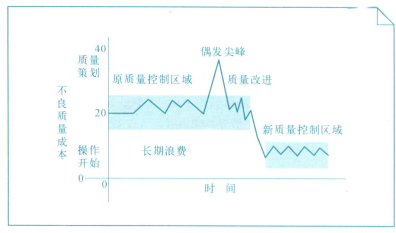

图 2-11 朱兰三部曲，过程的相互作用

第三节 全面质量管理的基本概念

一、质量管理的发展历程

通常认为，现代质量管理的发展历程大体经历了质量检验阶段、统计质量管理阶段和全面质量管理阶段。

（一）质量检验阶段

20 世纪前，产品质量基本上依靠操作者的技艺和经验来保证，可称之为"操作者的质量管理"。到了 20 世纪初，由于"操作者的质量管理"容易造成质量标准的不一致和工作效率的低下，因而不能适应生产力的发展。科学管理的奠基人泰勒（F. W. Taylor）提出了在生产中应该将计划与执行、生产与检验分开的主张。后来，在一些工厂中开始设立专职的检验部门，对生产出来的产品进行质量检验，鉴别合格品与废次品，从而形成所谓"检验员/部门的质量管理"。这种有人专职制订标准、有人负责贯彻标准、有人按标准对产品质量进行检验的"三权分立"的质量管理是质量检验阶段的开始，是一种历史的进步，现代意义上的质量管理便从此诞生。

（二）统计质量管理阶段

由于"事后把关"的检验难以预防不合格品的发生，而且"事后把关"对于大批量生产和破坏性检验也难以适用。于是，促使人们去探寻质量管理的新思路和新方法。

从 20 世纪 20 年代开始，一些国家（如英国、美国、德国、苏联等）相继制订并发布了公差标准，以保证批量产品的互换性和质量的一致性。与此同时，人们开始研究概率和数理统计在质量管理中的应用。1926 年美国贝尔电话研究室工程师休哈特（W. A.

Shewhart)提出了"事先控制,预防废品"的质量管理新思路,并应用概率论和数理统计理论,发明了具有可操作性的"质量控制图",解决了质量检验事后把关的不足。后来,美国人道奇(H. F. Dodge)和罗米格(H. G. Romig)又提出了抽样检验法,并设计了可实际使用的"抽样检验表",解决了全数检验和破坏性检验在应用中的困难。

第二次世界大战期间,为了提高军品质量和可靠性,美国先后制定了三个战时质量控制标准,即 AWSZ 1.1—1941《质量管理指南》、AWSZ 1.2—1941《数据分析用控制图法》、AWSZ 1.3—1942《工序控制图法》,并要求军工产品承制厂商普遍实行这些统计质量控制方法。一般认为 20 世纪 40 年代的这些理论和实践的进步是质量管理开始进入统计质量管理阶段的标志。

统计质量管理把以前质量管理中的"事后把关"变成事先控制、预防为主、防检结合,并开创了把数理方法应用于质量管理的新局面。战后,数理统计在生产领域中的应用更是蓬勃发展。但是,事实证明统计质量管理也不是完美无缺的。

(三)全面质量管理阶段

从 20 世纪 50 年代起,尤其是 60 年代后,科学技术进步加速发展,产品的复杂程度和技术含量不断提高,人们对产品质量及可靠性、品种、服务的要求越来越高,特别是由于服务业的迅猛发展,更进一步提出了关于服务质量及服务质量管理的新问题。所有这些,都对传统的质量管理理论和方法提出了挑战。只有将影响质量的所有因素统统纳入质量管理的轨道,并保持系统、协调、稳定的运行控制,才能确保产品的质量。

在这种社会历史背景和经济发展形势的推动下,形成了全面质量的思想,全面质量管理的理论应运而生。20 世纪 60 年代初,费根堡姆(A. V. Feigenbaum)和朱兰提出了全面质量管理的科学概念及理论,在美国和世界范围内很快被普遍接受和应用。质量管理的历史从此掀开了新的一页,进入了全面质量管理阶段。"21 世纪是质量的世纪。"当代经济的发展和社会的进步,对质量管理提出了更新的需求,质量管理形成了十分强劲的发展势头。

图 2-12 按时间顺序大致反映了质量管理发展的历程。

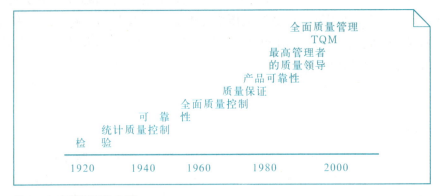

图 2-12 质量管理的发展

二、全面质量管理的含义

全面质量管理理论的诞生，是质量管理发展历史中光辉的里程碑。随着全面质量管理理论在世界范围内的传播、应用和发展，它的思想、原理和方法对于各国质量管理的理论研究和实际应用的指导价值已得到充分的证实。全面质量管理是当今世界质量管理最基本、最经典的理论。

全面质量管理的概念和思想诞生于美国，费根堡姆和朱兰为之建树了不朽的功绩。早在1961年，美国通用电气公司总裁费根堡姆在他的著作《全面质量管理》一书中就已提出了全面质量管理（Total Quality Management）的概念："全面质量管理是为了能在最经济的水平上，并考虑到充分满足用户要求的条件下进行市场研究、设计、生产和服务，把企业内各部门的研制质量、维持质量和提高质量的活动，构成了一种有效的体系。"

全面质量管理理论在美国取得的成功令世人瞩目。各国纷纷引进，并结合各自国情加以改造，终于形成了一股世界性的质量管理大潮流。

在这个大潮流中，对全面质量管理学习最认真，得益也最大的当数日本。日本人的全面质量管理带有鲜明的民族文化特色。与欧美国家以质量管理专业人员为核心、主要依靠规章制度不同，日本的全面质量管理强调全体员工的参与。用日本著名质量管理专家石川馨的话来说，所谓"公司范围内的质量管理"（Company-wide Quality Control，简称CWQC，有时也称"全公司的质量管理"，即指全面质量管理），就是"特点在于整个公司从上层管理人员到全体职工都参加质量管理。不仅研究、设计和制造部门参加质量管理，而且销售、材料供应部门和诸如计划、会计、劳动、人事等管理部门以及行政办事机构也参加管理。质量管理的概念和方法不仅用于解决生产过程、进厂原材料管理以及新产品设计管理等问题，而且当上层管理人员决定公司方针时，也用它来进行业务分析，检查上层管理的方针的实施情况，解决销售活动、人事劳动管理问题，以及解决办事机构的管理问题"。日本人认为，全面质量管理是经营的一种思想革命，是新的经营哲学，是一门特别重视质量的管理学说，强调全面质量管理的整体性和全面性，他们不仅只是把全面质量管理作为一种专业管理，而是作为紧密围绕着经营目标（即质量、利润、产量、交货期、售后服务以及企业和社会效益等）进行综合管理的理论和模式。

我国自1978年推行全面质量管理以来，取得了丰硕成果，逐渐形成具有中国特色的、以全面质量管理为核心的质量管理科学。

世界各国在推行全面质量管理的过程中由于国情不同，其认知和做法也有所不同，但其核心是基本一致的。在国际社会中，对全面质量管理较规范的称呼是TQM（Total Quality Management）和TQC（Total Quality Control），目前使用最广泛的是TQM。关于全面质量管理，在国际标准ISO 8402：1994中的定义："一个组织以质量为中心，以全员参与为基础，目的在于通过让顾客满意和本组织所有成员及社会受益而达到长期成功的管理途径。"全面质量是包括组织内部全过程、所有部门和全员的质量。

表 2-2 简明地给出了质量和全面质量的区别。

表 2-2　质量和全面质量的区别

要　素	质　量	全面质量
对　象	提供产品（产品或服务）	提供的产品及所有与产品有关的事物（附加服务）
相关者	外部顾客	外部顾客和内部顾客
包含过程	与产品提供直接相关的过程	所有过程
涉及人员	组织内部分人员	组织内所有人员
相关工作	组织内部分职能或部门	组织内所有职能或部门
培　训	质量部门	组织内所有人员

把实施全面质量管理作为一项长期、动态的战略系统工程，是质量管理引向系统化、规范化、群众化的深入发展的管理体制。

全面质量管理高度重视提高人的素质，在质量管理涉及的五大因素即人（操作者）、机（机器设备）、料（原材料）、法（工艺、方法）、环（工作环境）中，人处于中心地位。必须坚持以人为本，因为人的工作质量是一切过程质量的保证。一个高素质的管理核心和一支高素质的员工队伍是组织最宝贵的资本，也是全面质量管理得以成功的关键所在。日本全面质量管理的成功实践以及我国一些优秀企业实施全面质量管理取得的佳绩，均为此提供了有力的证明。

全面质量管理的理论内涵，具有以下四个基本特点。

（1）全面质量管理是一种管理途径，既不是某种狭隘的概念或简单的方法，也不是某种模式或框架。

（2）全面质量管理强调一个组织必须以质量为中心来开展活动，其他管理职能不可能取代质量管理的中心地位。

（3）全面质量管理必须以全员参与为基础。不仅要求组织中所有部门和所有层次的人员都要积极认真地投入各种质量活动，同时要求组织的最高管理者坚持强有力和持续的领导、组织、扶持，以及开展有效的质量教育和培训工作，不断提高所有员工的素质。

（4）全面质量管理强调一个组织的长期成功，而不是谋求短期效益或哗众取宠的市场效应。这就要求组织要有一个长期的富有进取精神的质量战略，建立并不断完善其自身的质量管理体系，培育并不断发扬其企业文化，使组织的运营建立在提高自身素质和实力的基础上，以此保证组织经营的成功。

全面质量管理是现代市场经济的产物。近年来，我国一些企业倡导走质量效益型、节约型发展的道路,"以质量求效益,以质量求发展,坚持质量第一的思想,坚持企业效益与社会效益相统一,坚持近期利益与长远利益相统一",从而使企业获得长期稳定的发展和效益,是符合国情的一条现实之路。

在当今,全面质量、ISO 9000、卓越绩效已经成为热点集中的三大领域。现在,人们已普遍地把全面质量管理看作是达到世界级质量水平的有效途径。ISO 9000:2000族标准实现了与TQM的兼容,体现了八项质量管理原则与TQM的基本思想的一致,并与反映卓越绩效评价的核心价值观有很多相似之处。ISO 9004:2000业绩改进指南的应用与实施,对引导组织推进和深化TQM,将发挥积极和重要的作用,为各类获得质量体系认证的组织架起了一座从ISO 9001通向TQM,追求卓越质量和业绩的桥梁。

第四节 质量管理的基础工作

质量管理的基础工作是组织质量管理体系有效运行的基本保证,通常包括:质量教育培训工作、质量责任制、标准化工作、计量管理工作和质量信息管理工作。

质量管理基础工作具有前提性、持久性、广泛性、科学性、有效性等基本特点。

为搞好质量管理基础工作,应做到以下三点。

(1)认识全面做好质量管理各项基础工作的重要性。

(2)建立健全组织结构,实施有效的资源管理,从资源提供(包括人力资源)、基础设施和工作环境上保证各项工作的顺利开展。

(3)要有一个长远、系统的规划,务实地开展工作,并在深化发展中持续改进。

一、质量教育培训工作

教育培训工作是组织风险最小、收益最大的一项战略性投资,员工素质的普遍提高是组织不断发展壮大的根本保证。为此,应本着"以人为本"的原则,建立能够充分调动、激发员工活力的教育培训机制。

质量管理必须"基于教育",一方面是增强质量意识和质量管理基本知识的教育;另一方面则是专业技术与技能的教育培训。

对不同的培训对象,质量教育培训的内容应有不同的侧重。但是,质量意识的教育对于各种层次的对象都是一项经常性、长期性的内容。对于企业的管理者而言,还应侧重于质量管理理论、方法和技术方面的教育。对于从事生产、服务活动的员工,则应加强技术基础教育、技能培训以及关于质量管理知识、方法应用方面的教育。同时，要适时对提供培训和采取措施以满足对人员能力和意识要求的有效性评价，只有全体员工都能胜任自己的工作，组织才能把美好的设想变成现实。

二、质量责任制

质量责任制，旨在确定组织中各部门或个人在质量管理中应承担的任务和活动，规定每个员工的责任和权力。做到人人都有确定的任务和明确的责任，使事事都有人负责，实行预防为主、防检结合，形成一个严密的质量管理责任网络。

建立质量责任制，是组织建立经济责任制的首要环节，有利于实现质量与数量的统一、速度与效益的统一，有利于促进我国企业由粗放型经营向集约型经营的转变，由偏重产量、产值向产量与质量并重、速度与效益并举的转变。

建立质量责任制，要明确规定各项活动之间的接口和协调措施，以利于理顺组织中专业性管理与综合性管理的关系，使质量活动程序化，做什么、怎么做、谁来做、何时做、做到什么程度以及由谁进行记录等都明确、有序。

"质量否决权"是一种可取的办法，它以质量的优劣对员工的劳动效果和利益分配施行评价，并具有最终决定权。质量否决并不仅在于"否决"，其目的在于促进各级各类人员和全体员工质量意识的提高，并且有助于质量责任制的进一步落实。

三、标准化工作

标准化工作是在经济、技术、科学及管理等社会实践中，对重复性事物和概念通过制定、实施标准达到统一，以获得秩序和社会效益的过程。

标准化是组织管理的重要基础和手段，它为实现各种管理职能提供了共同的准则。产品标准是企业管理目标在质量方面的具体化和定量化；各种质量标准则是生产经营活动在时间和数量方面的规律性的反映；各种其他标准为企业进行技术、生产、质量、物资与设备管理等提供了依据。因此，借助于标准化这个手段，将有利于实现企业管理的合理化与科学化。

同时，标准化也是提高产品质量和发展产品品种的重要手段。产品标准为质量管理明确了目标，生产过程和操作方法的标准化，有利于控制影响产品质量及其波动的因素；运用标准化的设计思想，可以消除多余、不必要的产品品种、规格，可以用最少的要素组合形成较多的品种。通过标准化工作，将有利于全面提高企业的经济效益，节约生产经营过程中的活劳动消耗和物化劳动消耗，有利于使企业的生产经营活动合理化，改进质量，提高效率，降低成本，以利于企业目标的实现。

随着质量管理理论和实践的发展与进步，质量管理标准化工作也在不断地发展，特别是国际标准化组织所做的工作，对于消除国际贸易壁垒、加强世界经济合作，发挥着巨大的作用。

四、计量管理工作

计量是关于测量和保证量值统一和准确的一项技术基础工作,它具有如下四个特点。

(1) 一致性——统一国家的计量制度和统一各种量值单位。同国际上计量制度保持一致,采取通用的国际单位制。

(2) 准确性——为达到量值统一的目的,每次计量过程都必须保持一定范围内的准确性,要求在不同地点、不同时间、不同人员对同一种量值的测量结果,都具有一定程度的准确范围,并具有足够的稳定性。测量结果不但要给出明确的量值,而且要给出这个量值的误差大小,以便应用时加以综合处理。计量的准确性是保证一致性的前提。

(3) 可溯源性——计量是从单位制开始的。单位制中的基本单位称为基准量值,复现这些量值的设备称为基准器,即计量标准。单位量值复现以后,通过较低一级的标准器传递下去,称为量值传递。传递都规定有一定的误差范围,以保证同类测量结果在全国的准确和一致。这种为达到量值统一而进行的量值传递形式,即为量值的可溯源性。

(4) 法制性——计量工作贯穿于国民经济的各个领域。为实现全国的计量单位制统一和全国的量值统一,国家制定和颁布的有关计量的法律、命令、条例、办法、制度、规程等,是各地区、各部门、各行业涉及计量工作所必须遵守的法制性准则。

计量工作是技术与管理的统一与结合,其基本任务就是宣传贯彻国家计量法令和有关制度,监督检查各部门的执行情况,并为提高产品质量、降低消耗、促进技术进步和改善经营管理提供计量保证。在保证量值统一的条件下,通过采用测试技术、制定标准和技术文件,以及组织管理措施等手段,提供各种数据和信息,并使之达到必要的准确度,使各项工作建立在可靠的数据分析的基础上,从而为产品质量的提高和成本的降低,以及为实现组织的目标提供依据。在质量管理中,如果没有计量这个技术基础,则定量分析将毫无依据,质量优劣更无法判断,因而也就谈不上质量管理。

五、质量信息管理工作

质量信息是质量管理的耳目、依据和资源,其主要工作是对质量信息进行收集、整理、分析、反馈、建档,并提供利用。

质量信息应具备价值性、适用性、正确性、等级性、可追踪性和可加工性。

质量信息管理工作有以下四个主要任务。

(1) 为质量决策提供确切可靠、适时有效的信息。

(2) 保证质量信息流畅通无阻,以确保质量管理工作正常、有序地运行。

(3) 为内部考核和外部质量保证提供依据。

(4) 全面地积累质量数据、资料、分类归档贮存、建立质量信息档案,以便随时提供利用。

为使质量信息在质量管理活动中充分发挥作用，必须建立组织的质量信息系统（quality information system，简称 QIS），形成一种收集、存贮、分析和报告质量信息的组织体系，以便支持质量信息管理，帮助决策机构和决策者做出决策和迅速传递指令。

QIS 的流程通常包含以下九个基本环节：质量信息的发生与发出；质量信息的输入；质量信息的分析处理；质量信息的传递；质量信息的输出；采取纠正或预防措施；质量信息的协调；质量信息的显示和报警；质量信息的贮存。

QIS 可以是一个人工系统、人机系统或全自动化的系统，它是组织的管理信息系统（即 MIS，management information system）的一个重要组成部分，要处理好 MIS 对 QIS 的影响和协调关系，并要求 QIS 的设计人员与 MIS 的有关人员进行密切的合作。

本章小结

本章介绍了质量管理中常用的一些重要术语，以及从产品符合性质量到追求顾客满意的质量观的转变过程。然后介绍质量职能、"朱兰质量螺旋"及"朱兰三部曲"的概念、内涵和意义。在此基础上，介绍了质量管理的发展历程和全面质量管理理论的思想、内涵和基本特点。本章最后介绍了质量管理基础工作的基本内容和重要意义。

练习与思考

1. 什么是术语"质量"的定义？通用的产品类别有哪几种？
2. 何谓产品质量？何谓固有特性和赋予的特性？
3. 体系与过程以及过程与活动之间存在何种关系？
4. 检验与验证、验证与确认之间的主要区别何在？
5. 如何理解质量管理和质量策划、质量控制、质量保证、质量改进之间的关系？
6. 质量螺旋有何意义？什么叫朱兰三部曲？
7. 全面质量管理的理论内涵具有哪些基本特点？
8. 质量管理的基础工作主要包括哪些内容？

第三章 质量管理体系标准

学习目标

1. 了解 ISO 9000 族标准的概况,理解作为 ISO 9000 族标准指导思想与理论基础的质量管理七项基本原则的含义及意义,了解质量管理体系基础的基本内容。
2. 认识实施 ISO 9001:2015 质量管理体系的积极影响、掌握标准的要求以及发挥领导作用、采取过程方法与 PDCA 循环建立、实施该体系的过程和步骤。
3. 理解作为质量管理体系业绩改进指南的 ISO 9004:2009《追求组织的持续成功 质量管理方法》标准的基本内容,以及实施持续改进的一些方法。

本章综合概述 ISO 族标准(包括它的产生、发展与构成)、质量管理七项原则和质量管理体系基础、质量管理体系要求与体系的建立以及体系业绩改进等问题。

第一节 ISO 9000 族标准概述

一、ISO 9000 族国际标准的产生

"质量管理"作为 20 世纪的一门新兴学科，经过了从现实需要到理论提高和实践运用的发展。

（一）科技进步与经济发展，为 ISO 9000 族标准的产生创造了客观条件

发达国家早在 20 世纪 30 年代就形成了"产品责任"（product liability）的概念。1936 年，在美国纽约成立的"消费者联盟"，是世界上最早的消费者组织。到了 20 世纪 60 年代，世界各国保护消费者利益的团体纷纷成立，这时的顾客已不再以供方的一般性责任担保、事后赔偿为满足，而是着眼于获得长期稳定使用可靠的产品，并且要求在产品质量的形成过程中加强管理和实施监督，要求产品的供方建立起相应的质量体系，并提供足以证明其产品符合要求的依据。一些企业为提高信誉和竞争力以谋求发展，在加强质量管理、开展质量控制活动的同时，还向权威机构申请对其质量体系进行认证。所有这些，都为 ISO 9000 族标准的产生创造了必要的客观条件。

（二）各国推行质量管理和质量保证活动的成功经验，为 ISO 9000 族标准的产生奠定了实践基础

第二次世界大战期间，军事工业迅速发展，对武器质量的控制提出了更高的要求。一些国家的政府在采购军品时，不仅对产品的技术特性提出要求，而且还对供应商提出了质量保证的要求。1959 年美国国防部发布了 MIL-Q-9858A《质量大纲要求》，成为世界上最早的关于质量保证方面的标准，该标准要求军品承包商"应在实现合同要求的所有领域和过程中充分保证质量"。与此同时，美国国防部还发布了军标 MIL-I-45208A《检验系统要求》，作为对生产一般武器以检验系统为主的质量控制要求。此外，美国还制订了 MIL-HDBK-50《承包商质量大纲评定》和 MIL-HDBK-51《承包商检验系统评定》，作为对前述两个标准的补充，从而形成了一套比较完整的质量保证标准。

在军品生产中开展质量保证活动的成功实践，对民品的生产领域也产生了积极的影响，首先是在压力容器和核电站等部门得以推广。美国机械工程师学会（American Society of Mechanical Engineers，缩写为 ASME）于 1971 年发布了 ASME-Ⅲ-NA4000《锅炉与压力容器质量保证》标准，同年美国国家标准学会（American National Standards Institure，缩写为 ANSI）发布了国家标准 ANSI-N45.2《核电站质量保证大纲要求》（1983 年修改为 ANSI/ASME NQA-1—1983 标准）。这些标准的发布与实施，对于预防产品质量故障、减少事故频次，都收到了十分显著的效果。

美国的成功经验很快地被一些发达国家所借鉴，他们也相继制订了质量保证的国家标准。但是，由于各国标准具体反映各自的质量管理水平，标准的内容、要求

各有不同，不利于国际合作与贸易往来，因此建立世界统一的标准，便成为国际性的要求。而且，各国的成功经验实际上已经逐渐为 ISO 9000 族标准的产生奠定了实践基础。

（三）质量管理学的发展为 ISO 9000 族标准的产生提供了必要的理论基础

近代数理统计学和系统论等学科的建立与发展，为质量管理理论的产生提供了支持。在专业技术方面，美国从 20 世纪 50 年代初开始研究可靠性技术，1995 年先后发布了 MIL-R-27542《宇航系统、分系统及设备的可靠性大纲》和 MIL-R-25717C《电子设备可靠性保证大纲》，要求军品供应商贯彻执行。在管理技术方面，许多企业开始了全面质量管理的实践。质量管理从质量检验到统计质量管理，进而向全面质量管理的发展，无论从质量管理学的理论或管理的实践来看，都是一个质的飞跃过程。尤其全面质量管理，它不仅是一种学说，而且是集管理思想、理念、手段、方法于一体的综合体系，是一种以顾客满意为前提的突出产品质量本身，即使企业赢利，又造福社会的新的经营技术基础和消费哲学。全面质量管理的实践，在丰富、深化和发展质量管理学理论的同时，为 ISO 9000 族标准的产生提供了理论基础。

（四）国际贸易的激烈竞争，是产生 ISO 9000 族标准的现实要求

当今的世界市场，竞争手段已经从以价格竞争为主转变到以质量竞争为主，质量成为决定竞争胜败的第一要素。20 世纪 70 年代以来，不少国家把提高进、出口商品的质量作为限入奖出的保护手段，迫使出口国不得不采取提高质量的措施来对付贸易保护主义。

另一方面，由于国际贸易往来的增多，产品超越国界带来的国际产品质量保证与产品责任问题，愈益引起国际社会的广泛关注。质量管理的国际化成为世界性的一种迫切需要，在世界范围内形成了以质量保证评价为前提的贸易交往。

基于国际贸易及技术经济交流活动要求在质量方面应有统一依据以防止非关税贸易壁垒，而且还要消除因质量认证体制不同而造成的技术壁垒，为此国际标准化组织在 1979 年成立了"质量保证技术委员会"（即 ISO/TC176），着手制订质量管理和质量保证方面的国际标准，进而导致 ISO 9000 族标准的产生。而且，也正由于该标准是在世界市场大流通格局的条件下产生的，因此它所规范的质量体系与市场机制保持了较好的一致性。

综上所述，不难理解 ISO 9000 族国际标准的产生绝非偶然。它的产生不仅顺应了发展国际经济贸易与交流合作的需要，而且还对规范市场行为，促进各类组织加强质量管理，提高产品质量，增强市场竞争能力产生了积极效果。

二、国际标准化组织与 ISO 9000 族国际标准的发展

（一）有关的国际标准化组织

以下简介与 ISO 9000 族标准有关的两个代表性标准化组织。

1. 国际标准化组织（International Organization for Standardization，ISO）

ISO 于 1947 年正式成立，是由各国标准化团体（ISO 成员团体）组成的非政府性质的世界性联合会，其主要活动是制订 ISO 标准，协调世界范围内的标准化工作，报道国际标准化的交流情况，以及同其他国际性组织进行合作，共同研究有关标准化问题。

ISO 按专业性质设立技术委员会（Technical Committee，TC）和分技术委员会（Sub-committee，缩写为 SC）及工作组（Working Group，缩写为 WG）。各成员国代表在这些委员会中参与国际标准的制定和修订工作。

2. 国际电工委员会（International Electro-technical Commission，缩写为 IEC）

IEC 成立于 1906 年，比 ISO 早 40 年，是制定和发布国际电工电子标准的非政府性国际机构。其宗旨是：促进电工、电子和相关技术领域有关标准化和合格评定等的国际合作。1947 年 IEC 作为一个电工部门并入 ISO，1978 年又从 ISO 中分立出来。IEC 设有 TC、SC 和 WG，负责起草 IEC 标准。

（二）关于国际标准

国际标准主要是指 ISO、IEC、ITU（国际电信联盟）及被 ISO 认可的其他国际组织所制订的标准。目前国际标准中约有 60% 是 ISO 制订的，20% 是 IEC 制订的，20% 是其他国际组织制订的。

采用国际标准是开拓市场的关键。在国际贸易与交往中，一切需要制订技术规范或标准的地方，均应以国际技术规范或标准为依据。以国际标准为基础制定本国标准，已成为 WTO 对各成员的要求。

ISO/IEC 的《导则》指出，国际标准化机构所制订的国际标准，必须尽可能最大限度、不作更改地作为国家标准，并就国家标准与国际标准的等效程度推荐了识别标记。

等同采用：可用 idt 或 IDT（identical）表示，也可用"≡"表示，是指国家标准在技术内容上与国际标准完全相同，在编写方法上完全相应于国际标准。

等效采用：可用 eqv 或 EQV（equivalent）表示，也可用符号"＝"表示，是指在技术内容上相同，但在编写上不完全对应于国际标准。

不等同采用：可用 neq 或 NEQ（no-equivalent）表示，也可用符号"≠"表示，是指国家标准和国际标准在技术内容上有重大差异。

我国采用国际标准的程度和表示方法也有具体规定，即"等同采用"（≡，idt 或 IDT）、"等效采用"（＝，eqv 或 EQV）、"参照采用"（≈，ref 或 REF）。采用程度的含义则与国际标准基本一致。

（三）关于 ISO/TC 176 及 ISO 9000 族标准的发展

1979 年，ISO 成立的"质量保证技术委员会"（即 ISO/TC 176）于 1982 年后改名为"质量管理和质量保证技术委员会"。ISO 8402《质量——术语》标准和 ISO 9000

标准于1986年及1987年的先后发布，开创了质量管理国际标准化历史的先河，是ISO/TC 176的重大工作成果。目前世界上已有一百多个国家和地区等同或等效采用ISO 9000族标准。

质量管理和质量保证技术委员会（TC 176）负责制定质量管理和质量保证领域的国际标准及相关文件，并于1986—1987年首次发布了第一版质量管理和质量保证领域的国际标准：ISO 8402（1986）、ISO 9000、ISO 9001、ISO 9002、ISO 9003的质量保证模式标准和ISO 9004《质量管理和质量管理体系要素——指南》。这六项标准通称为1987版ISO 9000系列标准。

截至2015年，ISO 9000系列标准先后进行了四次修改。

1. 1994年的修改——"有限修改"

此次修改保持了1987版的基本结构和总体思路，只对标准的内容进行了技术性局部修改，并通过ISO 9000—1和ISO 8402两个标准引入了一些新的概念和定义如：过程和过程网络、受益者、质量改进、产品（硬件、软件、流程性材料和服务）等，为第二阶段修改提供了过渡的理论基础。此次修改ISO/TC 176提出了ISO 9000系列标准的概念，并发布了1994版的ISO 8402、ISO 9000—1、ISO 9001、ISO 9002、ISO 9003和ISO 9004—1等6个国际标准。到1999年底，陆续发布了22项标准和2项技术报告。

2. 2000年的修改——"全面修改"

此次修改是在充分总结了前两个版本标准的长处和不足的基础上，对标准总体结构和技术内容两个方面进行的全面修改，并于2000年12月正式发布了2000版的ISO 9000系列标准。

2000版ISO 9000系列标准更加强调顾客满意和测量的重要性、标准的通用性和广泛的适用性、质量管理原则在各类组织中的应用、满足使用者对标准应更通俗易懂的要求等。显然，2000版ISO 9000系列对保护顾客利益、提高组织的运作能力、促进国际贸易、改善质量体系认证的有效性等方面将产生积极而深远的影响。

3. 2008年的修改——"特定部分修改"

此次修改的主要目的是通过对2000版ISO 9001标准的特定部分修改（包括修改、增加或删减），更加明确地表述2000版ISO 9001标准的内容、并加强与ISO 14001：2004的兼容性。

4. 2015年的修改——"全面修改"

此次修改是在充分总结2008版ISO 9001标准发布后质量管理和质量管理体系在实践和技术层面的主要发展和变化（包括超过1.2万份在线用户的调查反馈意见），质量管理体系所面临的商业环境的发展和变化的基础上，根据ISO 9001：2015"设计规范"的要求，对标准的高层架构和技术内容进行的全面修订，并于2015年9月正式发布2015版的ISO 9000系列标准。

中国是ISO的正式成员，代表中国的组织为中国国家标准化委员会（Standardization Administration of China，简称SAC）。SAC是国务院授权履行行政管理职能，统一管理全国标准化工作的主管机构。下属的全国质量管理和质量保证标准技术委员会（SAC/TC—151）负责对接ISO/TC176的标准转换工作。我国于1988年12月发布了等效采用的GB/T 10300质量管理和质量保证系列标准，为使我国质量管理同国际惯例相接轨，又于1992年10月转为等同采用，后续的ISO标准几次修改我国都非常及时转换为国家标准。

三、ISO 9000族标准的构成

ISO 9000族标准是指由ISO/TC 176技术委员会所制订的标准（standards）、指南（guidelines）、技术报告（technical reports）和小册子（brochure）。

ISO 9000族现在有三个核心标准，除此之外的文件均为"附属物"，应用者可根据需要参考。

ISO 9000族标准总体构成如图3-1所示。

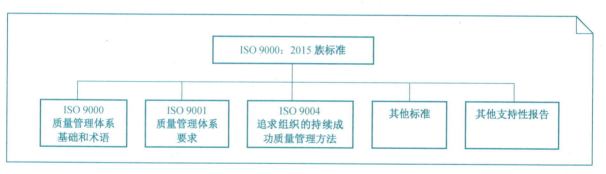

图3-1　ISO 9000：2015族标准总体构成

ISO 9000：2015族标准的构成如下：
- 核心标准

ISO 9000：2015　《质量管理体系　基础和术语》
ISO 9001：2015　《质量管理体系　要求》
ISO 9004：2009　《追求组织的持续成功　质量管理方法》
- 其他标准

ISO 10001　《质量管理　顾客满意　组织行为规范指南》
ISO 10002　《质量管理　顾客满意　组织处理投诉指南》
ISO 10003　《质量管理　顾客满意　组织外部争议解决指南》
ISO 10004　《质量管理　顾客满意　监视和测量顾客满意度指南》
ISO 10005　《质量管理体系　质量计划指南》

ISO 10006 《质量管理体系　项目质量管理指南》
ISO 10007 《质量管理体系　技术状态管理指南》
ISO 10008 《质量管理　顾客满意　企业－消费者　电子商务交易直指南》
ISO 10012 《测量管理体系　测量过程和测量设备的要求》
ISO 10014 《质量管理　实现财务和经济效益的指南》
ISO 10015 《质量管理　培训指南》
ISO 10018 《质量管理　人员参与和能力指南》
ISO 10019 《质量管理体系咨询师的选择及其服务使用的指南》
ISO 19011 《管理体系审核指南》

- 技术报告

ISO/TR 10013 《质量管理体系文件指南》
ISO/TR 10017 《统计技术在 ISO 9001 国际标准中的应用指南》

- 小册子

质量管理原理

选择和使用指南

小企业实施 ISO 9001 指南

- 技术规范

ISO/TS 16949：2009　质量体管理系　汽车生产及相关维修零件组织应用 ISO 9001：2008 的特别要求

上述标准陆续由全国质量管理和质量保证标准技术委员会（SAC/TC—151）转换为国家标准。例如：

GB/T 19000—2016　质量管理体系　基础和术语
GB/T 19001—2016　质量管理体系　要求
GB/T 19004—2011　追求组织的持续成功　质量管理方法
GB/T 19011—2013　管理体系审核指南
GB/T 10010—2009　质量管理　顾客满意　组织行为规范指南
GB/T 10012—2008　质量管理　顾客满意　组织处理投诉指南
GB/T 10013—2009　质量管理　顾客满意　组织外部争议解决指南
GB/T 19015—2008　测量管理体系　质量计划指南
GB/T 19016—2005　测量管理体系　项目质量管理指南
GB/T 19017—2008　测量管理体系　技术状态管理指南
GB/T 19022—2003　测量管理体系　测量过程和测量设备的要求
GB/T 19023—2003　质量管理体系文件指南
GB/T 19024—2003　质量管理　实现财务和经济效益的指南
GB/T 19025—2001　质量管理　培训指南

GB/T 19029—2009　　质量管理体系咨询师的选择及其服务使用的指南
GB/Z 27907—2011　　质量管理　顾客满意　监视和测量指南
GB/Z 19027—2005　　GB/T 19001—2000 的统计技术指南

第二节 | 质量管理原则和质量管理体系基础

在现代质量管理的发展历程中，逐步形成了一系列颇有影响并具有指导性的原则、思想和理念，如全面质量管理则中的"三全管理"（全员参与、全程控制和全面质量）、朱兰的"质量三部曲"（质量策划、质量改进和质量控制）、戴明的十四条质量职责、卓越绩效模式的基本理念（如美国彼得里奇国家质量奖的十一项理念）等。

上述这些原则、思想和理念尽管影响很大，但由于是从不同时期、不同角度提出的，存在一定局限性。随着全球竞争的不断加剧，质量管理越来越成为所有组织管理工作的重点。

质量管理原则是质量管理实践理论的总结，是质量管理的最基本、最通用的一般规律，是质量管理的理论基础。它可以指导一个组织在长时期内通过关注顾客及其他相关方的需求和期望而达到改进其总体绩效的目的，尤其是帮助最高管理者系统地建立质量管理的理念，提高其管理水平。

ISO/TC176/SC2/WG15 结合 ISO 9000 标准 2000 年版制订工作的需要，通过广泛的顾客调查制订成了质量管理八项原则。质量管理八项原则最初以 ISO/TC176/SC2/WG/N125 号文件《质量管理原则及其应用指南》发布，在 ISO/TC176 召开的特拉维夫会议前以绝对多数的赞同票得到通过。

八项质量管理原则已成为最高管理者以系统和透明的方式对组织进行管理和指导业绩改进的框架，在 2000 版和 2008 版的 ISO 9000 标准的 ISO 9000《质量管理体系　基础和术语》及 ISO 9004《质量管理体系　业绩改进指南》中，以质量管理的八项原则作为 ISO 9000 族质量管理体系标准的理论基础，表述了建立和运行质量管理体系应遵循的十二个方面的质量管理体系原理的基础知识，体现了质量管理原则的具体应用。

但是，当 ISO/TC176/SC2/WG15 在 ISO 9000 标准 2015 年版制订工作的过程中，为了能对质量管理原则的定义取得高度的一致，又编制了仅包含质量管理七项原则的新文件 ISO/TC176/SC2/WG15/N130《质量管理原则》。在 2015 年 9 月召开的哥本哈根会议上，36 个投票国以 32 票赞同 4 票反对通过了该文件，并由 ISO/

TC176/SC2/N376 号文件予以发布。

ISO 9000：2015《质量管理体系 基础和术语》对七项质量管理原则进行了重新梳理，融合了当前有关质量的基本概念、原则、过程和资源的框架来准确定义质量管理体系。所有的概念、原则及其相互关系应被看成一个整体，而不是彼此孤立的。没有一个概念或原则比另一个更重要，在应用时进行适当的权衡是至关重要的。

在质量管理体系的标准中，ISO 9000《质量管理体系 基础和术语》是核心的基础标准，2015版 ISO 9000 国际标准进一步增强了标准的通用性。为解决标准的通用性与适用性的矛盾，在 ISO 9001 标准中减少了规定性要求，增加了原则性要求，有些要求仅告诉使用者这个过程需要确定或控制，此时需要考虑哪些因素，以及符合这些要求后应该获得什么结果，而如何实施这些要求则需要组织根据自身的环境和风险来自行规定。在这种情况下，准确地理解 ISO 9000 中的基本概念和基本原则，以及基础知识和术语，并应用这些知识，同时结合本组织的实际情况确定自身的质量管理体系的要求就显得非常必要了。否则，在组织建立、实施和改进质量管理体系及审核员进行质量管理体系审核活动时都很难顺利开展。ISO 9000：2015《质量管理体系 基础和术语》收录的术语分为 13 类共 138 条，为一致理解和应用质量管理体系的其他标准奠定了基础。

ISO 9001：2015《质量管理体系 要求》中引入的新术语、新概念，增加了标准在各类组织中的适用性，应用2015版新标准将有助于组织提高整体绩效，将为其可持续发展奠定基础。此外，ISO 9001：2015 在章节结构上与 ISO 管理体系标准高层架构编排保持一致，为组织整合应用 ISO 其他管理体系标准提供了便利。

一、质量管理体系的基本概念

（一）质量

一个关注质量的组织倡导一种通过满足顾客和其他有关相关方的需求和期望来实现其价值的文化，这种文化将反映在其行为、态度、活动和过程中。组织的产品和服务质量取决于满足顾客的能力以及对有关相关方的有意和无意的影响。产品和服务的质量不仅包括其预期的功能和性能，而且还涉及顾客对其价值和收益的感知。

对于组织来说，产品和服务质量的评价权力最终在顾客，而不是在组织自身。好的产品和服务质量不仅要实现顾客预期的产品和服务的功能和性能，还要注意提升顾客价值，即顾客的基本需求和潜在需求，满足顾客的基本需求，关注顾客的潜在需求提升顾客的价值感和获益感，让顾客惊喜，有助于构建组织的忠诚顾客。除顾客外，组织还需考虑产品和服务质量对其他有关相关方的影响，如产品和服务对环境、对公众、对供方以及对组织的员工的影响，这些影响包括预期影响和非预期影响，包括正面影响和负面影响。

然而，组织对质量的关注是通过文化建设来实现的。组织文化以使命、愿景和价值观为核心内容，通常由物质层、行为层、制度层和精神层四个层次构成，对组织全体成员具有凝聚、约束和辐射功能。组织通过建立重视顾客和其他有关相关方价值的文化，可以使满足顾客和其他有关相关方的需求和期望的理念在组织内内化于心、外化于行，有助于组织质量目标的实现。

（二）质量管理体系

体系是指"相互关联或相互作用的一组要素"，即若干相互联系的有关事物或意识构成的一个有特定功能的有机整体。所谓管理体系，是指"建立方针和目标并实现这些目标的系统"。在一个组织内，存在各种各样的体系，既有整体的经营管理体系，也有各职能活动管理体系，如生产管理体系、质量管理体系、信息管理体系等。其中，质量管理体系的建立、健全和有效运行，需要组织识别确定该体系的目标，并为实现目标采取的过程和配备的资源。质量管理体系是组织有效开展质量管理活动的核心。

质量管理体系包括组织确定其目标及为获得期望结果确定其过程和所需要资源的活动。质量管理体系管理相互作用的过程和所需的资源，以向有关相关方提供价值并实现结果。质量管理体系能够使最高管理者通过考虑其决策的长期和短期影响而优化资源的利用。质量管理体系给出了在提供产品和服务方面，针对预期和非预期的结果确定所采取措施的方法。

（三）组织环境

每一个组织都有其独特的生存理由，而组织的宗旨往往被认为是组织对生存的思考。组织的宗旨，指组织主要的思想或意图，是关于组织存在的目的或对社会发展的某一方面做出贡献的陈述。组织宗旨的确定很大程度上来自于组织环境分析的结果。组织环境分析可以分为宏观环境分析、产业分析和内部环境分析等几个层面，通过对这几个层面的分析，可以使组织较为全面地了解其运营所需的法律政策要求、行业趋势和市场状况，竞争对手和顾客状况以及技术趋势和内部能力等情况。通过环境分析帮助组织清楚其运营面临的外部环境、组织本身的优势和劣势，以及如何把这些外部因素和内部条件很好地结合起来，形成组织的竞争优势。组织在充分理解、适应并利用组织环境的基础上，才能科学地确立组织的宗旨和目标，实现组织的可持续发展。

因此，应理解组织环境是一个过程。这个过程确定了影响组织的宗旨、目标和可持续性的各种因素。它既要考虑内部因素，如组织的价值观、文化、知识和绩效，还要考虑外部因素，如法律、技术、竞争、市场、文化、社会和经济环境。组织的宗旨可被表述为包括其愿景、使命、方针和目标。

（四）相关方

相关方指的是能够影响组织的决策或活动、或者被组织的决策或活动影响的个人和组织。顾客、组织的股东、员工、供方和组织所在的社区，都是组织的相关方。"有关相关方"也被称为主要相关方，指的是对组织的决策或活动产生较为主要的影响，或者被组织的决策或活动影响较为重大的个人和组织。

相关方的概念扩展了仅关注顾客的观点，把所有的相关方纳入质量管理的视野和思考中，有利于组织构建更加均衡和可持续的质量管理系统，而考虑所有有关相关方是至关重要的。识别相关方是理解组织环境的过程的组成部分，要清楚组织的相关方有哪些，他们与组织的交往过程中起什么作用，对组织的经营活动有什么样的影响。对于那些若需求和期望未能满足，将对组织的持续发展产生重大风险的"有关相关方"要高度重视，并向其提供必要的结果以降低组织的风险。

组织因创造价值而存在，价值的成长是由许多环节组成的。组织的相关方顺畅与否，直接影响着组织的成功。因此，组织要取得长期成功需要不断吸引、赢得和保持有关相关方的支持。

（五）支持

在支持这个基本概念中，充分强调发挥组织最高管理者的作用。他们引导着组织的方向，决定着组织的氛围和工作环境，对组织成功实施质量管理至关重要。每个组织都是由人和其他资源结合而成的，管理者必须运用各种恰当的方法，对组织成员施加影响，努力营造出组织成员能够为实现组织目标而努力奋斗的气氛和氛围。

为了确保实现预期结果，组织必须要进行计划制定、资源配置、过程和结果监控、风险评估以及采取适当的应对措施等活动，最高管理者对质量管理体系和全员积极参与的有力支持，有助于上述活动的顺利和深入开展。强调最高管理者对资源的统筹安排和利用，会支持组织目标的实现。

二、七项质量管理原则

在 2015 版的 ISO 9000 标准中，对前一版的八项质量管理基本原则进行修订，修订后的质量管理原则由原来的八项变为七项，将原来的原则四（过程方法）和原则五（管理的系统方法）合并成新的原则四（过程方法），解决了在实际使用过程中，过程方法和管理的系统方法不容易界定的难题。修订还超越了供方互利的价值链关系，在价值网络中强调广泛的合作和关系管理，就是新的原则七（关系管理）。

（一）原则一——以顾客为关注焦点（customer focus）

质量管理的首要关注点是满足顾客要求并且努力超越顾客的期望。组织只有赢得和保持顾客和其他有关相关方的信任才能获得持续成功。与顾客相互作用的每个方面，都提供了为顾客创造更多价值的机遇。理解顾客和其他相关方当前和未来的需求和期望，有助于组织的持续成功。

应用此原则，组织可采取如下八个措施。

（1）识别从组织获得价值的直接顾客和间接顾客。

（2）了解顾客当前和未来的需求和期望。

（3）将组织的目标与顾客的需求和期望联系起来。

（4）将顾客需求和期望在整个组织内予以沟通。

（5）为满足顾客的需求和期望，对产品和服务进行策划、设计、开发、生产、交付和支持。

（6）测量和监视顾客满意情况，并采取适当的措施。

（7）在有可能影响到顾客满意的有关相关方的需求和适宜的期望方面，确定并采取措施。

（8）主动管理与顾客的关系，以实现持续成功。

（二）原则二——领导作用（leadership）

各级领导建立统一的宗旨和方向，并创造全员积极参与实现组织的质量目标的条件。统一的宗旨和方向的建立，以及全员的积极参与，能够使组织将战略、方针、过程和资源协调一致，以实现其目标。

应用此原则，组织可采取如下七个措施。

（1）在整个组织内，就其使命、愿景、战略、方针和过程进行沟通。

（2）在组织的所有层级创建并保持共同的价值观，以及公平和道德的行为模式。

（3）培育诚信和正直的文化。

（4）鼓励在整个组织范围内履行对质量的承诺。

（5）确保各级领导者成为组织人员中的实际楷模。

（6）为员工提供履行职责所需的资源、培训和权限。

（7）激发、鼓励和表彰员工的贡献。

（三）原则三——全员积极参与（involvement of people）

整个组织内各级胜任、经授权并积极参与的人员，是提高组织创造和提供价值能力的必要条件。为了有效和高效地管理组织，各级人员得到尊重并参与其中是极其重要的。通过表彰、授权和提高能力，促进在实现组织的质量目标过程中的全员积极参与。

应用此原则，组织可采取如下七个措施。

（1）与员工沟通，以增强他们对个人贡献的重要性的认识。

（2）促进整个组织内部的协作。

（3）提倡公开讨论、分享知识和经验。

（4）让员工确定工作中影响执行力的制约因素，并且毫不犹豫地主动参与。

（5）赞赏和表彰员工的贡献、钻研精神和进步。

（6）针对个人目标进行绩效的自我评价。

（7）进行调查以评估人员的满意程度，沟通结果并采取适当的措施。

（四）原则四——过程方法（process approach）

将活动作为相互关联、功能连贯的过程组成的体系来理解和管理时，可更加有效和高效地得到一致的、可预知的结果。质量管理体系是由相互关联的过程所组成。理解体系是如何产生结果的，能够使组织尽可能地完善其体系并优化其绩效。

应用此原则，组织可采取以下七个措施。

（1）确定体系的目标和实现这些目标所需的过程。

（2）为管理过程确定职责、权限和义务。

（3）了解组织的能力、预先确定资源约束条件。

（4）确定过程相互依赖的关系、分析个别过程的变更对于整个体系的影响。

（5）将过程及其相互关系作为一个体系进行管理，以有效和高效地实现组织的质量目标。

（6）确保获得必要的信息，以运行和改进过程并监视、分析和评价整个体系的绩效。

（7）管理可能影响过程输出和质量管理体系整体结果的风险。

（五）原则五——改进（improvement）

成功的组织总是致力于持续改进。改进对于组织保持当前的绩效水平，对其内、外部条件的变化做出反应，并创造新的机遇，都是非常必要的。

应用此原则，组织可采取如下七个措施。

（1）促进在组织的所有层级建立改进目标。

（2）对各级人员进行教育和培训，使其懂得如何应用基本工具和方法实现改进目标。

（3）确保员工有能力成功制定和完成改进项目。

（4）开发和展开过程，以在整个组织内实施改进项目。

（5）跟踪、评审和审核改进项目的策划、实施、完成和结果。

（6）将改进与新的或变更的产品、服务和过程的开发结合在一起予以考虑。

（7）赞赏和表彰改进。

（六）原则六——循证决策（evidence-based decisions）

基于数据和信息的分析和评价的决策，更有可能产生期望的结果。决策是一个复杂的过程，并且总是包含某些不确定性。它经常涉及多种类型和来源的输入及其理解，而这些理解可能是主观的。重要的是理解因果关系和潜在的非预期后果。对事实、证据和数据的分析可导致决策更加客观、可信。

应用此原则，组织可采取如下六个措施。

（1）确定、测量和监视关键指标，以证实组织的绩效。

（2）使相关人员能够获得所需的全部数据。

（3）确保数据和信息足够准确、可靠和安全。

（4）使用适宜的方法对数据和信息进行分析和评价。
（5）确保人员有能力分析和评价所需的数据。
（6）依据证据，权衡经验和直觉进行决策并采取措施。

（七）原则七——关系管理（relationships management）

为了持续成功，组织需要管理与相关方（如供方）的关系。有关相关方影响组织的绩效。当组织管理与所有相关方的关系，以尽可能有效地发挥其在组织绩效方面的作用时，持续成功更有可能实现。对供方及合作伙伴网络的关系管理是尤为重要的。

应用此原则，组织可采取如下七个措施。

（1）确定组织和相关方（如供方、合作伙伴、顾客、投资者、雇员或整个社会）的关系。
（2）确定和排序需要管理的相关方的关系。
（3）建立权衡短期利益与长期考虑的关系。
（4）收集并与有关相关方共享信息、专业知识和资源。
（5）适当时，测量绩效并向相关方报告，以增加改进的主动性。
（6）与供方、合作伙伴及其他相关方合作开展开发和改进活动。
（7）鼓励和表彰供方及合作伙伴的改进和成绩。

三、运用基本概念和原则建立质量管理体系

（一）质量管理体系模式

组织就像一个具有生存和学习能力的社会有机体，具有许多人的特征。两者都具有适应的能力，并且由相互作用的系统、过程和活动组成。为了适应变化的环境，均需要具备应变能力。组织经常通过创新突破性改进。在组织的质量管理体系模式中，可以认识到，不是所有的体系、过程和活动都可以被预先确定，因此组织需要具有灵活性和适应性，以适应复杂的组织环境。

组织寻求了解内外部环境，以识别相关方的需求和期望。这些信息被用于质量管理体系的建设，从而实现组织的可持续发展。一个过程的输出可成为其他过程的输入，并将其连入整个网络中。虽然每个组织的质量管理体系，通常是由相似的过程所组成，实际上每个质量管理体系都是唯一的、独特的。

组织拥有可被确定、测量和改进的过程。这些过程相互作用，产生与组织目标和跨部门职能相一致的结果。某些过程可能是关键的，而另一些则不是，过程具有内部相关的活动和输入，以提供输出。

组织的人员在过程中协调配合，开展他们的日常活动。某些活动被预先规定并依靠对组织目标的理解，而另外一些活动则是通过对外界刺激的反应，以确定其性质并予以执行。

（二）质量管理体系建设

质量管理体系是一个通过周期性改进，随着时间的推移不断发展的动态系统。无论是否经过正式策划，每个组织都有质量管理活动。确定组织中现存的活动及其适宜的环境是必要的。标准 ISO 9000：2015《质量管理体系 基础和术语》和标准 ISO 9001：2015《质量管理体系 要求》及 ISO 9004：2009《追求组织的持续成功 质量管理方法》一起，可为组织如何建立一个正规的体系管理的过程中，给出了基本概念和原则指南，可用于帮助组织建立一个有凝聚力的质量管理体系。

正规的质量管理体系为策划、执行、监视和改进质量管理活动的绩效提供了框架。质量管理体系无需复杂，而是需要准确地反映组织的需求。在建设质量管理体系过程中，ISO 9000：2015《质量管理体系 基础和术语》给出了基本概念和原理可提供有价值的指南。

质量管理体系策划不是一劳永逸的，而是一个持续的过程。质管理体系的计划随着组织的学习和环境的变化而逐渐完善。这个计划要考虑组织的所有质量活动，并确保覆盖标准 ISO 9000：2015《质量管理体系 基础和术语》的全部指南和 ISO 9001：2015《质量管理体系 要求》标准的要求。该计划经批准后实施：

定期监视和评价质量管理体系的计划执行和绩效状况，对组织来说是非常重要的，应经过深思熟虑建立这些指标，更有利于监视和评价活动的开展。

审核是一种评价质量管理体系有效性、识别风险和确定满足要求的方法。为了有效地进行审核，需要收集有形和无形的证据。在对所收集的证据进行分析的基础上，采取纠正和改进措施。所获取的知识可能会带来创新，使质量管理体系的绩效达到更高的水平。

第三节 | 质量管理体系要求与体系的建立

本节着重讨论：实施 ISO 9001：2015 标准的积极影响、质量管理体系的建立与实施、过程方法的应用、质量管理体系形成文件的信息的建立和保持等问题。

一、实施 ISO 9001：2015 族标准的积极影响

（一）实施 ISO 9001：2015 标准采用质量管理体系是一项战略性决策

ISO 9000 族标准是在总结了世界经济发展国家的质量管理实践经验的基础上制订的具有通用性和指导性的系列国际标准。实施 ISO 9000 族标准，可以促进组织质量管理体系的改进和完善，对促进国际经济贸易活动、消除技术新发贸易壁垒、提高

组织的管理水平等方面能起到良好的作用。

尽管绝大多数组织都有自己的管理模式,但经过多年实践,按 ISO 9000 族给出的通用模式建立的质量管理体系是国际上公认的一种行之有效的管理模式,它能够帮助组织持续改进自身的能力、增强顾客满意、向组织及其顾客提供信任。当组织决定依据 ISO 9001 标准建立质量管理体系时,说明组织对自身的管理模式做了一个重大的、带有全局性的战略性的决策。它决定了组织将遵循 ISO 9000 族标准的以质量管理原则为指导思想、持续改进组织绩效的管理理念,并将这些原则和理念融入组织的质量管理活动,从而帮助组织更好地提高整体绩效,为推动可持续发展奠定良好的基础。它可以帮助组织获得以下四个方面潜在的益处。

1. 稳定提供符合顾客要求,以及适用的法律法规规定的产品和服务的能力

ISO 9001:2015 标准倡导组织基于风险的思维采用过程方法,充分识别、监视和评审可能长期或短期影响其能力的内外部环境的变化以及顾客和相关方的需求和期望,在此基础上对其质量管理活动进行决策,使组织在实施质量管理活动中能始终专注于产品和服务的一致性、以顾客为关注焦点、发挥领导作用、优化资源的利用,从而帮助组织始终保持能力以满足法律法规和监管要求,满足顾客和相关方的需求和期望,稳定提供符合顾客要求以及适用的法律法规要求的产品和服务,以实现持续改进。

2. 促成增强顾客满意的机会

ISO 9001:2015 标准要求组织最高管理者始终致力于增强顾客满意,在质量管理体系中履行"以顾客为关注焦点"的承诺。通过最高管理者的领导作用和质量管理体系的有效运行,可以使组织及时识别、分析顾客和相关方需求以及这些需求的变化,识别可能影响产品和服务符合性以及增强顾客满意的能力的风险和机遇,并采取相应的应对措施,使组织面对复杂的多变的环境更具有灵活性和富有竞争力,从而促成组织增强顾客和其他相关方满意的机会。

3. 应对与组织环境和目标相关的风险和机遇

ISO 9001:2015 标准倡导的"过程方法"是"基于风险的思维",它是实现质量管理体系有效性的前提。标准要求组织在策划质量管理体系时就应考虑到影响其实现预期结果的内外部因素和相关方的要求,识别与之相关的可能的风险和机遇,策划应对这些风险和机遇的措施,规定相关的实施过程并使其持续受控,这将帮助组织提高抗风险能力,在日趋复杂和不断变化的环境中,更好地抓住机遇,迎接挑战,为提高质量管理体系有效性、实现改进结果、防止不利影响以及实现预期结果奠定基础。

4. 证实符合规定的质量管理体系要求的能力

质量管理体系为组织策划、实现、检查和改进质量管理活动的绩效提供了通用的、科学的、行之有效的框架,要求组织按照标准的要求,建立、实施、保持和持续改进质量管理体系。体系的有效实施不仅帮助组织提升"稳定提供满足顾客要求及适用法律法规要求的产品和服务的能力",同时也可以用于组织在上述方面的内外部证实,使组

织稳定提供合格产品和服务的能力被社会或组织自己所感知、了解，使得人们对组织在产品和服务质量方面的信任变得直接、简单和清晰。

（二）2015 版 ISO 9000 标准变化的简介

2015 版 ISO 9000 系列标准与 2008 版对比，发生了较大的变化，主要有以下九个变化。

（1）采用 ISO/IEC 导则 第 1 部分 ISO 补充规定的附件 SL 中给出的管理体系通用结构。

（2）更加提升过程方法的应用，为支持和改善过程方法的理解和应用，对于"基于风险的思考"的明确要求；将风险管理引入标准，不再使用预防措施。

（3）较少的规定性要求。

（4）对成文信息的要求更加灵活，更少地强调各类文件。

（5）提高了对"服务"的适用性，更适用于"服务"型组织。

（6）定义质量管理体系的范围要求。

（7）增加了对组织的环境（内外部运行背景）的强调。

（8）增强并增加了领导作用的要求。

（9）更加注重实现预期的过程结果以增强顾客满意。

1. ISO 9000：2015《质量管理体系 基础和术语》标准

ISO 9000：2015《质量管理体系 基础和术语》标准对质量管理原则进行了重新梳理，对前一版的八项质量管理基本原则进行修订，修订后的质量管理原则由原来的八项变为七项，即将原来的原则四"过程方法"和原则五"管理的系统方法"合并成新的原则四"过程方法"，解决了在实际使用过程中，过程方法和管理的系统方法不容易界定的难题。修订还超越了供方互利的价值链关系，在价值网络中强调广泛的合作和关系管理，就是新的原则七"关系管理"。对七项质量管理原则的概述、依据及组织可采取的措施；有关"质量""质量管理体系""组织环境""相关方"和"支持"等五个质量管理的基本概念在本章第二节已有论述。

ISO 9000：2015《质量管理体系 基础和术语》标准以"有关人员""有关组织""有关活动""有关过程""有关体系""有关要求""有关结果""有关数据、信息和文件""有关顾客""有关特性""有关确定""有关措施""有关审核"等 13 类共收录了 138 条术语和定义，也为一致理解和应用质量管理体系的其他标准奠定了基础。

2. ISO 9001：2015《质量管理体系 要求》标准主要变化体现为八个方面，对这些变化正确地理解，将有助于组织提高整体绩效，为其可持续发展奠定良好基础

（1）结构与术语的变化。

为了更好地与其他管理体系标准保持一致，新版标准与 2008 版标准相比，ISO 9001：2015《质量管理体系 要求》的章节结构（即章节顺序）和某些术语发生了变化。ISO 9001：2015 与 ISO 9001：2008 的条款对应关系见表 3-1。

表 3-1　ISO 9001：2015 和 ISO 9001：2008 的条款对应关系

ISO 9001：2015	ISO 9001：2008
1. 范围	1. 范围 1.1 总则
2. 组织环境	4. 质量管理体系
4.1 理解组织及其环境	4. 质量管理体系 5.6 管理评审
4.2 理解相关方的需求和期望	4. 质量管理体系 5.6 管理评审
4.3 确定质量管理体系的范围	1.2 应用 4.2.2 质量手册
4.4 质量管理体系及其过程	4. 质量管理体系 4.1 总要求
5. 领导作用	5. 管理职责
5.1 领导作用和承诺	5.1 管理承诺
5.1.1 总则	5.1 管理承诺
5.1.2 以顾客为关注焦点	5.2 以顾客为关注焦点
5.2 方针	5.3 质量方针
5.2.1 制定质量方针	5.3 质量方针
5.2.2 沟通质量方针	5.3 质量方针
5.3 组织的岗位、职责和权限	5.5.1 职责和权限 5.5.2 管理者代表 5.4.2 质量管理体系策划
6. 策划	5.4.2 质量管理体系策划
6.1 应对风险和机遇的措施	5.4.2 质量管理体系策划
6.2 质量目标及其实现的策划	5.4.1 质量目标
6.3 变更的策划	5.4.2 质量管理体系策划
7. 支持	6. 资源管理
7.1 资源	6. 资源管理
7.1.1 总则	6.1 资源提供
7.1.2 人员	6.1 资源提供
7.1.3 基础设施	6.3 基础设施
7.1.4 运作过程的环境	6.4 工作环境

续 表

ISO 9001:2015	ISO 9001:2008
7.1.5 监视和测量资源	7.6 监视和测量设备的控制
7.1.5.1 总则	7.6 监视和测量设备的控制
7.1.5.2 测量资源	7.6 监视和测量设备的控制
7.1.6 组织知识	无相对应的条款
7.2 能力	6.2.1 总则 6.2.2 能力、培训和意识
7.3 意识	6.2.2 能力、培训和意识
7.4 沟通	5.5.3 内部沟通
7.5 成文信息	4.2 文件要求
7.5.1 总则	4.2.1 总则
7.5.2 创建和更新	4.2.3 文件控制 4.2.4 记录控制
7.5.3 成文信息的控制	4.2.3 文件控制 4.2.4 记录控制
8 运作	7 产品实现
8.1 运作策划和控制	7.1 产品实现的策划
8.2 产品和服务的要求	7.2 与顾客有关的过程
8.2.1 顾客沟通	7.2.3 顾客沟通
8.2.2 产品和服务要求的确定	7.2.1 与产品有关的要求的确定
8.2.3 产品和服务要求的评审	7.2.2 与产品有关的要求的评审
8.2.4 产品和服务要求的更改	7.2.2 与产品有关的要求的评审
8.3 产品和服务的设计和开发	7.3 设计和开发
8.3.1 总则	7.3.1 设计和开发策划
8.3.2 设计和开发策划	7.3.1 设计和开发策划
8.3.3 设计和开发输入	7.3.2 设计和开发输入
8.3.4 设计和开发控制	7.3.4 设计和开发评审 7.3.5 设计和开发验证 7.3.6 设计和开发确认
8.3.5 设计和开发输出	7.3.3 设计和开发输出
8.3.6 设计和开发更改	7.3.7 设计和开发更改的控制

续 表

ISO 9001：2015	ISO 9001：2008
8.4 外部提供过程、产品和服务的控制	7.4.1 采购过程
8.4.1 总则	4.1 总要求 7.4.1 采购过程
8.4.2 控制类型和程度	7.4.1 采购过程 7.4.3 采购产品的验证
8.4.3 提供给外部供方的信息	7.4.2 采购信息 7.4.3 采购产品的验证
8.5 生产和服务提供	7.5 生产和服务提供
8.5.1 生产和服务提供的控制	7.5.1 生产和服务提供的控制 7.5.2 产品和服务提供过程的确认
8.5.2 标识和可追溯性	7.5.3 标识和可追溯性
8.5.3 顾客或外部供方财产	7.5.4 顾客财产
8.5.4 防护	7.5.5 产品防护
8.5.5 交付后活动	7.5.1 产品和服务提供的控制
8.5.6 变更的控制	7.3.7 设计和开发变更的控制
8.6 产品和服务的放行	7.4.3 采购产品的验证 8.2.4 产品的监视和测量
8.7 不合格输出的控制	8.3 不合格品控制
9 绩效评价	8 测量、分析和改进
9.1 监视、测量、分析和评价	8. 测量、分析和改进
9.1.1 总则	8.1 总则 8.2.3 过程的监视和测量
9.1.2 顾客满意	8.2.1 顾客满意
9.1.3 分析和评价	8.4 数据分析
9.2 内部审核	8.2.2 内部审核
9.3 管理评审	5.6 管理评审
9.3.1 总则	5.6.1 总则
0.3.2 管理评审输入	5.6.2 评审输入
9.3.3 管理评审输出	5.6.3 评审输出

续　表

ISO 9001：2015	ISO 9001：2008
10 改进	8.5 改进
10.1 总则	8.5.1 持续改进
10.2 不合格和纠正措施	8.3 不合格品控制 8.5.2 纠正措施
10.3 持续改进	8.5.1 持续改进 8.5.3 预防措施

ISO 9001：2008 和 ISO 9001：2015 之间的主要术语差异如表 3-2 所示。

表 3-2　ISO 9001：2008 和 ISO 9001：2015 之间的主要术语差异

ISO 9001：2008	ISO 9001：2015
产品	产品和服务
删减	未使用
管理者代表	未使用（分配类似的职责和权限）但不要求委任一名管理者代表
文件、质量手册、形成文件的程序、记录	成文信息
工作环境	过程运行环境
监视和测量设备	监视和测量资源
采购产品	外部提供的产品和服务
供方	外部供方

（2）产品和服务。

ISO 9001：2008 使用的术语"产品"包括所有的输出类别，2015 版标准则使用"产品和服务"，"产品和服务"包括所有输出的类别（硬件、服务、软件和流程性材料）。特别包含"服务"旨在强调在某些要求的应用方面产品和服务之间存在差异。服务的特性表明，至少有一部分输出是在与顾客的接触面上实现的，这意味着在提供服务之前不一定能够确认其是否符合要求。

在大多数情况下，"产品和服务"一起使用，由组织向顾客提供的或外部供方提供的大多数输出包括产品和服务两方面。例如：有形或无形产品可能涉及相关的服务，而服务也可能涉及相关的有形或无形产品。

（3）理解相关方的需求和期望。

2015版标准4.2条款规定的要求包括了组织确定与质量管理体系有关的相关方，并确定来自这些相关方的要求。然而，标准条款4.2并不意味着因质量管理体系要求的扩展而超出了标准的范围。正如范围中所述，标准适用于需要证实其有能力稳定地提供满足顾客要求以及相关法律法规要求的产品和服务，并致力于增强顾客满意的组织。

对于那些与质量管理体系无关的相关方，标准没有要求组织考虑确定。有关相关方的某个特定要求是否与其质量管理体系相关，需要由组织自行判断

（4）基于风险的思维。

2008版的ISO 9001标准中已经隐含基于风险的思维的概念，如有关策划、评审和改进的要求。2015版标准要求组织理解其组织环境（见条款4.1）并以确定风险作为策划的基础（见条款6.1）。这意味着将基于风险的思维应用于策划和实施质量管理体系过程（见条款4.4），并有助于确定成文信息的范围和程度。

质量管理体系的主要用途之一是作为预防工具。因此，新版标准并未就"预防措施"设置单独条款或子条款，预防措施的概念是通过在质量管理体系要求中融入基于风险的思维来表达的。

由于在标准中使用基于风险的思维，因而一定程度上减少了规定性要求，并以基于绩效的要求替代。在过程、成文信息和组织职责方面的要求比ISO 9001：2008具有更大的灵活性。

虽然条款6.1规定组织应策划应对风险的措施，但并未要求运用正式的风险管理方法或将风险管理过程形成文件。组织可以决定是否采用超出标准要求的更多风险管理办法，如通过应用其他指南或标准。

在组织实现其预期目标的能力方面，并非质量管理体系的全部过程表现出相同的风险等级，并且不确定性的影响对于各组织不尽相同。根据条款6.1的要求，组织有责任应用基于风险的思维，并采取应对风险的措施，包括是否保留成文信息，以作为其确定风险的证据。

（5）适用性。

2015版的ISO 9001标准在其要求对组织质量管理体系的适用性方面不使用"删减"一词。然而，组织可根据其规模和复杂程度、所采用的管理模式、活动领域以及所面临风险和机遇的性质，对相关要求的适用性进行评审。

在条款4.3中有关适用性方面的要求，规定了在什么条件下，组织能确定某项要求不适用于其质量管理体系范围内的过程。只有不实施某项要求不会对提供合格的产品和服务造成不利影响，组织才能决定该要求不适用。

（6）成文信息。

作为与其他管理体系一致的共同内容，2015版的ISO 9001标准有"成文信息"的条款，内容未做显著变更或增加（见条款7.5）。标准的文本尽可能与其要求相适应。

因此,"成文信息"适用于所有的文件的要求。

在 ISO 9001:2008 中使用"记录"这一术语表示提供符合要求的证据所需要的文件,现在新标准表述的要求为"保留成文信息"。组织有责任确定需要保留的成文信息及其存储时间和所用载体。

"保持"成文信息的要求并不排除基于特殊目的,组织也可能需要"保留"同一成文信息,如保留其先前版本。

新标准若使用"信息"一词,而不是"成文信息"(如在条款 4.1 中"组织应对这些内部和外部因素的相关信息进行监视和评审")则并未要求将这些信息形成文件,在这种情况下,组织可以决定是否有必要或适合保持成文信息。

(7)组织知识。

新版标准中条款 7.1.6 中要求组织确定并管理其拥有的知识,以确保其过程的运行,并能够提供合格的产品和服务。为了保持组织以往的知识,满足组织现有和未来的知识需求,应有组织知识的控制过程。这个过程应考虑组织环境,包括其规模和复杂性,须处理的风险和机会,以及知识可用性需求。

组织应确定如何识别和保护组织现有的知识库,也应考虑从组织的内部和外部资源(如学术机构专业机构)中,如何获得所需的知识以满足组织现行和未来的需求。

引入组织的知识的要求的目的如下。

① 避免组织损失其知识,如由于员工更替,未能获取和共享信息。

② 鼓励组织获取知识,如总结经验、专家指导、标杆比对。

(8)外部提供的过程,产品和服务的控制

新版标准在条款 8.4 中提出了所有形式的外部提供过程、产品和服务,如是否通过:①从供方采购;②关联公司的安排;③将过程分包给外部供方。

外包总是具有服务的基本特征,因为这至少要在供方和组织之间的接触面上实施一项活动。由于过程、产品和服务的性质,外部提供所需的控制可能存在很大差异。对外部供方以及外部提供的过程、产品和服务,组织可以应用基于风险的思维来确定适当的控制类型和控制程度。

二、质量管理体系的建立与实施

质量管理体系标准要求与产品和服务要求是两类不同的要求。质量管理体系是通用的,适用于所有行业的任何组织,无论其提供何种类型的产品和服务。然而,产品要求是针对产品特性的描述、服务要求是针对服务特性的表述,都是具体产品和服务特有的,不具有通用性。但是,质量管理体系要求是对产品和服务要求的补充,建立质量管理体系,并有效地实施运行,可以帮助组织提高管理水平,持续提升满足要求的能力,从而促成产品和服务质量的提高,更好地满足产品和服务要求。

采用质量管理体系是组织的一项战略决策,能够帮助其提高整体绩效,为推动可持续发展奠定良好基础。

(一) 用过程方法建立、实施质量管理体系

1. 过程方法简介

过程可以被定义为"利用输入实现预期结果的相互关联或相互作用的一组活动"。图 3-2 是一个过程的示意图。

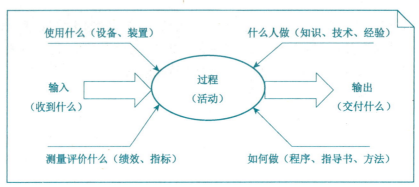

图 3-2　　　　　　　　　　　　　　　　　　　　　　　　　　　　　　　过程图

过程有七个特点。

(1) 每一个过程都具有确定的输入和输出两个端点,以及两个端点之间的活动链。输入和输出可以是有形的(诸如识别、材料或部件),或者是无形的(诸如能量或信息)。各种输出也可以是非期望的,譬如废物或污染。

(2) 任何过程都是向其顾客和相关方(他们可能是组织内部的或者外部的)提供产品或服务增值的活动链。

(3) 某一个过程的输出,通常是下一个过程的输入,过程之间相互作用。

(4) 过程通常是跨部门、跨职能的(采用跨部门的项目管理方式,有利于沟通和提高效率)。

(5) 为了确保过程增值,必须对过程进行策划,并使其在受控状态下运行。

(6) 提供系统来收集数据,以便提供有关过程的绩效的信息,测量评价绩效指标(有效性和效率)并对这些信息进行分析,以便确定是否需要采取纠正措施或改进过程。

(7) 所有过程都应与组织目标、范围和复杂性相适应,而且能为组织增值。

2. 基于风险的思维、PDCA 模式和过程方法

基于风险的思维是实现质量管理体系有效性的基础。基于风险的思维、PDCA 模式和过程方法,这三个概念共同形成了 ISO 9001：2015 标准的一个完整部分。

风险能够对目标和结果产生影响,因此应在管理体系中给予应对。基于风险的思维是通过过程方法运用的。

(1) 建立过程时应确定所要应对的风险(正面的或负面的),以改进过程的输出,

预防非预期结果的出现。

（2）明确所需的过程策划和控制的范围（根据风险）。

（3）改进管理体系的有效性。

（4）以系统的方法应对风险，实现目标。

PDCA 是用于管理过程和体系的工具，PDCA 循环如图 3-3 所示。P/策划（plan）：根据顾客的要求和组织的方针建立体系的目标及其过程，确定实现结果所需资源，并识别和应对风险和机遇。D/实施（do）：实施和控制所策划的活动。C/检查（check）：根据方针、目标、要求和所策划的活动，对过程以及形成的产品和服务进行监视和测量（适用时），并报告结果。A/处置（act）：必要时，采取措施提高绩效。PDCA 循环运行可以作为持续改进的周期，基于风险的思维可运用在周期的每个阶段（见图 3-4）。

图 3-3
PDCA 循环

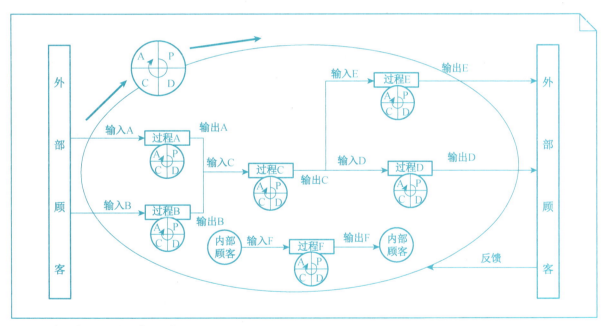

图 3-4 相互作用的过程的典型网络

3. 运用过程方法建立质量管理体系的步骤

过程方法可应用于任何组织的管理体系、无论其类型、规模和复杂程度。对于一个完整的体系、独立的过程以及可操作的活动均可应用 PDCA，以管理并提高绩效。按照 ISO 9001：2015 的要求运用过程方法的步骤。

（1）策划阶段（P）。

① 明确职责的环境。组织应明确自身的责任、相关方及其要求、需求和期望，以确定组织所期望的目标。收集、分析并确定组织内部和外部的责任以满足相关方的相

关要求、需求和期望。监视或定期与相关方进行沟通,确保保持理解他们的要求、需求和期望。

② 明确组织的范围、目标和方针。在分析要求、需求以及期望的基础上,建立组织的管理体系的范围、目标和方针。组织应根据其内外部环境和相关方的要求,确定其质量管理体系的范围、边界以及适用性。确定组织需要应对的市场。最高管理层应根据预期的输出建立目标和方针。

③ 在组织内部确定过程。确定满足目标和方针所需的过程,以实现预期输出。管理层应确定满足预期结果和输出的过程。这些过程包括管理、资源、运作、测量、分析和改进。

④ 确定过程的顺序。确定过程的前后顺序以及相互关系。定义并描述过程及其相互关系的网络图,应考虑如下4个方面:每一项过程的输入与输出(可以包括内部和外部的);过程之间的相互作用以及使每个过程得以运作的相互接口;顺序安排的最佳效果和效率;过程之间相互作用效果的风险。例如,当意识到一些过程(如需要通过运输将产品或服务交付到顾客手中)将与其他过程(如供应资源的管理、测量、采购)产生相互作用时,可以通过使用诸如图表、矩阵和流程图等工具来设计过程的顺序及其相互关系。

⑤ 确定过程的执行人员或职权,以及其责任。最高管理层应该组织并定义权属关系、责任、个人角色、职责、工作团队、职权、权利等,确保在执行、维护以及改进每个过程及其相互作用过程中,能够实现所需的效果。其中,个体或职权通常与过程所有者相关。管理过程及其相互之间的作用同时有益于建立一个管理体系团队,用系统的眼光审视所有过程及其相互作用的过程及其功能。

⑥ 确定成文信息的需求。确定哪些过程需有明确定义并如何形成文件。对于组织内部的一些过程,他们可能是正式或非正式的,也没有相应的目录或列表说明哪些过程需要正式定义。组织应该在基于风险的思维考虑下,明确哪些过程需要形成文件,例如:组织的规模以及活动的类型;过程的复杂程度及其相互作用;过程的关键点;对于绩效的正式说明。可以利用一系列的方法将过程形成正式的文件,如图解、用户故事、书面说明、清单、流程图、视频或包括图和分析的电子文件。方法和技术的选择并不是目的,它们能够用于描述过程,是实现目标的手段。有效并有组织的过程能够持续传递并执行,能够促进预期目标和结果的改进。

更多信息可参见ISO 9000介绍和支持性指南以及ISO 9001:2015成文信息的要求指南。

⑦ 定义过程的相互作用、风险和活动。确定获得预期输出所需要的活动以及非预期输出的风险。定义过程必须的输出和输入。明确当产生非预期结果时对产品、服务以及顾客满意产生的风险。明确将输入转换为所需的输出所必要的活动、措施及相应的控制。明确并定义过程中各项活动的顺序和相互关系。明确各项活动如何执行。

确保将管理体系作为一个整体，考虑对于组织和用户的所有风险。在一些案例中顾客不仅对于输出而且对于过程的实现有特别的需求。

⑧ 确定监视和测量的要求。明确监视和测量用于何处以及如何应用。应该用于控制和改进过程以及过程预期的输出。明确记录结果的需求。识别确保过程和体系有效和高效所必需的检查，应考虑如下因素：监视和测量的标准；对绩效的评审；相关方的满意度；供方的表现；及时供货或提前的时间；失败率及损失；过程成本；事故频率；其他要求的测量。

（2）实施阶段（D）。

① 执行。获得所策划的活动和结果所必需的执行动作。组织应该完成活动、监视、测量和控制所定义的过程和程序（有可能是自动化的），以及对于获得的策划结果所必要的外包方和其他方法。

② 确定所需的资源。明确有效运行每一项过程所需要的资源。这些资源可包括：人力资源；基础设施；环境；信息；自然资源（包括知识）；材料；财务资源。

（3）检查阶段（C）。

对照策划目标检查过程。确认过程有效，并且过程的特性与组织的目的相符合。组织应该对照目标来比较输出，检查是否所有要求都得到满足。需要采集数据的过程包括，如测量、监视、评审和绩效分析。

（4）处置阶段（A）。

改进过程以确保能够稳定得到预期的输出。根据发现采取措施，确保改进过程的有效性（注：组织可能也希望提高过程的效率，尽管这不是 ISO 9001 的要求）。纠正措施作为过程失败结果，包括识别并清除问题的根本原因两方面，应该用"系统思维"识别对一个独立过程产生影响或原因的事件，原因和影响可能不在同一个过程中。解决问题和改进的典型流程遵循如下基本步骤：定义问题或者目标；针对问题和相关过程收集和分析数据；选择并执行首选方案；评价解决方案的效果；将解决方案与日常工作相结合。当所策划的过程输出和要求均得到实现时，组织仍然需要寻求改进过程绩效，提高顾客满意和期望。例如，通过小步伐的持续改进（"持续改善法"），突破性地改进或创新。

（二）质量管理体系形成文件的信息的建立和保持

成文信息的作用包括用于沟通信息、提供经策划并已实施的证据，以及进行知识分享。ISO 9001：2015 标准用"保持成文信息"代替了 2008 版标准的"文件""形成文件的程序""质量手册""质量计划"等，用"保留成文信息"代替了"记录"。ISO 9001：2015 标准允许组织以灵活的方式将其质量管理体系形成文件。这就是说，每一个具体的组织可以确定成文信息的准确数量，以证明其有效地策划、运行和控制了其过程，也证明其有效实施和持续改进了质量管理体系。

1. 组织为建立质量管理体系而需要保持的成文信息（顶层设计文件）

这些成文信息主要包括：(1)质量管理体系的范围；(2)支持质量管理体系过程运行所需的形成文件的信息；(3)质量方针；(4)质量目标；(5)按照标准条款 7.5 要求所需的成文信息。

2. 组织运行（基本层面、具体文件）时，进行沟通而需要保持的成文信息

这些成文信息主要包括：(1)组织结构图；(2)进度图、流程图或过程描述；(3)程序；(4)工作指令或试验指令；(5)规范；(6)包含内部沟通的文件；(7)生产计划；(8)批准的供方清单；(9)试验和检验计划；(11)质量计划；(12)质量手册；(13)表格。

ISO 9001:2015 标准要求的是一个"形成文件的质量管理体系"，而不是一个"文件体系"。标准对形成文件的信息的要求是"组织的质量管理体系应包括：(1)本标准所需形成文件的信息；(2)组织拟确定的作为质量管理体系的有效性所需的形成文件的信息"，并没有强调特定的文件（如质量手册、书面程序、记录……）的制定，仅有 23 个条款涉及形成文件的信息的要求（包括文件、记录、证据）等。但是按我国的习惯在质量管理体系中，当然组织还是可以继续使用文件和记录进行命名。

第四节 追求组织的持续成功

一、质量管理体系的业绩改进

（一）质量管理体系业绩改进的必要性

ISO 9000 族标准指出："ISO 9000 族标准可以帮助各种类型和规模的组织实施并运行有效的质量管理体系"，"质量管理体系可以帮助组织增强顾客满意"。

任何组织都要尽可能地增强顾客满意，才使其提供的产品和服务拥有更多的接受者。在市场竞争、面临挑战和顾客需求多样化的环境中，组织只有持续改进质量管理体系的有效性和效率，追求卓越业绩，才能得以生存和发展，永远立于不败之地。所以，业绩改进乃是组织生存和发展的客观需求。同时，实现、保持和改进总体业绩是组织的根本追求。

（二）关于 ISO 9004:2009《追求组织的持续成功　质量管理方法》标准

ISO 9000 族标准自发布以来，在世界范围内得到了广泛的认同和使用。如今持有质量管理体系证书对组织来说已经是一件普通的事情，获取证书不能成为组织的追求目标，如何提高认证后质量管理体系的有效性、适应快速多变的市场环境、保持竞争优势、实现永续经营等问题，已成为众多组织关注的焦点。

ISO 9004：2009《追求组织的持续成功 质量管理方法》标准的发布，为组织提供了通过运用质量管理方法实现持续成功的指南，以帮助组织应对复杂、严酷和不断变化的环境，该标准适用于所有组织，与组织的规模、类型和从事的活动无关。该标准不拟用于认证、法规或合同目的。

组织的持续成功取决于长期、均衡地满足顾客和其他相关方需求和期望的能力。通过对组织进行有效的管理、了解组织的环境、开展学习以及进行适当的改进和（或）创新，能够实现持续成功。

ISO 9004：2009 标准采用以过程为基础的质量管理体系的扩展模式，它所关注的质量管理范围比 ISO 9001 更广，强调了所有相关的需求和期望，为系统地持续改进组织的整体绩效提供指南。通过指导组织如何在一个更复杂的、严酷的和不断变化的环境中，实施内容更为广泛、更全面的质量管理体系而达到并保持持续成功。强调一个组织只有充分了解其所处的环境，均衡地考虑所有相关方的利益，并通过不断地学习、改进和创新，长期满足相关方的需求和期望，就能全面提高组织的经营质量和总体绩效，实现永续经营。

ISO 9004：2009 标准追求系统性和程序改进组织的整体绩效，提出了"组织持续成功的管理"（managing for the sustained success of an organization）的思想，标准的内容包括九个部分：范围；规范性引用文件；术语和定义；组织持续成功的管理；战略和方针的展开；资源管理；过程管理；监视、测量、分析与评审；改进、创新与学习等。此外，标准还提供了三个资料性附录，即"自我评价"（附录 A）、"质量管理原则"（附录 B）、ISO 9004 与 ISO 9001 之间的对照（附录 C）。附录 A 给出了组织走向成功的新的 5 级水平成熟度模型，从某一个准则因素的基本水平（1）到最佳实践（5）。

ISO 9001：2015 关注的重点是质量管理体系的有效性，是一个满足顾客要求的必不可少的体系要求，而 ISO 9004：2009 则为质量管理体系的业绩改进提供了指南。各类组织在确保满足 ISO 9001：2015 标准要求的基础上，按 ISO 9004：2009 标准提供的业绩改进指南，进一步改进、完善和扩展质量管理体系，提高其有效性和效率，进而开发改进组织业绩的潜能和总体绩效的增长是十分必要的。

ISO 9004：2009 关注的质量管理范围比 ISO 9001：2015 更广，强调所有相关方的需求和期望，为系统地持续改进组织的整体绩效提供指南。ISO 9004：2009 与 ISO 9001：2015 标准协调一致，与其他管理体系标准相互兼容。这些标准可以相互补充，也可单独使用。ISO 9004：2009 标准在以下四个方面超越 ISO 9001 标准：（1）超越 ISO 9001 标准的符合性要求，追求卓越业绩；（2）超越 ISO 9001 标准的有效性要求，追求有效性和效率；（3）超越 ISO 9001 标准只限于满足顾客需求，追求使所有相关方获益；（4）超越 ISO 9001 标准狭义质量概念，追求广义的质量。

ISO 9004 标准关注的则是组织的总体业绩，包括组织的收入和市场份额、成本和周转期等。即使是产品质量，它所关注的也不限于产品的基本性能和功能，而是关注组织的顾客和其他相关方期望的所有质量因素，如产品的寿命周期、安全和卫生、可使用性、人体工效、环境、产品处置等。因此，ISO 9004 标准追求的是广义的质量。

不论 ISO 9004 标准对 ISO 9001 标准在哪一个方面的超越，其最终目的都是为了追求有效性和效率，追求组织的卓越业绩。

表 3-3 简要地列出了 ISO 9004：2009 与 ISO 9001：2015 两个标准的区别和联系。

表 3-3　ISO 9001：2015 和 ISO 9004：2009 的区别和联系

序　号	项目内容	ISO 9001：2015	ISO 9004：2009
1	目的	为证实组织具有满足顾客和适用的法规要求的能力	有助于组织使顾客满意和相关方受益，改进组织的总体业绩
2	性质	质量管理体系要求	质量管理体系业绩改进指南，不是 ISO 9001 的实施指南
3	用途	根据要求，可用作审核或认证依据	可帮助组织追求卓越，不用作审核或认证依据，可作为自我评价的依据
4	管理内容	规定使顾客满意所需的最低要求	为希望超越 ISO 9001 最低要求，寻求更多业绩改进的组织，提供改进的指南
5	评价质量管理体系的方法	内部审核和管理评审	除内部审核和管理评审外，增加了自我评价
6	结果	提高组织质量管理体系的有效性、充分性和符合性	除了提高组织质量管理体系的适宜性、充分性和有效性外，还提高组织的效率和总体业绩

二、组织的自我评价，持续改进过程

自我评价是基于选定的标准，对照组织的活动和结果所做的综合和系统的评审。它与审核不同，审核主要用来确定满足质量管理体系要求的程度、发现可被用于评价质量管理体系的有效性和识别改进的机会，而自我评价能使组织全面了解其绩效和管理体系成熟度方面的情况，也能帮助组织识别需改进和创新的区域，并确定后续措施的优先次序，制定以持续成功为目标的行动计划。

（一）自我评价工具

ISO 9004：2009 标准将自我评价作为评价组织成熟度水平的工具，通过对组织的活动和结果进行综合和系统的评审，包括评价领导作用、战略、管理体系、资源和过程等方面。自我评价应被用来根据组织的绩效和最佳实践，确定组织的优势和劣势。自我评价可用于组织的整体，也可用于各个过程。自我评价结果应有助于：（1）组织整体绩效的持续改进；（2）向实现和保持组织持续成功的方向发展；（3）适当时，在组织过程、产品和结构方面进行创新；（4）认定最佳实践；（5）识别进一步的改进机会。

自我评价的输出应表明组织的优势、劣势和成熟度水平，如果重复进行自我评价，自我评价的输出应表明组织在实现持续成功方面的进展状况。组织应将自我评价结果

与相关人员沟通，共同分享对组织和其未来方向的理解。组织也应将自我评价结果作为管理评审的输入。自我评价也能作为一种学习工具，是组织改进其愿景，促进相关方的参与。

ISO 9004：2009 标准附录 A 中的自我评价工具采用五个成熟度等级，组织也可将其扩展为包含更多个等级，或根据需要加以修改。

（二）持续改进过程

一个成熟的组织可通过以下八种方式，有效和高效地运行并实现持续成功。（1）理解并满足相关方的需求和期望；（2）监视组织环境的变化；（3）识别能进行改进和创新的领域；（4）制定并展开战略和方针；（5）确立并展开相应的目标；（6）管理组织的过程和资源；（7）展现对员工的信任、激发他们的积极性、使其做出承诺并积极参与；（8）与供方和其他合作伙伴建立互惠的关系。

为确保改进过程的有效性和效率，组织应就以下七个方面考虑产品的实现和支持过程。（1）有效性（如满足要求的输出）；（2）效率（如以时间和费用来衡量的单位产品所耗用的资源）；（3）外部影响（如法律法规发生变化）；（4）潜在的薄弱环节（如缺少能力和一致性）；（5）使用更好方法的机会；（6）对已策划的和未策划的更改的控制；（7）对已策划的收益的测量。

自我评价是一种仔细认真的评价，它最终得出组织有效性和效率，以及质量管理体系成熟水平方面的意见或判断。自我评价通常由组织自己的管理者来实施，其目的是为组织用于改进的资源投向提供以事实为依据的指南。但是，自我评价既不能代替质量管理体系的内部审核，也不能代替现有的质量奖模式。自我评价与质量审核有着相辅相成、相得益彰的作用，有助于评价质量管理体系的有效性和效率。自我评价也可用于测量组织实现其目标的进展情况，并可重新评价这些目标是否持续适宜。

ISO 9004：2009 标准附录 A 给出的自我评价工具是基于该标准的指南，包含关键要素自我评价表和具体要素自我评价表。自我评价表可以按照给出形式使用，也可以按照组织的需要修改后使用。

组织应将持续改进过程作为提高组织内部有效性和效率以及提高顾客和其他相关方满意程度的工具。持续改进包括突破性项目的改进和对现有过程进行的持续改进活动，管理者应当支持将渐进的持续改进活动作为现有过程以及突破性机会的组成部分，以便为组织和相关方带来最大利益。可持续性着眼于中长期发展，强调组织经济财务利益与社会和生态环境利益平衡，并考虑组织直间和间接的相关方，其关键在于监视、分析程序变化的外部环境，并在此基础上建立为实现使命和愿景的战略定位，及时做出变革，制定相应的方针政策和目标，以适应发展变化的需求。

目前，依据质量管理体系准则进行自我评价的模式有很多种。国家和区域质量奖是获得最广泛承认和使用的模式，它们也可作为组织追求卓越的模式。

当今在美国，应用 ISO 9000 族标准、采用波多里奇国家质量奖评价准则、六西格玛（6σ，SIX-SIGMA）管理，已成为三大流派。其中，六西格玛管理是19世纪80年代由美国摩托罗拉公司等提出和推行的一种科学的、卓越经营的质量管理方法，它是以项目的策划和实施为主线，以数据和数理统计为基础，以满足顾客需求为导向，以零缺陷和卓越质量为追求，以科学的工作程序为模式，以取得效益为目的的一种质量改进方法。有关六西格玛管理，在本书第九章有进一步的介绍。

必须指出，无论哪一种质量管理方法和工具都有一定的局限性，任何组织都必须结合实际、博采众长、灵活、有效地运用，才能使其转化为生产力和竞争力。

本章小结

本章介绍了ISO 9000族标准的产生与发展历史，以及标准的总体构成。介绍了质量管理七项原则的概念、内容、意义、相互关系和运用这些原则可采用的措施及可获得的收益，以及在七项原则指导下，建立、实施和改进质量管理体系的基本原理。介绍了ISO 9001：2015版新版标准变化情况，以及质量管理体系的控制机制，过程方法与PDCA循环的应用。最后介绍了质量管理体系业绩改进的必要性，实施自我评价和持续改进的过程，整合运用多种方法和工具以实施可持续发展的战略。

练习与思考

1. ISO 9000族有哪些核心标准？ISO 9001：2015标准与ISO 9004：2009标准的适用范围有何不同？
2. 如何正确理解、使用新版ISO 9001：2015标准？
3. 简述建立、实施ISO 9001：2015质量管理体系的步骤。
4. 简述实施ISO 9001：2015质量管理体系产生的积极影响。
5. 如何理解过程方法在组织实施ISO 9001：2015质量管理体系中的应用？
6. 如何应用ISO 9004：2009标准为指南，持续改进质量管理体系，追求持续成功？
7. 试述持续改进质量管理体系的必要性。

第四章

质量审核和质量认证

学习目标

1. 掌握质量审核和质量认证的基本概念,了解质量审核和质量认证的分类、构成、实施的基本流程。
2. 理解质量改进的定义,了解质量改进的基本程序和主要工具。
3. 通过国际及国内典型的质量审核、质量认证模式的介绍,了解当前质量审核和质量认证的状况和发展趋势。

第一节 | 质量审核概念和程序

质量审核是在市场经济发展的过程中,随着质量管理而发展起来的。ISO 9000 族国际标准的发布实施,将质量审核推到了一个新的阶段,目前质量审核已成为组织质量管理体系正常有效运行的重要手段。

一、质量审核的内涵

(一) 质量审核的定义

审核是指对某项工作进行独立的审查,即由与被审核无直接责任关系、具有相应资格的人进行的一种检查活动。在 ISO 9000:2015《管理体系审核指南》标准中,审核(audit)定义是:"为获得客观证据并对其进行客观的评价,以确定满足审核准则的程度所进行的系统的、独立的并形成文件的过程。"

(1) 审核的基本要素包括由被审核客体不承担责任的人员,按照程序对客体所做的确定。

(2) 审核可以是内部(第一方),或外部(第二方或第三方),也可以是多体系审核或联合审核。

(3) 内部审核,有时称为第一方审核,由组织自己或以组织的名义进行,用于管理评审和其他内部目的,可作为组织自我合格声明的基础。内部审核可以由与正在被审核的活动无责任关系的人员进行,以证实独立性。

(4) 通常,外部审核包括第二方和第三方审核。第二方审核由组织的相关方,如顾客或其他人员以相关方的名义进行。第三方审核由外部独立的审核组织进行,如提供合格认证注册的组织或政府机构。

(5) 这是 ISO/IEC 导则 第 1 部分 ISO 补充规定的附件 SL 中给出的 ISO 管理体系标准中的通用术语及核心定义之一。最初的定义和注释已经被改写,以消除术语"审核准则"与"审核证据"之间循环定义的影响,并增加了(3)和(4)。

审核准则(audit criteria)的定义是:"用于与客观证据进行比较的一组方针、程序或要求。"

审核证据(audit evidence)的定义:与审核准则有关并能够证实的记录、事实陈述或其他信息。

(二) 审核原则

ISO 9001:2015《质量管理体系 要求》是内审、外审的主要准则,另外组织的质量方针、质量目标、质量承诺等也是重要的审核准则,它们一般反映在质量管理体系文件(质量手册和程序等)中,但也可以以其他形式存在;适用于组织的相关法律、法规和其他要求也是内审、外审的重要审核准则。

审核的特征在于其遵循的若干原则。这些原则有助于使审核成为支持鼓励方针和控制的有效与可靠的工具,并为组织提供可以改进其绩效的信息,遵循这些原则是得出相应和充分的审核结论的前提,也是审核员独立工作时,在相似的情况下得出相似结论的前提。审核的六项原则如下。

（1）诚实正直：职业的基础。审核员和审核方案管理人员应有以下5点要求：①以诚实、勤勉和负责任的精神从事他们的工作；②了解并遵守任何适用的法律法规要求；③在工作中体现他们的能力；④以不偏不倚的态度从事工作，即对待所有事务保持公正和无偏见；⑤在审核时，对可能影响其判断的任何因素保持警觉。

（2）公正表达：真实、准确地报告的义务。

审核发现、审核结论和审核报告应真实和准确地反映审核活动。应报告在审核过程中遇到的重大障碍以及审核组和受审核方之间没有解决的分歧意见。沟通必须真实、准确、客观、及时、清楚和完整。

（3）职业素养：在审核中勤奋并具有判断力。

审核员应珍视他们所执行的任务的重要性以及审核委托方和其他相关方对他们的信任。在工作中具有职业素养的一个重要因素是能够在所有审核情况下做出合理的判断。

（4）保密性：信息安全。

审核员应审慎使用和保护在审核过程获得的信息。审核员或审核委托方不应为个人利益不适当地或以损害受审核方合法利益的方式使用审核信息。这个概念包括正确处理敏感的、保密的信息。

（5）独立性：审核的公正性和审核结论的客观性的基础。

审核员应独立于受审核的活动（只要可行时），并且在任何情况下都应不带偏见，没有利益上的冲突。对于内部审核，审核员应独立于被审核职能的运行管理人员。审核员在整个审核过程应保持客观性，以确保审核发现和审核结论仅建立在审核证据的基础上。

（6）基于证据的方法：在一个系统的审核过程中，得出可信的和可重现的审核结论的合理方法。

审核证据应是能够验证的。由于审核是在有限的时间内并在有限的资源条件下进行的，因此审核证据是建立在可获得信息的样本的基础上。应合理地进行抽样，因为这与审核结论的可行性密切相关。

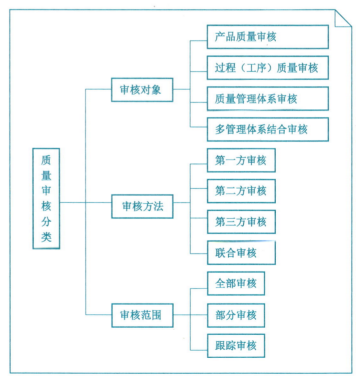

图4-1
质量审核分类

（三）分类

质量审核可按不同标准进行分类，即按审核对象分类法、审核方法分类法和审核范围分类法，见图 4-1。

（1）产品质量审核。产品质量审核是对最终产品的质量进行单独评价的活动，用以确定产品质量的符合性和适用性。产品质量审核通常由质量保证部门的审核人员独立进行。

（2）过程（工序）质量审核。独立地对过程（工序）进行质量审核，可以对质量控制计划的可行性、可信性和可靠性进行评价，过程（工序）进行质量审核一般可从输入、资源、活动、输出着眼，涉及到人员、设备、材料、方法、环境、时间、信息及成本 8 个要素进行。

（3）质量管理体系审核。质量管理体系审核是指独立地对一个组织质量管理体系所进行的质量审核。质量管理体系审核应覆盖组织所有部门和过程，应围绕产品质量形成全过程进行，通过对质量管理体系中的各个部门、各个过程的审核和综合，得出质量管理体系符合性、有效性、达标性的结论。

（4）多管理体系结合审核。多管理体系结合审核是指组织按质量管理（ISO 9001）、环境管理（ISO 14001）、职业健康安全管理（OHSAS 18001）、食品安全管理（ISO 22000）等标准要求，建立、实施多管理体系。组织可以根据具体情况选择多个管理体系进行结合审核。

（5）第一方审核。第一方审核是指组织对其自身的产品、过程或质量管理体系进行的审核。审核员通常是本组织的，也可聘请外部人员。通过审核，综合评价质量活动及其结果，对审核中发现的不合格项采取纠正和改进措施。

（6）第二方审核。第二方审核是指顾客对供方开展的审核。通常是由组织的相关方，如顾客或其他人员以相关方的名义进行。

（7）第三方审核。第三方是指独立于第一方（组织）和第二方（顾客）之外的一方，它与第一方和第二方既无行政上的隶属关系，也无经济上的利害关系。由第三方具有一定资格并经一定程序认可的审核机构派出审核人员对组织的质量管理体系进行审核。这三种审核方审核的特点及区别见表 4-1。

（8）联合审核。当两个或两个以上审核组织合作，共同审核同一个受审核方时，称为联合审核。

二、质量审核的构成

（一）审核委托方

审核的委托方（audit client）：要求审核的组织或人员。

从国内外审核工作的实践看，提出要求的组织或人员可以是，但不一定是接受审核的组织或人员自身。

表 4-1　三种审核方审核及区别

审核方 比较项目	第一方审核	第二方审核	第三方审核
审核类型	内部审核	顾客对供方审核	独立的第三方对组织体系审核
执行者	组织内部或聘请外部人员	顾客自己或委托他人代表顾客	第三方认证机构派出审核员
审核目的	推动内部改进	选择、评定或控制供方	认证注册
审核准则	适用的法律、法规及标准；顾客指定的标准；组织管理体系文件；顾客投诉	顾客指定的产品标准和管理体系标准适用的法律法规	ISO 9001、ISO 14001、GB/T 28001 等；组织适用的法律法规和标准；组织管理体系文件；顾客投诉
审核范围	可扩大到所有内部管理要求	限于顾客关心的标准及要求	限于申请的产品；ISO 9001、ISO 14001、GB/T 28001 等

（1）对第一方质量审核而言，某组织或人员希望通过自己的审核员或雇请人员通过内部质量审核，按照自己选定的质量体系或产品服务规范，对自己的质量体系或产品与服务进行审核，该组织自身就是委托方。

（2）在第二方质量审核中，为满足顾客要求及保护组织自身的利益，在众多可以选择的供方中挑选合格的供应商，由组织自己的审核员或委托外部代理机构代表组织对供方的质量体系标准或产品与服务规范进行审核，这里的组织及顾客就是委托方。

（3）委托方还可以是由与第一方、第二方无商业利害关系的授权考察某一组织质量体系是否对其所提供的产品或服务实施了质量管理控制的独立机构（如食品、医药、核能或其他管理机构），一般是指国家行政主管部门或其被授权的管理机构。

（二）受审核方

受审核方（audited）：被审核的组织。这是指具有自身的职能和行政管理的公司、集团公司、商行、企业、事业单位或社团或其一部分。

在内部质量审核中，受审核方为审核内容涉及的机构或部分。在第二方审核时，受审核方是供方组织。在第三方审核（认证）时，受审核方是申请认证的组织。

（三）审核员

审核员（auditor）：实施审核的人员。从事审核的人员必须符合两点，即资格和授权。所谓资格是指审核员须经专门培训并经鉴定能胜任审核服务的人员。所谓授权是指审核员必须由审核的工作机构（或评定机构）聘用、注册。内部审核的审核员可以由企业的最高管理者授权。

由于审核过程的可信度取决于审核人员的能力，首先一名审核员应具备必要的素质，使其能够按照前面描述的六项审核原则进行工作，而且审核员应在从事审核活动中展现职业素养，包括：（1）有道德，即公正、可靠、忠诚、诚实和谨慎；（2）思想开明,即愿意考虑不同意见或观点;(3)善于交往,即灵活地与人交往;(4)善于观察,即主动地认识周围环境和活动;(5)有感知力,即能了解和理解处境;(6)适应力强,即容易适应不同处境;(7)坚定不移,即对实现目标坚持不懈;(8)明断,即根据逻辑推理和分析及时得出结论;(9)自立,即能够在同其他人有效的交往中独立工作并发挥作用;(10)坚韧不拔,即能够采取负责任的及合理的行动,即使这些行动可能是非常规的和有时可能导致分歧或冲突;(11)与时俱进,即愿意学习,并力争获得更好的审核结果;(12)文化敏感,即善于观察和尊重受审核方的文化;(13)协同力,即有效地与其他人互动,包括审核组成员和受审核方人员。

其次,审核员还应具有达到预期结果的必要知识与技能。所有审核员应具有通用的知识和技能,还应具有一些特定领域与专业的知识和技能。审核组长还应具备更多的领导审核组的知识和技能。

ISO 19011:2011《管理体系审核指南》标准给出了管理体系审核员应具备的通用知识和技能有以下四点。

(1)审核原则、程序和方法,这方面的知识和技能使审核员能将适用的原则、程序和方法应用于不同的审核并保证审核的实施的一致性和系统性。

(2)管理体系和引用文件:这方面的知识和技能使审核员能理解审核范围并运用审核准则。

(3)组织概况:这方面的知识和技能使审核员能理解受审核方的结构、业务和管理实践。

(4)适用的法律法规要求、合同要求和适用于受审核方的其他要求:这方面的知识和技能使审核员能了解适用于组织的法律法规和合同要求,并在此环节下开展工作。

ISO 19011:2011《管理体系审核指南》标准的附录还给出了各类管理体系审核员专业知识和技能的说明示例。(1)运输安全管理领域审核员;(2)环境管理领域审核员;(3)质量管理领域审核员;(4)记录管理领域审核员;(5)连续性管理领域审核员;(6)信息安全管理领域审核员;(7)职业健康安全管理领域审核员的专业知识和技能的通用知识技能及与受审核行业相关的知识和技能。

(四)审核组

审核组(audit team):实施审核的一名或多名审核员,需要时由技术专家提供支持。需要注意的是:(1)审核组中的一名审核员被指定作为审核组长。(2)审核组可包括实习审核员。

观察员(observer)伴随审核组但不参与审核的人员。需要注意的是:(1)观察员不属于审核组,也不影响或干涉审核工作。(2)观察员可来自受审核方、监督机构或其他见证审核的相关方。

审核组长除了具备一名审核员的素质和能力外,还应当具有附加的知识和技能:

策划审核以及在审核过程中，有效地利用资源；代表审核组与委托方和审核组进行沟通；组织和指导审核组成员；领导审核组获得审核结论；预防并解决冲突；编制并完成审核报告。

（五）实施质量审核

审核过程：审核方案；审核活动；编制、批准、发放审核报告；完成审核保存文件及实施跟踪审核等。

三、实施质量审核的程序

（一）审核方案

需要实施审核的组织应建立审核方案，以便确定受审核方管理体系的有效性。审核方案（audit programme）可以包括针对一个或多个管理体系标准的审核，可单独实施，也可结合实施。制订方案的目的是策划审核的类型和次数，识别并提供实施审核所必需的资源。最高管理者应确保建立审核方案的目标，并指定一个或多个胜任的人员负责管理审核方案。审核方案的范围与程度应基于受审核组织的规模和性质，以及受审核管理体系的性质、功能、复杂程度以及成熟度水平，应优先配置审核方案所确

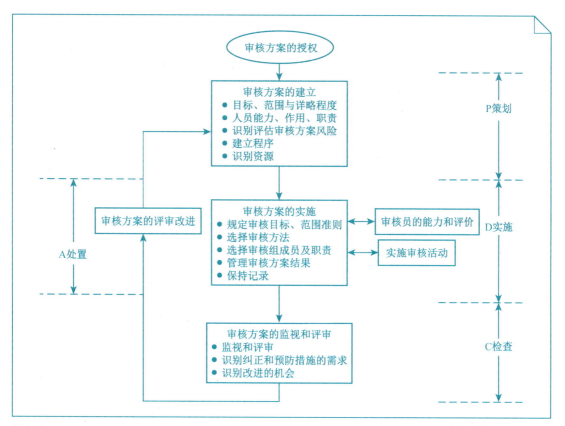

图 4-2　　　　　　　　　　　　　　　　　　　　　　　　　审核方案管理流程示图

定的资源，以审核管理体系的重大事项。这些重大事项可能包括产品质量的关键特性、健康安全的相关危险源或重要环境因素及其控制的措施。审核方案的管理流程可以应用 PDCA 模式，见图 4-2。

（二）实施审核

审核活动包括审核启动、审核活动的准备、审核活动的实施至审核后续活动的实施等内容。ISO 19011：2011《管理体系审核指南》标准给出了典型的审核活动的概述图，见图 4-3。

图 4-3
典型审核活动的概述

第二节 | 质量审核的实施

质量审核是一个组织为保持质量管理体系正常有效运行的重要手段，ISO 族标准促进组织建立、实施和改进质量管理体系（QMS）时采用过程方法，因此质量审核过程的实施也要随之强调过程管理的要求，更注重其有效性。质量体系审核是质量审核中最重要的审核，将结合质量认证的实施和管理在本章第五节阐述。本节主要简单介绍产品质量审核、过程质量审核及典型的第二方审核的实施。

一、产品质量审核

（一）产品质量审核的准则和作用

产品质量审核是对最终产品的质量进行单独检查评价的活动，用以确定产品质量的符合性和适用性，其评价的标准以适用性为主，即从用户使用的角度来检查和评价产品质量。

产品的技术标准是产品质量检验的依据，而产品质量审核是用产品缺陷的多少和严重程度来评价产品的。《××产品质量审核评价指导书》是产品质量审核的依据。

缺陷（defect）在 ISO 9000：2015《质量管理体系 基础和术语》中的定义是"与预期或用途有关的不合格"。

需要注意的是：(1) 区分缺陷与不合格的概念是重要的，这是因为有法律内涵，特别是与产品和服务责任问题有关。(2) 顾客希望的预期用途可能受供方所提供的信息的性质影响,如操作或维护说明。

在产品质量审核中,对缺陷严重程度制定分级标准,并赋予不同的"加权"值。产品缺陷严重性分级可根据被审核的产品要素(功能、外观及包装)的重要程度及造成的危害程度分为 A、B、C、D 等级。为了区别质量缺陷对质量水平的影响,对不同的质量缺陷赋予不同的加权分值,一般取 100、50、10、1 四个加权值。在开展产品质量审核前,要组织人员编写《产品质量审核评级指导书》,经批准后成为产品质量审核执行的作业标准。随产品质量审核后的质量改进,《产品质量审核评级指导书》每隔 1~2 年要修改一次。表 4-2 给出典型的机电产品质量审核用的产品质量缺陷严重性分级原则供参考。

表 4-2 产品质量缺陷严重性分级原则

缺陷级别	严重性	对产品功能的影响	对外观质量的影响	对包装质量的影响	缺陷加权分
A	严重的	能引起产品丧失功能的,会造成安全事故的,会索赔的	顾客会拒收产品,或会提出投诉的	错、漏装产品、包装差,在运输中会造成损害的,用户会投诉的	100
B	重大的	可能严重影响产品功能或引起产品局部功能失效的	顾客可能会发现,并可能会投诉	包装、涂封不良,有可能引起损伤或锈蚀的,漏装附件、说明书,顾客不满意,可能会投诉	50
C	一般的	可能轻度影响功能失效的	用户可能会发现,但不会投诉	漏装一般紧固件,用户可自己解决,一般不会投诉	10
D	轻微的	不影响产品在使用时运转、保养和寿命	外层涂漆或工艺上的小毛病	用户不会投诉	1

产品审核是通过抽取已经经过验收的产品,对比现在生产的产品和过去生产产品的质量水平,分析产品质量的发展趋势。其作用有下列六个方面。

(1)通过定量或定性的检查,以确定产品的实际质量水平。

(2)通过分析和评价,尽早发现质量的不符合的原因,改进产品的实现过程。

(3)分析产品质量变化的原因,以便采取纠正和预防措施。

(4)产品审核的结果能及时发现质量管理体系存在的薄弱环节。

(5)预测服务工作质量。

(6)研究产品质量水平与质量成本之间的关系,寻求适宜的质量水平,从而改进组织的业绩。

(二)产品质量审核的方法

产品质量审核通常用实验室(定量)和感官评价(定性)相结合的方法确定产品的适用性和符合性。审核应由有资格的审核员进行。

产品质量审核的重点是成品,但也可包括外购、外协件、自制零部件。审核的范围:质量上存在薄弱环节的产品;新开发的重点产品;性能要求高、质量要求高的产品;制造工艺复杂的产品;最终检验难度大或容易漏检的产品;顾客反映质量问题较多的产品等。

目前企业内的产品质量审核主要是在产品最终检验、包装合格后,出厂前抽样进行审核。审核数量和时间的确定应充分考虑实际需要和可行性,是全数审核还是抽样审核,如果抽样审核,可按 GB 2828 在选定的抽样的基础上进行,并注意产品质量审核抽样不同于质量检验,检验抽样主要是按符合性标准判断批的合格性,把关验收;质量审核抽样是按适用性标准即依据事先编制的《××产品质量审核评价指导书》来评价产品质量及其变化的趋势。抽样的数量(样本大小)应根据产品复杂程度和生产批量而定。

(三)产品质量审核的程序

产品质量审核应按计划、按程序有步骤地进行。一般分为质量审核准备、实施审核、审核结果统计分析、提出审核报告和改进建议等基本步骤。具体程序可用图 4-4 的框图表示。

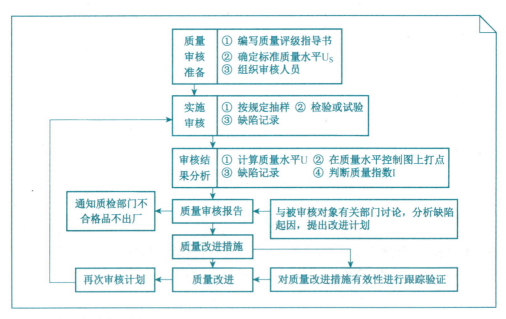

图 4-4　产品质量审核程序框图

产品审核应由有资格的审核员进行,可以连续地或周期地进行。

目前在汽车行业大量采用 AUDIT(奥迪特)方法进行产品质量审核。AUDIT 是企业模拟顾客(用户)对自己的产品质量进行监督的自觉行为,是国际上通行的企业内部自我质量评审的一种方法,它适用于所有大批量生产、质量稳定的产品。我国汽车行业从 1992 年开始已经采用 AUDIT（奥迪特）方法进行产品质量审核。

二、过程质量审核

过程（process）在 ISO 9000：2015《质量管理体系　基础和术语》标准中的定义："利用实现预期结果的相互关联或相互作用的一组活动。"

（1）过程的"预期结果"成为输出，还是称为产品或服务，随相关语境而定。

（2）一个过程的输入通常是其他过程的输出，而一个过程的输出又通常是其他过程的输入。

（3）两个或两个以上相互关联和相互作用的连续过程也可作为一个过程。

（4）组织通常对过程进行策划，并使其在受控条件下运行，以增加价值。

（5）不易或不能经济地确认输出是否合格的过程，通常称之为"特殊过程"。

（6）这是 ISO/IEC 导则 第 1 部分 ISO 补充规定的附件 SL 中给出的 ISO 管理体系标准中的通用术语及核心定义之一，最初的定义已经被改写，以避免过程和输出之间循环解释。

能力（competence）的定义："应用知识和技能实现预期结果的本领。"

过程质量审核的内容是针对过程能力而言，确认过程能力的依据是体系策划时提出的要求。按 ISO 9001：2015 标准的要求，质量管理体系包含了以产品实现所需的过程为主线，配置必要的资源作保障，管理者对其运作进行管理、监视测量和改进，确保交付的产品和服务满足顾客的要求。ISO 9001：2015 标准要求组织建立质量方针和质量目标，最高管理者应确保在组织的相关职能和层次上建立质量目标。对过程的质量审核就是对组织在策划中对过程能力的预期要求（目标）的可行性、可信性和可靠性进行评价。

（一）过程能力

能力（capability）是指"应用知识和技能实现预期结果的本领"。过程的能力就是指过程实现预期结果的本领。

过程质量审核是针对过程能力对照组织在策划中对过程能力的预期要求的可行性、可信性和可靠性进行评价。例如，管理者过程的能力是指管理者的管理水平、工作效率以及对生产的组织指挥的本领；生产过程的能力是指过程的单产能力和保证质量能力，包括设备能力、工艺能力、人员能力、降低质量成本的能力等；支持过程的能力是指分析检测的能力、检测设备的技术能力、分析的准确性及处理应急情况的能力、应用统计技术进行数据收集及处理的能力等。

过程能力是质量管理体系实施的基础，如果过程能力不足，就无法实现预期的结果，更无法满足顾客要求。

（二）过程质量审核的依据

由于各行各业的过程性质不同，过程能力要求也不同。每个组织应根据自己的实际情况策划过程预期的要求（质量目标值或过程绩效目标值），作为过程质量审核的依据。

过程的质量审核应当抓住主要过程，抓住对组织的产品质量有关键影响的过程。以机电产品为例，产品实现过程中的作业过程是最基本的组成单元，对作业过程的质量目标在过程策划时就建立，即该过程形成的质量特性（值），应是定量的。人、设备、材料、方法、环境和检测对产品质量形成起重要作用。该过程质量审核的依据有以下三个。

（1）产品技术方面的要求：产品规范、图样、工艺要求、技术标准等。

（2）过程质量特性：机械加工的关键尺寸、铸造的型砂水分、铁水温度等。

（3）还有质量体系要求：过程质量控制计划、有关生产安全及设备安装的规定、作业指导书、检验规程、对过程运行（包括设备和操作人员）的鉴定要求等。

（三）过程质量审核的一般程序

由于每个组织的规模、性质及产品实现的复杂程度不一样，各组织的过程也是千差万别的，对过程的识别、规定和控制均不一样，因此过程质量审核方法各有不同，但是无论采用什么方法，都要体现 PDCA 循环的思路。图 4-5 为过程质量审核的一般程序框图。

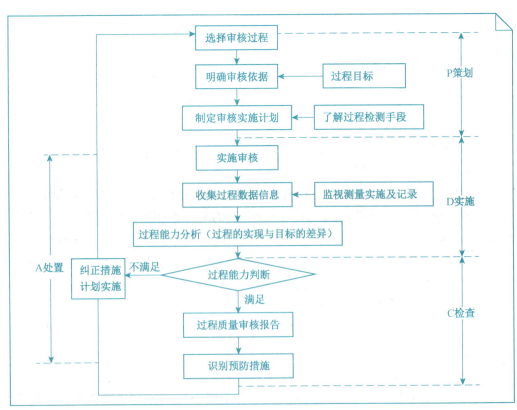

图 4-5 过程质量审核程序框图

三、第二方审核

第二方审核是由顾客对供方进行的审核,审核结果通常作为顾客购买的决策依据,第二方审核时应先考虑采购产品对最终产品质量或使用的影响程度后确定审核方式、范围,还应考虑技术与生产能力、价格、交货及时性、服务等因素。

第二方审核方式有采购产品质量管理体系审核、采购产品质量审核、采购过程质量审核和采购产品特殊要求审核等。对采购产品质量审核及采购过程质量审核可参考上面已介绍的内容。对质量管理体系标准被列入供应链中典型的第二方审核的基本流程可见图 4-6。

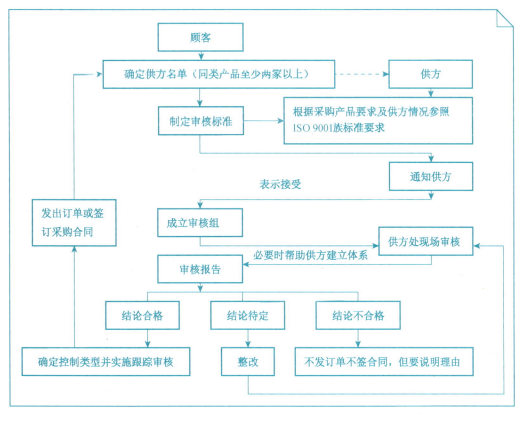

图 4-6 列入供应链的第二方审核流程图

第三节 | 质量改进

一、基本概念

（一）质量改进的定义

对现有的质量水平在控制和维持的基础上加以突破和提高,将质量提高到一个新的水平,该过程便称为质量改进。在 ISO 9000:2015《质量管理体系 基础和术语》标准中质量改进是这样定义的:"质量管理的一部分,致力于增强满足质量要求的能力。"

注:质量要求可以是有关任何方面的,如有效性、效率或可追溯性。

图 4-7 是 ISO 9000:2015 标准中有关质量管理的概念图。

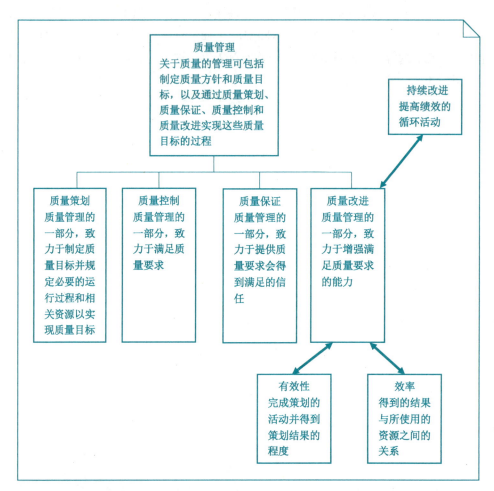

图 4-7 有关质量管理的概念

我们从有关质量管理的概念图来进一步理解质量改进的内涵。

(1)质量改进是质量管理活动的组成部分,质量改进的范围十分广泛、内容丰富,它贯穿于质量管理体系的所有的过程中(包括大过程及子过程),包括了产品、过程、体系的改进。质量改进必须从未知的领域中探索新的活动,去替代或改变原来被认为正常的状态的改进。质量改进的对象包括产品(或服务)质量以及与它有关的工作质量。

(2)质量改进的作用是努力增强满足质量要求的能力。这与质量控制的作用不同,质量控制的作用是努力满足质量要求,按照事先规定的控制计划和依据既定的标准对质量活动进行连续监控，随时发现和评价偏差，及时纠正，采取纠正措施，消除偶发性缺陷，使质量活动恢复到正常状态的过程。质量改进是致力于增强满足质量要求的能力，即意味着质量改进必须从未知的领域中探索新的活动，去替代或改变原来被认为正常的状态，突破原来的质量水平，达到新的质量水平。因此，质量改进是消除系统性的问题，质量改进性质是创造性的，质量改进的过程是质量突破的过程。图4-8可以显示质量改进与质量控制的区别和关系。

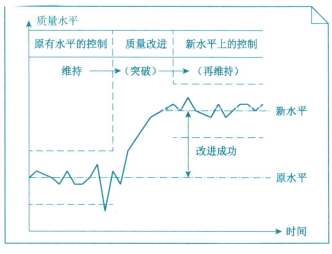

图 4-8
质量改进与质量控制的区别和关系

（3）质量改进以有效性和效率作为质量改进活动的准则。因此，质量改进活动应进行策划，制订具体的改进目标值，有质量改进活动的具体措施、手段、实施计划，对质量改进结果能对照策划目标进行评价，以证明通过质量改进活动是有效的。实施质量改进所投入的资源（人力、物力等）得到了一定程度的回报。

（4）质量改进要持之以恒，持续改进是指增强满足要求的能力的循环活动，持续改进是贯彻 ISO 9000：2015 标准的核心，是一个组织的永恒主题，有了持续改进才会使顾客日益增长的要求和期望得到最终满意，才能使质量管理体系动态地提高以确保生产率的提高和产品质量改善。

（二）质量改进的重要性

市场竞争的焦点是质量竞争，质量改进的重要性关系到企业参与市场竞争的成败。

（1）质量改进是永葆名牌的秘诀。不断根据用户（顾客）的需求和潜在期望适时地进行改进，使名牌产品始终领先一步，适合用户对适用性的要求。

（2）质量改进是新品开发的坚实基础。开发适销对路、用户（顾客）满意的新产品去占领和扩大市场是重要的市场竞争策略之一。一个新产品投放市场还得依靠新的内部管理方法、新的过程控制、新的促销策略和建立新的供需关系作后盾。所有"新"都离不开质量改进。

（3）质量改进是提高效率的根本途径。依靠质量改进来改变管理程序、工艺方法和装备、服务的方式方法等，获得持久的高效率。

（4）质量改进是降低成本的生财之道。质量改进把经常性缺陷造成的损失成本降下来，对降低质量成本的效果是长久的，实现企业增产增效的目的。

（5）质量改进是挖掘潜力的无穷源泉。

质量改进的机会存在于生产经营的全过程的每个阶段、每个领域、每项活动，

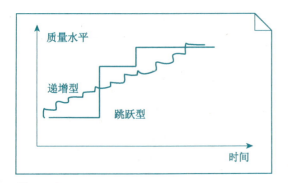

图 4-9
质量改进途径模型示意图

可以涉及企业的每个部门、每个员工。质量改进是无止境的,它正好适应用户(顾客)无止境的需求和期望。正好适应无止境的市场竞争。只要持续地开展质量改进,它将成为挖掘企业潜力、适应市场竞争的无穷源泉。

二、质量改进的程序

(一)质量改进的策略

目前世界各国均重视质量改进的实施策略,方法各不相同。美国麻省理工学院 Robert Hayes 教授将其归纳为"递增型"和"跳跃型"两种。质量改进途径模型如图 4-9。

(1) 递增型质量改进是将质量改进列入日常工作计划中去,课题不受限制,发动全体员工,结合自己的工作,采取一系列小步骤的改进活动,提高有效性和效率,是组织内人员进行的改进。

(2) 跳跃型质量改进是指重大项目改进或对现有过程进行修改或改进,实施新过程达到特定目标。一般需由领导做出决策,集中人力、物力和时间由日常运作之外的跨职能人员完成。

(二)质量改进项目的识别和确定

质量持续改进的项目来源是通过对质量管理体系各过程输出的数据及定期的测量和评估的信息来发现改进的机会。

(1) 与产品质量有关的数据,如质量记录,产品不合格信息,内外部故障成本等提供的数据,产品和/或服务的质量目标值的优化应确定为改进项目。

(2) 与顾客要求和期望有关的数据,如顾客要求/期望的信息,顾客投诉,顾客满意度的数据,服务提供的信息等。顾客的需求和期望,应确定为改进项目。

(3) 与体系运行能力有关的数据,如过程运行的测量监视信息,产品实现过程的能力,内外部审核的结论,管理评审输出,生产率,交货期等提供的数据。过程的改进和生产率的提高、成本控制和优化、员工的合理化建议被采纳后均应确定为改进项目。

(4) 竞争对手、供方和政府部门及市场有关数据。

三、质量改进活动的实施和支撑工具

(一)质量改进活动的实施

质量改进是一种以追求更高的过程效率和效果为目标的持续改进活动,质量没有最好,只有更好,质量改进的宗旨就是永远追求更好,因此改进活动是永无止境的。

对于质量改进的活动过程,许多著名的质量专家都有论述。例如,朱兰博士的质量改进七个步骤（见《朱兰的质量改进方法》）；美国质量专家克劳斯比的质量改进十四个步骤；前任美国质量管理协会主席哈林顿的改进质量的十项活动等，对于质量改进活动的开展都有很好的指导价值。但是，从方法论的角度来看，质量改进活动的过程可用"PDCA 循环"来表达和指导。PDCA 循环是开展质量改进活动的科学工作程序，可应用于任何实体的质量改进活动。PDCA 循环在开展全面质量管活动中的指导价值已为国内外质量管理实践所证头。

质量改进活动的一般程序可见图 4-10 所示。

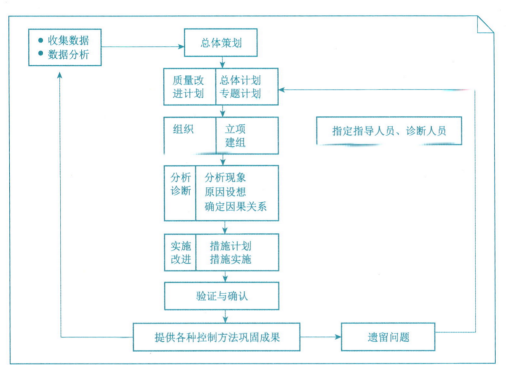

图 4-10　质量改进活动的一般程序

（二）质量改进活动中的支撑工具

质量改进活动的支撑工具主要有两类：一类是适用于数字数据的工具，即统计技术；另一类是用于非数字数据的工具，即科学分析技术。进行质量改进活动的支撑工具有很多，关键在于因地制宜、灵活应用。表 4-3 所列的工具可供参考。

表 4-3　质量改进的支撑工具

过程	工具	过程	工具
测量	● 过程流程图 ● 因果图（C&E） ● 控制图	分析	● 头脑风暴法 ● 多变量图（Multi-vary Charts） ● 确定关键质量的置信区间

续表

过程	工 具	过程	工 具
测量	• 排列图（Pareto） • 散布图 • 测量系统分析（MSA） • 失效模式（FMEA） • 过程能力指数（Cp，Cpk） • 顾客满意度指数	分析	• 假设检验 • 箱线图（Box Picots） • 直方图 • 排列图 • 多变量相关分析 • 回归分析 • 方差分析（ANOVA）
改进	• 质量功能展开（QFD） • 试验设计（DOE） • 正交试验 • 响应曲面方法（RSM） • 展开操作（EVOP）	控制	• 控制图 • 统计过程控制（SPC） • 防故障程序（Poka Yoke） • 过程能力指数（Cp，Cpk） • 标准操作程序（SOPS） • 过程文件（程序）控制

四、"BPR"简介

本节前部分叙述了质量改进的基本概念和一般操作程序，是从微观上较为具体地介绍质量改进。由于在近年来新的质量管理理念和方法不断涌现，质量改进的含义已经逐渐从宏观上涵盖了经营业绩的提升。下面对"BPR"（Business Process Reengineering）即"企业流程重建"作简单的介绍。

（一）"BPR"的概念

20世纪60年代以来，在日本兴起了一种被称作改善（Kaizen）的管理哲学，结果带来了日本工业的巨大复苏。"改善"的原意是每个人总是在不断地改进着每一件事。在西方，日本的改善文化逐渐演变成了TQM（全面质量管理）和ISO 9000运动。到了20世纪80年代，许多大公司，特别是美欧一些大公司开始认识到这种连续的改善对企业适应新的环境变化是远远不够的。同时，信息技术的发展也为彻底地改善提供了有利条件。

BPR（Business Process Reengineering）即业务流程重建是20世纪90年代由美国MIT教授哈默（Michael Hammer）和CSC管理顾问公司董事长钱皮（James Campy）在他们联手著出的《公司重组——企业革命宣言》一书中首先提出的。书中对"BPR"做了如下定义："BPR是对企业的业务流程作根本性的思考和彻底重建，其目的是在成本、质量、服务和速度等方面取得显著的改善，使得企业能最大限度地适应以顾客（customer）、竞争（competition）、变化（change）为特征的现代企业经营环境。"

BPR定义可归纳为四个关键词，即"根本的""彻底的""显著的"和"流程"，它们分别包含了四个核心理念。其中，最重要的概念是"流程"，即企业改造的对象是企业流程。流程强调的是：工作如何进行而不是工作是什么。这一点与传统观念有着根本的区别。传统的观点是把工作分解成若干极其简单的任务，把每一种任务交给专门的人员去做。这种以任务为基础的思路，在过去 200 年里成为企业组织机构设计的基本依据。而今，管理的思路已经开始出现转变，转向以流程为基础。流程管理的思想是 BPR 的最大贡献。

此外，"根本的"是指在着手重建之前，先挑出一些最基本的问题：为什么我们要干这项工作？为什么我们要这样干？提出这些基本问题，会促使人们去观察注意从事自己的工作时所困扰的那些规则和前提，结果人们往往会发现这些规则已经是过时的、错误的或不适当的。所以，"根本的"含义是不以现有的事物为起点，任何事物都不是理所当然的，它并不注重事情"现在是"怎样，而是注重事情"应该是"怎样。

其次，是"彻底的"。彻底的重新设计是指：要从事物的根本着手，不是对现有事物作表面的变动或是修修补补，而是把旧的一套扔到九霄云外。

还有"显著的"意思是：BPR 不只求业绩上取得点滴的改善或逐步的提高，而是要在经营业绩上取得显著的改进。点滴的改进只需要微调，而显著的改进则需要破旧立新。因此，BPR 重建工程是一次经营思想的"改革"，它立点高、气势大、方法新。

BPR 是近年国外管理界在 TQM（全面质量管理）、JIT（准时生产）、WORKFLOW（工作流管理）、WORKTEAM（团队管理）、标杆管理等一系列管理理论与实践全面展开并获得成功的基础上产生的。这是西方发达国家在 20 世纪末，对已运行了近 200 年的专业分工细化及组织分层制的一次反思及大幅度改进。

BPR 的主要特性有：（1）强调顾客满意；（2）使用业绩改进的量度手段；（3）关注于更大范围的、根本的、全面的业务流程；（4）强调团队合作；（5）对企业的价值观进行改造；（6）高层管理者的推动；（7）在组织中降低决策的层级。

（二）方法与步骤

BPR 也是一种管理理论，有自己的方法、技术和工具。BPR 是从流程的层面切入，关注流程增值性/效率等问题。主要有两种方法。

（1）渐进改良法——分析理解现有流程，在现有流程的基础上进行改进并建立新的流程。渐进型 BPR 是哈林顿提出的，其采用的方法是将现有的过程模型化，分析找出改进的机会。模型化所有的技术有流程图、软件系统的后事记录、角色活动图等。然后，用运行和维护过程成本计算及头脑风暴等方法确定改革措施。

（2）全新设计法——从根本上考虑产品或服务的提供方式，在一张白纸上重新设计流程。激进型 BPR 是由哈默和坎彼提出的，这种方式常用于迫切需要改进的情况。这是一种从上至下的推动方式，关键是去"设想"一种能使竞争能力获得突破的思想过程，经常采用里奇图和角色扮演来模拟新设想并大量使用信息技术（IT）等方式来实施必要的改进。

BPR 其技术方法及工具，定量的主要有价值分析法、关键成功因素（CSF）法及

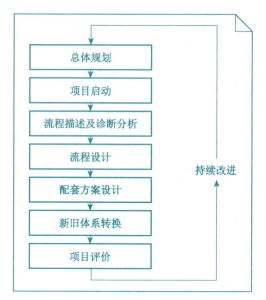

图 4-11
BPR 的一般步骤

约束法等；定性的方法就是 ESIA，即清除（eliminate）；简化（simply）；整合（integrate）；自动化（automate）。

作为一种重新设计工作方式、设计工作流程的思想，是具有普遍意义的，但在具体做法上必须根据本企业的实际情况来进行。一般的步骤可见图 4-11。

在现代企业竞争中，许多公司已经将流程而非产品作为竞争手段，追求卓越流程或在现有流程中做得最好。卓越的流程而不是产品，已经成为企业的核心竞争力。因此，成功的企业开始越来越关注自身的业务流程，开始认识到流程是企业整合资源取得更高绩效和实现价值创造的关键。一些世界级的大公司如 IBM、HP、AT&T、沃尔玛、宝洁、通用汽车、福特汽车等都曾经报道了 BPR 所带来的巨大成效。

BPR 理论自 1995 年前后进入中国以来，就引起我国企业界和管理理论界的高度重视，目前 BPR 在我国的影响正逐步扩大，但至今在国内企业全面成功采用 BPR 的系统报道还不多。

海尔从 1999 年开始至今仍未结束的"流程再造"虽然仍有许多让外人看不明白的地方，但从其核心思想来看，应该是国内目前比较完整实施流程再造的企业。1999 年海尔开始实施国际化战略，在全集团范围对原来的业务流程进行了重新设计和再造，把过去的金字塔结构推倒，对所有流程进行了全面地、突破性地重新设计，并以市场链机制对再造后的流程进行了整合，在业务流程上与国际化大公司全面接轨，实现国际化的效率和效益，大大提升了海尔国际竞争力，取得了前所未有的经营效果。

目前我国企业特别是大中型企业正处在深化改革的关键阶段，如何对旧的业务流和组织机构进行再造，是企业能够从总体上更快地实现与国际接轨，增强竞争力，对促进企业进一步改造和重组，转变粗放型的经营管理方式，提高企业的整体素质和经济效益具有重大的现实意义。

按照企业经营战略的要求，对流程的规划、设计、构造、运转及调控等所有环节实行系统管理，全面考虑各种作业流程之间的相互配置关系，以及与管理流程的适应问题。总体来说，企业再造理论顺应了通过变革创造企业新活力的需要，这使越来越多的学者加入到流程再造的研究中来。有些管理学者通过大量研究流程重建的实例，针对再造工程的理论缺陷，发展出一种被称为"MTP"（manage through process）即流程管理的新方法。其内容是以流程为基本，"MTP"是再造工程的扩展和深化，它使企业经营活动的所有流程实行统一指挥，综合协调。因此，作为一个新的管理理论和方法，"BPR"理论应该是仍在继续探索发展中。

第四节 | 质量认证的概念和历史

质量认证是随着商品生产和交换的发展而逐步发展起来的。质量认证的原动力在于购买方(用户)对所购产品质量的信任的客观需要。现代质量认证制度发源于英国,在 1903 年英国就开始使用第一个证明符合英国 BS 标准的质量标志——风筝标志,并于 1922 年被英国商标法注册,成为受法律保护的认证标志。质量认证工作从 20 世纪 30 年代后发展相当快,到 50 年代基本上已普及到所有工业发达国家。第三世界国家一般是从 70 年代后开始实行的。现在质量认证制度已发展成为一种世界性的趋势。据不完全统计,当今世界上已有 160 多个国家和地区实行质量认证制度。

在质量竞争和国际贸易日益频繁的今天,质量认证作为对产品质量、企业质量保证能力实施的第三方评价活动,已经成为世界各国规范市场行为、促进贸易发展和保护消费者合法权益的有效手段。质量认证在全球经济活动中发挥着愈来愈重要的作用。

一、质量认证的定义

"认证"一词的英文为 certification,其原意是指一种出具证明文件的行为。当其被用于质量认证这一活动中后,则不断赋予了新的含义。

质量认证也称合格认证(conformity certification),ISO/IEC 指南 2—1983《标准化、认证与实验室认可的一般术语》将合格认证定义为:"用合格证书或合格标志的方法证明某一产品或服务符合特定的标准或技术规范的活动。"

该指南的 1986 版,将该定义修改为"由可以充分信任的第三方证实某一经鉴定的产品或服务符合特定标准或规范性文件的活动"。

ISO/IEC 指南 2《标准化和相关活动的通用术语及其定义》(1991 版),再次将质量认证的定义修改为:"由第三方对产品、过程或服务满足规定给出书面保证的程序。"

(一) 合格评定的概念

质量认证活动是围绕着产品质量认证发展起来,并逐步衍生为一系列的认证认可活动的。ISO/IEC 指南 2(2004 版)把合格评定列为第 12 章,但只是简略地规定:"合格评定适用 ISO/IEC 17000 所给出的术语和定义。"为此,下面依据 ISO/IEC 17000:2004《合格评定 词汇和通用原则》来介绍合格评定的基本概念。

合格评定(conformity assessment)——与产品、过程、体系人员或机构有关的规定要求得到满足的证实。

注 1:合格评定的专业领域包括本标准其他地方所定义的活动,如检测、检查和认证,以及对合格评定机构的认可。

注 2:本标准所称的"合格评定对象"或"对象"包含接受合格评定的特定材料、产品、安装、过程、体系、人员或机构。产品的定义包含服务。

我们从其定义及其注释可明确以下五个要点：（1）合格评定的主要对象是产品、过程、体系、人员或机构；（2）合格评定的依据是认证认可法规、指南和标准规定的要求；（3）合格评定活动由有条件的第三方进行；（4）合格评定的合格表示方式是授予认证合格证书、认可证书或者使用认可标识；（5）合格评定的内容包括检测、检查和认证，以及对合格评定机构的认可及其中一些活动的组合，如检验、评价、审核或批准。

（二）与合格评定相关术语的定义

（1）认证（certification）——与产品、过程、体系或人员有关的第三方证明。①管理体系认证有时也被称为注册。②认证适用于除合格评定机构自身外的所有合格评定对象，认可适用于合格评定机构。

（2）认可（accreditation）——正式表明合格评定机构具备实施特定合格评定工作的能力的第三方证明。

（3）合格评定机构（conformity assessment body）——开展合格评定的机构。认可机构不是合格评定机构。

（4）认可机构（accreditation body）——实施认可的权威机构。认可机构的权威通常源于政府。

二、合格评定的类型

合格评定初期仅限于产品认证，认证模式呈多样化，并基本上只限于国家认证的层级，随着合格评定的发展，产品认证制度逐步完善，从产品认证中逐步分离出质量体系注册/认证，实验室和检查机构认可等合格评定活动并自成体系，构成现代合格评定体系的三大组成部分。

（一）产品认证制度的要素和类型

国际标准化组织（ISO）和国际电工委员会（IEC）构建了全球标准化的专业体系。ISO和IEC的国家成员，通过ISO和IEC为技术活动的特定领域设立的技术委员会参与国际标准的制定。在合格评定领域，ISO合格评定委员会（CASCO）负责国际标准和指南的制定工作。

我国GB/T 27067—2006（ISO/IEC Guide 67: 2004 IDT《合格评定 产品认证基础》）标准中给出了产品认证中一些具有通用性和普遍性的要素，并对如何组合使用这些要素以建立具体的认证制度提出建议。

对产品认证制度类型的七个方面描述如下。

（1）制度1a：检测；对产品样品的符合性进行评定。对产品总体的抽样可以具有显著的统计学特性，也可以不具有显著的统计学特性。本认证制度包括：①认证机构要求的样品；②通过检测或评定来确定特性；③检测或评定报告的评价；④认证决定。

（2）制度1b：检测；对产品样品的符合性进行评定。以所有产品为基数进行抽样。对样品所代表的每个产品颁发符合性证书。本认证制度包括以下内容：①认证机构要求的样品；②通过检测或评定来确定特性；③检测或评定报告的评价；④认证决定；⑤颁发许可证。

（3）制度2：检测和市场监督。实施工厂监督并对从生产现场抽取样品的产品持续符合性进行评定。本认证制度包括以下内容：①认证机构要求的样品；②通过检测或评定来确定特性；③适用时，对生产过程或质量体系进行初次评审；④检测和评定报告的评价；⑤认证决定；⑥颁发许可证；⑦通过对从市场抽取样品的检测或检查来实施监督。

虽然本制度可以确定销售链对符合性的影响，但可能需要大量的资源。而且，在发现严重不符合时，由于产品已经投放市场，所能采取的有效预防措施可能受到限制。

（4）制度3：检测和工厂监督。实施工厂监督并对从生产现场抽取样品的产品持续符合性进行评定。本认证制度包括以下内容：①认证机构要求的样品；②通过检测或评定来确定特性；③适用时，对生产过程或质量体系进行初次评审；④检测和评定报告的评价；⑤认证决定；⑥颁发许可证；⑦通过对从工厂抽取样品的检测或检查和对生产过程的评审来实施监督。

本制度没有提供有关销售渠道对符合性影响的表示。当发现严重不符合时，如果产品尚未大批量投放市场，尚有机会解决不符合的问题。

（5）制度4：对从工厂或（和）公开市场获得的样品的检测和监督。本认证制度包括以下内容：①认证机构要求的样品；②通过检测或评定来确定特性；③适用时，对生产过程或质量体系进行初次评审；④检测和评定报告的评价；⑤认证决定；⑥颁发许可证；⑦通过对从工厂抽取样品的检测或检查和对生产过程的评审来实施监督；⑧通过对从公开市场抽取样品的检测或检查来实施监督。

本制度不仅能够表示销售渠道对符合性的影响，而且可以提供在产品投放市场前识别和解决严重不符合的机制。对于那些符合性在销售过程中没有受到影响的产品，可能会产生大量的重复工作。

（6）制度5：检测和相关质量体系的评审。质量体系实施监督，并对取自市场（或）生产现场的样品的产品持续符合性进行评定。本认证制度包括以下内容：①认证机构要求的样品；②通过检测或评定来确定特性；③适用时，对生产过程或质量体系进行初次评审；④检测和评定报告的评价；⑤认证决定；⑥颁发许可证；⑦对组织的生产过程或（和）质量体系的监督；⑧通过检测或检查取自工厂或（和）公开市场的样品来进行的监督。

持续监督中三个要素的实施程度可以根据具体情况调整。所以，本制度为持续监督提供了很大的灵活性。

（7）制度6：特别针对过程和服务的认证。本认证的要素包括以下内容：①通过对过程或服务的评定来确定特性；②适用时，对质量体系进行初次评审；③评价；④认证决定；⑤颁发许可证；⑥通过对质量体系的审核实施监督；⑦通过对过程或服务的评价实施监督。

该标准的要素矩阵给出了产品认证中一些更具通用性和普遍性的要素。该矩阵就如何组合使用这些要素以建立具体的认证制度提出建议如表4-4所示。

表4–4 产品认证制度的建立

产品认证制度的要素	产品认证制度							
	1a	1b	2	3	4	5	6	N
1)选取（取样）、适用时	√	√	√	√	√	√		
2)确定特性、适用时通过下列方法： 　a)检测 　b)检查 　c)设计 　d)服务评价	√	√	√	√	√		√	
3)复核（评价）	√	√	√	√	√	√	√	
4)认证决定 　批准、保持、扩大、暂停、撤销认证	√			√	√	√	√	
5)许可（证明） 　批准、保持、扩大、暂停、撤消使用证书或标志的权利			√	√	√	√	√	
6)监督、适用时通过下列方法进行 　a)从公开市场抽样检测或检查 　b)从工厂抽样检测或检查 　c)结合随机检测或检查的质量体系审核 　d)对生产过程或服务评定			√	√	√ √ √	√ √ √ √	 √ √	

a. 适用时，这些要素可以与申请方质量体系的初次评审和监督（ISO/IEC 指南 53 给出了示例）或对生产过程的初次评审相结合。实施这些评审的次序可以不同。
b. 产品认证制度应当至少包含2)、3)和4)的要素。
c. ISO/IEC 指南28描述了一种经常使用且被证明有效的产品认证制度模式，它是对应于制度5的产品认证制度。
d. 在 ISO 和 IEC 1992年"认证和相关活动"一书中提到的制度7（批次检测）和制度8（100%检测）。这些制度须至少包含1a的要素，才能被认为是产品认证制度。

（二）产品质量认证和质量体系认证的特点

产品质量认证和质量体系注册/认证都是质量认证活动，并有一定联系但两者还是有区别的，详见表4-5。

（三）产品认证的分类

（1）依据产品认证标准的属性，可分为合格认证和安全认证。

合格认证——由第三方的产品认证机构证实某一产品符合认证标准（包括产品标准和质量体系标准）的活动。

安全认证——以产品安全标准为认证依据的产品认证。经安全认证合格的产品使用特定的认证标志。

表 4-5　产品质量认证和质量体系认证主要特点的比较

项目	产品质量认证	质量体系认证
对象	特定的产品和（或）服务	企业或其他组织的质量管理体系
认证的依据	1. 产品质量标准 2. 质量体系满足指定的质量保证标准要求及特定产品的补充要求	1. 质量体系满足所申请的质量保证标准的要求和必要的补充要求 2. 保证模式由申请企业选定
证明方式	产品认证证书、认证标志	质量体系认证证书、认证机构标记
证明的使用	证书不能用于产品，标志可用于获准认证的产品及其包装、使用说明上	证书和认证机构的标志都不能使用于产品及其包装、使用说明上，但可在宣传材料中使用
性质	自愿性合格认证、强制性安全认证	一般应自愿，但特殊单位（如：军工企业、核电站等）可通过有关法规强制认证

（2）按产品质量认证的性质或强制程度可分为自愿性认证和强制性认证。

自愿性认证——由产品生产企业自愿申请，绝大多数工农业产品、节能产品、有机产品、无公害产品、服务和软件产品认证均实行自愿性合格认证。截至 2015 年由中国合格评定国家认可委员会（CNAS）颁发的自愿性产品认证证书已有 16 338 份。

强制性认证——强制性产品认证制度是各国政府为保护广大消费者人身和动植物生命安全，保护环境、保护国家安全，依照法律法规实施的一种产品合格评定制度。强制性产品认证是通过制定强制性产品认证目录和实施强制性产品认证程序，凡列入强制性产品认证目录内的产品，没有获得指定认证机构的认证证书，没有按规定加施认证标志，一律不得进口、不得出厂销售和在经营服务场所使用。截至 2015 年由中国合格评定国家认可委员会（CNAS）颁发的强制性产品认证证书已有 567 170 份。

三、我国认证认可管理制度

由于受外界经济封锁的历史原因，我国质量认证工作的起步较晚，直至 1978 年 9 月我国加入国际标准化组织（ISO）之后，才引入质量认证的概念。1988 年 12 月公布了《中华人民共和国标准化法》之后，我国的质量认证工作开始纳入法制轨道。随着我国改革开放政策的深入贯彻，国际贸易的日益发展，质量认证工作有了较快的发展。2001 年 12 月我国正式成为 WTO 的成员，我国的认证认可工作在与国际规则的接轨上又迈出了重大步伐，我国的认证认可工作步入了一个崭新的发展时期。

从我国质量认证工作的总体发展情况来看，产品质量认证工作起步较早，1981 年 4 月，经国务院标准化行政主管部批准，成立了我国第一个产品质量认证机构——中国电子元器件质量认证委员会（QCCECC），按照国际电工委员会元器件评定体系（IEQC）的章程和程序规则，组建了机构，制定了有关文件，开展了产品认证工作。以后，又相继成立了若干行业性的产品认证委员会。

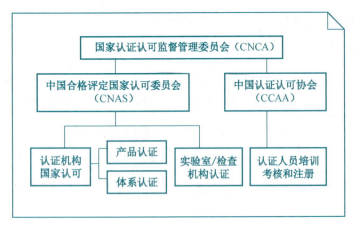

图 4-12 我国的认证认可管理机构

1993年我国第一批质量体系认证机构经国家认可相继成立并进行认证试点工作。由于独立的质量体系认证具有适用面广、灵活性强，对企事业单位建立和完善质量体系促进作用大，因而发展迅速。

我国的认证认可工作从无到有、从小到大，发展到今天，基本建立了我国认证认可体系，形成了一整套促进产品质量和管理水平的工作机构，已经与国际发展水平基本同步，具备参与国际竞争的实力。2001年8月国家认证认可监督管理委员会正式成立，履行国务院赋予的行政管理职能，统一管理、监督和综合协调全国认证认可工作。2003年11月1日《中华人民共和国认证认可条例》正式施行。2005年9月中国认证认可协会（CCAA）成立，2006年3月中国合格评定国家认可委员会（CNAS）成立。目前我国认证认可管理机构见图4-12。

我国的合格评定活动在广度和深度都有了很大的发展。产品认证已经从传统的工业产品向农产品、饲料产品、有机食品、体育服务及软件产品拓展，无论是强制性的3C产品认证，还是自愿性的产品合格认证，认证的产品类别都在不断地增多和扩大。

体系认证已经从质量、环境、职业健康安全管理体系认证延伸到食品安全管理体系、测量管理体系、信息安全管理体系、社会责任管理体系等领域，认证对象也从传统的工、农、商贸企业延展到公检法、科研院所、学校乃至地方政府机构。

认证认可工作既是质量监督及合格评定制度的主要内容和形式，也是国家管理和规范市场经济秩序的一个重要手段。我国认证认可/合格评定工作体系的建立进一步改革了政府管理经济的手段和方式，有力促进了政府工作职能的转变，为社会主义市场经济体制的完善和整顿、规范市场经济秩序创造良好条件，有利于我国的认证认可工作与国际规范接轨，我国的质量认证工作将更健康地发展。

第五节 质量认证的实施和管理

本章第四节已经阐述了有关质量认证的发展历史与基本概念，随着合格评定的发展，产品认证制度逐步完善，从产品认证中逐步分离出质量体系注册/认证，实验室和检查机构认可等合格评定活动并自成体系，构成现代合格评定体系的三大组成部分。本节将简单介绍质量认证的实施和管理。

一、认证机构

实施质量认证制度必须有一定的质量认证机构来承担，质量认证机构由认证管理机构（认可机构）、认证检验机构（实验室和检查机构）、认证审核机构（产品和体系认证机构）构成。

（一）认证管理机构

认证管理机构是政府的或非政府的第三方机构。该机构依据政府的法律性文件建立，是合法的、有权威的公正机构。认证管理机构应有一个正式章程，并建立管理委员会，在管理委员会下应设立一个配备固定工作人员的专门机构。世界上多数国家都是由经国家授权的民间机构负责质量认证的管理职能，以确保质量认证具有第三方的公正性。例如英国的 UKAS、美国的 RAS 等。我国则是由国家认证认可监督管理委员会履行国务院赋予的行政管理职能，统一管理、监督和综合协调全国认证认可工作（详见本章第四节）。

（二）认证检验机构（实验室和检查机构）

实验室是指对材料、产品的特性或性能进行测量、检查、试验、校正或进行其他测定的实验室。它根据认证机构的委托，对申请认证的产品的样品按规定的试验方法标准进行试验，确定是否符合有关的产品标准，检验后出具检验报告提交认证机构。实验室分为检测实验室、校准实验室、医学实验室、生物安全实验室等。检查机构是从事对产品设计、产品服务、过程或工厂的核查，并确定其相对于特定要求的符合性，或在专业判断的基础上确定相对于通用要求的符合性。认可机构对认证检验机构评定合格后颁发证书并授予使用规定的认可标志，以后还应接受监督评审。

（三）认证审核机构

认证审核机构是从事对申请认证企业的产品和体系进行审核和评定（包括事后的监督性检查），并出具检查报告的第三方机构。它能胜任并公正地对供方的质量体系进行评定、建议、验收和事后监督，并能在现场、制造厂或其他指定地点对产品进行抽样和评价。它应是非商业性的。这种机构中的组织机构、工作人员、联络能力、评定能力、财政上的稳定性、档案报告、保密与安全、设施等都应符合规定的要求，既具备适当的技术能力和工作可靠性，又具有公正性和真实性。认证审核机构由认可机构评定合格后颁发认可证书，并向社会发布公告。

二、质量认证的实施

（一）产品质量认证的工作流程

产品的合格评定可由各方（第一方、第二方和第三方）以多种方式进行。产品认

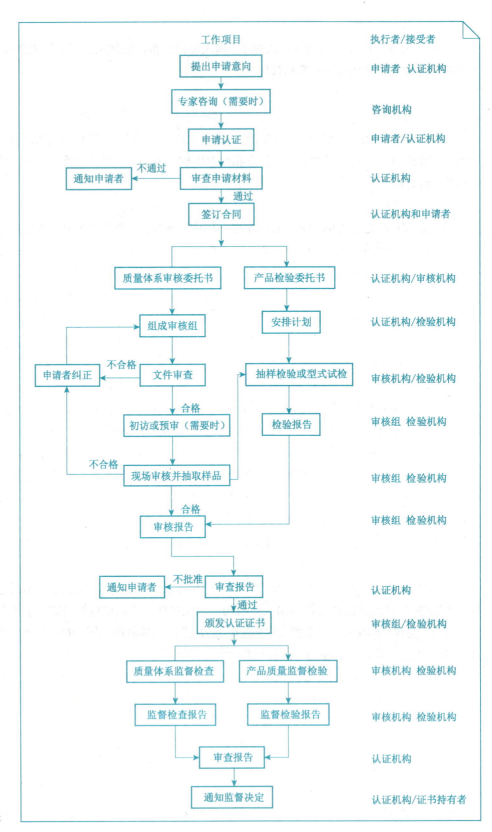

图 4-13
产品质量认证工作流程

证是一种第三方就产品符合特定标准和其他规范性文件提供保证的方法。

ISO/IEC 指南 28《典型的第三方产品认证制度通则》对产品质量认证的程序作了原则规定，它是通过对产品的抽样检验和对工厂质量体系的评定来确定产品是否符合标准，并在获证后对该质量体系进行监督检查以及从工厂和市场上进行抽样检验。产品质量认证工作流程见图 4-13 所示。

（二）质量体系认证的实施

从前面"审核"的定义已知，第三方审核是由独立的审核组织进行，如监督机构或提供认证或注册的机构。管理体系认证是一种第三方合格评定活动，实施这种活动的机构称为认证机构有时称为"注册机构"。这些机构均应符合 ISO/IEC 17021：2006《合格评定 管理体系审核认证机构的要求》标准要求的审核与认证能力、一致性和公正性的原则与要求。

世界各国各质量体系认证机构实施质量体系认证的程序不尽相同一致，但一般都遵循 ISO/IEC 指南 48《第三方评定与注册供应商质量体系指南》中提出的程序和规则。我国自 20 世纪 90 年代初开始质量体系认证工作，从 1993 年 9 月起，依据 ISO/IEC 指南 48 制定发布了《质量体系认证实施程序规则》，我国等同采用国际标准发布了 GB/T 27021—2007/ISO/IEC 17021：2006《合格评定 管理体系审核认证机构的要求》标准。国内各质量体系认证机构也都确定了各自的质量体系认证程序，虽然各有差异，但其程序基本相同，见图 4-14 所示。

（三）对实验室和检查机构认可的一般程序

对实验室和检查机构认可已是目前国际上通行的对检测和校准实验室能力进行评价和正式认证的制度，21 世纪以来 ISO/IEC 先后发布了一系列有关实验室和检查机构认可方面的国际标准文件，如：ISO/IEC 17025《检测和标准实验室能力通用要求》；ISO/IEC 17010《对检查机构进行认可的机构基本要求》；ISO/IEC 17020《各类检查机构运行的基本准

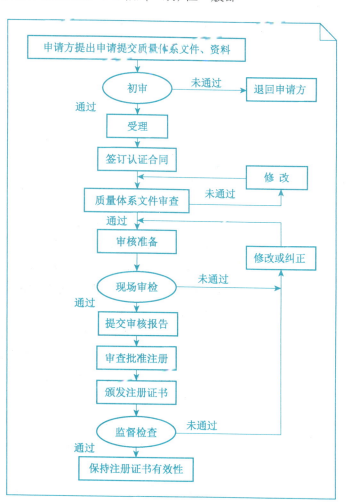

图 4-14　质量体系认证程序

则》等。根据国家有关法律法规和国际规范，实验室和检查机构认可是自愿的，认可机构仅对申请人申请的认可范围，依据认可准则等要求，实施评审并做出认可决定。程序见图 4-15 所示。

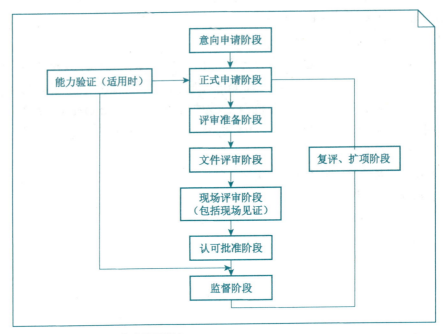

图 4-15　实验室和检查机构认可程序

三、质量认证的管理

（一）产品质量认证的监督管理

依据 ISO/IEC 指南 28、ISO/IEC 指南 48 和《中华人民共和国认证认可条例》及其相关规章都要求认证机构和各级技术监督部门应对已获证的企业从认证产品监督检验和认证产品生产企业质量体系复审两个方面进行监督。

1. 认证产品的监督检验

对认证合格的产品，认证机构应在认证证书有效期内每年安排年度产品质量的监督检验计划（一般为 1~2 次 / 年），委托认可的检测实验室从认证产品生产企业或市场上随机抽取产品样本进行监督检验。

2. 认证产品生产企业质量体系的复审

对认证合格的产品生产企业，认证机构还应安排年度质量体系审核计划（一般为 1~2 次 / 年），指派质量体系审核员到企业进行现场审核。

3. 各级地方政府技术监督部门对认证产品及其生产企业的监督

依据《中华人民共和国产品质量法》《中华人民共和国进出口商品检验法》《中华人民共和国认证认可条例》及其相关规章，县级以上地方政府技术监督部门对本行政区域内的认证产品进行监督检查。

（二）质量体系认证的监督管理

认证机构对获准认证的组织在体系认证证书有效期内实施监督管理，包括换证、质量体系更改报告、监督管理、认证注销、认证暂停、认证撤消、认证有效期的复评等。

（1）换证。在体系认证证书有效期内，出现了体系认证标准变更；体系认证范围变更；体系认证证书持有者变更的情况之一时，应按照有关规定重新换证。

（2）质量体系更改报告。获准认证的组织的质量体系覆盖的产品结构发生了重大变化；质量体系覆盖的产品发生了重大质量事故；供方负责人或质量体系管理者发生变动；以及质量手册需有重大调整和改革，如质量方针、机构设置、职责分工、质量体系要素重要控制程序的改变等时，该组织须将更改计划及时报告认证机构，该认证机构将依据更改引起的影响程度决定是否需要进行重新评定。

（3）监督检查。认证机构对于获准认证的组织在其质量体系认证证书有效期（3年）内实施的监督检查，按规定每年不得少于1次。

（4）认证注销。当体系认证规则发生变化，企业不愿或不能确保符合新的要求；在体系认证证书有效期届满时，企业没有在证书有效期届满前足够时间内向认证机构重新提出认证的申请；以及获准认证的组织正式提出注销认证，解除认证合同的，认证机构在获准认证的组织不违反认证规则的情况下，中止与该组织的认证合同关系，将注销该组织使用体系认证证书和标志的资格，收回体系认证证书。

（5）认证暂停。当体系认证证书持有者未经体系认证机构的批准，对获准认证的质量体系进行了更改，且该项更改影响到体系认证资格的；监督检查发现体系认证证书持有者质量体系达不到规定的要求，但严重程度尚不构成撤消体系认证资格的；体系认证证书持有者对体系认证证书和标志的使用不符合体系认证机构规定的；以及发生其他违反体系认证规则情况的情况下，作为认证机构对获证的组织发生了违反认证规则的行为的一种警告措施，由认证机构书面暂停体系认证证书持有者使用体系认证证书和标志的资格。

（6）认证撤销。当暂停体系认证资格的通知发生后，体系认证证书持有者未按规定要求采取适当纠正措施的；监督检查发现体系认证证书持有者质量体系存在严重不符合规定要求的；以及发生体系认证机构与体系认证证书持有者之间正式协议中特别规定的其他构成撤销体系认证资格情况时，认证机构撤销对供方质量体系符合相应质量管理标准的合格证明。被撤销体系认证资格的，一年后方可重新提出体系认证申请。

（7）认证有效期满的复评。体系认证证书持有者需在体系认证证书有效期满后继续保持认证资格时，应按认证机构的规定，在有效期届满前足够的时间内向认证机构提出重新认证的申请。认证机构将按照初次认证的基本程序，对申请方的质量体系实施较全面地重新评定。合格者，颁发新的体系认证证书，有效期仍为3年。

（8）认证撤销的公布。体系认证机构关于注销、暂停、撤销体系认证证书持有者使用体系认证证书和标志资格的决定，以及取消暂停的决定，应书面通知体系认证证书持有者，并可予以公布。

（三）实验室和检查机构认可后的监督管理

（1）认可机构（CNAS）向获准认可机构颁发认可证书，以及认可决定通知书和认可标识章，列明批准的认可范围和授权签字人。认可证书有效期5年。

（2）定期和不定期监督评审。获准认可机构在认可有效期内均需接受CNAS的定期和不定期监督评审。获准认可机构在认可批准后的12个月内，接受第一次监督评审，以后每隔最长18个月、12个月接受第二、第三次定期监督评审。在获准认可机构如发生变化、CNAS的认可要求变化或CNAS认为需要对投诉、其他情况反映进行调查时，CNAS可随时安排不定期监督评审或不定期访问。

（3）复审。获准认可机构在有效期（5年）到期前6个月提出复评申请，由CNAS组织复评，并决定是否延续认可至下一个有效期。

（4）获准认可机构在有效期（5年）内可向CNAS提出扩大或缩小认可范围的申请；获准认可机构的变更应在1个月内书面通知CNAS。

（5）获准认可机构如不能持续地符合CNAS的认可条件和要求的，CNAS可以暂停部分或全部认可资质。包括恢复认可及撤消认可的管理。

本章小结

本章首先介绍质量认证的发展历史，以及它在我国社会主义市场经济的完善和整顿、规范生产经济秩序中具有的重要意义。随后，介绍质量审核和质量认证实施的基本流程。本章还介绍质量改进的定义和质量改进活动的过程及主要工具，并探讨了"BPR"的特点和作用。

练习与思考

1. 什么是质量审核？质量审核遵循什么原则？
2. 按审核方法分类质量审核有哪几种？
3. 举例说明某一行业的过程能力是如何表达的。
4. 简述质量控制与质量改进的关系和区别。
5. 产品质量认证和质量体系认证统称质量认证，两者的区别？
6. 简述质量体系认证的一般程序。

第五章

质量监督

学习目标

1. 理解质量监督的基本概念，了解质量监督的主要类别及作用。
2. 了解我国第一部质量基本法《产品质量法》的内容体系及其与相关法律的关系。
3. 了解我国技术监督管理体制。产品监督（包括特殊产品）的对象、依据、基本形式及国家产品监督抽查实施的基本流程和有关规定。
4. 初步了解质量仲裁的基本概念及实施过程。

技术监督是依据国家有关法律、法规、规章和标准，运用计量检测仪器和测量技术，对某类产品或事物进行质量监督的管理技术活动过程。在世界各国，无论是资本主义市场经济体制国家，还是社会主义市场经济体制国家，技术监督与经济监督、行政监督一样，都是社会生产与生活中必不可少的监督活动，是社会监督的三大支柱之一。

技术监督是以质量监督为核心,以标准化与计量为基础,其监督的依据主要是国家有关质量、标准化与计量方面的法律、法规、规章、标准和规范。在我国,技术监督就是在质量、标准化与计量方面的行政监督及法制监督。本章将侧重于产品质量监督(包括特殊产品)的实施及产品质量法的论述。

第一节 质量监督概述

一、引言

远在秦汉时期,我国的商品生产和交换就相当发达,有了简单的质量标准和检验制度,如实行了对玉、金银和布帛的"封检"标记制度。欧美一些工业化较早的国家,由于在蒸汽机的推广应用中经常发生安全质量事故,1862年英国建立了蒸汽锅炉监督局,1865年法国成立了蒸汽锅炉监督协会,均按照各自国家锅炉安全质量法规对锅炉生产进行监督,符合标准的授予证书和标志,才准予销售,大大提高了蒸汽锅炉的安全可靠性,这就是初期的质量监督。随后,很多国家进一步扩大了质量监督的范围。

但是,作为国民经济管理的一项制度实施,却是第二次世界大战之后的事。20世纪50年代初,各国为了尽快恢复和发展经济,鼓励工业界采用先进标准,提高本国产品在世界上的竞争能力,开始大力推行产品认证制度。目前世界工业发达国家都设有专门的质量监督管理机构和庞大的专门检验队伍,开展各种形式的质量监督活动——产品认证、技术监督、质量国家鉴定等,其基本职能都是对产品质量实施监督。

20世纪50年代初,为适应国家对私营企业加工订货的需要,我国在一些城市成立了工业产品检验所,开展产品质量检验工作。第一个五年计划以后,我国相继恢复和建立了药品检验所、船舶检验局、锅炉压力容器监察局、进出口商品检验局和质量监督局等质量监督机构,对有关安全健康产品、进出口产品和国计民生重要产品实施监督。1979年国务院颁布的《中华人民共和国标准化管理条例》提出了在全国开展质量监督工作。1988年7月国家技术监督局成立,后更名为国家质量技术监督局。1993年颁发了中华人民共和国产品质量法,我国的质量监督工作开始逐步走上有法可依、有组织、有领导的轨道。2001年,与国家出入境检验检疫局合并成为国家质量监督检验检疫总局(简称"国家质检总局")。2018年3月,根据国务院机构改革方案,将包括国家质检总局在内的多部门的职责整合,组建国家市场监督管理总局。

二、质量监督的基本概念

行政监督是指国家行政机关依照法定的权限、程序和方式对公民,法人或者组织及有关事项就其是否严格执行和遵守国家政策、法律、法规、规章、行政机关的决定和命令，所实行的作为行政管理的必经步骤，并具有法律效力的监督行为。

经济监督是指由综合经济管理机关和专门经济监督机关，按照国家的方针、政策、法律及社会经济发展目标的要求，对社会经济运行过程所进行的检查、监视、督促及控制的活动。经济监督主要有计划监督、财政监督、税务监督、银行监督、物价监督、审计监督及工商行政管理监督、质量监督等等。

那么，质量监督的基本概念是什么？

质量监督在国际标准 ISO 8402—1994 中的定义："为确保满足规定的要求，对实体的状况进行连续的监视和验证并对记录进行分析。"此定义可以从以下四个方面来理解。

（1）质量监督的对象是实体。凡可以单独进行描述和考虑的事物都可以成为质量监督的对象，包括产品、活动、过程、组织、体系、人或者他们的任何组合。

（2）质量监督的目的是确保满足规定的要求。所谓规定的要求，可以是标准、规范、法律、规章、制度等。

（3）质量监督的手段。这可以是监视、观察、验证，并对记录进行检查、分析，其方式可以是连续的，也可以是一定频次的，可以是即时的，也可以是延时的。

（4）监督的主体是顾客或顾客的代表。顾客代表的含义是指顾客授权的代表（第三方检验机构）或代表顾客利益的人或组织（国家通过立法授权的特定国家机关或社会团体，如消费者协会）。

三、质量监督的主要类别

质量监督可以分为企业内部的微观质量监督和企业外部的宏观质量监督。企业外部的质量监督又可以分为国家监督、行业监督、社会监督三类。

（一）内部监督

内部监督是为了保证满足质量要求，由具备资格且经厂长授权的人员对程序、方法、条件、产品、过程或服务进行随机检查，对照规定的质量要求，发现问题予以记录，并督促责任部门分析原因，制定解决措施，直至问题获得解决。

企业内部的质量监督涉及各职能部门所管辖的全部工作和活动。例如，质量检验部门和检验人员负责对生产条件的监控和对外购、外协物资、工序、零部件和成品的验证；工艺部门和工艺人员负责工艺系统对执行规定操作要求和工艺纪律的监督；计量部门及其人员负责量值传递，法定计量单位贯彻和测试设备的配置是否满足产品检验的精密度与准确度的管理和监督等等。企业内部主要是通过质量检验部门、质量保证部门来进行质量监督。

（二）国家监督

国家监督是一种行政监督执法，是国家通过立法授权的国家机关，利用国家的权力和权威来行使的，其监督具有法律的威慑力。这种执法是从国家的整体利益出发，以法律为依据，不受部门、行业利益的局限，具有法律的权威性和严肃性。只受行政诉讼法的约束，不受其他单位的影响和干扰。

（三）行业监督

行业监督是指由行业的主管部门对所管辖的行业、企业，接受国家质量监督部门的委托，贯彻、执行国家的有关质量法律、法规进行的监督。根据国家产业政策，组织制定好本行业或企业的产品升级换代计划，指导企业按国家或市场的需求，调整产品结构，提高产品质量水平，推动技术进步，生产适销对路的优质名牌产品，提高产品在国内外市场中的竞争能力。行业质量监督不能与国家监督等同，无权使用国家法律、法规对所管辖的行业、企业实行行政处罚。

（四）社会监督

社会监督是指用户或消费委员会等社会组织，协助国家或行业有关质量监督部门做好质量监督工作，保护用户或消费者的合法权益，协助用户或消费者对假冒伪劣产品的揭露和投诉，进行一般质量争议的仲裁等工作。社会监督还包括媒体（电视、电台、报刊等）的舆论监督。

四、质量监督的作用

我国的技术监督工作的总方针是"规范市场、扶优治劣、引导消费、服务企业"。目前，我国正处于社会主义初级阶段，采取市场机制与行政干预相结合的办法来强化质量管理，加强质量监督，这不但是必要的，也是有效的。我国质量监督的实践证明，质量监督在国民经济中有重要作用。

（1）规范市场经济运行秩序，保证公平竞争，优胜劣汰。
（2）引导和帮助广大企业提高和保证产品质量，增强其在国内外市场的竞争力。
（3）积极推行全面质量管理，改进和提高各类组织质量管理乃至企业经营管理水平。
（4）加快建设节约型社会，提高社会可持续发展。
（5）消除技术壁垒，促进我国进出口贸易发展。
（6）保障人民群众生命/财产安全，维护广大消费者权益。
（7）把科技成果转化为生产力。
（8）服务工农业建设，保障国家安全，为建立和谐社会做出重大贡献。

第二节 产品质量监督

经过140多年的发展，技术监督的对象和领域早已从蒸汽锅炉和受压容器逐步扩展到起重提升设备、电气设备、机动车辆、电力、化工设备、玩具及计量仪器仪表等主要工农业产品，甚至延伸到环境保护、动植物生命健康保护等领域。按照国内外技术监督的分工和管理惯例一般技术监督工作有八个领域：产品质量监督；标准化技术和管理；计量／测量技术与管理；合格评定；建筑／建设工程监理；环境质量检测；卫生和动植物检疫；技术监督行政执法。本节只重点介绍产品质量监督。

一、产品质量监督的对象

《中华人民共和国产品质量法》第十五条规定："国家对产品质量实行以抽查为主要方式的监督检查制度，对可能危及人体健康和人身、财产安全的产品，影响国计民生的重要工业产品以及消费者、有关组织反映有质量问题的产品进行抽查。"这明确了产品监督的对象，也限定了监督抽查的范围，即主要是下列三大类产品。

（1）可能危及人体健康和人身、财产安全的产品。主要是指食品、药品、化妆品、玩具、电器、医疗器械、剧毒及易燃易爆产品、建材及交通工具等。

（2）影响国计民生的重要工业产品。主要是指农药、化肥、烟草、钢材、水泥、计量器具，以及涉及国家重大经济政策的产品，如节能、节水、节材或大大提高劳动生产率的产品等。

（3）消费者、有关组织反映有质量问题的产品。主要是指假冒伪劣产品、即掺杂、掺假、以假充真、以次充好、以不合格产品冒充合格产品等。根据以往实践，这一类产品属日用消费品居多。

国家市场监管总局负责制定《产品质量国家监督抽查计划》，并根据产品发展和质量变化情况，进行修订和调整。

对获得各种质量证书、标志的产品，也可以作为产品质量监督检查的对象。

工商行政管理机关负责对商品质量监督抽查，其范围包括四个方面：可能危害人体健康和人身、财产安全的商品；与人民群众衣、食、住、行密切相关的商品；消费者、有关组织投诉和反映问题比较集中的商品；工商行政管理机关认为需要抽查的商品。

商品质量监督抽查的场所包括有固定场所、设施，进行商品交易活动和提供商品消费的各类场所。如各类综合、专业市场，批发、零售企业，宾馆、饭店、美容理发店等。

二、产品质量监督检查的依据

我们从质量监督的基本概念已知，质量监督是对社会生产流通、分配和消费各过程的产品、服务质量的全面的监察和督导。因此，对产品质量监督而言，其检查的依据主要有以下四个方面。

（1）产品质量监督检查，应以产品所执行的标准为判定依据。未制定标准的，以国家有关规定或要求为判定依据。产品所执行的标准，包括现行的国家标准、行业标准、地方标准和经过备案的企业标准。对可能危及人体健康和人身、财产安全的工业产品，必须符合强制性的国家标准、行业标准，未制定强制性国家标准、行业标准的，必须符合保障人体健康、人身、财产安全和卫生指标的要求。

（2）产品必须具备应当具有的使用性能，当对产品存在使用性能的瑕疵作出说明的除外。监督检查时，要把假冒伪劣产品和只有一般质量问题的产品（即仍有一定使用价值的处理品、次品）严格区别开来。做到处理适当，避免随意性。以上两方面是法定的默示担保条件。

（3）在无标准、无有关规定或要求的情况下以产品说明书、质量保证书、实物样品、产品标识表明的质量指标和质量状况，作为监督检查时判定的依据，这是法定的明示担保条件，是生产者、销售者对产品质量应当做出的保证和承诺。

（4）监督检查优质产品时，判定产品质量的依据是获奖时所采用的标准或技术规范。

（5）商品质量监督抽查的内容。这有以下七个方面：①商品进货凭证；②商品的注册商标；③商品标识；④是否在商品中掺杂、掺假，以假充真、以次充好或者以不合格冒充合格商品，是否销售失效、变质的商品；⑤说明书及其宣传资料是否符合商品的实际状况；⑥是否销售国家明令淘汰的商品；⑦法律法规规定的其他情况。

三、产品质量监督的基本形式

产品质量监督工作按其性质、目的、内容和处理方法不同，可分为三种基本形式：抽查型质量监督、评价型质量监督和仲裁型质量监督。

（一）抽查型质量监督

抽查型质量监督是指国家监督抽查，即由国务院产品质量监督部门依法组织有关省级质量技术监督部门和产品质量检验机构对生产、销售的产品，依据有关规定进行抽样、检验，并对抽查结果依法公告和处理的活动。国家监督抽查是国家对产品质量进行监督检查的主要方式之一。

国家监督抽查分为定期实施的国家监督抽查和不定期实施的国家监督专项抽查两种。定期实施的国家监督抽查每季度开展一次，国家监督专项抽查根据产品质量状况不定期组织开展。

国家监督抽查的目的：促进企业提高产品质量，认真执行质量第一的方针，为国家加强宏观管理提供产品质量真实信息。它的性质是国家对企业质量管理工作的考核，是对企业能否稳定地、持续地生产合格品、优质品的检查；也是代表用户和消费者对产品质量的一次验证，这是一种强制性的质量监督形式。

目前，国家市场监督管理总局负责组织和实施国家监督抽查工作。国家监督抽查的产品目录和被抽查的企业名单，用随机抽样方法决定，不事先通知被查企业，随时突击抽取样品。有条件的产品应尽量在用户和销售单位取样，这样可以真正反映企业产品的质量水平。

有关地方质量技术监督部门、符合《产品质量法》规定条件的产品质量检验机构，接受国家市场监管总局的委托，负责承担国家监督抽查样品的抽样工作；各省、自治区、直辖市市场监督管理部门按照国家市场监督管理总局的要求，承担本行政区域内的国家监督抽查相关工作。

国家监督抽查的样品，由被抽查单位无偿提供，抽取样品的数量不得超过检验的合理需要。被抽查企业应当积极配合国家监督抽查工作。对不便携带的样品须由被抽查企业负责寄、送至检验机构。企业无正当理由不得拒绝国家监督抽查和拒绝寄送被封样品。

国家监督抽查不向企业收取检验费用，国家监督抽查所需费用由财政部门安排专项经费解决。

国家监督抽查结果以公告的形式公之于众，还通过报纸、刊物、广播等新闻媒介将抽查结果向社会公开发布。

（二）评价型质量监督

评价型质量监督是指国家的质量监督机构对申请新产品生产证、产品生产许可证、优质产品和质量认证证书与标志等的企业，进行生产条件、质量体系的考核和产品抽查试验，以及对获得这些资格证书的企业进行生产条件、质量体系和产品质量复查的一种质量监督活动。诸如新产品鉴定、生产许可证质量监督、质量认证监督和优质品质量监督均属于这种形式。

有关产品质量认证和质量体系认证的实施和管理在第四章中已给予介绍。

评价型质量监督基本上是由企业自愿申请，只在有关人身安全健康的重要产品上，才带有一定的强制性，对特殊产品的质量监督管理制度将在本章第四节详述。

评价型质量监督是国家干预产品质量的又一重要形式，其目的是扶优限劣，鼓励生产企业为国家、为人民提供更多的优质产品，把我国的产品质量提高到新的更高水平。

（三）仲裁型质量监督

仲裁型质量监督是指质量监督机构通过对有争议的产品进行仲裁检验和质量裁定，以便能公正处理质量争议，维护标准的严肃性。目前其形式包括争议方委托的质量仲裁、司法机构和合同管理部门委托的仲裁检验，以及群众质量投诉等。

上述产品质量监督的三种基本形式，其监督的目的、内容和处理方法各具特点，见表5-1所示。

表 5-1 产品质量监督三种基本形式的特征

形式 特征	抽查型	评价型	仲裁型
目的	通过对部分重点产品的监督抽查，发现质量问题和发展趋势，指导并加强国家对产品质量的宏观控制，督促企业按标准生产合格产品	鼓励企业生产具有较高质量水平的产品，向国际水平和国外先进水平靠拢	公正判定、裁决有质量争议的产品，保护当事人的正当权益
内容	只对产品的主要特征进行抽查检验，有的要作全项检验，包括型式实验	不仅抽查产品质量，还要审查、评定企业的质量保证条件	只对有争议产品进行检验，必要时要检查生产企业、经销单位和使用单位的质量保证条件，弄清质量责任
处理	由政府发布"产品质量监督抽查情况公告"或在报纸上公布检验结果，通过整改，使产品达到规定要求	颁发相应质量水平的产品质量证书，允许在产品上、包装上使用相应的质量标志或标记	由受理仲裁（信访）的质量监督部门进行调解和裁决
性质	纯属逆向工作	主要是顺向工作	法制的重要组成部分

四、国家产品质量监督抽查的实施

（一）国家产品质量监督抽查实施的程序

国家市场监管总局以 2019 年 11 月 21 日发布的《产品质量监督抽查管理暂行办法》，管理办法对确定抽查计划和抽查方案、抽样、检验、异议的处理与汇总、工作纪律等方面都作了具体的规定。

国家市场监管总局统一规划、管理全国监督抽查工作；负责组织实施国家监督抽查工作；汇总、分析并通报全国监督抽查信息。

省级市场监管部门统一管理、组织实施本行政区域内的地方监督抽查工作；负责汇总、分析并通报本行政区域监督抽查信息；负责本行政区域国家和地方监督抽查产品质量不合格企业的处理及其他相关工作；按要求向国家市场监管总局报送监督抽查信息。

国家产品质量监督抽查实施的程序见图 5-1 所示。

（二）监督抽查结果的处理

国家市场监管总局负责汇总抽查结果，发布产品质量国家监督抽查通报，并向社会发布国家监督抽查公告。对危及人体健康、人身财产安全和环保的不合格产品、影响国计民生并且质量问题严重的不合格品，以及拒检企业，予以公开曝光。

省级市场监管部门应当及时转发国家监督抽查通报，并根据情况，可以通报当地政府及有关部门，组织举办不合格厂长（经理）学习（培训）班。对于某一地区被抽查的企业产品质量问题突出的，必要时可由国家市场监管总局直接向地方政府及地方党政主要领导通报质量问题。对于抽查中反映出有倾向性的质量问题，或者产品质量问题严重、抽样合格率较低的产品，国家市场监管总局会同有关行业主管部门或者组织

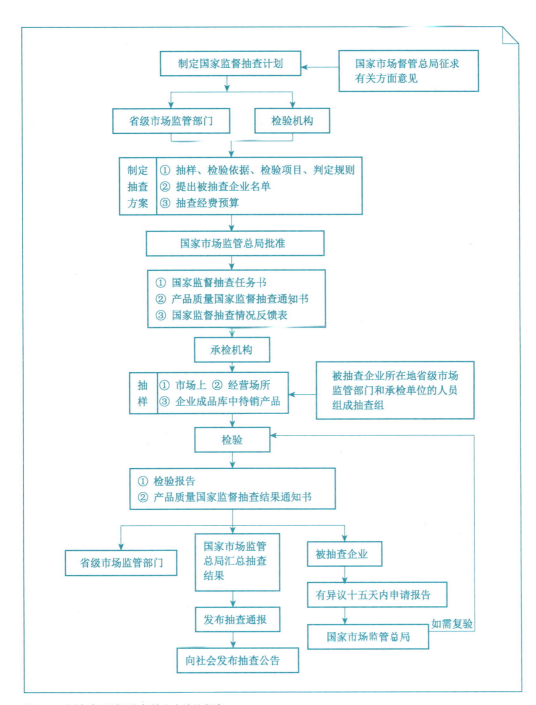

图 5-1 国家产品质量监督抽查实施的程序

行业协会、检验机构召开产品质量分析会。

凡国家监督抽查不合格产品的生产、销售企业，除因停产、转产等原因不再继续生产的以外，必须按有关要求进行整改。

企业整改工作完成后，应当向当地省级市场监管部门提出复查申请，由省级市场监管部门委托符合《产品质量法》规定的有关产品质量检验机构，按原方案进行抽样复查。复查申请自国家市场监管总局发布国家监督抽查通报之日起，一般不得超过六个月。

对拒检企业的产品，及无正当理由不寄、送样品的企业，产品按不合格论处。拒检企业的复查工作由企业所在地的省级市场监管部门委托承担国家监督抽查检验工作的质检机构进行。应当进行复查而到期仍不申请的企业，由该省级质量技术监督部门组织进行强制复查。

对国家监督抽查中涉及安全卫生等强制性标准规定的项目不合格的产品，责令企业停止生产、销售，并按照《产品质量法》《标准化法》等有关法律、法规的规定予以处罚。对直接危及人体健康、人身财产安全的产品和存在致命缺陷的产品，由国家市场监管总局通知被抽查的生产企业限期收回已经出厂、销售的该产品，并责令经销企业将该产品全部撤下柜台。取得生产许可证、安全认证的不合格产品生产企业，责令立即限期整改；整改到期复查仍不合格的，由发证机构依法撤销其生产许可证、安全认证证书。

负责结果处理的市场监督管理部门应当在公告之日起六十日后九十日前对被抽样生产者、销售者组织复查，经复查仍不合格的，按照《中华人民共和国产品质量法》第十七条规定，责令停业，限期整顿；整顿期满后经复查仍不合格的，吊销营业执照。

对在商品质量监督抽查中发现的违法行为，相关市场监督管理机关，依照《中华人民共和国消费者权益保护法》和《中华人民共和国产品质量法》及其他有关法律法规的规定进行处罚；对严重危害人民群众生命、财产安全的不合格商品，要依法严肃处理。

第三节 质量仲裁

质量仲裁也是质量监督的基本方式之一，本节将简单介绍质量仲裁的基本概念及质量仲裁实施等相关内容。

一、质量仲裁的基本概念

《中华人民共和国仲裁法》于 1995 年 9 月 1 日发布，于 2009 年 8 月 27 日经过修正。仲裁法制定就是为了保证公平、及时仲裁经济纠纷，保护当事人的合法权益，保障社会主义市场经济健康发展。对于平等主体的公民、法人和其他组织之间发生的合同纠纷和其他财产权益纠纷可以仲裁。根据《产品质量法》有关规定，因产品质量发生民事纠纷时，当事人可以通过协商或者调解解决。当事人不愿意通过协商、调解解决或者调解不成的，可以根据当事人各方的协议向仲裁机构申请仲裁；当事人各方没有达成仲裁协议的，可以向人民法院起诉。质量仲裁就是指在发生产品质量民事纠纷时，当事人双方自愿将他们之间的争议，提交他们选定的仲裁机构，由该机构按照一定的仲裁程序进行审理，最后做出具有强制力的仲裁裁决。质量仲裁是指由争执双方同意的第三方对质量争议做出的裁决，是处理产品质量民事纠纷的途径之一。

质量仲裁通常也需要通过产品质量仲裁检验和产品质量鉴定来进行仲裁裁决。

产品质量的仲裁检验和产品质量鉴定是在处理产品质量争议时判定产品质量状况的重要方式。

产品质量仲裁检验是指省级以上产品质量技术监督部门或者授权的部门考核合格的产品质量检验机构在考核授权其检验的产品范围内根据申请人的委托要求，对质量争议的产品进行检验，出具仲裁检验报告的过程。

产品质量鉴定是指省级以上质量技术监督部门的指定组织单位，根据申请人的委托要求，组织专家对质量争议的产品进行调查、分析、判定，出具质量鉴定报告的过程。

二、质量仲裁的依据

质量仲裁的依据是标准。标准是生产、建设、流通的共同的技术依据，产品质量仲裁也不能例外。一般说来，在双方合同或协议中对产品质量依据的技术标准或技术条件、产品图纸、样品有明确规定的，以其规定为仲裁依据。在合同或协议中无明确规定者，则以生产当时有效的该产品技术标准为仲裁依据，有国家标准的按国家标准执行；没有国家标准而有专业（部）标准的按专业（部）标准执行；没有国家标准、专业（部）标准的，按批准的企业标准执行。凡合同或协议中对产品质量既没有明确规定，又没有产品技术标准的，质量仲裁机构一般不予受理。

三、质量仲裁的原则

根据我国宪法及有关法律、法规的规定，质量仲裁坚持和遵循以下四项原则。

（一）以事实为依据，以法律为准绳的原则

解决产品质量方面的纠纷是十分复杂的、技术性很强的工作，必须坚持实事求是，充分调查研究，查清事实，掌握科学数据，分清主客观原因，依照国家法律、法规做出合情合理的裁决。

（二）坚持公平和平等的原则

在解决产品质量民事纠纷过程中，双方当事人均是平等的主体，双方在适用法律

维护自身合法权益方面，具有平等的地位和权利、义务。当事人无论是企业、公民还是机关、团体均享有相同的权利和义务，不存在服从与从属的法律关系。这也是解决民事纠纷的通用准则。

（三）先行调解原则

仲裁机构在裁决纠纷时，应当先行调解，当调解无效时，方依法实行裁决。调解达成的协议也同时具有约束力，当事人亦应当履行。

（四）自愿的原则

当事人若采用仲裁方式解决纠纷，应当双方自愿达成仲裁协议。没有仲裁协议，一方申请仲裁的，仲裁组织不能受理。向哪个仲裁组织申请仲裁应当由当事人协议选定。仲裁员由当事人选定或者委托仲裁组织主任指定当事人。可以自行和解而达成和解协议的，可以请仲裁庭做出裁决书，也可以撤回仲裁申请。

四、质量仲裁的作用

搞好质量仲裁，正确判定仲裁产品质量，对保护消费者的人身和财产安全，保护生产者、销售者的正当权益，维护社会的安定团结具有重要的意义。

（1）产品质量关系到人民的物质利益和人身财产安全，通过对产品质量纠纷正确、及时的裁决，保护了消费者的合法权益，增强消费者保护自我的意识，并起到对社会宣传和教育作用。

（2）通过质量仲裁，同样保护生产者、销售者的正当利益，制裁侵害行为，严肃了社会主义法制，同时促进企业的产品质量管理工作，保证和提高产品的质量。

（3）随着对外开放的发展，国内有越来越多的产品打入国际市场，产品存在的质量问题及由于产品引起的纠纷的裁决也将影响到我国在国际贸易中的信誉。正确判定仲裁产品质量将使外国的生产者和消费者了解中国，有利于扩大对外贸易和经济合作。

五、产品质量仲裁检验和产品质量鉴定

产品质量的仲裁检验和产品质量鉴定是在处理产品质量争议时判定产品质量状况的重要方式。

仲裁检验是对争议产品进行抽样、检验、出具检验报告，并保证检验数据的公正、准确无误。仲裁鉴定则是以产品质量仲裁检验提供的技术数据为基础，出具鉴定报告。根据1999年4月1日原国家技术监督局4号局长令《产品质量仲裁检验和产品质量鉴定管理办法》对其实施都有具体要求。

（一）产品质量仲裁检验和产品质量鉴定的申请人

申请人有：(1) 司法机关；(2) 仲裁机构；(3) 市场监督管理部门或者其他行政管理部门；(4) 处理产品质量纠纷的有关社会团体；(5) 产品质量争议双方当事人。

（二）申请人签订仲裁检验或产品质量鉴定委托书，明确委托事项，并提供有关资料

有关资料有：(1)委托检验（质量鉴定）产品的名称、规格型号、出厂等级，生产企业名称、生产日期、生产批号；(2)申请人名称、地址及联系方式；(3)委托产品检验（鉴定）的依据和检验（鉴定）项目；(4)批量产品质量仲裁检验的抽样方式；(5)完成仲裁检验（鉴定）的时间要求；(6)费用、交付方式及交付时间；(7)违约责任；(8)申请人和检验（鉴定）机构代表签章和时间；(9)其他必要的约定。

（三）组织调查

派出有经验的专业技术人员深入争议产品所在企业或场所进行调查，搞清发生争议的原因。在调查过程中对有争议的产品必要时可采取查封等保全措施。

（四）检验和鉴定

检验应坚持随机抽样，如单件产品则以该产品为样品，如系成批产品可按技术标准规定数量抽取进行检验。按标准规定的检验方法，精心操作，细致检验，提供准确的数据，并且对数据负责。组织鉴定的单位组织三名以上单数专家组制订鉴定方案，独立进行质量鉴定，出具质量鉴定报告交给申请人，并向接受申请的省级以上质量技术监督部门备案。

质量仲裁检验在受理仲裁检验案件中，如发现合同中对产品质量没有明确规定，又无产品技术标准，对产品质量无法进行鉴定时，应不予受理。对有保存期的产品，应注意是否超过保存期。如果超过保存期，对产品质量已无法鉴定时，也不应受理。

但是，质量仲裁与仲裁检验鉴定是不同的，质量仲裁是指从受理到裁决的全过程，而仲裁检验鉴定只是仲裁过程中的一个环节，它只负责提供产品质量的检验鉴定意见而不参与最终裁决。

六、质量仲裁的实施

仲裁是解决经济纠纷的一种重要方式，具有当事人自愿、程序简便、迅速等特点。产品质量仲裁的实施要符合《中华人民共和国仲裁法》的相关规定。

（一）产品质量仲裁制度

根据仲裁法，我国产品质量仲裁制度实行协议仲裁和或裁或审及一裁终局的制度。所谓协议仲裁，是指当事人发生产品质量民事纠纷时，应当依据当事人在纠纷发生之前或者纠纷发生之后达成的书面仲裁协议，向仲裁机构申请质量仲裁。没有达成仲裁协议的，即非当事人自愿申请仲裁的，仲裁机构不受理仲裁，协议仲裁体现了"自愿"原则，完全尊重双方当事人的自主权利。

所谓或裁或审制，一裁终局是指产品质量民事纠纷发生之后，当事人自愿选择申请仲裁裁决的，人民法院则不再受理该纠纷的起诉。如果当事人就该纠纷已经向人民法院提起诉讼的，仲裁机构则不再受理该纠纷的仲裁申请。仲裁实行一裁终局是指裁

决作出后,除仲裁法另有规定外,当事人就同一纠纷再申请仲裁或者向人民法院起诉的,仲裁组织或者人民法院均不予受理。

(二) 仲裁组织和仲裁员

仲裁组织是独立的事业单位法人,和行政机关之间没有隶属关系。《中华人民共和国仲裁法》明确了仲裁委员会可以在直辖市和省、自治区人民政府所在地的市设立,也可以根据需要在其他地区的市设立,不按行政区划层层设立。仲裁委员会由上述规定的人民政府组织有关部门和商会统一组建。设立仲裁委员会,应当经省、自治区、直辖市的司法行政部门登记。仲裁组织不分级别,不实行级别管辖和地域管辖。

仲裁委员会由主任一人,副主任二至四人和委员七至十一人组成。仲裁委员会的主任、副主任和委员由法律、经济贸易专家和有实际工作经验的人员担任。仲裁委员会的组成人员中,法律、经济贸易专家不得少于三分之二。

仲裁委员会从公道正派的人员中聘任仲裁员,在仲裁员名册上按专业划分,便于当事人选择仲裁员。仲裁员应符合下列条件之一:(1)从事仲裁工作满八年的;(2)从事律师工作满八年的;(3)曾任审判员满八年的;(4)从事法律研究、教学工作并具有高级职称的;(5)具有法律知识,从事经济贸易等专业工作并具有高级职称或者具有同等专业水平的。

(三) 质量仲裁的一般程序

1. 受理仲裁

仲裁机构根据当事人的书面仲裁协议受理仲裁申请。仲裁申请书应写明双方当事人的名称、地址、申请理由、仲裁要求等。仲裁委员会收到仲裁申请书之日起五日内,做出是否受理的决定。

2. 调查、取证与保全措施

仲裁机构可就该案件查询档案、资料、原始凭证等,进行调查(必要时进行产品质量的仲裁检验和产品质量鉴定),取得证据。为避免造成严重后果和财产损失,可以根据当事人的请求采取必要的保全措施。

3. 审理

开庭审理纠纷,应事先书面通知当事人开庭时间、地点等事项,无正当理由拒不到庭的,可以缺席仲裁。仲裁过程中,听取当事人的陈述和辩论、出示有关证据,由当事人申诉意见,可以再行调解。最后,经仲裁评议后作出裁决。裁决应当庭宣布。

4. 执行

裁决书自做出之日起发生法律效力。当事人应当履行裁决。一方当事人不履行的,另一方当事人可以依照民事诉讼法的有关规定向人民法庭申请执行。受申请的人民法院应当执行。

第四节 | 特殊产品的质量监督管理制度

所谓特殊产品，是指食品、药品、计量器具、兽药、锅炉压力容器等可能危及人类健康和安全、动植物生命和健康以及环境保护和公共安全的产品。特殊产品的质量监督管理制度主要有许可证制度（包括强制性产品认证）、新产品试制制度及特殊产品质量监督制度等。

一、许可证制度

为了保障人体、财产安全，对可能危及人体健康和人身、财产安全的工业产品，在产品质量法正式颁发前国务院陆续发布了若干条例，如1982年发布的《锅炉、压力容器安全监察条例》，1984年国务院发布了《工业产品市场许可证试行条例》，并成立了全国工业生产许可证办公室，发布《工业产品市场许可证管理办法》，开始对重要的工业产品实行市场许可证制度，在2005年9月1日《工业产品生产许可证管理条例》施行后废止。自1984年以来全国共对400多种工业产品、13万余家企业颁发了14万多张生产许可证。许可证可以分为生产许可证、安全许可证、修理许可证、进口许可证和施工许可证等，它们都是市场准入的条件。

（一）工业生产许可证

工业产品生产许可证是生产许可证制度的一个组成部分，是为保证工业产品的质量安全，由国家主管产品生产领域质量监督工作的行政部门制定并实施的一项旨在控制产品生产加工企业生产条件的监控制度。该制度规定从事产品生产加工的公民、法人或其他组织，必须具备保证产品质量安全的基本生产条件，按规定程序获得生产许可证方可从事产品生产。没有取得生产许可证的企业不得生产产品，任何企业和个人不得无证销售。

2005年国务院发布了《中华人民共和国工业生产许可证管理条例》，质检总局2014年4月发布的《工业生产许可证管理条例实施办法》自2014年8月1日起施行（2005年9月15日发布的《中华人民共和国工业产品生产许可证管理条例实施办法》、2006年12月31日发布的《工业产品生产许可证注销程序管理规定》以及2010年4月21日发布的《国家质量监督检验检疫总局关于修改〈中华人民共和国工业产品生产许可证管理条例实施办法〉的决定》同时废止）。

工业产品生产许可证制度是国家采取行政手段，加强对工业产品的质量管理，确保重要工业产品质量的一项强制管理和监督制度，是制止不合格产品流入市场，保护国家、集体和广大消费者利益的一种监督制度。发证产品的范围突出了安全，主要是指食品、人身财产、金融、通信、劳动、生产、公共安全等方面。

工业产品生产许可证制度运行机制是由国家质检总局统一管理，发布工业产品生产许可证目录，依据《中华人民共和国产品质量法》第十三条和《中华人民共和国工业产品生产许可证管理条例》第二条。国家对生产下列重要工业产品的企业实行生产许可证制度。

（1）乳制品、肉制品、饮料、米、面、食用油、酒类等直接关系人体健康的加工食品；

（2）电热毯、压力锅、燃气热水器等可能危及人身、财产安全的产品；

（3）税控收款机、防伪验钞仪、卫星电视广播地面接收设备、无线广播电视发射设备等关系金融安全和通信量安全的产品；

（4）安全网、安全帽、建筑扣件等保障劳动安全的产品；

（5）电力铁塔、桥梁支座、铁路工业产品、水工金属结构、危险化学品及其包装物、容器等影响生产安全、公共安全的产品；

（6）法律、行政法规要求依照条例的规定实行生产许可证管理的其他产品。

实施工业产品许可证的产品目录由国家质检总局公布，具体由省级市场监管部门负责实施，国务院有关行业部门、协会参与，地方市场监管部门依法监督查处。

申请办理生产许可证的步骤见图5-2。

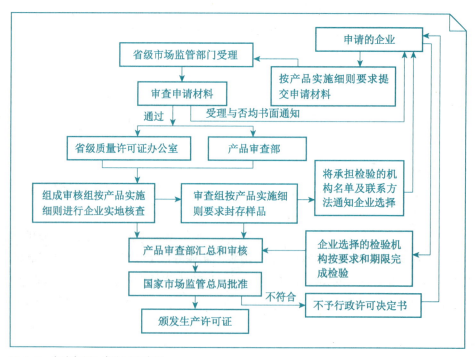

图5-2　申请办理生产许可证步骤

为了深入推进工业产品市场许可证制度改革，2017年6月29日国务院印发了《关于调整工业产品生产许可证管理目录和试行简化审批程序的决定》，其中19类产品取消事前生产许可证，对3类产品实行强制性认证不再实施生产许可证。《决定》指出，要进一步调整实施工业生产许可证管理的产品目录。此次调整后取消、转认证、下放幅度达50%，继续实施生产许可证管理的产品减至38种，其中总局实施的19类，省级部门实施的19类。对需实施生产许可证，《决定》同时要求对继续实行工业许可证管理的产品，由国家市场监管总局按照《中华人民共和国行政许可法》有关规定组织有关地区和行业试行简化生产许可证审批程序：（1）取消发证前产品检验，改由企业提交具有资质的检验检测机构出具的产品检验合格报告。（2）后置现场审核，企业提交申请和产品检验合格报告并做出保证产品质量安全的承诺后，经形式审查合格的，可以先领取生产许可证，之后接受现场审核。对通过简化程序取证的企业，在后续的监督检查中，如发现产品检验或生产条件不符合要求的，由发证部门依法撤销生产许可证。

（二）强制性产品认证（3C认证）

强制性产品认证制度是各国政府为保护消费者人身安全和国家安全、加强产品质量管理、依照法律法规实施的一种产品合格评定制度。我国政府为兑现入世承诺，国家监督检验检疫总局和国家认证认可监督管理委员会于2001年12月3日对外发布了《强制性产品认证管理规定》，该规定已于2009年质检总局第117号令修订。我国强制性产品认证标志名称为"中国强制认证"，英文名称为"China Compulsory Certification"，英文缩写为"CCC"，也可称为"3C"标志；认证标志的式样由基本图案、认证种类标注组成，基本图案如下图：

基本图案中"CCC"为"中国强制性认证"的英文名称"China Compulsory Certification"的英文缩写。在认证标志基本图案的右侧标注认证种类，由代表该产品认证种类的英文单词的缩写字母组成。国家认监委根据强制性产品认证工作的需要，制定有关认证种类标注的具体要求。

强制性产品认证，是通过制定强制性产品认证的产品目录和实施强制性产品认证程序，对列入《目录》中的产品实施强制性的检测和审核。凡列入强制性产品认证目录内的产品，没有获得指定认证机构的认证证书，没有按规定加施认证标志，则一律不得进口、不得出厂销售和在经营服务场所使用。

国家市场监管总局主管全国强制性产品认证工作，负责全国强制性产品认证工作的组织实施、监督管理和综合协调。地方各级市场监管部门和各地出入境检验检疫机构按照各自职责，依法负责所辖区域内强制性产品认证活动的监督管理和执法查处工作。我国首批必须通过强制性认证的产品共有19大类132种（现已发展到23大类），主要包括电线电缆、低压电器、信息技术设备、安全玻璃、消防产品、机动车辆轮胎、乳胶制品、医疗器械产品等。

强制性产品认证应当适用以下单一认证模式或者多项认证模式的组合,具体模式包括:(1)设计鉴定;(2)型式试验;(3)生产现场抽取样品检测或者检查;(4)市场抽样检测或者检查;(5)企业质量保证能力和产品一致性检查;(6)获证后的跟踪检查。

产品认证模式应当依据产品的性能,对涉及公共安全、人体健康和环境等方面可能产生的危害程度、产品的生命周期、生产、进口产品的风险状况等综合因素,按照科学、便利等原则以确定。

工业产品生产许可证制度与强制性产品认证制度("3C"认证)均是国家采用市场准入的方式对涉及公共安全和人体健康、人身财产安全的产品质量实施有效控制,以保障人民群众切身利益,实现"以人为本"治国理念的重要手段。两者相辅相成,互为补充,为宏观产品质量的稳定都发挥了重要作用。但是,两者也有一些区别,见表5-2。

表 5-2 工业产品生产许可证制度与强制性产品认证制度比较

特征 \ 种类	工业产品生产许可证	强制性产品认证
性质	以国家行政机关为行政许可实施主体,其性质属于行政许可范畴	以社会中介性质的认证机构为主体实施,行政机关监督保障,不属于行政许可范畴
目的	除同样是保障产品质量安全外,还有贯彻国家产业政策,实现产品结构优化,提升产业优势和保障国家金融、信息安全的目的	从源头保证产品质量安全,实现保障人体健康、人身财产安全
对认证产品要求	要求对产品质量进行较为全面的考核,包括可靠性、安全性、理化指标和卫生指标等方面要求	更加强调产品安全性要求
管理范围	仅限于在中华人民共和国境内生产、销售、经营活动中使用列入生产许可证管理范围的产品的企业和单位	不仅适用于国内生产企业,也适用在中华人民共和国境内销售的国外企业生产的产品,对列入强制性产品认证范围的产品国外企业要在我国境内销售,必须首先取得强制性产品认证

目前这两种制度的管理均为国家市场监管总局归口,因管理的产品不同(具体见CNCA的产品目录公告),即实施强制认证制度的产品不实施工业产品生产许可证管理,二者管理的产品没有交叉。

(三)特种设备的质量监督

特种设备是指涉及生命安全、危险性较大的锅炉、压力容器(含气瓶)、压力管道、电梯、起重机械、客运索道、大型游乐设施和场(厂)内专用机动车辆。为了加强特种设备的安全监察,防止和减少事故,保障人民群众生命和财产安全,促进经济发展。2003年3月国务院公布了《特种设备安全监察条例》,2009年1月国务院549号令已修订该条例。对特种设备的生产（含设计、制造、安装、改造、维修）、使用、检验检测、监督检查、法律责任都做出了明确规定。它包含了设计许可证、生产许可证、施工许可证、使用许可证、安装许可证、改造许可证、修理许可证等诸多许可证。可以说，这是我国当今监管最严格的一种产品质量监督制度（注意：《条例》对军事装备、核设施、航空航天器、铁路机车、海上设施和船舶以及矿山井下使用的特种设备、民用机场专用设备的安全监察不适用，另有规定）。

国家市场监管总局根据国务院颁布的《特种设备安全监察条例》管理锅炉、压力容器、压力管道、电梯、起重机械、客运索道、大型游乐设施、场（厂）内机动车辆等特种设备的安全监察、监督工作；拟订特种设备安全监察目录、有关规章和安全技术规范并组织实施和监督检查；对特种设备的设计、制造、安装、改造、维修、使用、检验检测等环节和进出口进行监督检查；调查处理特种设备事故并进行统计分析；负责特种设备检验检测机构的核准和相应检验检测人员、作业人员的资格考核工作。

（四）食品安全许可证

在我国，国家高度重视食品安全，为保证食品安全，保障公众身体健康和生命安全，早在1995年就颁布了《中华人民共和国食品卫生法》。在此基础上，2009年2月28日，十一届全国人大常委会第七次会议通过了《中华人民共和国食品安全法》。

2013年《食品安全法》启动修订，新食品安全法是适应新形势发展的需要，2015年4月24日新修订的《中华人民共和国食品安全法》经第十二届全国人大常委会第十四次会议审议通过。新版食品安全法共十章，154条，于2015年10月1日起正式施行。为了从制度上解决现实生活中存在的食品安全问题，更好地保证食品安全而制定的，其中确立了以食品安全风险监测和评估为基础的科学管理制度，明确食品安全风险评估结果作为制定、修订食品安全标准和对食品安全实施监督管理的科学依据。食品安全法规定对在中华人民共和国境内从事下列活动，都应当遵守本法：（1）食品生产和加工（以下称食品生产），食品销售和餐饮服务（以下称食品经营）；（2）食品添加剂的生产经营；（3）用于食品的包装材料、容器、洗涤剂、消毒剂和用于食品生产经营的工具、设备（以下称食品相关产品）的生产经营；（4）食品生产经营者使用食品添加剂、食品相关产品；（5）食品的贮存和运输；（6）对食品、食品添加剂、食品相关产品的安全管理。

供食用的源于农业的初级产品（以下称食用农产品）的质量安全管理，遵守《中华人民共和国农产品质量安全法》的规定。但是，食用农产品的市场销售、有关质量安全标准的制定、有关安全信息的公布和本法对农业投入品做出规定的，应当遵守本法的规定。

新实施的"食品安全法"解决了如下民生中最贴近老百姓关心的热点问题。

1. 任何食品都不能免检

新实施的《食品安全法》规定，食品安全监督管理部门对食品不得实施免检，将此前国务院废除免检的措施法制化。进行抽样检验，应当购买抽取的样品，不收取检验费和其他任何费用。"免检"并不一定都是安全的，有时它会麻痹消费者。质检部门因企业既往"产品质量长期稳定"而予以免检，容易导致企业在没有监督的情况下，放松对自身的质量要求。

2. 食品安全标准不再"不标准"

食品安全标准："不标准"，一直是我国食品安全监管的软肋。以黄花菜为例，根据卫生部门的标准，它不属于干菜，不得有二氧化硫残留。然而，根据质检、农业部门的规定，黄花菜属于干菜，且明确了其二氧化硫残留标准。如此"打架"的食品标准难免会让食品生产企业无所适从。新实施的《食品安全法》对食品安全标准进行了整合，这意味着今后我国食品安全有了统一标准，监管的目标和尺度将更加明确。

3. 新法规确立了食品召回制度

根据新法规，食品生产者发现其生产的食品不符合食品安全标准，应当立即停止生产，召回已经上市销售的食品。还可以向生产者或者销售者要求支付价款 10 倍的赔偿金。

任何食品添加剂目录外的物质都将不能使用。《食品安全法》对食品添加剂首先实行严格的审批管理。目录里面没有的，哪怕暂时证明对人体没有害处，也不能添加。使用了什么添加剂以及用量，都要在产品的外包装标签里严格地注明。标签必须和实际内容相一致，否则就要接受处罚。

4. 保健食品不能宣传治疗功效

具有特定保健功能的食品，在标签、说明书不得涉及疾病预防、治疗功能，内容必须真实，应载明适宜人群、不适宜人群、功效成分或者标志性成分及其含量等。专家表示，这一法律条款，给保健食品设定了必须遵守的"硬杠杠"：如果是按照保健食品审批的，宣传过程中就不能对消费者说"服用后能预防、治疗什么什么疾病"。

（六）药品许可证制度

《中华人民共和国药品管理法》旨在加强药品监督管理，保证药品质量，保障人体用药安全，维护人民身体健康和用药的合法权益。1984 年 9 月 20 日第六届全国人民代表大会常务委员会第七次会议通过，自 1985 年 7 月 1 日起施行。现行版本为 2015 年 4 月 23 日十二届全国人大常委会第十四次会议修改。中华人民共和国药品管理法是以药品监督管理为中心内容，深入论述了药品评审与质量检验、医疗器械监督管理、药品生产经营管理、药品使用与安全监督管理、医院药学标准化管理、药品稽查管理、药品集中招投标采购管理、对医药卫生事业和发展具有科学的指导意义。

（1）开办药品生产企业，须经企业所在地省、自治区、直辖市人民政府药品监督管理部门批准并发给《药品生产许可证》，凭《药品生产许可证》到工商行政管理部门办理登记注册。无《药品生产许可证》的，不得生产药品。《药品生产许可证》应当标明有效期和生产范围，到期重新审查发证。

（2）开办药品经营企业，须经企业所在地省、自治区、直辖市人民政府药品监督管理部门批准并发给《药品经营许可证》；开办药品零售企业，须经企业所在地县级以上地方药品监督管理部门批准并发给《药品经营许可证》，凭《药品经营许可证》到工商行政管理部门办理登记注册。无《药品经营许可证》的，不得经营药品。《药品经营许可证》应当标明有效期和经营范围，到期重新审查发证。

（3）医疗机构配制制剂，须经所在地省、自治区、直辖市人民政府卫生行政部门审核同意，由省、自治区、直辖市人民政府药品监督管理部门批准，发给《医疗机构制剂许可证》。无《医疗机构制剂许可证》的，不得配制制剂。《医疗机构制剂许可证》应当标明有效期，到期重新审查发证。

（七）计量器具制造、维修及新产品监督管理制度

为了加强计量监督管理，保障国家计量单位制的统一和量值的准确可靠，有利于生产、贸易和科学技术的发展，适应社会主义现代化建设的需要，维护国家、人民的利益，1986年经国务院批准制定实施了《中华人民共和国计量法》。该法历史修改4个版本，现生效版本为2015年4月24日修正版。

（1）制造、修理计量器具的企业、事业单位必须具备与所制造、修理的计量器具相适应的设施、人员和检定仪器设备，经县级以上人民政府计量行政部门考核合格取得《制造计量器具许可证》或者《修理计量器具许可证》。制造、修理计量器具的企业未取得《制造计量器具许可证》或者《修理计量器具许可证》的，工商行政管理部门不予办理营业执照。

（2）制造计量器具的企业、事业单位生产本单位未生产过的计量器具新产品必须经省级以上人民政府计量行政部门对其样品的计量性能考核合格，方可投入生产。根据《计量法》及其《实施细则》的规定，国家对计量器具新产品的生产，实行定型鉴定制度。凡制造在全国范围内从未生产过的计量器具新产品，必须经过定型鉴定。定型鉴定合格后，履行型式批准手续，颁发证书。在全国范围内已经定型而本单位未生产过的计量器具，进行样机试验，样机试验后发给合格证书；未经型式批准或者未取得样机试验合格证书的计量器具，不准投入生产。

第五节 产品质量法

一、产品质量法的颁发

1978年党的十一届三中全会之后，随着我国的经济体制改革不断深化，市场机制逐步形成，全社会对产品质量的现状更加关注。1988年4月，七届人大一次会议上，

王书玉等32位全国人大代表提出"关于进行质量立法,认真贯彻'质量第一'方针,切实执行'质量否决权',加强质量监督工作"的第104号议案。1988年9月,原国家技术监督局成立起草小组,先后易稿十几次,历经五年,《产品质量法》在1993年2月22日第七届全国人民代表大会常务委员会第三十次会议审议通过,同日以中华人民共和国主席令第七十一号公布,并于1993年9月1日起施行。

《产品质量法》的颁布是我国经济生活中的一件大事,标志着我国产品质量工作进一步走上了法制管理的轨道。它是一部内容比较系统、完整的法规,它的诞生既植根于我国长期以来为了稳定经济秩序、规范市场行为而制订的一系列有关产品质量单行法规的司法实践,又借鉴了先进国家在制订与实施产品责任中的有益经验,是我国加强对产品质量的监督管理、明确产品质量责任、保护用户、消费者的合法权益,维护社会主义经济秩序的产品质量基本法。

在1993年我国质量领域第一部法律《产品质量法》颁发后,国务院于1996年又制定了我国到2010年的《质量振兴纲要》,发布了《关于进一步做好产品质量工作若干问题的决定》等加强我国质量工作的一系列措施,我国的产品质量的总体水平有了较大的提高,质量工作也取得了新的进展。但是,面对经济全球化迅速发展,加入WTO所带来的机遇与挑战,我国的产品质量状况与国际先进水平相比,仍有很大差距,还远不能适应形势发展和市场变化的需要;根据社会主义市场经济发展过程中出现的新情况、新问题的需要,必须进一步明确地方政府在产品质量工作中的责任,要求企业建立健全并严格实施内部质量管理制度,补充、完善行政执法机关实施产品质量监督的执法手段对产品质量违法行为,特别是生产、销售伪劣产品的行为,加大法律制裁的力度。

2000年7月8日第九届全国人民代表大会常务委员会第十六次会议通过了《关于修订〈中华人民共和国产品质量法〉的决定》,新修改的《产品质量法》近2/3条文有所修改。由原来的51条增加到74条,新增加了25条,删除2条,修改了20条;主要是进一步明确了各级人民政府在产品质量工作中的责任,建立企业产品质量约束机制,加强了行政执法机关实施产品质量监督的执法手段,特别是对生产、销售伪劣产品的行为,加大了法律制裁的力度。此外,在对产品质量监督部门以及产品质量检验机构、认证机构等社会中介组织赋予质量监督、质量评价权力的同时,增加了承担相应法律责任和防止滥用权力的规定。

产品质量立法具有重要意义,归纳为如下四个方面。

(一)产品质量立法是提高我国产品质量的需要

影响产品质量的因素,既有生产技术、生产设备落后的原因,也有市场管理不善的原因;既有企业自身的原因,也有企业外部条件的原因。产品质量立法,就是要规范企业的行为,协调宏观和微观的关系,促进我国产品质量水平的提高。

（二）产品质量立法是规范社会经济秩序的需要

生产经济是法治经济，它要求有完备的法制加以规范和保障。产品是企业进行市场竞争的"媒体"。对市场是激烈竞争，企业只有以"质优价廉"的产品才能取胜。企业作为市场竞争的主体，要求在公开、公平、公正的条件下开展竞争。产品质量立法就是要禁止各种不正当竞争行为，规范社会经济秩序，保护公平竞争。

（三）产品质量立法是保护消费者合法权益的需要

产品质量涉及千家万户，关乎广大人民群众的切身利益。产品质量立法明确了产品质量责任，规定了民事赔偿制度，为广大消费者解决因产品质量问题造成的人身伤害、财产损失后的赔偿，提供了法律保障。消费者可以运用法律武器，维护自身的合法权益。

（四）产品质量立法是建立和完善我国产品质量法制的需要

在计划经济体制下，我国的产品质量监督管理工作主要依靠行政手段。在社会主义市场经济体制下，不仅要靠行政手段，更主要的是靠法律手段，将质量工作全面地纳入法制轨道。完备的法制是社会主义市场经济体制完善、社会发展成熟的标志之一，为了适应社会主义经济发展的需要，国家必须建立健全内容完整、相互配套、互相协调、适时实用的产品质量法规体系。

二、《产品质量法》的基本原则

从我国实际出发，根据建立社会主义市场经济体制的要求，实行宏观调控与市场引导相结合的方针，激励企业提高产品质量的内在动力，是实施产品质量法的根本目的。产品质量法遵循以下四项基本原则。

（一）统一立法，区别管理

产品质量监督管理工作纳入法制轨道，统一由全国人大立法。《产品质量法》是产品质量基本法，但是它属于一般法，它全面地规范了产品质量监督的监督管理体制，有关质量的义务与责任，以及损害赔偿。其基本设想是，多数产品放开，靠市场竞争，优胜劣汰。对于那些危及人体健康和人身、财产安全或对国民经济具有重要意义的产品，有其特殊的管理规定。比如，《食品安全法》《药品管理法》《计量法》都规定了许可证制度；还对新产品试制及管理提出特殊要求，而《产品质量法》不作具体规定。

（二）标本兼治，突出重点

产品质量法突出规范了生产企业和经销企业的质量行为，对生产者和销售者分别规定了责任与义务，即突出了影响产品质量的重点环节。至于储存、运输等环节对产品质量的影响，则通过生产者、销售者与其的合同关系加以调整，通过追究违约责任来解决。

(三)扶优治劣,建立机制

解决产品质量问题,既要解决企业微观管理质量的问题,又要解决国家宏观管理质量的问题。产品质量法一方面规定严厉制裁产品质量违法行为及假冒伪劣行为;另一方面规定国家鼓励企业推行科学的管理方法,采用先进的科学技术,鼓励企业产品质量达到并且超过行业标准、国家标准和国际标准,对产品质量管理先进和产品质量达到国际先进水平、成绩显著的单位和个人,给予奖励,体现了扶优与限劣相结合的原则。产品质量法设计的国家管理产品质量的机制是如下。

(1)多数产品放开,靠市场调节,优胜劣汰。对这些产品,只规定:"产品质量应当检验合格,不得以不合格冒充合格产品"。

(2)少数产品管住、管好、管严。对"可能危及人体健康和人身、财产安全的工业产品,必须符合保障人体健康,人身财产安全的国家标准、行业标准;未制定国家标准、行业标准的,必须符合保障人体健康,人身、财产安全的要求"。

(3)引导企业生产优质产品。对于达到国际先进标准水平的产品,企业可以自愿申请质量认证,以提高产品质量信誉,增强市场竞争能力。

(4)国家对产品质量实行监督检查制度。该制度规定:"对可能危及人体健康和人身、财产安全的产品,影响国计民生的重要工业产品以及消费者、有关组织反映有质量问题的产品进行抽查。"对抽查不合格者,除向社会公布外,还要依法进行行政处罚。

这种机制体现了国家对产品质量实行宏观管理,即该管的管住、管好,不该管的放开、放活,有利于在市场经济体制下保证和提高产品质量。

(四)立足国情,借鉴国外

根据我国国情,产品质量不能没有政府干预、监督和管理。《产品质量法》将产品责任与对产品质量的监督管理融为一体,是产品责任法与产品质量管理法合一的一部法律,是目前世界独一无二的,具有中国的特色。

此外,我们又借鉴国外通行的产品质量认证、企业质量体系认证、产品质量的诉讼时效等一系列有效方法和经验,有利于改革开放和发展对外贸易。

三、《产品质量法》的内容体系

《产品质量法》共分六章,包括七十四条条款。

第一章,总则,共十一条。总则主要规定了立法宗旨和法律调整范围,明确了各级人民政府在质量工作中的责任。《产品质量法》明确了产品质量的主体,即在中华人民共和国境内(包括领土和领海)从事生产销售活动的生产者和销售者,必须遵守此法,国家有关部门利用此法调整其活动的权利、义务和责任关系。本法所称的"产品"是指经过加工、制作用于销售的产品、建设工程和初级产品不适用本法规定。本法同时也不调整服务、劳务、非实物产品的质量问题;同样不包括仓储、运输环节,仓储、运输环节由经济合同调整。总则中还规定严禁生产、销售假冒伪劣产品,确定了我国产品质量监督管理体制。

第二章，产品质量的监督，共十四条。主要规定了两项宏观管理制度：一项是企业质量体系认证和产品质量认证制度；另一项是对产品质量的检查监督制度。同时，还规定了消费者关于产品质量问题的查询和申诉的权利。此外，在对产品质量监督部门以及产品质量检验机构、认证机构等社会中介组织赋予质量监督、质量评价权力的同时，规定了承担相应法律责任和防止滥用权力。

第三章，生产者和销售者的产品质量责任和义务，共十四条。

第四章，损害赔偿，共九条。本章主要规定了因产品存在一般质量问题和产品存在缺陷造成损害引起的民事纠纷的处理及渠道。

第五章，罚则，共二十四条。本章规定了生产者、销售者因产品质量的违法行为而应承担的行政责任、刑事责任。同时，规定了各级地方人民政府和其他国家机关有包庇、放纵产品生产、销售中违法行为的，要依法追究其主要负责人的法律责任。另外，还明确规定了认证机构、产品质量检验机构等社会中介机构在实施认证、检验、服务等过程中的违法、违纪行为及造成的经济损失应承担的民事连带责任、处罚、直至追究刑事责任的法律制裁。

第六章，附则，共两条。本章规定了军工产品的质量管理由中央军委及有关部门另行制定办法，以及本法正式开始实施日期。

产品质量监督管理和产品质量责任是产品质量法的基本内容。第一至第三章主要是讲产品质量监督管理，第四、五章讲的是产品质量责任。

四、产品质量监督管理

在产品质量监督管理方面，产品质量法规定了三个方面的内容。

（一）产品质量监督管理体制

国家市场监管总局是国务院管理标准化、计量、质量工作并行使执法监督职能的直属机构。同时，国务院还分别组建了国家认证认可监督管理委员会、国家标准化管理委员会，授权分别统一管理全国的认证认可工作、标准化工作。地方人民政府市场监管部门指的是省级具有产品质量监督管理职能的部门。国务院有关部门和省级以上人民政府有关部门是在各自的职责范围内负责产品质量监督管理工作。

（二）宏观管理和激励引导措施

（1）国家对产品质量实行以抽查为主要方式的监督检查制度。国家对可能危及人体健康和人身、财产安全的产品，影响国计民生的重要工业产品以及消费者、有关组织反映有质量问题的产品进行抽查。

（2）建立企业产品质量的约束机制。产品质量法规定：生产者、销售者必须建立健全内部质量管理制度，严格实施岗位质量规范、质量责任及相应的考核办法，以促进企业加强内部产品质量管理，保证产品质量。对依法进行的产品质量监督检查，生产者、销售者不得拒绝，对拒绝者情节严重的给予吊销营业执照的处罚；对产品质量监督抽查中发现的质量问题，产品质量监督部门将视情节责令其限期改正，责令停业整改，并予以公告，直至吊销营业执照；对企业使用认证标志的情况跟踪检查，对不符合认证标准而使用认证标志，情节严重的撤销其使用资格。

（3）规定了产品质量监督管理的行政执法手段和必要的行政强制措施。同时，规范了质量技术监督部门以及产品质量检验机构、认证机构进行产品质量监督抽查工作的行为，保证其社会公正性。在对产品质量监督部门以及产品质量检验机构、认证机构等社会中介组织赋予质量监督、质量评价权力的同时，明确了其承担相应法律责任和防止滥用权力的有关规定。

（4）建立产品质量社会监督机制。规定了任何单位和个人有权对产品质量违法行为向产品市场监管部门或者其他有关部门进行检举；市场监管部门对检举情况应当积极受理，认真查处，不得敷衍；消费者有权就产品质量问题查询、申诉；政府有关部门负有为举报人保密的义务，还可按照省级人民政府有关规定对检举人给予奖励。

（5）国家采取激励引导政策，对企业的技术进步给予鼓励，对质量管理先进和产品达到国际先进水平、成绩显著的单位和个人，给予奖励。参照国际先进的产品标准和技术要求，企业可以自愿申请产品质量认证；根据国际通用的质量管理和质量保证系列标准，企业可以自愿申请质量体系认证。

（三）生产者、销售者的产品质量责任和义务

（1）生产者的产品质量责任和义务。生产者应当对其生产的产品质量负责。主要包括4个方面的内容：①产品内在质量应当符合第二十六条第二款的三项要求；②产品或者其包装上的标识应当符合第二十七条的五项要求；③产品包装必须符合第二十八条的要求；④不得违反法律规定的禁止性规范，即第二十九条至三十二条中的七个"不得"。

（2）销售者的产品质量责任和义务。销售者应当对销售的产品负责，主要包括3个方面的内容：①销售者应当建立并执行进货检查验收制度，验明产品合格证明和其他标识；②销售者应当采取措施，保持销售产品的质量；③不得违反法律规定的禁止性规范，也有七个"不得"。除销售者不得销售失效、变质的产品外，其余六个"不得"与生产者的质量义务相同。

生产者、销售者违反以上保证产品质量的义务，将依法受到制裁。

五、产品质量责任

产品质量责任是指生产者、销售者违反国家法律、法规以及规范性文件的要求，对其应当依法承担的法律后果。从产品责任法的理论依据上，国外（以美国为例）大致经历了合同责任、疏忽责任、担保责任和严格责任四个阶段。我国在产品质量法制

订的过程中,尽力做到与国际产品责任理论同步接轨。但是,考虑到我国还刚刚建立社会主义市场经济体制,法制还不很健全,经济行为还不很规范,市场交易也缺乏透明度,相当多的人法治观念尚很淡薄,还不善于运用法律的武器来保护自己的合法权益。因此,《产品质量法》是一部质量行政管理和产品质量责任合一的法律,在产品质量责任方面也不同于国外的产品责任。《产品质量法》规定的产品质量责任是一种综合责任,包括应当依法承担民事责任、行政责任和刑事责任。

(一)《产品质量法》的民事法律责任。

主要包括两个方面:一是产品瑕疵担保责任;二是产品缺陷损害赔偿责任。表5-3将两者进行比较。

表5-3 产品瑕疵担保责任与产品缺陷损害赔偿责任比较

项目	产品瑕疵担保责任	产品缺陷损害赔偿责任
性质	产品质量违约	产品侵犯人身权、财产权
责任主体	产品销售者	产品生产者、销售者
权利主体	瑕疵产品买受者	缺陷产品受害者
归责原则	实行过错责任原则	对生产者实行无过错责任原则;对销售者实行过错责任原则
责任条件	1. 产品不具备应当具备的使用性能,且事先未声明 2. 产品不符合明示的质量状况	1. 产品存在缺陷 2. 发生了因产品缺陷造成的损害 3. 产品缺陷与损害事实存在因果关系 三个条件缺一不可
负责条件	瑕疵产品事先作了声明,并按处理品或等外品销售	生产者举证: 1. 缺陷产品未投入流通 2. 产品投入流通时,缺陷尚不存在 3. 产品投入流通时的社会科学技术尚不能发现缺陷存在 销售者举证 产品存在的缺陷不是销售者的过错
责任期限	产品三包(包修、包换、包退)期修理、更换、退货,给购买产品的消费者因此造成直接经济损失的并应赔偿经济损失	产品安全保证期10年 造成人身伤害的,应当赔偿医疗费,因误工减少的收入、残废者生活补助费等 造成死亡的,并应当支付丧葬费、抚恤费,死者生前抚养的人必要的生活费 造成财产损失的,应当恢复原状或者折价赔偿,受害人因此遭受其他重大损失的,应当赔偿损失
诉讼时效	1年	2年
举证责任	由产品买受者	由产品的生产者、销售者负责举证

(二)《产品质量法》的行政责任

产品质量的行政责任是指侵害了受法律保护的产品质量行政关系而尚未造成犯罪的，应当承担行政责任，受到国家有关行政部门的行政制裁。《产品质量法》共规定了9种主要的行政处罚形式：（1）责令停止生产；（2）责令停止销售；（3）吊销假营业执照；（4）没收产品；（5）没收违法所得；（6）罚款；（7）责令公开更正；（8）限期改正；（9）责令改正。

根据国务院《关于国家行政机关工作人员的奖励暂行规定》，对产品质量责任行政处分分为警告、记过、记大过、降级、降职、撤职、留用察看、开除8种形式，主要适用于从事产品质量监督管理的国家工作人员滥用职权、玩忽职守、徇私舞弊等尚未构成犯罪的情况。

(三)《产品质量法》的刑事责任

产品质量刑事责任是指生产、销售了刑法以及有关产品质量法律、法规禁止生产、销售的产品，依照刑法规定应当承担的刑罚的法律后果。

《产品质量法》规定了三类有关产品质量的犯罪：第一类是有关生产、销售各种伪劣产品的犯罪；第二类是指国家公务人员利用职务之便包庇各种产品质量犯罪的犯罪；第三类是指产品质量管理人员滥用职权、玩忽职守、徇私舞弊的犯罪。《中华人民共和国刑法》结合我国实际情况对产品质量刑事责任作出了更加明确的规定，我国《刑法》关于产品质量犯罪共有9条规定，对产品质量的各种犯罪行为规定了6种刑罚方法，即拘役、有期徒刑、无期徒刑、死刑4种主刑和罚金、没收财产2种附加刑。

(四) 质量民事纠纷的处理

因产品质量发生民事纠纷时，可以通过协商、调解、协议仲裁和诉讼四种渠道予以处理。

六、《产品质量法》与相关法律的关系

我国已颁布了一系列的有关质量监督的法律。除了作为母法的《产品质量法》外，还有一系列同《产品质量法》相关的法律。这些法律主要有《计量法》《标准化法》《进出口商品检验法》《反不正当竞争法》《消费者权益保护法》《仲裁法》《经济合同法》《商标法》《广告法》《食品安全法》《药品管理法》《民法典》《行政诉讼法》《民事诉讼法》和《刑法》等。

我国的产品质量法，从效力上划分为四个层次。

（1）产品质量法律，由全国人大及其常务委员会制定，以国家主席令公布。

（2）产品质量行政法规，由国务院制定并公布。

（3）产品质量地方性法规，由省、自治区、直辖市人大及其常务委员会制定并公布。

（4）产品质量规章，由国务院有关部门和省、自治区、直辖市人民政府及省、自治区、直辖市所在地的市、国务院批准的其他的市的人民政府制定和公布。

（一）产品质量法律与产品质量法规、规章之间的关系

根据宪法规定，行政法规、地方性法规、规章不得与法律相抵触，抵触的，以法律的规定为准；地方性法规、规章不得与行政法规相抵触，抵触的，以行政法规的规定为准。因此，产品质量法律高于产品质量行政法规、地方性法规和规章。产品质量行政法规、地方性法规、规章与产品质量法律有不同规定的，自然失去效力，适用产品质量法律的规定。产品质量地方性法规、规章与产品质量行政法规有不同规定的，自然失去效力，适用产品行政法规的规定。

（二）一般法与特别法的关系

一般法是指对某个问题，作一般的、普通的规定的法律；特别法是指对某个问题作特别规定的法律。例如，就产品质量监督管理问题来说，《产品质量法》是一般法，是对所有产品的质量进行监督管理的法律；《食品安全法》《药品管理法》《计量法》则是特别法。又如，就产品损害赔偿的诉讼时效问题来说，《民法典》是一般法，对各种诉讼时效作了一般规定；《产品质量法》则是特别法，对因产品质量提起诉讼的时效作了特别的规定。当一般法与特别法不一致时，习惯上遵循的原则是特别法优于一般法。也就是说，一般法与特别法有不同规定时，适用特别法的规定；特别法没有规定的，适用一般法的规定。

（三）前法与后法的关系

前法与后法是根据其生效日期确定的，生效日期在前的称为前法，生效日期在后的称为后法。例如，对产品不符合强制性标准时，《产品质量法》与《标准化法》都作了行政处罚的规定，但《标准化法》是1989年4月1日起实行的，属于前法，《产品质量法》属于后法。再如，关于假冒产品问题，《产品质量法》属于前法，《反不正当竞争法》属于后法。处理前法与后法的关系，习惯上遵循的原则是后法优于前法，即有不一致的规定的，适用后法的规定，不适用前法的规定。

（四）原则规定与具体规定的关系

法律的具体规定是原则规定的具体化，其基本精神应是一致的，一般应适用具体规定。例如，对行政处罚的争议如何处理问题，《产品质量法》只作了申请复议或提起诉讼的原则规定，而如何提起诉讼的具体程序问题，就要按照《行政诉讼法》的具体规定行事。又如，对于刑事责任问题，《产品质量法》在许多条文中原则上都作了追究刑事责任的规定，而具体的则要按照《刑法》来进行。因为《刑法》对构成犯罪的要件和刑罚都作了具体规定，而《产品质量法》只作了原则规定，在适用法律时应遵循在原则的前提下适用具体规定的原则。

以上四个方面的关系在质量监督中应用法律、法规手段时应该明确和分清界限，针对具体的对象、事例、案件，对照有关法律法规，正确无误地处理。

党和国家历来高度重视质量工作。新中国成立尤其是改革开放以来，国家制定实施了一系列政策措施，初步形成了中国特色的质量发展之路。特别是国务院颁布实施《质量振兴纲要（1996年—2010年）》以来，全民质量意识不断提高，质量发展的社会环境逐步改善，我国主要产业整体素质和企业质量管理水平有较大提高，产品质量、工程质量、服务质量明显提升，原材料、基础元器件、重大装备、消费类及高新技术类产品的质量接近发达国家平均水平，一批国家重大工程质量达到国际先进水平，商贸、旅游、金融、物流等现代服务业服务质量明显改善，覆盖第一、二、三产业及社会事业领域的标准体系初步形成。但是，我国质量发展的基础还很薄弱，质量水平的提高仍然滞后于经济发展，片面追求发展速度和数量，忽视发展质量和效益的现象依然存在。产品、工程等质量问题造成的经济损失、环境污染和资源浪费仍然比较严重，质量安全特别是食品安全事故时有发生。一些生产经营者质量诚信缺失，肆意制售假冒伪劣产品，破坏市场秩序和社会公正，危害人民群众生命健康安全，损害国家信誉和形象。

21世纪的第二个十年，是我国全面建设小康社会、加快推进社会主义现代化的关键时期，是深化改革开放、加快转变经济发展方式的攻坚时期。在这一重要历史时期，经济全球化深入发展，科技进步日新月异，全球产业分工和市场需求结构出现明显变化，以质量为核心要素的标准、人才、技术、市场、资源等竞争日趋激烈。同时，我国工业化、信息化、城镇化、市场化、国际化进程加快，实现又好又快发展需要坚实的质量基础，满足人民群众日益增长的质量需求也对质量工作提出更高要求。面对新形势、新挑战，坚持以质取胜，建设质量强国，是保障和改善民生的迫切需要，是调整经济结构和转变发展方式的内在要求，是实现科学发展和全面建设小康社会的战略选择，是增强综合国力和实现中华民族伟大复兴的必由之路。

为深入贯彻落实科学发展观，促进经济发展方式转变，提高我国质量总体水平，实现经济社会又好又快发展，国务院2012年以国发〔2012〕9号文通知印发了质量纲要（2011—2020）。其发展目标是到2020年，建设质量强国取得明显成效，质量基础进一步夯实，质量总体水平显著提升，质量发展成果惠及全体人民。形成一批拥有国际知名品牌和核心竞争力的优势企业，形成一批品牌形象突出、服务平台完备、质量水平一流的现代企业和产业集群，基本建成食品质量安全和重点产品质量检测体系，为全面建设小康社会和本世纪中叶基本实现社会主义现代化奠定坚实的质量基础。

随着时代的发展，我国产品质量领域出现了许多新问题、新情况，现行的《产品质量法》已经不能适应时代的要求。社会各界已经在呼吁修订现行的《产品质量法》。在全国产品质量监督工作会议上，也了解到《产品质量法》的修订已经纳入议事日程。

本章小结

本章首先介绍了质量监督的基本概念、主要类别及其作用,以及在我国加强质量监督的必要性和作用。本章还介绍了我国技术监督管理体制,产品质量监督(包括特殊产品)的对象、依据、基本形式及国家产品质量监督抽查实施的基本流程和有关规定,以及质量仲裁的基本概念和实施过程。最后,介绍了我国第一部质量基本法《产品质量法》的内容体系,立法的基本原则、颁发产品质量法的重要意义,以及产品质量法在产品质量监督和产品质量责任两个方面所规定的基本内容,与相关法律的关系等。

练习与思考

1. 什么是质量监督?有哪些作用?
2. 国家对哪些产品施行抽查进行质量监督?
3. 质量仲裁应遵循的基本原则是什么?
4. 国家强制性产品认证的性质是什么?中国强制性产品认证的标识是什么?
5. 简述《产品质量法》与相关法律间的关系。

第六章

企业质量管理

学习目标

1. 理解企业在市场经营全过程对实现产品质量所需的质量职能与活动实施有效管理的必要性。
2. 掌握产品生命周期中经历的生产前、生产中和生产后期三个阶段企业质量管理的基本原理内容和方法。
3. 掌握企业质量管理的几种重要方法、工具和技术。
4. 拓展思路,研究质量成功企业的共同特征与基本策略,思考企业质量管理创新之路。

  尽管我国经济取得了前所未有的成就,企业得到了不同程度的发展,但必须承认许多企业仍缺乏核心竞争力,其重要原因之一就在于缺乏有效的质量管理。
  企业的质量管理,是企业在生产经营全过程中,对于实现产品质量所需的质量职能与活动进行的管理。就硬件产品而言,由于在其生命周期中经历生产前、生产中和生产后三个阶段,因此本章主要讨论在上述三个阶段中企业质量管理的基本原理、内容和方法。

第一节 市场研究与产品开发过程的质量管理

市场唯一不变的原则就是市场永远在变。企业可持续竞争的唯一优势来源于超过竞争对手的创新能力,创新是企业赖以生存和发展的力量。在激烈的市场竞争中,企业面临千变万化的诸多风险。为此,要树立未来意识和超越意识,制定营销发展战略,不断增强创新能力。要以前瞻的思维管理未来,善于在环境"欲变未变"之时把握市场变化,居安思危,感应变化,保持主动和活力,做到"见微波而知暗流,闻弦歌而知雅意",审时度势地从事市场研究和产品开发过程的管理。

一、市场研究与产品构思

(一)市场研究的基本任务

开展市场研究的基本任务:收集市场信息、分析市场形势和确定顾客需求。

1. 收集市场信息

市场信息是指与商品供求情况有关的各种数据和情报资料,市场信息主要包括顾客需求信息、同类产品信息、市场竞争信息和国际市场信息。

市场信息可以通过向顾客征集、开展市场调查、查阅文献资料、与有关经济技术组织联络等途径,对随机信息进行收集、积累与分析。

2. 分析市场形势

市场形势是指商品市场诸多要素的状态、动态和发展趋势。在市场经济条件下,市场形势影响企业的经营环境,因此必须认真分析国际市场、国内市场的形势。

国际市场形势分析的主要方面包括对目标市场所在国家或地区经济周期的分析(指对处于萧条、危机、复苏或繁荣等经济周期循环发展不同阶段的市场形势分析)、重要经济指标的分析,以及对拟出口方面的市场形势分析,即分析目标市场所在地区的经济形势、目标市场的竞争因素和环境等。

3. 确定顾客需求

顾客需求是指顾客对产品适用性的需要、要求、愿望、期望的总和,通常反映为顾客对产品性能(功能)、安全性、价格、交货期、售后服务、品牌、诚信等方面的需求。

除须确定顾客需求外,尚需确定市场和销售地域,确定具体顾客的要求或评审市场的一般要求,并在组织内传达顾客的所有要求和确保各相关方认可其具有满足顾客要求的能力。

(二) 市场调查

市场调查是指以科学的方法，有目的、有系统地对市场进行信息收集、记录、分析并提供利用的活动，它是市场研究的有效方法之一。

市场调查有助于企业了解市场的现实需求和潜在的需求或期望，研究生产适销对路的新产品和改进老产品、提高产品市场占有率的途径；有助于拟定产品的营销策略，提高产品市场竞争力和经济效益。经常性地开展市场调查，对于改善企业的经营管理业绩有着十分重要的作用。

(三) 市场预测

市场预测，又称需求预测（demand forecasting），是通过对市场调查所获得的信息数据和资料，运用适当的方法预测未来一定时期内市场的需求及其动态变化趋势的一种科学方法，如需求预测、占有率预测、生产预测、市场变化趋势等。

(四) 产品构思

产品构思，又称产品设想，是在市场研究的基础上，根据社会、经济、自然环境、技术发展动向并结合顾客的需求，提出产品的构思。

产品的开发构思，通常有两种类型，一种是需要-吸收型，另一种是技术推动型。

需要-吸收型，是产品研发部门根据市场需求设计出的新产品。由于与市场进行了充分的双向交流，因此这种产品构思的实现可能性较大，盲目性较小，比较适合于中小型企业的开发产品。

技术推动型，是产品研发部门根据科学技术的发展与成果以及本企业的资源与技术实力，主动提出产品构思，促进顾客产生对新产品的需要。如果对顾客的需求考虑得不够充分，即使产品在技术上具有先进性，其成功的可能性也许会相对地小。这种模式较适合于技术实力较强的企业。

为了确保新产品的开发成功，要对各种新产品的开发方案进行分析、研究，最后做出可否开发的决策。

企业的高层决策机构与决策者，在组织新产品研发决策中应充分吸收从事新产品研发的科技人员、管理人员、营销人员等共同参与，以科学的程序确保决策的正确与成功。

二、产品设计和开发

(一) 产品设计和开发的基本任务

（1）通过市场研究，把握顾客对产品适用性的需求，并将其转化为产品构思，形成产品的概念质量，将顾客需求转化为产品要求，确定产品功能与性能参数、质量特性和法律法规要求等。

（2）通过产品设计，把概念质量转化为规范质量。通过设计，形成输出，把产品的功能与性能参数等转化为能够实现和可测量的规范质量。

（3）完成产品样机和小批试制。

（4）通过产品样机和小批试制，以及顾客对产品的确认，完善设计，并实现产品的设计定型。

（二）产品设计和开发的质量职能

产品设计开发是一项复杂的系统工程，必须按照科学的程序，严格管理。

首先，必须按产品设计和开发的质量职能，对设计和开发过程进行策划，明确职责和权限、确定设计和开发阶段；其次，确定适合各阶段的评审、验证和确认活动；再次，对技术与组织的接口进行管理，并实施有效的沟通。

同时，在实施产品设计和开发过程的控制中，应注意做好以下十个方面的工作。

（1）研究、掌握顾客对产品的要求，做好技术经济分析，确保具有竞争能力和适宜的质量水平，使企业和社会均能获益。

（2）认真按产品质量计划的要求开展工作，并实施有效控制。

（3）运用可靠性技术及早期报警手段，加强产品质量先期策划，防患于未然，确保设计工作质量。

（4）组织好与保证产品设计质量有关的其他活动，提高设计效率。做好产品质量特性重要度分析和传递工作，为过程控制、确认提供依据。

（5）组织设计和开发评审。

（6）失效模式及影响分析。为降低潜在的风险和避免事后的损失，事先应进行设计失效模式及影响分析（failure mode effects analysis，简称FMEA），它是以产品的元件或系统为分析对象，通过设计人员的逻辑分析，预测结构元件或装配中可能发生的设计方面潜在的故障，研究故障的原因及对产品质量影响的严重程度，并在设计上采取必要的预防措施，以提高产品可靠性的一种有效方法。除开展设计失效模式及影响分析外，还可开展过程失效模式及影响分析、系统失效模式及分析等等。这些方法目前在汽车生产件及相关维修零件组织已得到了广泛的应用。开展FMEA，是值得推荐和借鉴的方法，也应该引起非汽车行业组织的关注并推广应用。

（7）进行样机试制、小批试制和鉴定，以确保产品质量的稳定。

（8）进行产品质量特性重要度分级和传递。产品质量是由质量特性的组合和关联所决定的。各个质量特性值如果超出规定的极限时将会对产品质量造成不同的影响和后果。因此，要规定分级要求，给出关于未达到规定的质量要求时，将造成不同后果的信息，以反映设计开发的完整意图和要求。

（9）加强设计和开发质量信息的管理。

（10）加强设计和开发更改的控制。

（三）设计和开发评审

设计和开发评审是重要的早期报警措施，也是最重要的质量管理活动，其目的在于确定设计和开发达到规定目标的适宜性、充分性和有效性,评价满足要求的能力,以及识别任何问题,并提出必要的措施。

1. 设计和开发评审的作用

(1) 保证产品的适用性要求,及时纠正不能满足产品适用性要求的缺陷和无助于产品适用性而无谓增加成本的做法。

(2) 补充设计和开发人员知识和经验之不足,通过充分论证,集思广益,使设计和开发更加合理。

(3) 防止设计和开发质量的片面性。设计和开发质量不仅表现在产品结构和技术的先进性上,还必须反映市场和顾客的需求,进行价值工程和可靠性分析,防止不顾市场需求,片面追求结构新颖和指标先进,造成售价过高,不受顾客欢迎,影响企业效益。

2. 设计和开发评审的要点、内容与要求

设计和开发评审是一项集思广益的咨询活动,应听取来自各个方面的建设性意见,不以行政手段或少数服从多数的形式代替设计和开发人员对方案的抉择权限。

设计和开发评审有助于进一步完善设计规范,以保证产品寿命周期内完全具备规定的各项质量特性,提高顾客的满意程度。因此,设计和开发评审应以满足顾客要求

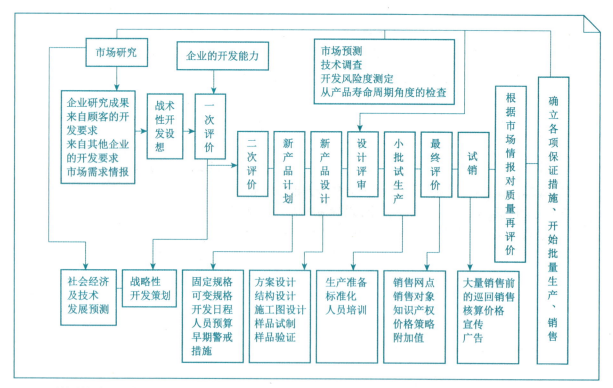

图 6-1 某机械新产品设计和开发的一般程序

为前提，以贯彻有关法律、法规、标准、规范为制约，要站在组织和顾客共同利益的立场上进行评审。

设计和开发评审的内容和要求，应按具体的设计阶段和产品加以考虑。

工业产品设计和开发的工作程序，因产品特性、技术复杂程度和生产类型的不同而异。图 6-1 是某机械产品设计和开发工作程序的例子。

第二节 │ 生产过程的质量管理

随着经济的发展，人们对产品和服务的质量提出了越来越高的精细化要求。在市场竞争日益激烈的今天，企业和企业之间在产品、技术、工艺、设备、成本等方面的同质化越来越大，差异性越来越小，因此细节成为产品和服务质量的有力表现形式，市场竞争便成为细节上的竞争，忽视任何一个细节，都可能致总体的失控或失败。

生产过程和服务过程涉及诸多细节，为此企业在生产过程的质量管理中，要不遗余力地重视细节的改进，防微杜渐、未雨绸缪、精益求精，才能让产品或服务日臻完美，从而在竞争中取胜。

一、生产过程质量管理的含义和内容

生产过程是指以经济的方法，按质、按量、按期、按工艺要求，生产出符合设计规范的产品并稳定控制其符合性质量的过程。生产过程的质量管理是实现设计和开发意图、形成产品质量的重要环节，是实现企业质量目标的重要保证。

加强生产过程质量管理的思路可概括为下列 4 条。

（一）质、量、期三位一体

按质、按量、按期完成生产计划是生产的首要任务，其主要依据是工艺标准、生产质量控制计划和作业计划，三者必须事先协调、平衡，不可偏颇。工艺是生产的法规，工艺管理是现场管理的主导。控制物流，组织均衡、文明生产，则是开展现场质量管理的基本条件。

（二）按质量职能办事

企业必须明确各有关部门服务生产现场的质量职能，各司其职，各负其责。生产过程的质量管理通常以车间为主体，以工艺部门为主导，由检验部门进行执法，设备、工装、计量、供应、生产、劳资、安全等部门分别履行其质量职能，服务到位，质量管理部门负责协助企业领导分解、协调、落实质量职能。

(三)点、线、面相结合

点、线、面相结合的含义:对关键、特殊过程的重要质量特性和部位设立过程质量控制点;对重要生产线以控制点为核心,连点成线,建立重要生产线的现场质量控制系统;对过程按工艺规定运用质量控制方法进行全面控制。

(四)预防和把关相结合,以预防为主

事先控制影响过程质量的因素,把质量隐患消除在发生不合格品之前谓之预防;对产品实行严格的检验、试验,防止不合格品流入下一个过程,杜绝不合格产品的交付称之为把关。预防和把关相结合,强调缺陷预防,减少变差和浪费。

二、生产过程的质量职能及其活动

生产过程的质量职能体现在以下三个方面。

(一)严格贯彻执行生产质量控制计划

根据技术要求及生产质量控制计划,建立责任制,对影响过程质量的因素(5M1E,即人、机、料、法、测和环)进行有效地控制。

(二)保证过程质量处于控制状态

运用控制手段,及时发现质量异常,并找出原因,采取纠正措施使过程保持受控状态,以确保产品质量稳定,符合生产质量计划规定的要求。

(三)有效控制生产节拍,及时处理质量问题,确保均衡生产

严格按期量标准组织生产,有效控制生产节拍,维持正常的生产秩序。适时开展预防、协调活动,及时处理质量问题,均衡地完成生产任务。

三、生产过程质量管理的内容

生产过程质量管理的内容通常有如下三个方面。(1)工艺准备的质量控制;(2)生产过程的质量控制;(3)辅助服务过程的质量控制。

(一)工艺准备的质量控制

工艺准备是根据产品设计要求和企业生产规模,把材料、设备、工装、能源、测量技术、操作人员、专业技术与生产设施等资源系统、合理地组织起来,进行过程策划,规定工艺方法和程序,分析影响质量的因素,采取有效措施,确保生产正常进行,使产品质量稳定地符合设计要求和控制标准的全部活动。工艺准备是生产技术准备工作的核心,是直接影响产品质量的因素。对确保产品质量、提高工作效率,降低成本,增加经济效益将起到决定性的作用。

1. 制定生产和服务过程的质量控制计划

在产品投入批量生产之前,必须对生产过程的质量控制进行统筹安排,制定质量控制计划,并特别关注如下五个方面。

(1)编制必要的产品检验、试验计划,明确程序、方法、手段、质量特性等。对关

键过程、特殊过程实行重点控制,对重要质量特性设置质量控制点等。

（2）当过程的输出不能由后续的监视或测量加以验证时（包括仅在产品使用或服务已交付之后问题才显现的过程），应对任何这样的过程实施确认,以证实这些过程所策划的结果的能力,包括规定过程评审和批准的准则、进行设备的认可和人员资格的鉴定、规定使用的方法和程序,以及有关记录和再确认要求等。

（3）确定在产品形成适当阶段的验证,对所有特性和要求明确接收准则。

（4）对放行、交付和交付后活动的实施进行控制。

（5）研究改进生产过程质量和提高过程能力的措施和方法。

2. 生产和服务过程能力的验证

过程是产品质量形成的基本环节。因此,应对过程具备生产符合产品质量要求的能力进行验证。过程能力是体现过程质量保证能力的重要参数,是指过程能稳定地生产出合格产品的能力,也即过程处于受控状态下的实际生产能力。

3. 外部提供过程、产品和服务的质量控制

企业采购的物资和货品,诸如材料、零部件、配套件等都是产品的组成部分并直接影响产品的质量。因此,应对全部采购活动进行策划并实施控制,对特殊物资和货品制定采购质量计划,对一般物资和货品做好供应计划。采购也包括委托的服务。采购活动还受制于市场,受经济合同的束缚,因此,必须兼顾企业与供方的共同利益。

（二）生产过程的质量控制

生产过程的质量控制是指从材料进货到形成最终产品全过程的质量的控制,其基本任务是严格贯彻设计意图和执行技术标准,对过程实施控制以确保过程能力,并建立起能够稳定地产出符合要求的产品的生产系统。

生产过程质量控制的主要环节包括以下九个方面。

（1）加强工艺管理,执行工艺规程或作业指导书,坚持文明生产和均衡生产。

（2）加强预防,严格质量把关,获得监视和测量装置,并实施监视和测量。

（3）实施产品和状态标识和可追溯性控制。

（4）应用统计技术,掌握质量动态,开展潜在失效模式及后果分析,减轻风险。

（5）加强不合格品的控制。

（6）当过程的输出不能由后续的监视和测量加以验证时,对这样的过程实施确认。

（7）综合运用质量控制方法,建立健全过程质量控制点。

（8）识别、验证、保护和维护顾客财产,规定并实施产品防护。

（9）对生产过程质量成本的数据进行的分析。

（三）辅助服务过程的质量控制

辅助服务过程主要包括物资采购供应、设备维修保养、工艺装备及工具制造与供应、动力供应、仓储、运输、通信及后勤保障等。

辅助服务过程的质量控制同样是不可忽视的环节。

第三节 市场营销与服务提供过程的质量管理

企业的目的只有一个适当的定义：创造顾客。"顾客时代"的来临，打破了"产品时代"的荒谬逻辑，在"顾客时代"能否满足顾客需求，成为决定企业能否兴旺发达的因素，是顾客决定了"企业是什么"，企业首先必须明确"谁是顾客""他们在哪里"。企业第一位的不是创造利润，而是创造顾客。

为此，企业应以顾客为第一上帝，在生产营销与服务提供过程中，实现与顾客有关的过程的全面管理。同时，企业还要始终保持忧患意识，打造企业团队，把握营销和服务的改进机会，这样才能不断激发企业的竞争能力。

一、市场营销质量管理的含义和内容

（一）市场营销质量管理的含义

市场营销是企业经营管理的重要组成部分，是企业生产经营和质量管理中最能动、最富有生机活力的一环。

市场营销是企业根据自身的经营发展战略，通过市场营销工作，在市场上销售产品，以满足顾客的需求，并使企业获得收益和实现产品的使用价值与经济价值统一的活动。

市场营销的质量管理，是企业质量管理从生产过程向市场、顾客，以及流通领域和使用过程的延伸。

（二）市场营销的质量职能及其活动

市场营销环节的质量职能可归纳如下：(1) 确定顾客和市场对产品的需求；(2) 做好产品宣传介绍，帮助顾客选择产品；(3) 完成生产后职能，做好产品交付和服务提供工作；(4) 建立并保持信息监控和反馈系统的有效运行。

（三）产品销售前的质量管理

1. 产品的包装

包装通常是产品生产制造过程的最后一道工序，包装是为了在流通过程中保护产品、方便贮存、运输、促进销售，使用适当的材料做成和物品适应的容器，以及采用适当的处理技术和方法的总称。随着科学技术的发展，产品包装已发展成为专门的学科。

2. 产品的识别标志

产品的识别标志是产品外观功能的表现，它对产品的出厂、贮存、防护、运输、接受、交付、使用等均有直接关系。产品的识别标志，形式多种多样，从商标图案到数字、型号，从商标标签到订货附件，以及彩色涂料等均可作为产品的识别标志。

产品标志应便于识别，如果产品质量出现问题，可按识别标志追回，以便于实施

可追溯性管理。

产品的商标,是不同生产者专有产品的标志,依法注册的商标,是企业在产品上具有专用权的"厂牌",受法律的保护。

3. 产品的搬运、贮存与防护

在企业内部和交付到预定地点期间,在保持产品及其组成部分原有质量水平的前提下,采用经济合理的方式,对产品的搬运、贮存、标识实施防护。

4. 安装与调试

安装与调试是企业为顾客提供技术支持与服务的活动内容之一。对于安装调试要求高的产品,企业应派出人员为用户进行安装、调试或予以指导,同时为用户传授有关技术知识与技能。

5. 交付使用

产品交付是指产品进入产(成)品仓库,直至抵达需方收货地点并由需方完成验收的整个过程。在交付的各个环节,均应采取保护产品质量的控制措施。

6. 产品的广告宣传

产品广告宣传是企业促销活动之一。广告的作用在于:传递商品信息;沟通产需联系;介绍知识,指导应用;激发需求增加销量;招徕顾客,促进竞争,启迪思索,丰富文化生活。

广告宣传的质量,首先要求内容清晰明白,实事求是,不得以任何形式弄虚作假,蒙蔽或欺骗顾客。同时,广告内容与形式均应健康文明,设计和构思要富有创意和艺术性。

广告宣传的效果,一般以增加广告费用后销售量增加带来的销售效果来表示,如下列公式:

$$e = \frac{\Delta s/s}{\Delta c/c}$$

式中,e——弹性系数,衡量广告的销售效果。值越大,效果越好;s——销售量;Δs——增加广告费后的销售量;c——广告费的原来支出;Δc——广告费支出的增量。

产品质量是广告宣传的基础。产品质量差,广告宣传再多也无济于事,只有产品质量好,再加上广告宣传的媒介作用,才能有助于拓展市场,增强竞争力。

二、为顾客服务及顾客满意程度的调查与评价

(一)开展为顾客服务活动

为顾客服务是指从了解顾客购买产品的意向开始,经签订合同直至交付使用的全过程中,企业对顾客履行产品质量责任并提供售前、售中和售后服务的一系列活动的过程。

售前服务是对潜在顾客需求的了解与满足，售中服务是将产品转为商品的先导，而售后服务则是产品质量内涵的外延。

（二）顾客满意程度的调查与测评

追求顾客满意的质量经营战略，是当今企业质量管理的热点。"顾客满意是指顾客对其期望已被满足的程度的感受。"（ISO 9000：2015 标准术语）顾客抱怨是满意程度低的一种最常见的表达方式，但没有顾客抱怨不一定表明很满意，即使规定的顾客要求符合顾客的愿望并得到满足，也不一定确保顾客很满意。所以，七项质量管理原则中"以顾客为关注焦点"是质量管理的首要关注焦点，是满足顾客要求并且努力超越顾客期望。

企业按 ISO 9001：2015 标准建立、实施和持续改进质量管理体系，其中一个重要的目标就是增强顾客满意，所以企业应将顾客满意程度作为对质量管理体系绩效的一种监视、测量、和评价。"组织应监视顾客对其需求和期望已得到满足的程度的感受。组织应确定获取、监视和评审该信息的方法。"（ISO 9001：2015 标准要求）

监视顾客对企业满足其要求的感受方面的信息，并确定获取和利用这种信息的方法，包括信息的来源、收集的内容和频次，以及对收集数据的分析评审。

获取信息的渠道和方式有多种多样，可能来自企业外部，也可能来自企业内部，通常可包括：（1）与顾客的直接沟通；（2）设计调查问卷与实施调查；（3）委托收集和分析数据；（4）专业团体、消费者组织的报告；（5）各种媒体的报告；（6）行业研究的结果。

顾客满意监视应收集的信息包括顾客对产品质量的意见、对服务质量的意见（如交付的及时性、售后服务质量、价格、诚信等）、对产品和服务的需求和期望、抱怨和投诉等方面。监视和获取信息的方法与渠道应能真实反映顾客对企业满足其要求的感受。

企业应将收集到的信息予以汇总，并策划采用适宜的统计技术（如排列图、因果图等）进行分析，得出顾客满意程度的定性评价或定量测量，并将结果传递至相关部门，找出差距、实施改进，以增强顾客满意。

有关顾客满意理论，包括顾客满意度指数及顾客满意度的测评等，详见本书第十三章。

三、顾客抱怨管理与顾客投诉处理

（一）顾客抱怨管理系统

"顾客抱怨管理系统"（customer complaints management system）是获取顾客持续力和顾客忠诚度必不可少的工具。一个明智的企业应当建立并形成乐于接纳和处理抱怨的企业文化。经济全球化和价值驱动的必要性意味着任何一点失误都是难以容忍的；低于标准规格的产品和服务将无法再继续参与竞争；不完善的管理程序将不予认可。所以，只有善于为顾客提供源源不断的利益和无微不至的关注，才能真正获得并将保持企业的竞争力。当前企业面对最直接的挑战就是如何把对内的基于利润的方法，转变为对外定位于顾客和市场的方法。

关于顾客抱怨的有效管理，其实就是将已做错的事做好或者从一开始就做好每件事。必须认识到，高质量意味着让顾客满意，还必须注意到"满意"一词，其意是指一种慎重的、有目标的、深思熟虑的表达，不仅表明能够满足基本需求，而且发展了内在固有的、长期的顾客关系。

顾客满意并没有一个绝对的答案，而是极其依赖于相互作用力、反馈、赞扬，以及满意还是抱怨。因此，我们必须以一种建设性的、肯定和职业的眼光来看待顾客的抱怨。

（1）这是获取顾客反馈信息的方法，因此也是将改进计划付诸实施的必要措施。
（2）这是克服自满情绪以及利用内部竞争力产生最优产品和服务的有利工具。
（3）这是衡量业绩，以及为薄弱领域调配资源的有用方法。
（4）这是评价内部竞争业绩和进行最优评比的一面有用的镜子。
（5）这是更加接近顾客并加深对其了解的有用的实际经历。

美国波音飞机公司的顾客抱怨管理系统是一典型的范例，该公司是美国波多里奇国家质量奖的获得者，波音公司运用不同方法处理顾客抱怨，其顾客抱怨处理系统的关键部分包括以下三个方面。

（1）建立与顾客联系的"服务标准"，并应用到处理程序中。
（2）通过团队积极处理顾客联系和抱怨等解决问题（见图 6-2 抱怨管理图）。

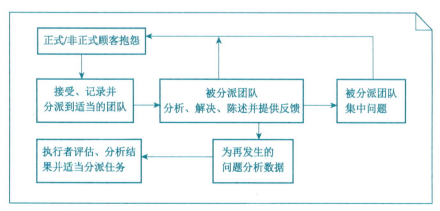

图 6-2　抱怨管理图

（3）顾客抱怨管理评价应与其他客户满意数据相关，以便将有关抱怨管理质量及时反馈到团队。

然而，对大多数组织而言，在顾客抱怨处理方面却面对以下五个严峻的挑战。

（1）没有从战略角度意识到顾客抱怨的重要性。

（2）配备不完善，如不能准确及时地记录和处理抱怨等。
（3）不精通测量，尤其是在诸如顾客满意和顾客抱怨等这些非财务领域。
（4）存在一些不利的企业文化，以及太多的"责备、谴责"。
（5）没有领会质量管理的含义，以及相关的一些概念。

在管理经营性组织的领域，领先和后进的区别不是仅仅看财务业绩和管理方法，更多是应该是依据以下这些关键的信息进行判断。

（1）是否有一种纯真的意愿去安排业务并依据顾客及其需求重新定义所有操作程序。
（2）是否真正意识到可持续业绩首先要让顾客感到满意，其次才考虑到利润。
（3）是否具有勇于创新并改变企业文化的魄力，而没有恐惧、谴责。
（4）是否真正利用明确的顾客目标以及由正确的度量工具来支撑评审报告系统。
（5）团队文化、持续发展，以及服务顾客的坚定信念能否协调一致？
（6）能否开发一个报酬奖赏系统，并用之奖赏和鼓励员工参与提高顾客价值和解决问题的工作。
（7）更为严峻的考验是能否真正有一种激励机制，以鼓励员工去做正确的事情而不仅仅是把事情做好。
（8）在关心顾客，建立顾客忠诚和顾客持久力的战略远景方面确立真正的领导。
（9）开发一个灵活的信息基础框架，以便于和顾客建立有效的对话机制。
（10）明确规定改进顾客服务的目标。
（11）建立正确的系统和质量管理程序，以确保第一次和每一次都能正确地做好正确的事。
（12）利用价值链原则进行操作，把团队精神作为创造最佳业绩的驱动力。
（13）采取各种措施接纳和反馈信息、情报，并与顾客建立持续不断对话系统。
（14）开发一个闭环的顾客管理程序，以便于尽快、尽可能高效地处理顾客关心的问题。
（15）为了取悦于顾客，必须鼓励创新和不断学习，以使顾客能够获得额外的服务。
（16）有一个适用于各层次和关键岗位运作有效的报酬奖赏系统。

最后，必须指出的是，对于顾客抱怨管理系统的有效性必须进行评审，评审的程序通常是通过倾听→重视→创新→关照来实现的。抱怨管理程序的目的如下。

（1）抱怨的有效解决。
（2）恢复顾客的信任感。
（3）从顾客的抱怨中吸取经验教训。
（4）向所有相关人员传播有关信息，以消除抱怨的根源并更好地满足顾客需求。
（5）通过组织收集各方面的顾客抱怨信息并予以评审和利用。
（6）通过系统性行为不断改进管理。

（7）有效的顾客抱怨管理系统应该能够把不满意的顾客转变为满意的、忠诚的顾客。

（二）顾客投诉处理（ISO 10002：2004《质量管理−顾客满意−组织投诉处理指南》简介）

任何一个企业在其生产经营活动中总会遇到顾客投诉的问题，关键在于如何理解和面对。为了指导组织处理好顾客投诉的问题，明确和规范一般的处理程序，ISO 于 2004 年 7 月发布了 ISO 10002：2004《质量管理−顾客满意−组织投诉处理指南》推荐性标准，为策划和实施有效和高效的投诉处理过程提供了指南，包括策划、设计、实施、保持和改进等过程。适用于包括相关电子商务活动在内的所有类型的商业或非商业活动。该活动着眼于增加组织及其顾客、投诉者和其他相关团体的共同利益。

ISO 10002：2004 标准包括十条指导原则，即总则、透明性、实用性、回应性、客观性、无费性、可信性、以顾客为焦点、可考察性和持续改进。

应用 ISO 10002：2004 标准所阐述的过程处理投诉能够提高顾客满意度。通过鼓励包括投诉在内的顾客反馈，能够保持或提高顾客忠诚，提高在国内与国际上的竞争力。

该标准从下述七个方面阐述了投诉处理过程。

（1）通过创造开放的包括投诉等反馈在内以顾客为关注焦点的整体环境来提高顾客满意程度，解决所收到的任何投诉问题，提高组织改进其产品和顾客服务的能力。

（2）高级管理层参与，通过适当方式进行评价，调配包括人员培训在内的有关资源。

（3）识别投诉中所包含的需要和期望。

（4）给投诉者提供开放、有效与易于使用的投诉渠道。

（5）为改进产品和顾客服务质量而分析和评价投诉。

（6）审核投诉处理过程。

（7）评审投诉处理过程的有效性和效率。

ISO 10002：2004 标准不试图改变法规所确定的权利和义务。

实施该标准中所阐述的过程，将能够做到如下四个方面。

（1）为建立开放与高回应性的投诉处理过程提供基础。

（2）提高组织解决以复杂、系统化和要求回应的方式提出的投诉的能力，提高投诉者与组织的满意度。

（3）有助于组织以顾客为关注焦点解决投诉，鼓励所有人员改进与顾客联系的技能。

（4）为持续审核与分析投诉处理过程与结果，实施过程改进提供基础。

组织可以期望应用投诉处理过程并联系顾客满意指数的应用来拓宽争端解决方式。

投诉处理过程的运行包括沟通－接受投诉－投诉跟踪－投诉确认－投诉初次评估－投诉调查－投诉回应－决定的沟通－投诉终止。

ISO 10002：2004 标准相容于 ISO 9001 和 ISO 9004 标准，并通过有效和高效地实施投诉处理过程支持这两项标准所要达到的目标。该标准也可单独使用。该标准可作为对 ISO 9001 的完善和补充，一个有效的质量管理体系应该包括对于投诉的处理过程，所以该标准作为质量管理的一个要素加以应用。ISO 9004 为持续改进提供指南，ISO 10002：2004 标准的应用能大大提高组织在投诉处理领域的表现水平，提供组织继续为顾客服务的机会。为建立组织和顾客之间的互动关系开辟一条有效的途径，以增强顾客的满意程度。这也能提高顾客和其他相关团体的满意程度，应用于以顾客与其他相关团体的反馈为基础持续改进产品的质量。

第四节 质量管理实施中的四种重要方法

本节简介质量管理中常用的四种方法。显然，质量管理的方法绝不仅限于此，在企业质量管理的创新实践中，将不断涌现先进的方法、工具和技术，并在不同的领域获得运用和推广，为实施有效的质量管理提供有力的支持。

一、质量目标管理

目标管理（management by objective，缩写为 MBO）是由企业的管理者和员工参与工作目标的制定，在工作中实行"自我控制"并努力完成工作目标的一种管理制度。

美国著名企业管理专家彼德·德鲁克（Peter F. Drucker）早在 20 世纪 50 年代就提出了"目标管理与自我控制"的主张，他在《管理的实践》一书中对目标管理作了较全面的概括，指出："如果一个领域没有特定的目标，这个领域必然会被忽视"，如果"没有方向一致地分目标来指导每个人的工作，则企业的规模越大，人员越多时发生冲突和浪费的可能性就越大。每个企业管理人员或工人的分目标就是企业总目标对他的要求，同时也是这个企业管理人员或工人对企业总目标做出的贡献。只有每个企业管理人员和工人都完成了自己的分目标，整个企业的总目标才有实现的可能。企业人员对下级的考核和奖惩也是根据这些分目标来进行的"。实行目标管理，使企业的成就成为每个员工的成就，有利于激励广大员工关心企业的兴衰，增强凝聚力和发扬"团队精神"。

目标管理强调从工作的结果抓起，因此有助于推动人们为实现既定的目标去寻求先进的管理技术和专业技术，改进经营管理和各项作业活动。

实施质量目标管理的一般程序如下。

（1）制订企业的质量总目标，通常是企业在一定时期内（多数企业均以一年为目标周期）经过努力能够达到的质量工作标准。目标应尽量具体化，可测量。

（2）以内部员工都能为质量目标的实现做出贡献的方式进行沟通，并规定质量目标的展开职责，将企业的质量总目标自上而下层层展开，落实到相关职能部门和员工，做到"千斤重担大家挑，人人肩上有指标"。这样，部门和个人的分目标，就是企业对他的要求，同时也是部门和个人对企业的责任和预期的贡献。这样做将有利于贯彻质量责任制与经济责任制。

在制定各级分目标时，应制定相应的实施计划并明确管理重点，以便于检查和考核质量目标应当系统地进行评审，并在必要时予以修订。

（3）以企业的战略策划和质量方针作为确立质量目标的框架并建立质量目标管理体系，充分运用各种质量管理的方法和工具运作，质量目标应当是可测量的，以便管理者进行有效和高效的评审，以保证企业目标的实现。

（4）评价企业质量总目标。通过定期的检查、诊断、考评、奖惩等手段，实施改进，必要时进行目标值的调整。对质量总目标实施效果的评价，应将不足之处和遗留问题置于下一个新的质量目标的循环系统中，进一步组织实施，以导致企业业绩的改进。

二、PDCA 循环

PDCA 循环即是"策划—实施—检查—改进"动态循环的简称，也称戴明圈，它是国内外普遍采用于提高产品质量的一种管理工作方法。它是一个动态的循环，可用于高层战略过程和简单的运作活动，在企业的过程中展开，它与产品实现和其他的质量管理体系的过程策划、实施、检查和持续改进紧密相关。它是确定、实施和控制纠正措施及改进的有效方法。通过在企业的各个层次应用 PDCA 循环，有助于保持和实现过程能力的持续改进。

PDCA 模式可简述如下：

P（plan）——策划：根据顾客要求和组织的方针，为提供结果建立必要的目标和过程。

D（do）——实施：实施过程。

C（check）——检查：根据方针、目标和产品要求，对过程和产品进行监视和测量，并报告结果。

A（action）——处置：采取措施，以持续改进过程业绩。

如果将上述工作程序具体化，则可分为 8 个步骤。

第一步：分析现状，找出存在的质量问题，并尽可能用数据加以说明。

第二步：分析产生质量问题的各种影响因素。

第三步：在影响质量的诸因素中，找出主要的影响因素。

第四步：针对影响质量的主要因素，制订措施，提出改进计划，并预计其效果。

第五步：按照制订的计划组织实施。

第六步：根据计划的要求，检查实际执行的结果，看是否达到了预期的效果。

第七步：根据检查的结果进行总结，把成功的经验和失败的教训都形成一定的标准或规定，巩固已经取得的经验，同时防止重蹈覆辙。

第八步：提出这一循环中尚未解决的问题，让其转入下一次的 PDCA 循环，进行处理和持续改进。

PDCA 循环具有三个特点。

（1）大环套小环，相互衔接，互相促进。PDCA 作为企业管理的一种科学方法，适用于企业各个方面的工作，整个企业存在整体性的一个大的 PDCA 循环，各部门又有各自的 PDCA 循环，形成大环套小环，相互衔接，相互联系。

（2）螺旋式上升。PDCA 是周而复始地循环。每循环一次就上升一个台阶。每次循环都有新的内容与目标，都解决了一些质量问题，使质量水平犹如登梯似地不断提高。

（3）推动 PDCA 循环，关键在于 A（改进）阶段。对于质量管理来说，经验和教训都是宝贵的。通过总结经验教训，形成一定的标准、制度或规定，改进工作，才能促进质量水平的提高。因此，推动 PDCA 循环，一定要抓好改进这个阶段。

按照 PDCA 循环的 4 个阶段、8 个步骤推进提高产品质量的管理活动，还要善于运用各种统计工具和技术对质量数据、资料进行收集和整理，以便对质量状况做出科学的判断。日常质量管理采用的统计方法即所谓"老七种工具"，是指分层法、调查表法、因果图法、排列图法、控制图法、直方图法及相关图法（或称散布图法）。此外，还有以定性分析为主的思考性的方法，被称为新"七种工具"，是指关联图法、KJ 法、系统图法、矩阵图法、矩阵数据分析法、过程决策程序图法和箭头图法，在此不予展开叙述。

三、QC 小组活动

质量管理小组是指企业的员工围绕着企业的质量方针和目标，运用质量管理的理论和方法，以改进质量、改进管理、提高经济效益和人员素质为目的，自觉组织起来、开展质量管理活动的小组，简称 QC 小组。

QC 小组最早起源于日本。日本的 QC 小组活动所取得的成功经验，引起了欧美的震惊和关注。1966 年美国质量管理专家朱兰博士参加了日本 QC 小组大会，后来他预见性地指出："通过推行这个（QC 小组）活动，日本将在世界上进入质量领先地位。"果然，这个预言被历史所证实。

我国的 QC 小组是 1978 年随着质量管理的引进而发展起来的，现已成为我国企业推进质量管理的重要基础和支柱之一。它的积极作用表现为下列 4 个方面。

（1）为企业开展质量管理打好基础，为提高产品质量提供保证。
（2）可以改善和增强人员素质，提高企业管理水平。
（3）是实现企业质量方针、目标的基础。
（4）为提高企业经济效益、降低成本开辟途径。

开展 QC 小组活动作为质量管理的一种措施和手段，必须加强管理，才能使 QC 小组活动取得满意的成效。

对 QC 小组活动的管理通常包括小组的组建、登记注册、活动开展、成果发布、成果评价及优秀 QC 小组的评选和奖励等六个方面。

四、小企业应用 ISO 9001 标准的方法

小企业不仅仅指员工的数量，还包括企业经营的理念。一个小企业通常只有少数几个人管理，如一人所有、两三个人合伙、家庭企业，以及三四个人主管的企业等。

大多数企业在实施质量管理体系时会出现的问题，对于小企业，这些问题会更严重，其原因是：（1）资源极其有限；（2）建立和保持一个质量管理体系所涉及的费用；（3）理解和应用标准的难度，尤其是要求不断改进的难度。

实施 ISO 9001 质量管理体系的小企业希望通过改进业务流程以及产品、服务的销售，能够为所付出的时间和努力获得回报。

针对小企业如何应用 ISO 9001 标准的问题，ISO 发布了《小企业实施 ISO 9001：2000 指南》，可以为小企业提供这方面的具体帮助（参见该《指南》，在此不予详述）。

第五节 | 质量管理成功企业的共同特征与策略

企业是实践质量管理最大的群体。无论在理论上，还是在理论与实践的结合上，企业都是质量管理积极的探索者、开拓者和创造者。企业界对现代质量管理科学理论的发展和管理经验总结，做出了巨大的贡献。

质量管理成功的企业，是获得公认的优胜者。企业在质量领域的成功，来自坚持不懈的、系统的、全体员工广泛参与的活动。

表 6-1 列出了在质量领域获得成功的企业（公认的优胜者）与离成功还有很大距离的企业（潜在的优胜者）的对比。

（一）在质量方面获得公认成功的企业，通常具有的共同特征

1. 业务以顾客为关注焦点

一切活动都以满足顾客明示的、通常隐含的需要或必需履行的需求或期望为关注

表 6-1　成功与不成功的企业的比较

被公认的优胜者	潜在的优胜者
顾客为关注焦点	生产为先导
基于数据和信息的分析和评价的决策	根据不同意见采取措施
以结果为中心的行为	以方法和工具为中心的活动
采取行动	只说不做
专业化的领导	业余领导
包括所有相关职能部门和层次的工作	工作集中于组织的一部分
所有人员都接受质量培训	只有质量部门人员接受质量教育
向预定目标坚持不懈地、系统地工作	只采取不需要任何努力的简单措施
长远眼光	只看眼前
系统解决长期问题	只解决偶然问题，类似"救火"
基于风险的思维，应对风险和机遇	只有当问题发生时才想办法
协作和参与	每个人都孤立地工作

焦点（包括内部的和外部的顾客）。

2. 基于数据和信息的分析和评价的决策

以事实为依据采取对策，获得好结果的机会就会多一些。这就意味着企业必须经常去收集有关情况的事实、数据和信息，进行分析及评价而决策。避免以各种重复意见、盲目自信和含混的想法作为决策的平台。

3. 经营以结果为中心

任何事情要看的是最后的结果。是否有效地改进了质量？顾客是否更加满意？是否将质量损失成本减少了一半？一切活动都应以这些目标为中心。闪闪烁烁的以流行的工具方法为中心的做法必须避免，必须还其本来面目——任何方法只有在特定条件下，经过冷静地分析，认为该方法确能解决某类问题或有利于达到额定目标时才能使用。

4. 行动作为经营的标志

只有行动才会有结果，空谈不可能给你带来收获。

5. 提供专业化的领导

要获得真正的成功，组织管理必须成为先导。要求领导具有很强的竞争能力和质量技术，以及真正投身质量的姿态。对下属的信任和授权是这类领导的基本特征。

6. 质量活动涉及所有的相关职能部门和层次

良好的质量行为，意味着所有人员的参与和奉献。如果企业中只有少数人参与质量活动，显然不可能成为真正意义上的成功者。

7. 所有人员都经过质量培训

从潜在的优胜者到公认的优胜者，包括企业文化中主要价值观的进步。例如，会使人的态度发生变化，在许多方面需要新的技术，而普及培训的目的就是向每个人提供适应这种变化的知识和技能的需求。

8. 朝向统一目标的坚持不懈的系统活动

要获得有价值的成果,需要持续不断的系统的工作,坚持不断地有序地开展活动。不付出足够努力的"快速定位",不会给企业带来多少好处。

9. 长远眼光

在经营中树立长远眼光乃是在质量领域获得成功的重要前提。要关注那些需要花费 3~5 年的中长期过程,短期运动不会产生可持续的效果。

10. 系统地解决长期的问题

每个企业都会存在这样那样的长期问题,长期问题通常未必立即显现,而是在业务中隐藏着,似乎不造成太多的困难,但是潜在的原因仍须消除。这样做才能获得实质上的质量改进。靠救火式的措施解决偶发的短期的问题,充其量只能维持现状,而无益于长期问题的解决。

11. 基于风险的思维,应对风险和机遇,采取预防措施避免问题发生

当开始提供或改进某一产品或服务时,开始就应具有较好的质量。对于出现新的变化和过程,也应明确同样的要求,如果要在这方面获得成功,在策划和准备阶段就应提出与质量有关的预防措施,同样的问题如果经常发生,就应视为是质量不良。

12. 投入和参与是经营的典型特征

每一个对质量活动有影响的人都应包含在质量的合作团队中,不仅包括企业内部人员,也包括外部顾客和供方或其他相关方。

企业要想成为市场的主导或真正以质量为中心谋求良好的效益,就必须采取有效的策略。但是,如果只从时髦的工具、方法出发采取措施,甚至哗众取宠,搞形式、走过场,那么必然难以达到目标。

(二)企业要想获得有意义的结果,必须采取的有效策略

1. 身体力行的领导

领导首先从最高管理者开始,他(她)必须是企业质量工作的第一把手,因此必须为员工提供身体力行的领导示范。

这种类型的领导包含一系列由最高管理者确定的措施。

(1)在企业经营观念基础上提出质量方针,阐明并让企业的每个员工理解。质量方针是企业总的质量宗旨和方向,是用来指导所有与质量有关的活动的原则。

(2)每一相关职能部门和层次都要分别制定量化的质量目标,尤其要包含质量改进的目标。还要制定达到目标的计划并组织实施、贯彻落实。

(3)在质量方针的基础上编制或引入必要的工作程序,程序文件的数量应与企业的规模及实际需要相适应。

(4)明确与质量活动相关的职权和责任分工,这就意味着将引起整个组织机构的优化、改进和重组。

(5)给予员工达到质量目标所必要的工作条件。信任、委托和授权是有效领导的标志。

2. 全员质量培训

从"潜在的成功者"到"公认的成功者"是质变的过程。伴随着这一历程的变化，企业文化将发生相应的变化，每个员工的态度也会随之发生变化，很多领域需要更新知识，而全员培训则是适应这些变化和传播新知识所必需的手段。质量培训要落实到每个员工，无论其职务和岗位是什么，均不例外。这种培训要从最高管理者开始，在组织内自上而下地推行。

全员质量培训有如下四个方面的工作。

(1)为最高管理层举办的研讨班，旨在从效益角度使领导层了解质量的重要性，并使之掌握如何通过其身体力行的领导而获得良好的效果和效益。

(2)管理人员和关键岗位人员的专题研讨会，旨在使人明白跨部门的合作是质量成功的先决条件。

(3)对不同部门、不同岗位人员的专业培训，使之掌握必要的工作程序和方法。

(4)其他人员培训，旨在使这些人员明确自己在质量工作中的作用和任务。

3. 经营的市场导向

成功的企业都有明确的市场定位。这不仅包括以顾客和顾客需求为关注焦点，还包括追踪市场对手的竞争意识。

一个市场导向的操作程序如下所示。

(1)通过市场调研，明确顾客明示的或隐含的需求和期望；(2)对竞争对手情况的追踪研究；(3)准确把握市场趋势；(4)从最初的设想到最终顾客使用，都从质量的角度计划和运作，其中包括质量策划和质量功能展开(即 QFD)。

4. 质量改进的程序

面对激烈的市场竞争，不懈的质量改进乃是成功的先决条件。改进之目的有二：一是更好地满足顾客的需求；二是改进企业内部各种过程，包括设计和开发、产品实现的策划、采购、生产和服务的提供、监视和测量，等等。这些过程往往是复杂的、跨部门的，容易引起效率低下、发生不必要的开支和职责不清等，以致引起顾客的不满，甚至失去订单。

通常，质量改进程序有如下六个部分的内容。

(1)成立基层质量委员会(或领导小组)，确定改进的优先顺序，控制、协调、评价和跟踪改进活动。最高管理者应作为质量委员会(或领导小组)的负责人。

(2)建立解决长期问题的程序，并有效地贯彻实施。对企业来讲，长期问题往往比偶然问题更为有害。

(3)在改进的工具、方法方面予以培训。

(4)收集有关质量成本的数据。不要忘记隐藏的成本，它们通常很高。

（5）来自市场和顾客反馈的信息要及时处理。

（6）对经营的所有方面进行调研和评价。

由于经济的飞速发展，影响市场的要素和顾客需求的不断变化，企业的质量工作已经从质量管理向质量经营转化，把质量工作引入战略管理，以追求卓越的经营绩效结果为目的。

当今，企业管理的创新业已经呈现这样的发展趋势：由传统的要素竞争转向企业经营能力的竞争；顾客导向的观念受到重视并被超越，员工的知识和技能成为企业保持竞争优势的重要资源，企业之间的合作由一般合作模式转向供应链协作、网络组织、虚拟企业、国际战略联盟等形式；绩效考核从传统的单一绩效考核转向全面的绩效管理；信息技术正在改变企业的运作方式；企业由片面追求自身利益转为注重履行社会责任，实现经济、环境、社会的协调发展。面对新的变化，走质量经营之路成为企业必然的选择。

质量工作是企业管理的中心，是培植优强企业的关键内涵。现在，我国已有一批坚持以质量管理为中心的企业，可喜地脱颖而出。但是，有些企业尽管其规模已达到"世界级"标准，唯其产品质量水平、技术研发能力、营销方式、经营理念，乃至企业文化，却与世界优秀企业有着明显的差距；还有那些只讲经营、不讲质量，只着眼于资产运作，而不重视科学管理的短期行为的企业，在市场竞争中甚至遭到了灭顶之灾。这是当前以及今后一段时期我们所面对的现实。

无论从质量管理角度，还是从经营业绩角度看待企业的强弱与兴衰，都要以能否强化其核心竞争力为评价的目标。当今代表优强企业实力的特征是高人一筹的发展战略、科学的组织制度、优秀人才的聚集、持续创新的机制，以及由此形成的高超的技术开发水平和市场营销能力。然而，所有这些都将借助于、并且得益于卓越的质量管理，包括企业总体业绩的持续改进和在质量领域励精图治、远瞻未来的创新的探索与实践。

本章小结

本章介绍了企业为增强竞争力，制定营销战略、开发市场研究、实施产品开发过程质量管理的任务与质量职能；介绍了企业在生产过程中实施精细化质量管理的重要性，生产过程质量管理的基本职能、活动与内容；介绍了企业在市场营销与服务提供过程中，实施与顾客有关的过程的全面管理的重要意义，实施顾客满意度的调查与评价、有效处理顾客抱怨与投诉、提高顾客满意度和忠诚度的方法与途径。本章还介绍了企业质量管理创新的发展趋势和4种常用的管理方法，以及取得质量管理成功的企业的共同特征。

练习与思考

1. 市场研究的基本任务是什么?
2. 试述产品设计和开发的基本任务和主要质量职能。
3. 试述开展失效模式及后果分析的意义。
4. 试述加强工艺准备的意义。生产过程质量控制包括哪些主要内容?
5. 试述顾客服务工作的意义。试述产品售前、售中、售后服务的主要内容。
6. 如何实施顾客满意度的监视和测量?
7. 试述建立和实施顾客抱怨管理系统的意义。
8. 质量管理成功的企业通常有哪些基本特征?

第七章 原理和常用工具

学习目标

1. 认识统计质量控制的基本原理。
2. 熟悉统计质量控制中常用的几个随机变量的定义、特点、计算和相互关系。
3. 了解统计过程控制中常用的几种工具的概念和使用方法。

第一节 统计质量控制的基本原理

一、质量波动及其统计规律

生产实践表明,在生产制造过程中,无论生产条件多么严格,生产环境多么理想,都无法加工出两个完全相同的零件,它们的特性值总是存在着差异。例如,用 45 号钢制造轴，经锻造成毛坯后，其化学成分在标准范围内或多或少总会有差异；毛坯进厂经过调质处理，其延伸率在标准范围内不会完全一致；加工过程中使用的机床、刀具和夹具的瞬时状态不可能完全不变；操作工人的技术和精神状态常会发生波动；加工后的轴会因检验人员和量具的变动而出现测量误差；此外，如温度、湿度、照明等环境因素的细微变化也会影响加工精度，从而使轴的质量特性产生差异。质量差异是生产制造过程的固有本性，质量的波动具有客观必然性。

生产过程质量控制的任务，是要把质量特性值控制在规定的波动范围内，使过程处于受控状态，能稳定地生产合格品。波动范围定得太大，产品质量得不到保证；但若盲目缩小波动控制范围，则会增加质量控制的难度和费用。一般来说，凡对产品输出特性影响大而控制成本低的零部件，可把允许波动范围规定得紧一些；而对产品输出特性影响小而控制成本高的零部件，可把允许波动范围规定得宽一些。

工序质量波动有多种表现形式，如产品和产品之间的差异、产品和质量标准之间的差别、不同批次产品质量之间的不一致性等。但是，从引起质量波动的原因来看，质量波动可分为偶然性波动和系统性波动两类。

偶然性波动由大量的、微小的不可控因素的作用而引起，这种波动具有随机性，如材料成分的微小差异、机床的固有振动、刀具的正常磨损、工人操作技术上的细微变化等。偶然性波动对工序质量的影响比较小，在现有生产技术条件下也难以识别和消除。因此，偶然性波动也称为正常波动。工序质量控制的任务是使正常波动维持在适度的范围内。

系统性波动由少量的但较显著的可控因素的作用而引起，这种波动不具有随机性，如材料规格不符、设备故障、刀具的严重磨损、操作者违反操作规程等。系统性波动在未查明原因、采取纠正措施前始终具有系统性，往往导致生产过程的失控，对工序质量的影响十分显著，甚至是破坏性的。系统性波动也称为异常波动。系统性波动虽然常由突发性因素引起，但在现有生产技术条件下一般易于识别和消除。工序质量控制的任务是及时发现异常波动，查明原因，采取有效的技术组织措施消除系统性波动，使生产过程重新回到受控状态。

偶然性和系统性、正常和异常之间的关系是相对而言的。对微小的、不可控的随机性因素缺少有效的控制，常会累积成或诱发出系统性因素，导致异常波动，使生产过程失控。由于技术和管理的进步，使原来难以识别和消除的正常波动变得可以识别并消除。这时，原来的正常波动在新的生产技术条件下将被转化为异常波动。为了不断提高生产过程质量控制的水平，在有效控制正常波动，及时消除异常波动的基础上，应当通过质量改进，使一些不可控随机性因素逐渐成为可控的系统性因素，不断推进质量管理的水平。

生产制造质量是产品设计、工艺选择、计划调度、人员培训、工装设备、物资供应、计量检验、安全文明、人际关系、劳动纪律等工作在生产现场的综合反映，工序质量是诸多因素的综合作用。人们常将影响工序质量的因素归纳为"5M1E",即操作者(man)、机器设备(machine)、材料(material)、工艺方法(method)、测试手段(measure)及环境条件(environment)。工序质量控制常表现为对"5M1E"这六大因素的控制。

在工序质量控制中,由于产品及工艺的不同,工序质量有时是产品质量特性,如尺寸、重量、精度、纯度、强度、额定电流或电压等;有时是工艺质量特性,如生产装置的温度、压力、浓度、时间等;有时也可表现为物耗或效率等。因此,工序质量波动的具体表现就是生产过程中这些质量特性的波动。

质量特性值的波动具有统计规律性。虽然,质量波动的个别观测结果具有随机性,但在受控状态下的大量观测结果必然呈现某种统计意义上的规律性。这种统计规律性是统计质量控制的必要前提和客观基础。

统计质量控制是统计质量管理中的一个重要问题。所谓统计质量控制,就是对生产过程中工序质量特性值总体进行随机抽样,通过所得样本对总体作出统计推断,采取相应对策,保持或恢复工序质量的受控状态。在统计质量控制中,工序质量特性值的观测数据是工序质量的表现,不仅反映了工序质量的波动性,也反映了这种波动的规律性。

根据质量特性值的属性,质量数据可分成计数值和计量值两种类型,其中计数值又可分为计件值和计点值两种。

计数值质量数据不能连续取值,如不合格数、疵点数、缺陷数等。对于计数值质量数据,若只能按"件"计数时,可称为计件值数据,如一批产品中的不合格品数等;若必须按"点"计数时,可称为计点值数据,如一块布上的疵点数或一个工件表面的缺陷数等。计数值类型的质量特性值的统计规律可用离散型随机变量来描述。在统计质量控制中常见的离散型随机变量有超几何分布、二项分布、泊松分布等。

计量值质量数据可以连续取值,如长度、容积、重量、浓度、温度、强度等。计量值类型的质量特性值的统计规律可以用连续型随机变量来描述。正态分布是统计质量控制中常见的连续型随机变量。

二、几个常用的随机变量

在质量控制中,常用的随机变量有超几何分布、二项分布、泊松分布和正态分布。下面分别介绍它们的概率分布、数字特征,以及应用中的主要问题。

(一)超几何分布

设有限总体由 N 个产品组成,其中有 D 个不合格品。对该总体作不放回随机抽样,样本容量为 n。样本中不合格品数 X 为一离散型随机变量,服从超几何分布(hypergeometric distribution),其恰为 d 的概率。

$$P(X=d) = \frac{C_D^d C_{N-D}^{n-d}}{C_N^n}$$

容易知道，$d=0,1,2,\cdots,\min(n,D)$。数学期望和方差分别为：

$$EX = np \qquad DX = npq\left(\frac{N-n}{N-1}\right)$$

其中，$p=\dfrac{D}{N}$ 为总体不合格品率，$q=1-p=\dfrac{N-D}{N}$ 为总体合格品率。

超几何分布随机变量源于有限总体的不放回抽样模型，适用于计件值型质量特性值的控制和检验问题。

例1 某批产品共40件，其中不合格品有12件。现从中任意取9件，以 X 表示其中不合格品的件数。求 X 的概率分布及其数字特征。

解：9件样品中不合格品的件数为超几何分布随机变量。

$$P(X=d) = \frac{C_{12}^d C_{28}^{9-d}}{C_{40}^9} \quad (d=0,1,2,\cdots,9)$$

由于该批产品总体不合格品率 $p=\dfrac{12}{40}=0.3$，总体合格品率 $q=1-p=0.7$，所以，抽取的9件样品中合格品的件数平均值（即数学期望）$EX=9\times0.3=2.7$；方差 $DX=9\times0.3\times0.7\times\left(\dfrac{40-9}{40-1}\right)=1.50$，标准差 $\sigma=\sqrt{DX}=1.23$。

（二）二项分布

设无限总体不合格品率为 p（合格品率 $q=1-p$）。对其作随机抽样，样本容量为 n。样本中不合格品数 X 为一离散型随机变量，服从二项分布（binomial probability distribution），其恰为 d 的概率。

$$P(X=d) = C_n^d p^d (1-p)^{n-d}$$

其中，$d=0,1,2,\cdots,n$。

二项分布随机变量 X 的数学期望和方差分别为：

$$EX = np \qquad DX = np(1-p)$$

二项分布随机变量源于 n 重贝努利（Bernouli）试验或自某总体的 n 次还原抽样，适用于计件值型质量特性值的控制和检验问题。

例2 某种型号电子元件当其寿命超过3 000小时时为合格品。已知某一大批该产品的合格品率为0.2。现从中随机地抽查20只，求20只元件中恰有 d 只为合格品的概率。

解：本例属破坏性检验，当然是不放回抽样，但由于该批元件总数很大，抽样数量又很少，对总体的影响是微不足道的，故可作为无限总体放回抽样处理。因此，抽查的20只元件中的合格品数 X 可看作是二项分布随机变量，其恰为 d 的概率。

$$P(X=d) = C_{20}^d (0.2)^d (0.8)^{20-d} \quad d=0,1,2,\cdots,20$$

(三)泊松分布

泊松分布(Poisson distribution)是应用最广泛的随机分布之一,常用来描绘稀有事件计数资料的统计规律性。例如,在一定时间内(或一定空间中)各种稀有事件(如事故、灾害、疾病等)出现的次数,到达某服务机构(如电话交换台、修理部、车站、商场等)要求服务的顾客数,纺纱机上的断头数,布匹上的疵点数,产品表面的缺陷数,每页书上的印刷错误数,大地震后的余震数,放射源的放射性粒子数等。泊松分布随机变量在计点值型质量特性值的控制和检验中有重要应用。

设离散型随机变量 X 服从泊松分布,则其取值 k 的概率:

$$P(X=k) = \frac{\lambda^k e^{-\lambda}}{k!} \quad k=0,1,2,\cdots$$

其中,$\lambda = np$,n 为样本容量,p 为不合格率(或缺陷率等)。容易知道,$\lambda = np$ 实际上是样本中不合格品的平均数(或缺陷等的平均数)。

泊松分布随机变量 X 的数学期望和方差分别为:

$$EX = \lambda \quad DX = \lambda$$

理论上泊松分布有可数无限个可能值,但随着 k 值的增大,$P(X=k)$ 迅速变小,有实际意义的是为数有限的较小的几个 k 值。

例3 设临床统计资料表明,服用某种药剂产生不良反应的概率为0.002。求在1 000例服用该药物的病人中,恰有 k 例出现不良反应的概率。

解:因为样本容量 $n=1 000$,不良反应发生率 $p=0.002$,所以1 000例中发生副作用的病人数的数学期望 $\lambda = np = 2$。因此,1 000例服用此药的病人中发生不良反应的人数 X 服从如下的泊松分布:

$$P(X=k) = \frac{2^k e^{-2}}{k!} \quad k=0,1,2,\cdots$$

例4 某织物每百平方米平均有7个疵点。现抽检了5平方米这种织物,试求下列事件的概率:$A=\{无疵点\}$,$B=\{恰好有1个疵点\}$,$C=\{最多有1个疵点\}$。

解:因为该种织物每平方米平均有7个疵点,故在5平方米该种织物上平均应有 $5 \times \frac{7}{100} = 0.35$ 个疵点。这就是说,5平方米该种织物上的疵点数 X 服从参数 $\lambda = 0.35$ 的泊松分布,即

$$P(X=k) = \frac{0.35^k e^{-0.35}}{k!} \quad k=0,1,2,\cdots$$

所以,所求各事件的概率依次为:

$$P(A) = P(X = 0) = e^{-0.35} = 0.7047;$$
$$P(B) = P(X = 1) = 0.35e^{-0.35} = 0.2466;$$
$$P(C) = P(X \leqslant 1) = P(X = 0) + P(X = 1) = 0.9513。$$

虽然在理论上疵点数 X 可以有任意多个，但无疵点数或只有 1 个疵点的概率高达 95% 以上，而有 2 个或 2 个以上疵点的概率充其量不足 5%。所以，一旦任意抽检 5 平方米该种织物后，如发现疵点数超过 1 个时，首先应当怀疑的是疵点率是否已上升，从而采取必要的检查和纠正措施。

（四）几种离散型概率分布之间的关系

超几何分布源于对有限总体的不放回（非还原）抽样。由于每次抽取的样品不再放回总体，故每次抽样结果将影响总体的不合格品率。因此，每次抽样的结果不是相互独立的。二项分布源于对无限总体的有限抽样。由于总体无限，每次抽取的样品无论是否返回总体，都不会影响总体的不合格品率。因此，每次抽样的结果是相互独立的。由于这个原因，二项分布也适用于有限总体的放回（还原）抽样。其实，在实际应用场合，总体的有限和无限、样本的大小及不合格品率的高低都是相对而言的，并无绝对的界限，在一定条件下，两种分布的适用性可以相互转化。

有关研究表明，当 $\frac{n}{N} \leqslant 0.1$（即样本容量相对总体较小）时，或当 $p = \frac{D}{N} \leqslant 0.1$（即总体不合格品率较低）时，可以用二项分布来近似超几何分布。当 N 较大时，二项分布的计算要比超几何分布的计算方便得多。

泊松分布描述稀有事件出现概率，或者说反映随机点（随机事件）在一定时间（空间）内的散布规律，和超几何分布及二项分布的产生背景有根本的区别。但是，当总体相当大（甚至无限），不合格品率又很低时，抽样中不合格品的出现将成为稀有事件，因而在一定条件下，超几何分布和二项分布可以用泊松分布来近似计算。

有关研究表明，当样本容量 n 较大，且 $\frac{n}{N} \leqslant 0.1$ 及 $p \leqslant 0.1$ 时，超几何分布可以用泊松分布来近似；当 n 较大（如 $n \geqslant 100$），p 较小（如 $p \leqslant 0.1$），同时 $np \leqslant 4$ 时，二项分布可以用泊松分布来近似。这种近似引起的误差并不影响实际的使用，但泊松分布的计算要比另两种分布的计算容易许多。

泊松分布是应用十分广泛的离散型随机变量，它和连续型正态分布随机变量有着密切的联系。有关研究表明，当样本中不合格品数平均值 $\lambda = np \geqslant 5$ 时，泊松分布以正态分布为极限分布，因此可用正态分布近似。

(五)正态分布

正态分布(normal distribution)是应用最为广泛的一种连续型概率分布,在计量值型质量特性值的控制和检验中经常被用来描述(或近似描述)质量变化的规律。

1. 正态分布随机变量的定义和性质

设连续型随机变量 X 的概率密度为:

$$f(x) = \frac{1}{\sqrt{2\pi}\,\sigma} e^{-\frac{(x-\mu)^2}{2\sigma^2}} \qquad -\infty < x < \infty$$

其中,μ,$\sigma > 0$ 为常数,则称 X 服从参数为 μ,σ 的正态分布,记为 $X \sim N(\mu, \sigma^2)$。

正态分布随机变量 X 的分布函数为:

$$F(x) = \frac{1}{\sqrt{2\pi}\,\sigma} \int_{-\infty}^{x} e^{-\frac{(t-\mu)^2}{2\sigma^2}} dt$$

特别地,若参数 $\mu = 0$,$\sigma = 1$,即 $X \sim N(0, 1)$,则称 X 为标准正态分布随机变量。

正态分布随机变量 X 的数学期望和方差分别为:

$$EX = \mu,\ DX = \sigma^2$$

实际上,参数 μ 作为总体平均值,描述质量特性值分布的集中位置和对称中心,参数 σ 作为总体标准差,描述质量特性值分布的分散程度。正态分布质量特性值的分布曲线由 μ 和 σ 两者唯一确定。

2. 正态分布的概率计算

习惯上,常将标准正态分布的密度函数记为 $\varphi(x)$,而将分布函数记为 $\Phi(x)$,即

$$\varphi(x) = \frac{1}{\sqrt{2\pi}} e^{-\frac{x^2}{2}}, \qquad \Phi(x) = \frac{1}{\sqrt{2\pi}} \int_{-\infty}^{x} e^{-\frac{t^2}{2}} dt$$

标准正态分布的密度函数值和分布函数值有表可查。

对于一般的正态分布,可先将其转化为标准正态分布,然后求相应的概率值。

因此,一般正态分布的概率计算公式为:

$$P(x_1 < X \leqslant x_2) = \Phi\left(\frac{x_2 - \mu}{\sigma}\right) - \Phi\left(\frac{x_1 - \mu}{\sigma}\right)$$

$$P(X \leqslant x) = \Phi\left(\frac{x - \mu}{\sigma}\right)$$

$$P(X > x) = 1 - \Phi\left(\frac{x - \mu}{\sigma}\right)$$

例 5 已知 $X \sim N(\mu, \sigma^2)$,求 $P\left(\left|\frac{X-\mu}{\sigma}\right| < k\right)$,其中 $k = 1, 2, 3, 4, 5, 6$。

解:

$$P\left(\left|\frac{X-\mu}{\sigma}\right| < k\right) = P(\mu - k\sigma < X < \mu + k\sigma)$$

$$= \Phi(k) - \Phi(-k)$$
$$= \Phi(k) - [1 - \Phi(k)]$$
$$= 2\Phi(k) - 1$$

所以，所求概率依次为：

$$P\left(\left|\frac{X-\mu}{\sigma}\right| < 1\right) = 2\Phi(1) - 1 = 0.6826$$

$$P\left(\left|\frac{X-\mu}{\sigma}\right| < 2\right) = 2\Phi(2) - 1 = 0.9544$$

$$P\left(\left|\frac{X-\mu}{\sigma}\right| < 3\right) = 2\Phi(3) - 1 = 0.9973$$

$$P\left(\left|\frac{X-\mu}{\sigma}\right| < 4\right) = 2\Phi(4) - 1 = 0.99994$$

$$P\left(\left|\frac{X-\mu}{\sigma}\right| < 5\right) = 2\Phi(5) - 1 = 0.9999994$$

$$P\left(\left|\frac{X-\mu}{\sigma}\right| < 6\right) = 2\Phi(6) - 1 = 0.999999998$$

在质量控制中，$k=3$ 时的情形特别有用。它告诉我们，如果质量特性值 X 服从参数为 μ 和 σ 的正态分布，那么它落在区间 $(\mu-3\sigma, \mu+3\sigma)$ 内的概率高达 99.73%；相反，落在区间之外（即 $x<\mu-3\sigma$ 或 $x>\mu+3\sigma$）的概率只有 0.27%。这就是众所周知的"3σ"原理。根据"3σ"原理，如果发现质量特性值 X 的观测结果不在区间 $(\mu-3\sigma, \mu+3\sigma)$ 内，就有合乎逻辑的理由怀疑生产过程已经失控，面临的质量波动是由系统性的不良因素引起的。因为在这种情况下，生产过程仍然正常的可能性只有 0.27%，而已失常的可能性却高达 99.73%。

例6 某袋装食品重量服从正态分布，重量平均值为 296 克，标准差为 25 克。为了维护消费者利益，重量规格下限定为 273 克。求低于规格下限的不合格品率。

解：在实际问题中，质量特性值 X 的概率分布是未知的。根据概率论中心极限定理，如果质量特性值由大量偶然性因素共同作用而形成，并且每个因素的单独作用相对均匀地微小，那么质量特征值 X 的概率分布就近似于正态分布。退一步来说，即使原本并非正态分布的随机变量，其独立随机样本的平均值也以正态分布为极限分布。在本例中，每袋食品的重量在受控条件下受来自"5M1E"诸因素的影响，故可以认为重量 X 服从正态分布，并且其重量的样本平均值 $\bar{x}=296$ 克和样本标准差 $s=25$ 克可以作为重量总体的数学期望 μ 和总体标准差 σ 的估计值。因此，可以认为本例中每袋食品的重量 $X \sim N(296, 25^2)$。

本例中重量规格下限 $x_L=273$ 克，$\mu\approx\bar{x}=296$ 克，$\sigma\approx s=25$ 克。所求不合格品率 p_L 为图 7-1 中阴影部分的面积。因此，$p_L=P(X<273)$。

由于 $\dfrac{X-\mu}{\sigma}\sim N(0,1)$，故

$$p_L=P\left(\dfrac{X-\mu}{\sigma}<\dfrac{273-\mu}{\sigma}\right)$$
$$=\Phi\left(\dfrac{273-\mu}{\sigma}\right)$$
$$=\Phi\left(\dfrac{273-296}{25}\right)$$
$$=\Phi(-0.92)$$
$$=0.1788$$

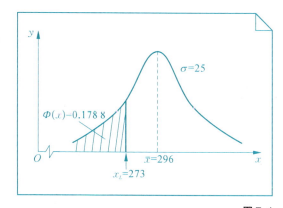

图 7-1
产品重量超出下限的不合格品率

从计算结果来看，重量不足的不合格品率高达 $17.88\%\approx18\%$。

例 7 在例 6 的基础上，假设重量的公差中心 $M=\bar{x}=296$ 克，重量规格上限 $x_U=319$ 克。现欲将 p_L 值降为 0.01，试分别讨论重量分布中心 μ 应提高到多少或重量标准差 σ 应减少到多少。

解：先讨论分布中心 μ 的提高问题。示意图见图 7-2。

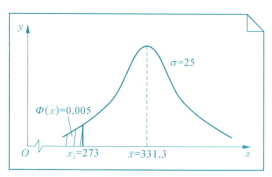

图 7-2
提高包装袋袋重的效果

设新的分布中心应提高到 μ'。因为，

$$p_L=\Phi\left(\dfrac{273-\mu'}{25}\right)=0.01$$

查正态分布表得：

$$\dfrac{273-\mu'}{25}=-2.33$$

所以，$\mu'=273+2.33\times25=331.3$ 克。

此时，重量超出规格上限的不合格品率 p_U 将上升。

因为，
$$p_U=P(X>x_U)=1-P(X\leqslant x_U)$$
$$=1-\Phi\left(\dfrac{x_U-\mu'}{\sigma}\right)$$

所以，
$$p_U=1-\Phi\left(\dfrac{319-331.3}{25}\right)$$
$$=1-\Phi(-0.492)$$
$$=0.6879$$

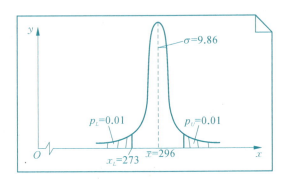

图 7-3
提高包装精度的效果

再讨论总体标准差的缩小问题。示意图见图 7-3，设新的总体标准差应缩小到 σ'。

因 $$p_L = \Phi\left(\frac{x_L - \mu}{\sigma'}\right) = 0.01$$

得 $$\frac{273 - 296}{\sigma'} = -2.33$$

所以 $$\sigma' = 9.86$$

从本题计算结果来看，为了维护消费者利益，使 p_L 值下降到 0.01，可以提高袋重的控制标准，将重量分布中心移到 $\mu' = 331.3$ 克，但 p_U 值将上升到 0.687 9，企业利益将受到极大的损害；也可以缩小重量总体标准差，将重量波动的标准差控制在 $\sigma' = 9.86$ 的水平上。由于分布中心和公差中心一致，故此时的 $p_U = 0.01$，既维护了消费者的利益，又保障了企业的利益。但是，标准差的缩小，即重量控制精度的提高，有赖于技术上和管理上的投入。企业是否有能力这么做，或是否值得这么做，应综合各方面的因素才能决定。

例 8 假设一大批产品的一等品率为 20%。现在从中随机抽取 100 件，求其中一等品件数介于 13 和 30 之间的概率。

解：100 件产品中一等品件数 X 是一个二项分布随机变量。由题知 $p = 0.2$, $q = 1 - p = 0.8$, $n = 100$。所以，100 件产品中一等品件数介于 13 和 30 之间的概率：

$$P(13 \leqslant X \leqslant 30) = \sum_{d=13}^{30} C_{100}^{d} (0.2)^d (0.8)^{100-d}$$

此概率虽然可以求出，但十分麻烦。和其他许多概率分布一样，二项分布的极限分布是正态分布，故在一定条件下，二项分布的概率计算可用正态分布来近似。

因为本例中 $EX = np = 20$, $DX = npq = 16$, $\sigma = 4$。所以，

$$\begin{aligned}
P(13 \leqslant X \leqslant 30) &= F(30) - F(13) \\
&= \Phi\left(\frac{30 - 20}{4}\right) - \Phi\left(\frac{13 - 20}{4}\right) \\
&= \Phi(2.5) - \Phi(-1.75) \\
&= 0.993\ 8 - 0.040\ 1 \\
&= 0.953\ 7
\end{aligned}$$

即 100 件产品中，一等品数介于 13 和 30 之间的概率大约为 0.953 7。

第二节 | 统计过程控制的常用工具

GB/T 19000—2000 族标准中指出:"应用统计技术可帮助组织了解变异,从而有助于组织解决问题并提高有效性和效率。这些技术也有助于更好地利用可获得的数据进行决策。"

统计过程控制(statistical process control,简称 SPC),是企业提高质量管理水平的有效工具。它利用数理统计原理,通过对过程特性数据的收集和分析,达到"事前预防"的效果,从而有效控制生产过程、协同其他手段持续改进、提升品质。SPC 技术的出现,使质量管理从被动的事后把关改变为过程中积极的事前预防,从而大大降低了企业的生产成本,同时也提高了企业的竞争能力。目前 SPC 已成为生产过程中控制稳定产出的主要工具之一,在生产型企业中应用非常广泛。

SPC 是一系列工具的集合,包括发现质量缺陷、寻找质量波动的原因、监视过程的波动状况以及对异常波动及时报警的一系列方法,主要包括检查表、分层法、排列图、因果图、散布图、直方图、波动图。

一、检查表

检查表(data-collection form)又叫调查表、核对表、统计分析表,是用来收集资料和数据,对事实进行粗略整理和分析的统计表。常见的检查表有不合格检查表、缺陷位置检验表、质量分布检查表等。检查表的常见形式如表 7-1 所示。

表 7-1 检查表的例

项 目	XYZ		收集人员			组 别		
地 点			备 注					
缺陷类别	××××年							各类缺陷总数
	1月	2月	3月	4月	5月	6月	7月	
A	9	4	6	6	3	12	12	52
B	12	7	2	4	5	8	23	61
C	5	12	7	4	3	3	8	42
D	7	3	21	2	2	4	5	44
E	5	5	13	5	14	15	7	64
F	3	7	11	9	6	3	1	40
G	5	7	7	9	8	5	13	54
月缺陷总数	46	45	67	39	41	50	69	357

二、分层法

分层法（stratification）又叫分类法、分组法。分层的目的在于把杂乱无章和错综复杂的资料或意见归类汇总，使之更清楚地反映客观现实。分层应使层内的数据差异尽可能小，而层与层之间的差异尽可能大，否则就起不到分层归类的作用。

分层的一般方法如下。

（1）按操作者分层。可按操作者个人分层，也可以按班组分层，还可以依据操作者的年龄、工级、性别分层。

（2）按设备分层。可按设备的不同类型、新旧程度、处于不同的生产线等进行分层。

（3）按原材料分层。可按产地、批号、制造厂、规范进行分层分析，有助于我们选择合适的供应商。

（4）按方法分层。可按不同的操作参数、操作方法、生产速度等分层。

（5）按时间分层。可按不同的班次、日期等分层。

（6）按环境分层。可按照明度、清洁度、湿度、温度等分层。

（7）其他。可按测量方法、使用条件等分层。

运用分层法时，必须考虑各种因素的综合影响效果。例如，某产品加工时经常出现缺陷。经抽查50个产品后发现，产生缺陷的原因和加工时操作者采用的方法及产品的型号有关。因此，采用表7-2所示的二因素综合分层法。由表7-2可知，当加工甲型产品时，应推广操作者2的方法；当加工乙型产品时，应推广操作者1的方法，因为这样做的缺陷率都为零。

表7-2 二因素分层表的例

操作者	类型	甲	乙	合计
1	缺陷 无缺陷	6 2	0 11	6 13
2	缺陷 无缺陷	0 5	3 4	3 9
3	缺陷 无缺陷	3 7	7 2	10 9
合计	缺陷 无缺陷	9 14	10 17	19 31
共计		23	27	50

三、排列图

排列图又叫帕累托图（Pareto diagram）或ABC分类法。它是分析和识别影响质量的主要因素，寻找质量改进机会，所采用的一种图示技术。排列图由两个纵坐标、一个横坐标、几个顺序排列的直方和一条累计百分率曲线所组成。

应用步骤如下：

（1）确定分析的对象。可以是某种产品（零件）的废品件数、吨数、损失金额、消耗工时及不合格项数等。

（2）确定问题分类的项目。可按废品项目、不合格品项目、零件项目、不同操作者等进行分类。

（3）确定收集数据的时间。

（4）收集数据。

（5）整理数据。列表汇总每个项目发生的频数，由大到小排列（"其他"项不论发生的频数大小，皆放在最后一项）。计算各项目累计发生的频数与累计百分率。

（6）画图。横坐标表示项目，按上表中的顺序由左到右排列；左边的纵坐标表示项目发生的频数，右边的纵坐标表示项目发生的累积百分率；直方的高度表示对应项目发生的频数；画累积百分率曲线。将排列图名称、分析对象总数、生产单位、绘图者、绘图时间等标在图上。

（7）根据排列图，选择严重影响质量的、累积百分率最大的或较大的一个或几个关键问题作为质量改进项目。

例如，某厂对铸铁件的废品吨数进行排列图分析。分类的项目是气孔、夹砂、浇不足、裂纹、硬度低于其他。数据整理略。根据数据整理表，画出排列图（图7-4）。从排列图可知，应首先选择气孔问题作为质量改进目标。

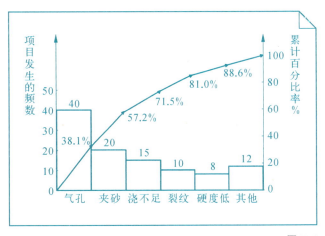

图 7-4
排列图的例

四、因果图

因果图（cause-effect diagram）又叫鱼刺图、石川图、特性要因图、树枝图，是表达和分析质量波动特性与其潜在原因的因果关系的一种图表。因果图由质量问题和影响因素两部分组成。图中主干箭头所指的为质量问题，主干上的大枝表示影响因素的大分类（如操作者、机器、材料、方法、环境等），中枝、小枝、细枝等表示因素的逐次展开。图7-5是因果图的一个例子。

五、散布图

散布图适用于判断两个变量之间是否存在相关关系。散布图由分布在直角坐标系中的一系列点子构成。

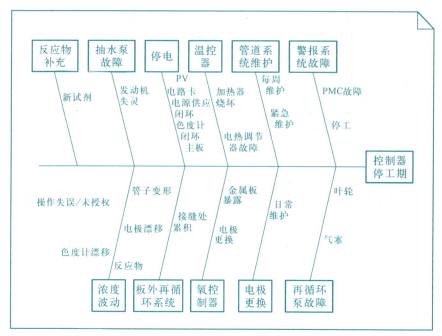

图 7-5 控制器停工期因果图

散布图的绘图步骤如下。

(1) 选定分析对象,可以是质量特性值与因素之间的关系、质量特性值与质量特性值之间的关系、因素与因素之间的关系。

(2) 记录观测值与其名称、取样方法、取样日期、测定方法、测定仪器、观测值、环境条件等。

(3) 在坐标纸上建立直角坐标系,把数据(x,y)分别标在坐标系上。

(4) 当散布图上出现明显偏离其余数据的点时,应查明原因,以便决定是否删除或校正。

例9 发生炉煤气的质量取决于一氧化碳(CO)的含量,但测定较难,而测定二氧化碳(CO_2)较容易,故希望能得知CO_2和CO含量的关系。

解:过程含如下六个步骤。

(1) 分析对象:质量特性值CO和CO_2含量的关系。

(2) 收集生产中积累的30对数据(略)。

(3) 建立直角坐标系,把数据(x,y)分别标在坐标系上,见图7-6。

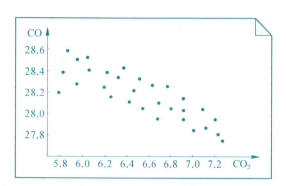

图 7-6
CO 和 CO_2 含量的关系

由图7-6可见,CO(y)和CO_2(x)之间有显著的负相关关系。

（4）计算相关系数。列表计算（部分，见表7-3）。

表7-3 相关系数计算表

测定顺序	观测值		x^2	y^2	xy
	x	y			
1	6.2	28.3	38.44	800.89	175.46
2	7.0	28.1	49	789.61	196.7
3	6.7	28.2	44.89	795.24	188.94
4	6.7	28.1	44.89	789.61	188.27
5	7.0	28.0	49	784	196
……					
26	6.1	28.2	37.21	795.24	172.02
27	6.3	28.2	39.69	795.24	177.66
28	6.1	28.4	37.21	806.56	173.24
29	6.2	28.4	38.44	806.56	176.08
30	6.4	28.4	40.96	806.56	181.76
$\sum$	195.3	854.3	1 274.21	23 818.29	5 501.97

$$L_{xx} = \sum x^2 - \frac{(\sum x)^2}{n} = 2.81$$

$$L_{yy} = \sum y^2 - \frac{(\sum y)^2}{n} = 0.55$$

$$L_{xy} = \sum xy - \frac{(\sum x)(\sum y)}{n} = -0.93$$

$$\gamma = \frac{L_{xy}}{\sqrt{L_{xx}L_{yy}}} = -0.748$$

取 $\alpha = 0.01$，$n-2 = 28$。查相关系数表得 $\gamma_\alpha = 0.463$，因 $|-0.748| > 0.463$，故判定变量 x 与 y 在 $\alpha = 0.01$ 水平上存在较显著的负相关关系。

（5）在散布图上画回归直线。

计算平均值：$\overline{x} = \frac{1}{n}\sum_{i=1}^{n}x_i = 6.51$ $\overline{y} = \frac{1}{n}\sum_{i=1}^{n}y_i = 28.18$

计算回归系数：$b = \frac{L_{xy}}{L_{xx}} = -0.33$ $a = \overline{y} - b\overline{x} = 30.34$

回归直线方程：$\hat{y} = a + bx = 30.34 - 0.33x$

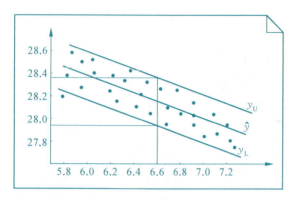

图 7-7
回归直线

在散布图上画出回归直线，见图 7-7。

根据多年生产实践经验，认为该直线与实际情况拟合得较好。

计算回归直线的标准偏差 s：

$$s = \sqrt{\frac{(1-r^2)L_{yy}}{n-2}} = 0.093$$

计算控制界限（选用 2 倍标准偏差）：

控制上限：

$$y_U = a + 2s + bx = 30.526 - 0.33x$$

控制下限：

$$y_L = a - 2s + bx = 30.154 - 0.33x$$

在散布图上画出上、下控制界限见图 7-7。

（6）预测。

当检测的煤气中 CO_2 含量 $x_o = 6.6\%$ 时，从图 7-7 中可以推测输出煤气中的 CO 含量 y 在 27.97%～28.34% 范围内。

六、直方图

直方图适用于分析观测值分布的状态，以便对总体的分布特征进行推断。直方图是由直角坐标系中若干顺序排列的长方形组成。各长方形的底边相等，为观测值区间，长方形的高为观测值落入相应区间的频数。

绘图步骤一般如下。

（1）收集 n 个观测值（$n \geq 50$）。

（2）找出观测值中的最大值 x_L，最小值 x_S。

（3）确定观测值大约的分组数 k。

（4）确定各组组距 h。

$$h = (x_L - x_S)/k$$

（5）确定各组组界。首先确定第一组下组界，然后依次加入组距 h，即可得到各组组界。观测值不能落在组界上。

（6）作频数表。计算频数 f。

例 10　加工某种轴，直径要求为 $\phi 85 \pm 0.001$。100 根轴的直径测量值从略。测量值中最大值 $x_L = 85.005$ mm，最小值 $x_S = 84.993$。取大约的分组数 $k = 7$。因此，各组组距 $h = (85.005 - 84.993)/7 \approx 0.001\,7 \approx 0.002$ mm。

各组组界（mm）和频数统计见表 7-4。

直方图见图 7-8。

表 7-4　各组组界和频数统计

组号	组界	频数记录	频数 f	组次 v	fv	fv^2
1	84.992 5～84.994 5	/////	5	−3	−15	45
2	84.994 5～84.996 5	///////////	11	−2	−22	44
3	84.996 5～84.998 5	////////////////////	20	−1	−20	20
4	84.998 5～85.000 5	///////……/////////	27	0	0	0
5	85.000 5～85.002 5	///////……///////	23	1	23	23
6	85.002 5～85.004 5	//////////	10	2	20	40
7	85.004 5～85.006 5	////	4	3	12	36
合计			100	—	−2	208

计算均值 $\bar{x}$，标准差 s：

$$x_0 = 84.999\ 5 \qquad \sum fv = -2 \qquad \sum fv^2 = 208$$

$$\bar{x} = x_0 + h \times \frac{\sum fv}{n} = 84.999\ 5 + 0.002 \times \frac{-2}{100} \approx 85\ \text{mm}$$

$$s = h \times \sqrt{\frac{\sum fv^2}{n} - \left(\frac{\sum fv}{n}\right)^2} \approx 0.003\ \text{mm}$$

在应用中，分析直方图的形状并与规范界限比较可以判断总体正常或异常，进而寻找异常的原因。常见的直方图有对称型分布、偏向型分布、双峰型分布、锯齿型分布、平顶型分布、孤岛型分布等，分析时要着眼于形状的整体。

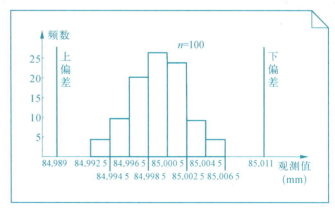

图 7-8
数据直方图

七、波动图

波动图适用于观察和分析质量特性值随时间波动的状态，以便监视其变化。波动图为直角坐标系中一条波动曲线。横坐标表示抽取观测值的顺序号（或时间），纵坐标表示观测的质量特性值，波动曲线是根据不同时刻的观测值打点连线得到的。在图上可标出规范界限。波动图的重要应用是控制图，将在第八章作专门介绍。

本章小结

本章介绍生产过程中质量波动的统计规律性和统计质量控制的基本任务,以及几种常用的离散型随机变量和连续型随机变量。对统计过程控制的几种常用工具,如检查表、分层法、排列图、因果图、散布图、直方图、波动图等的概念和使用方法也作了简要介绍。

练习与思考

1. 工序质量波动有哪两种类型?各有什么特征?工序控制的任务是什么?
2. 质量管理中常用的离散型随机变量有哪些?各有什么特征?
3. 质量管理中常用的连续型随机变量有哪些?各有什么特征?
4. 统计过程控制的基本原理是什么?
5. 检查表、分层法、排列图、因果图、散布图、直方图、波动图的主要用途是什么?应用时的基本步骤是什么?

第八章 工序（过程）质量控制

学习目标

1. 认识工序质量的受控状态和失控状态的特点及典型表现。
2. 理解工序能力的意义，了解工序能力测定的条件和方法。
3. 掌握工序能力指数的意义和各种情况下的计算方法，理解工序能力指数和不合格率的关系，了解利用工序能力指数对工序能力进行判断及处置的原则。
4. 掌握控制图的概念、原理和分类，熟悉几种常用控制图的设计方法，了解利用控制图对过程质量状态进行分析与判断的规定。

统计过程控制是工序（过程）质量控制的重要工具。本章在第 7 章的基础上，对工序能力指数、控制图等作较详细的介绍。

第一节 | 工序质量的受控状态

由于 5M1E 因素的影响，工序（过程）质量波动是不可避免的。生产过程质量控制的根本目的是保证工序（过程）始终处于受控状态，使生产过程能持续稳定地生产合格产品。为此，必须及时、正确地掌握生产过程的质量状态，并对其实施动态控制。

一、工序质量的两种状态

生产过程中质量波动的综合体现是工序质量特性值的波动。在受控状态下，这种波动的统计规律性可以用正态分布随机变量来近似描述。正态分布的两个分布参数则需要通过总体的随机样本来进行估计。例如，用样本统计量 $\bar{x}$（样本平均值）去估计 μ，用 s（样本标准差）去估计 σ。

在生产过程中，工序质量有两种状态：受控状态和失控状态。如工序质量特性值为 X，其分布参数为 μ 和 σ，即 $X \sim N(\mu, \sigma^2)$，则工序质量的两种状态可以用 μ 和 σ 的变化来判别。

（一）受控状态

工序质量处于受控状态（in control）时，质量特性值的分布特性不随时间而变化，始终保持稳定且符合质量规格的要求，见图 8-1。

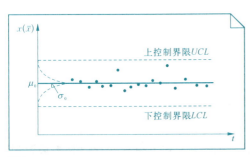

图 8-1
生产过程的受控状态

在图 8-1 中，μ_0 和 σ_0 是排除了影响工序质量的系统性因素后，质量特性值 X 或其统计量的数学期望和标准差，是工序质量控制的目标。图中黑点表示随着时间的推移，X 的观测值 x（或 X 的统计量的观测值，如样本平均值 $\bar{x}$、样本中位数 $\tilde{x}$ 等）的散布情况。这些黑点依概率散布在中心线（μ_0）两侧，不应有任何系统性规律，且都介于上、下控制限（UCL 和 LCL）之间。

（二）失控状态

工序质量处于失控状态（out of control）时，质量特性值的分布特性发生变化，不再符合质量规格的要求。此时，可以有几种不同的表现形式（或兼而有之）。

（1）$\mu \neq \mu_0$，$\sigma = \sigma$，μ 保持稳定。这时，从表面看，过程状态是稳定的，但由于质量特性值或其统计量的分布集中位置（μ）已偏离控制中心（μ_0），黑点越出控制界限某侧的可能性变大，见图 8-2。

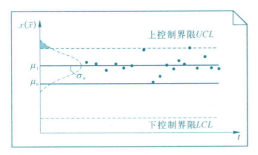

图 8-2
生产过程的失控状态（μ 变化）

（2）$\mu = \mu_0$，$\sigma \neq \sigma$，σ 保持稳定。这时，由于分布的分散程度（σ）变大，导致黑点越出控制界限两侧的可能性变大，见图8-3。

（3） $\mu \neq \mu_0, \sigma \neq \sigma, \mu$ 和 σ 都保持稳定。这时，失控状态更复杂，失控程度可能更严重。

（4） μ 和 σ 中至少有一个不稳定，随时间而变化。

不论是何种形式的失控状态，都表示存在导致质量失控的系统性因素。一旦发现工序质量失控，就应立即查明原因，采取措施，使生产过程尽快恢复受控状态，减少因过程失控所造成的质量损失。

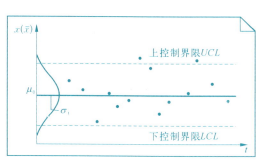

图8-3
生产过程的失控状态（σ 变化）

二、工序质量状态识别中的问题

随着生产过程的继续，影响工序质量的 5M1E 诸因素始终处于变化之中，工序质量具有鲜明的动态特性。在工序质量的或多或少、或快或慢的变化中，"受控"和"失控"是和控制目标相关联的两种质量状态，在一定条件下，它们可以相互转化。工序质量控制是一个不断发现问题、分析问题、反馈问题和纠正问题的动态监控过

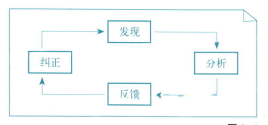

图8-4
工序质量控制系统

程（见图8-4），已发现的问题及时纠正了，新的问题又可能随时出现。从某种意义上说，工序质量控制的成功取决于能否及时发现生产过程的质量偏差，即质量特性值的异常表现。

由于生产过程中工序质量特性值表现的随机性，生产过程中工序质量异常波动的发现及原因的分析往往需要借助数理统计中的统计推断方法。工序质量的统计推断依赖于对总体随机分布的了解。正如第七章所述，对于各式各样的质量总体，经常可以用正态分布随机变量来描述或近似描述，尤其是统计推断中广泛使用的样本平均值统计量，不论其来自什么样的总体，只要样本容量 n 充分大（实践中只需 $n > 30$），样本平均值 $\overline{X}$ 就必定趋近于正态分布，见图8-5所示。正态分布是统计推断中最广泛使用的分布形式。在没有特殊条件的场合，总是假设所涉及的总体为正态分布随机变量。

至于总体分布的数字特征，最常用的是总体数学期望 μ 和标准差 σ（对于正态总体，其分布已被这两个参数唯一确定）。

总体数学期望 μ 常用样本平均值 $\overline{X}$ 来估计。样本平均值 $\overline{X}$ 是总体数学期望 μ 的无偏估计，即 $E\overline{X} = \mu$。样本平均值 $\overline{X} \sim N\left(\mu, \dfrac{\sigma^2}{n}\right)$，计算并不复杂。为了适应现场质量控制的要求，有时也用样本中位数 $\widetilde{X}$ 来估计 μ。$\widetilde{X}$ 也是 μ 的无偏估计量，但计算更方便。

总体标准差 σ 可用样本标准差 s 来估计，也可用样本极差 R 或 R 序列的平均值 $\overline{R}$ 来估计。两者都是 σ 的无偏估计，但极差的计算要容易得多。在实际应用中，σ 的估计值 $\hat{\sigma} = \dfrac{\overline{R}}{d_2}$，其中 d_2 是和样本容量 n 有关的参数，可查表8-1。

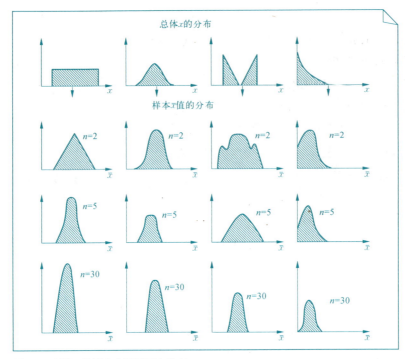

图 8–5 $\bar{x}$ 随 n 的增大趋近于正态分布

表 8–1　3σ 控制限参数表

参数 n	d_2	d_3	A_2	D_3	D_4	m_3	E
2	1.128 4	0.853	1.880	/	3.267	1.000	2.660
3	1.692 6	0.888	1.023	/	2.575	1.160	1.772
4	2.058 8	0.880	0.729	/	2.282	1.092	1.457
5	2.325 9	0.864	0.577	/	2.115	1.198	1.290
6	2.534 4	0.848	0.483	/	2.004	1.135	1.184
7	2.704 4	0.833	0.419	0.076	1.924	1.214	1.109
8	2.847 2	0.820	0.373	0.136	1.864	1.160	1.054
9	2.970 1	0.808	0.337	0.184	1.816	1.224	1.010
10	3.077 5	0.797	0.308	0.223	1.777	1.176	0.975

第二节 | 工序能力和工序能力指数

一、工序能力分析

（一）工序能力的概念

当影响工序质量的各种系统性因素已经消除，由 5M1E 等原因引起的偶然性质量波动已经得到有效的管理和控制时，工序质量处于受控状态。这时，生产过程中工序质量特性值的概率分布反映了工序的实际加工能力。工序能力是受控状态下工序对加工质量的保证能力，具有再现性或一致性的固有特性。

工序能力可用工序质量特性值分布的分散性特征来度量。如工序质量特性值 X 的数学期望为 μ，标准差为 σ，则工序能力为：

$$B = 6\sigma$$

其中，$\sigma = \sqrt{\sigma_人^2 + \sigma_机^2 + \sigma_料^2 + \sigma_法^2 + \sigma_测^2 + \sigma_环^2}$。公式表明，工序受控状态下加工质量的保证能力受 5M1E 诸因素的制约。

当 $X \sim N(\mu, \sigma^2)$ 时，$P(\mu-3\sigma < x < \mu+3\sigma) = 99.73\%$。所以，$(\mu - 3\sigma, \mu + 3\sigma)$ 几乎包括了质量特性值 X 的实际分布范围。显然，B 越小，工序能力越强。工序能力的大小应和质量要求相适应，过小的 B 值在经济性上往往是不合适的。

工序能力指标大致有以下三个方面的用途。

（1）选择经济合理的工序方案。预测对质量标准的符合程度，确定工序工艺装备、工艺方法和检测方法。

（2）协调工序之间的相互关系。工艺设计时，要规定各道工序的加工余量、定位基准等，了解每道工序的能力对工序设计是有益的。

（3）验证工序质量保证能力。分析工序质量缺陷因素，估计工序不合格率，控制工序实际加工质量。

（二）工序能力的调查

工序能力调查一般只对已确定设置工序质量控制点的关键工序进行。调查工作的流程见图 8-6。

（三）工序能力的测定

工序能力是在受控状态下工序的实际加工能力。为使测定结果真实可靠；首先，被调查的工序必须标准化，进入管理状态，否则所得数据不能反映受控状态下工序的实际加工能力；其次，样本容量要足够大，数据数目以 100~150 为好，至少不得少于 50。

工序能力的测定方法，通常有以下 3 种。

（1）较正规的测定方法是利用公式 $B = 6s = \dfrac{6\overline{R}}{d_2}$。在实际问题中，常用样本标准

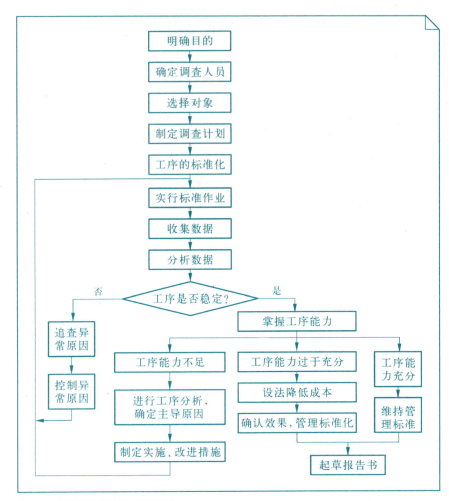

图 8-6 工序能力调查分析流程图

差 s 来近似总体标准差 σ。$\overline{R}$ 是平均极差，即一组容量皆为 n 的样本的极差的平均值。d_2 是由 n 决定的参数，可以从表 8-1 中查得。

（2）当需要快速算得结果，而对结果精度要求不高时，可取一个容量为 10 的样本，得极差 R。此时，$d_2 = 3.078$，故得简化公式 $B \approx 2R$。

（3）SCAT 法（simple capability acceptance test）。这是一种快速简易判断法，使用于不适合大样本测定（如时间紧、破坏性检验等）的问题。基本方法是把预先规定的工序能力是否合格的判断值和由样本得到的极差 R 进行比较，以判定工序能力是否满足质量要求。

二、工序能力指数

工序能力指数是工序质量标准的范围和工序能力的比值，用符号 C_p 表示。如工序质量标准的范围用公差 T 表示，工序能力是 6σ，则

$$C_p = \frac{T}{6\sigma}$$

在一定的工序条件下，工序能力 $B = 6\sigma$ 基本稳定，反映工序的固有的加工能力。工序能力指数把工序能力和实际的质量控制要求联系起来。即使是相同的工序能力，也会因为工序质量标准的不同，而使工序能力指数大相径庭。只有通过工序能力指数，才能考察工序能力是否满足质量控制的实际需要。

（一）工序能力指数的计算

和工序能力的计算一样，只有在工序处于受控状态的条件下，才能计算工序能力指数。通常，设工序质量特性值 $X \sim N(\mu, \sigma^2)$，且已取得一个随机样本（容量 $n \geqslant 50$），样本平均值为 $\overline{X}$，样本标准差为 s。

1. 工序无偏，双向公差的情形

设工序公差为 T，公差上限和下限分别为 T_U 和 T_L，公差中心为 T_M，则 $\overline{x} = T_M$，见图 8-7。在图 8-7 中，P_U 和 P_L 分别为超上差和超下差的不合格率，即 $P_U = P(X > T_U)$ 和 $P_L = P(X < T_L)$。

此时，$C_p = \dfrac{T}{6\sigma} = \dfrac{T_U - T_L}{6s}$

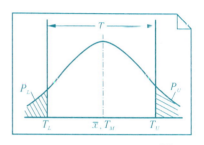

图 8-7
工序无偏，双向公差

2. 工序有偏，双向公差的情形

这时，$\overline{x} \neq T_M$，见图 8-8。引入偏移量 ε 和偏移系数 k：

$$\varepsilon = |T_M - \overline{x}|, \quad k = \frac{\varepsilon}{\frac{T}{2}} = \frac{2|T_M - \overline{x}|}{T}$$

设工序有偏时的工序能力指数为 C_{pk}，则，

$$C_{pk} = (1-k)C_p = \frac{T - 2\varepsilon}{6s}$$

当工序无偏时，$\varepsilon = 0$，故此时 $C_{pk} = C_p$。一般情况下，应有 $\varepsilon \leqslant \dfrac{T}{2}$，故 $k \leqslant 1$，因此 $C_{p_k} \leqslant C_p$。

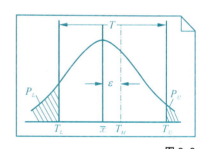

图 8-8
工序有偏，双向公差

3. 单向公差的情形

在有些场合，只要求控制单向公差。如对清洁度、噪声、形位公差、有害杂质等仅需控制公差上限（这时，一般可认为公差下限为零），而对强度、寿命等则仅需控制公差下限（这时，一般可认为公差上限为无穷大）。当只要求控制单向公差时，工序质量特性值一般为非正态分布。由于它的真实分布较复杂，所以常用正态分布来近似。

当只要求控制公差上限时：

$$C_{PU} = \frac{T_U - \overline{x}}{3s}$$

当只要求控制公差下限时：

$$C_{PL} = \frac{\overline{x} - T_L}{3s}$$

(二) 工序能力指数和不合格率

工序能力指数对受控状态下的工序满足质量标准要求的程度做出了度量,而不合格率则对生产过程中工序质量控制的能力作出了明确的指示,更直观和具体。如工序处于受控状态,且质量特性值服从正态分布,则上述两项指标的内在联系具有简单的数学形式。下面按工序无偏和有偏两种情形分别进行讨论。

1. 工序无偏时的不合格率 p

工序无偏时,$\overline{x} = T_M$,即工序质量特性值的分布中心和公差中心一致,见图 8-7。显然,

$$P = P_L + P_U = 2P_L = 2P_U$$

因为,

$$P_L = P(X \leqslant T_L) = \int_{-\infty}^{T_L} \frac{1}{\sqrt{2\pi}\,\sigma} e^{-\frac{(t-\mu)^2}{2\sigma^2}} dt$$

$$= \int_{-\infty}^{\frac{T_L-\mu}{\sigma}} \frac{1}{\sqrt{2\pi}} e^{-\frac{z^2}{2}} dz = \Phi\left(\frac{T_L - \mu}{\sigma}\right)$$

所以,$P = 2\Phi\left(\dfrac{T_L - \mu}{\sigma}\right)$。

又因为,$\dfrac{T_L - \mu}{\sigma} = \dfrac{\left(T_M - \dfrac{T}{2}\right) - \mu}{\sigma} = \dfrac{(T_M - \mu) - \dfrac{T}{2}}{\sigma} = -\dfrac{T}{2\sigma} = -3 \times \dfrac{T}{6\sigma} = -3C_p$

所以,$P = 2\Phi(-3C_p)$。

若记合格率为 q,则 $q = 1 - p = 1 - 2\Phi(-3C_p)$。

2. 工序有偏时的不合格率 p

工序有偏时,$\overline{x} \neq T_M$,即工序质量特性值的分布中心和公差中心不一致,如图 8-8 所示(工序左偏)。显然,

$$P = P_L + P_U = P(X \leqslant T_L) + P(X > T_U)$$

$$= P(X \leqslant T_L) + 1 - P(X \leqslant T_U)$$

$$= \Phi\left(\frac{T_L - \mu}{\sigma}\right) + 1 - \Phi\left(\frac{T_U - \mu}{\sigma}\right)$$

$$= \Phi\left(\frac{T_L - \mu}{\sigma}\right) + \Phi\left(-\frac{T_U - \mu}{\sigma}\right)$$

当工序右偏,即 $\bar{x} > T_M$ 时,

$$\frac{T_L - \mu}{\sigma} = \frac{\left(T_M - \dfrac{T}{2}\right) - \bar{x}}{\sigma} = -\frac{\dfrac{T}{2} + \varepsilon}{\sigma}$$

$$= -\frac{T(1+k)}{2\sigma} = -3C_p(1+k)$$

$$\frac{T_U - \mu}{\sigma} = \frac{\left(T_M + \dfrac{T}{2}\right) - \bar{x}}{\sigma} = -\frac{\dfrac{T}{2} - \varepsilon}{\sigma}$$

$$= \frac{T(1-k)}{2\sigma} = 3C_p(1-k)$$

所以有,$P = \Phi[-3C_p(1+k)] + \Phi[-3C_p(1-k)]$。

当工序左偏,即 $\bar{x} < T_M$ 时,

$$\frac{T_L - \mu}{\sigma} = \frac{\left(T_M - \dfrac{T}{2}\right) - \bar{x}}{\sigma} = -\frac{\dfrac{T}{2} - \varepsilon}{\sigma}$$

$$= -\frac{T(1-k)}{2\sigma} = -3C_p(1-k)$$

$$\frac{T_U - \mu}{\sigma} = \frac{\left(T_M + \dfrac{T}{2}\right) - \bar{x}}{\sigma} = -\frac{\dfrac{T}{2} + \varepsilon}{\sigma}$$

$$= \frac{T(1+k)}{2\sigma} = 3C_p(1+k)$$

所以仍有,$P = \Phi[-3C_p(1+k)] + \Phi[-3C_p(1-k)]$。

综上所述,当工序处于受控状态,质量特性值服从正态分布时,不合格品率 p 和合格品率 q 的计算如下:

当工序无偏时:

$$p = 2\Phi(-3C_p)$$
$$q = 1 - p = 1 - 2\Phi(-3C_p)$$

当工序有偏时:

$$P = \Phi[-3C_p(1+k)] + \Phi[-3C_p(1-k)]$$
$$q = 1 - P = 1 - \{\Phi[-3C_p(1+k)] + \Phi[-3C_p(1-k)]\}$$

显然,当工序无偏时,$k = 0$,上述两个公式是一致的。通常,工序有偏时的不合

表 8–2　受控状态下 C_p，k 和 p 的关系

C_p \ k	0.00	0.04	0.08	0.12	0.16	0.20	0.24	0.28	0.32	0.36	0.40	0.44	0.48	0.52
0.50	13.36	13.43	13.64	13.99	14.48	15.10	15.86	16.75	17.77	18.92	20.19	21.58	23.09	24.71
0.60	7.19	7.26	7.48	7.85	8.37	9.03	9.85	10.81	11.92	13.18	14.59	16.81	17.85	19.69
0.70	3.57	3.64	3.83	4.16	4.63	5.24	5.99	6.89	7.94	9.16	10.55	12.10	13.84	15.74
0.80	1.64	1.67	1.89	2.09	2.46	2.94	3.55	4.31	5.21	6.28	7.53	8.98	10.62	12.48
0.90	0.69	0.73	0.83	1.00	1.25	1.60	2.05	2.62	3.34	4.21	5.27	6.53	8.02	9.75
1.00	0.27	0.29	0.35	0.45	0.61	0.84	1.14	1.55	2.07	2.75	3.59	4.65	5.94	7.49
1.10	0.10	0.11	0.14	0.20	0.29	0.42	0.61	0.88	1.24	1.74	2.39	3.23	4.31	5.66
1.20	0.03	0.04	0.05	0.08	0.13	0.20	0.31	0.48	0.72	1.06	1.54	2.19	3.06	4.20
1.30	0.01	0.01	0.02	0.03	0.05	0.09	0.15	0.25	0.40	0.63	0.96	1.45	2.13	3.06
1.40	0.00	0.00	0.01	0.01	0.02	0.04	0.07	0.13	0.22	0.36	0.59	0.93	1.45	2.10
1.50			0.00	0.00	0.01	0.02	0.03	0.06	0.11	0.20	0.35	0.59	0.96	1.54
1.60					0.00	0.01	0.01	0.03	0.06	0.11	0.20	0.36	0.63	1.07
1.70						0.00	0.01	0.01	0.03	0.06	0.11	0.22	0.40	0.72
1.80							0.00	0.01	0.01	0.03	0.06	0.13	0.25	0.48
1.90								0.00	0.01	0.01	0.03	0.07	0.15	0.31
2.00									0.00	0.01	0.01	0.04	0.09	0.20
2.10										0.00	0.01	0.02	0.05	0.18
2.20											0.00	0.01	0.03	0.08
2.30												0.01	0.02	0.05
2.40												0.00	0.01	0.03
2.50													0.01	0.02
2.60													0.00	0.01
2.70														0.01
2.80														0.00

格率要高于无偏时的不合格率。

利用上述公式已编制了相应的数值表,见表 8-2。利用表 8-2,当工序处于受控状态时,如 k, C_p 及 p 中有两个已知,则可查得第三个的值。

三、工序能力的判断及处置

工序能力的判断是对工序能力能够满足质量标准的程度做出判断,其目的是对工序进行预防性处置,以确保生产过程的质量水平。理想的工序能力既要能满足质量保证的要求,又要符合经济性的要求。表 8-3 给出了利用工序能力指数 C_p 对工序能力作出判断的一般标准。

表 8-3 工序能力指数判断标准

工序能力等级	工序能力指数	工序能力判断
特级	$C_p > 1.67$	过剩
一级	$1.67 \geq C_p > 1.33$	充足
二级	$1.33 \geq C_p > 1.00$	正常
三级	$1.00 \geq C_p > 0.67$	不足
四级	$C_p \leq 0.67$	严重不足

表 8-3 列出的工序能力判断标准也适用于 C_{pk}、C_{pL} 和 C_{pU}。应当指出,当发现工序有偏时,原则上应采取措施调整分布中心 μ,以消除或减少分布中心的偏移。考虑到调整时的技术难度及成本,工序有偏时工序调整的一般标准列于表 8-4。判断工序能力后,应采取适当的处置对策,使工序能力保持在合理的水平上。

表 8-4 存在 k 时的判断标准

偏移系数 k	工序能力指数	采取措施
$0 < k < 0.25$	$C_p > 1.33$	不必调整均值
$0.25 < k < 0.50$	$C_p > 1.33$	要注意均值变化
$0 < k < 0.25$	$1 < C_p < 1.33$	密切观察均值
$0.25 < k < 0.50$	$1 < C_p < 1.33$	采取必要调整措施

例 1 某零件内径尺寸公差为 $\Phi 20^{+0.020}_{-0.010}$,从一足够大的随机样本得 $\bar{x} = 20.014$, $s = 0.003$。试作工序能力分析。

解: 公差中心 $T_M = \dfrac{T_U + T_L}{2} = \dfrac{19.990 + 20.020}{2} = 20.005$

由于 $\bar{x} = 20.014 > T_M = 20.005$,分布中心向右偏移,偏移量:

$\varepsilon = |T_M - \bar{x}| = |20.005 - 20.014| = 0.009$,

偏移系数：$k = \dfrac{\varepsilon}{\dfrac{T}{2}} = \dfrac{0.009}{\dfrac{0.030}{2}} = 0.6$

所以，工序能力指数：

$$C_{pk} = \frac{T - 2\varepsilon}{6s} = \frac{0.030 - 2 \times 0.009}{6 \times 0.003} = 0.667$$

因为 $C_p = \dfrac{T}{6s} = \dfrac{0.030}{6 \times 0.003} = 1.667$，所以不合格率：

$$P = \Phi[-3C_p(1+k)] + \Phi[-3C_p(1-k)]$$
$$= \Phi[-3 \times 1.667 \times (1+0.6)] + \Phi[-3 \times 1.667 \times (1-0.6)]$$
$$= \Phi(-8) + \Phi(-2) = 0.0228$$

根据 $C_p = 1.667$ 和 $k = 0.6$，对照表 8-4，虽然工序能力很强，但由于偏移系数太大，导致实际工序能力严重不足，所以要注意均值的变化，找出使加工中心发生偏离的系统性原因，减少加工中心和公差中心的偏离程度。至于究竟应当采取什么样的处置措施，还需根据工序自身的特点来考虑。

第三节 ｜ 工序质量控制图

一、控制图的概念、原理和分类

（一）控制图的概念和原理

控制图（control chart）又叫管理图，是控制生产过程状态、保证工序质量的主要工具。应用控制图可以对工序过程状态进行分析、预测、判断、监控和改进，实现预防为主的过程质量管理。

控制图的基本模式见图 8-9。控制图的横坐标通常表示按时间顺序抽样的样本编号，纵坐标表示质量特性值或其统计量（如样本平均值等）。控制图中标有控制上、下限和中心线，控制界限是判断工序过程状态的判别标准。一般说来，控制界限不应超出公差界限。

控制界限一般根据"3σ"原理来确定。如中心

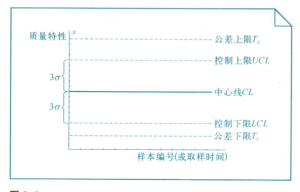

图 8-9
控制图的基本模式

线 $CL = \mu$,则

$$UCL = \mu + 3\sigma \qquad LCL = \mu - 3\sigma$$

如工序质量特性值或其统计量服从（或近似服从）正态分布，且工序处于受控状态，工序能力也充足，则根据正态分布原理可知，按时间顺序抽样的观测数据点散布在控制界限内的概率约为 99.73%，在控制界限外的概率约为 0.27%。并且，这些观测数据点在控制图上的散布关于纵轴方向应是独立随机的，其密度应符合 $X \sim N(\mu, \sigma^2)$ 的统计规律。在生产过程中，一旦发现观测数据点越出控制界限或在控制界限内的散布相互不随机独立，不符合 $X \sim N(\mu, \sigma^2)$ 的统计规律，那么，根据统计推断的原理，就应当怀疑生产过程已受到系统性因素的干扰，可能已处于失控状态。利用控制图对生产过程质量状态进行统计推断的基本原理可参见图 8-10，按 "3σ" 原理，其中 $\alpha = 0.0027$，$\dfrac{\alpha}{2} = 0.00135$。

但是，利用控制图对生产过程质量状态进行统计推断也可能犯错误。当生产过程处于受控状态，工序能力充足，质量特性值或其统计量服从正态分布时，虽然观测数据点落在控制界限外的概率只有 0.27%，但由于样本的随机性，仍有可能会发生。当 0.27% 的小概率事件真的发生时，将会导致 "生产过程失控" 的错误判断。这一类因虚发信号而造成的错误判断被称为控制图的第一类错误。与此相反，当系统性质量因素影响生产过程而使工序质量失控时，由于样本的随机性，仍会有一定比例的观测数据点落在控制界限内。当这种情况发生时，将会导致 "生产过程正常" 的错误判断。这一类错误被称为控制图的第二类错误。控制图的第一类错误概率用 α 表示，控制图的第二类错误概率用 β 表示，见图 8-10。控制图的这两类错误都将造成生产过程的混乱和经济损失。显然，$1 - \beta$ 是过程失控得到正确判别的概率，一般称之为检出力。改变控制界限可以改变两类错误的概率，但此消彼长，无法完全避免，也无法同时减少。

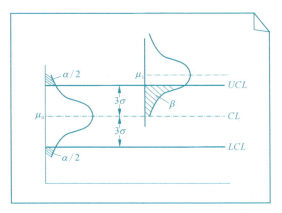

图 8–10
控制图的两类错误

工序质量控制图可以直接控制生产过程，起到预防为主、稳定生产、保证质量的作用。控制图的作用大致体现在下列三个方面。

（1）应用于质量诊断，可以用来度量过程的稳定性，即过程是否处于统计控制状态。

（2）应用于质量控制，可以用来确定什么时候需要对过程进行调整，什么时候需要使过程保持相应的稳定状态。

（3）应用于质量改进，可以用来确认某过程是否得到了改进，以及改进到何种程度。

（二）控制图的分类

控制图的种类很多，一般常按质量特性值或其统计量的观测数据的性质分成计量值控制图和计数值控制图两大类。

在控制图的实际应用中，常将表现数据集中程度的控制图和分散程度的控制图联合使用。两图连用后，检出力得到加强。一些常用的控制图见表 8-5 所示。

表 8-5　控制图种类及适用场合

类别	名称	控制图符号	中心线	上、下控制限	特点	适用场合
计量值控制图	平均值–极差控制图	$\bar{x}-R$	$\bar{\bar{x}}$ $\bar{R}$	$\bar{\bar{x}} \pm A_2\bar{R}$ $D_4\bar{R}, D_3\bar{R}$	常用，效果好，计算量大	批量较大的工序
	中位数–极差控制图	$\tilde{x}-R$	$\bar{\bar{x}}$ $\bar{R}$	$\bar{\bar{x}} \pm m_3A_2\bar{R}$ $D_4\bar{R}, D_3\bar{R}$	计算简便，但效果略差	批量较大的工序
	单值–移动极差控制图	$x-R_s$	$\bar{x}$ $\bar{R}_s$	$\bar{x} \pm 2.66\bar{R}_s$ $3.27\bar{R}_s, 0$	简单省事，能及时判断工序状态。但不易发现工序分布中心的变化	每次只能得到一个数据或希望尽快发现并消除异常因素
计数值控制图	不合格品数控制图	np	$\bar{d}=\overline{np}$	$\bar{d} \pm 3\sqrt{\bar{d}(1-\bar{p})}$	较常用，计算简单，操作工人易于理解	样本大小相等
	不合格品率控制图	p	$\bar{p}$	$\bar{p} \pm 3\sqrt{\dfrac{\bar{p}(1-\bar{p})}{\bar{n}}}$	计算量大，控制线凹凸不平	样本大小可以不等
	缺陷数控制图	c	$\bar{c}$	$\bar{c} \pm 3\sqrt{\bar{c}}$	较常用，计算简单，操作工人易于理解	样本大小相等
	单位缺陷数控制图	u	$\bar{u}$	$\bar{u} \pm 3\sqrt{\dfrac{\bar{u}}{\bar{n}}}$	计算量大，控制线凹凸不平	样本大小可以不等

二、控制图的设计

各种控制图的设计过程大同小异，可概括为五个步骤。

1. 收集数据

确定工序控制对象的生产过程条件，在工序能力充足的条件下，连续采集工序近期数据。一般按采集的时间顺序将数据分为若干组，每组样本容量相同（通常是 4 或 5），数据总数不少于 100。

2. 确定控制界限

首先，对每组样本求得质量特性值统计量的观测值；然后，计算所有样本组这些观测值的平均值；最后，根据算得的平均值确定控制图的中心线 *CL* 和控制上限 *UCL* 及控制下线 *LCL*。控制界限的计算见表 8-5 所示，其中 3σ 控制界限参数可查表 8-1。

3. 绘制控制图

根据所得控制图的中心线及控制上、下限，绘制控制图。在实际应用中，常为使用控制图的工位预先设计好标准的控制图表格,以便于现场统计填写和绘图。

4. 控制界限的修正

虽然在事先已对工序能力进行了验证,但在实际采集数据构造样本时,生产过程的受控状态可能会有所变化,个别数据的测试和记录也可能会有差错,以致所得样本不能正确地表现质量总体的分布特征。因此,需要把所得各样本统计量观测值标在控制图上,找出异常点(如超出控制限的点),分析原因。如确系某种系统性原因造成的,则将其剔除。然后,根据剩下的那些样本统计量观测值,重新计算控制界限,绘制控制图。

5. 控制图的使用和改进

对于修正后的控制图,在实际使用中应当继续改进,以更好地保证和提高质量控制的能力和水平。

三、几种常用的控制图

通过例子说明控制图的设计。

(一)三种常用的计量值控制图

某种钻头车外圆工序的质量标准是直径 6.46~6.50 mm。开始加工时,先每隔半小时抽取五个样品,测得直径数据。共采集了 20 个样本。为了便于计算,作数据变换:

$$x_j = (实测数据 - 6.4) \times 1000 \quad (j = 1, 2, 3, 4, 5)$$

变换后的数据 $x_{ij}(i = 1, 2, \cdots, 20; j = 1, 2, \cdots, 5)$ 列于表 8-6。

表 8-6 变换后的数据 x_{ij}

编号	X_1	X_2	X_3	X_4	X_5	平均值 $\bar{x}$	中位数 $\tilde{x}$	极差 R
1	70	78	80	80	78	77.2	78	10
2	68	74	74	80	81	77.4	74	13
3	70	72	75	73	75	73	73	5
4	63	65	65	84	92	73.8	65	29
5	74	75	75	77	80	76.2	75	6
6	75	79	83	89	92	83.6	83	17
7	75	83	80	79	80	79.4	80	8
8	74	76	80	84	84	79.6	80	10
9	75	81	80	82	82	80	81	7

续 表

编号	X_1	X_2	X_3	X_4	X_5	平均值 $\bar{x}$	中位数 $\tilde{x}$	极差 R
10	68	72	75	77	90	76.4	75	22
11	73	70	77	76	75	74.2	75	7
12	70	78	73	80	84	77	78	14
13	85	93	85	95	100	91.6	93	15
14	64	66	72	78	80	72	72	16
15	75	76	78	75	85	77.8	76	10
16	62	65	81	83	89	76	81	27
17	70	75	74	86	85	78	75	16
18	72	72	85	88	100	83.4	85	28
19	71	86	84	87	85	82.6	85	16
20	75	78	81	85	89	81.6	81	14
平均						78.44	78.25	14.5

1. 平均值-极差控制图（$\bar{x}$-R 图）

例2 利用表 8-6 数据设计 $\bar{x}$-R 控制图。

解：由表 8-6 算得，20 组数据的总平均值 $\bar{\bar{x}} = 78.44$，平均极差 $\bar{R} = 14.5$。
由于样本容量 $n = 5$，查表 8-1 知，参数 $A_2 = 0.577$，$D_4 = 2.115$，$D_3 = 0$。
所以，$\bar{x}$-R 控制图的设计如下（公式见表 8-5）：

对于 $\bar{x}$ 图：$CL = \bar{\bar{x}} = 78.44$

$$UCL = \bar{\bar{x}} + A_2\bar{R} = 78.44 + 0.577 \times 14.5 = 86.81$$

$$LCL = \bar{\bar{x}} - A_2\bar{R} = 78.44 - 0.577 \times 14.5 = 70.07$$

对于 R 图：$CL = \bar{R} = 14.5$

$$UCL = D_4\bar{R} = 2.115 \times 14.5 = 30.67$$

$$LCL = D_3\bar{R} = 0$$

经数据还原，$\bar{x}$ 图的中心线为 6.478，控制上限为 6.487，控制下限为 6.470；R 图的中心线为 0.014 5，控制上限为 0.030 7，控制下限为 0。

实测数据的 $\bar{x}$-R 控制图见图 8-11。

从图 8-11 可见，第 13 号数据样本点跳出 $\bar{x}$ 图控制上限，应当查明原因。如确系系统性原因造成的，则应将该样本点剔除。然后，根据剩下的 19 个样本数据重新设计 $\bar{x}$-R 控制图。

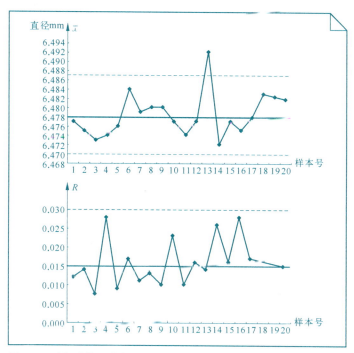

图 8-11 例 2 的 $\tilde{x}$-R 控制图

2. 中位数-极差控制图（$\tilde{x}$-R 图）

例 3 利用表 8-6 数据设计 $\tilde{x}$-R 控制图。

解： 由表 8-6 知，中位数平均值 $\bar{\tilde{x}} = 78.25$，平均极差 $\bar{R} = 14.5$。由于样本容量 $n = 5$，查表 8-1 知，参数 $m_3 = 1.198$，A_2，D_4，D_3 同例 2。

所以，$\tilde{x}$-R 控制图的设计如下（公式见表 8-5）：

对于 $\tilde{x}$ 图：$CL = \bar{\tilde{x}} = 78.25$

$$UCL = \bar{\tilde{x}} + m_3 A_2 \bar{R} = 78.25 + 1.198 \times 0.577 \times 14.5 = 88.27$$

$$LCL = \bar{\tilde{x}} - m_3 A_2 \bar{R} = 78.25 - 1.198 \times 0.577 \times 14.5 = 68.23$$

R 图同例 2，从略。

和例 2 比较，$\tilde{x}$ 图中上、下控制限的间距略大于 $\bar{x}$ 图中的上、下限间距。表明 $\tilde{x}$ 图的检出力比 $\bar{x}$ 图的稍逊，但使用方便是其优点。

3. 单值-移动极差控制图（x-R_s 图）

例 4 利用表 8-6 数据设计单值-移动极差控制图（x-R_s 图）。

解： 移动极差 R_s 是指按时间顺序相邻两质量特性值观测数据的差异，因此，可看作容量为 2 的样本的极差。从表 8-1 查得：

$$E = 2.66, D_4 = 3.267, D_3 = 0。$$

根据表 8-6 所列 100 个数据，可求得 99 个移动极差（从略）。99 个极差的平均值：

$$\bar{R}_s = 6.152。$$

所以，x-R_s 控制图的设计如下（公式见表 8-5）：

对于 $\bar{x}$ 图：$CL = \bar{\bar{x}} = 78.44$

$$UCL = \bar{\bar{x}} + E\bar{R}_s = 78.44 + 2.66 \times 6.152 = 94.800$$

$$LCL = \bar{\bar{x}} - E\bar{R}_s = 78.44 - 2.66 \times 6.152 = 62.076$$

对于 R_s 图：$CL = \bar{R}_s = 6.152$

$$UCL = D_4 \bar{R}_s = 3.267 \times 6.152 = 20.099$$

$$LCL = D_3 \bar{R}_s = 0$$

数据还原及绘图从略。

（二）两种常用的计数值控制图

计数值控制图可以利用常规的质量记录、统计报表提供的信息，不必在生产现场专门采集即时数据，使用简单方便，能为管理决策提供直接、及时的信息。但是，计数值控制图对生产过程质量波动的敏感性较差，对质量状态失控的原因也较难直接揭示。

计数值控制图一般是单图使用。

1. 不合格率和不合格数控制图（p 图和 np 图）

不合格率控制图以生产过程不合格率为控制对象，可以用于样本大小不等的场合。不合格数控制图以生产过程不合格数为控制对象，常用于样本大小相同的场合。如产品（或加工对象）的质量合格与否必须由多种检查项目综合判断，则当控制图告警时，往往难以判断引起质量问题的原因。在这种情况下，需要对生产过程作进一步的分析和检定。但是，如在控制图设计时，能突出影响合格性的重要检查项目，放弃一些次要检查项目，也不失为一种明智之举。

如样本容量为 n，不合格率为 p，则不合格数为 np。因此，不合格率控制图和不合格数控制图存在密切的内在联系。当样本容量不变时，两者可简单地转化。

例 5 工序产品检测数据见表 8-7。试作 np 控制图及 p 控制图。

表 8-7 例 5 的数据

批次	检验数	不合格数	批次	检验数	不合格数	批次	检验数	不合格数
1	220	17	10	220	14	19	220	18
2	220	18	11	220	16	20	220	19
3	220	18	12	220	12	21	220	22
4	220	21	13	220	10	22	220	17
5	220	18	14	220	14	23	220	9
6	220	13	15	220	20	24	220	15
7	220	17	16	220	21	25	220	18
8	220	19	17	220	17	合计	5 500	409
9	220	11	18	220	15	平均	220	16.36

解：本例中共有 $k = 25$ 个检验批，每批容量 n_i 和不合格数 $d_i(i = 1, 2, \cdots, 25)$ 均已知（见表 8-7）。

由表 8-7 可以算得：

平均批不合格数 $\bar{d} = \dfrac{1}{k}\sum\limits_{i=1}^{k} d_i = 16.36$，平均批容量 $\bar{n} = \dfrac{1}{k}\sum\limits_{i=1}^{k} n_i = 220$，平均不合格率 $\bar{p} = \dfrac{\bar{d}}{\bar{n}} = \dfrac{16.36}{220} = 0.074\,36$。

进一步可算得：$3\sqrt{\dfrac{\bar{p}(1-\bar{p})}{\bar{n}}} = 0.053\,06$，$3\sqrt{\bar{n}\,\bar{p}(1-\bar{p})} = 11.674\,1$。

所以，根据表 8-1：

对于 p 控制图：

$$CL = \bar{p} = 0.074\,36$$

$$UCL = \bar{p} + 3\sqrt{\dfrac{\bar{p}(1-\bar{p})}{\bar{n}}} = 0.074\,36 + 0.053\,06 = 0.127\,4$$

$$LCL = \bar{p} - 3\sqrt{\dfrac{\bar{p}(1-\bar{p})}{\bar{n}}} = 0.074\,36 - 0.053\,06 = 0.021\,3$$

对于 np 控制图：

$$CL = \bar{d} = \overline{np} = 16.36$$

$$UCL = \bar{d} + 3\sqrt{\bar{d}(1-\bar{p})} = 16.36 + 11.674\,1 = 28.03$$

$$LCL = \bar{d} - 3\sqrt{\bar{d}(1-\bar{p})} = 16.36 - 11.674\,1 = 4.69$$

例 5 的 np 控制图见图 8-12，p 控制图从略。

在 np 图和 p 图中，如控制下限为负数，则改取零，即不作限制。

2. 缺陷数控制图和单位缺陷数控制图（c 图和 u 图）

缺陷数控制图和单位缺陷数控制图是计点值类型的控制图。它们之间的关系和计件值类型的 np 图及 p 图之间的关系相似。c 图适用于检测对象大小相同或近似的缺陷数控制问题，而当检测对象大小差异较大时最好使用 u 图。

例 6 对某产品的同一部位 50 cm² 表面进行检验，共检验了 25 个产品。25 个产品的该部位缺陷数见表 8-8。试作 c 控制图和 u 控制图。

解：根据表 8-8，有样本数 $k = 25$，每个样本的容量 n_i 及缺陷数 $c_i(i = 1, 2, \cdots, k)$ 均已知。

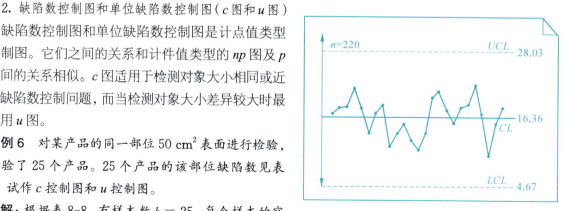

图 8-12
例 5 的 np 控制图

表 8-8　例 6 的数据

样本号	样本量 cm²	缺陷数	样本号	样本量 cm²	缺陷数
1	50	7	15	50	2
2	50	6	16	50	7
3	50	6	17	50	5
4	50	3	18	50	7
5	50	22	19	50	2
6	50	8	20	50	8
7	50	6	21	50	0
8	50	1	22	50	4
9	50	0	23	50	14
10	50	5	24	50	4
11	50	14	25	50	3
12	50	3			
13	50	1			
14	50	3	总　数		$\sum c = 141$

可以算得：

平均样本容量：$\bar{n} = \dfrac{1}{k} \sum\limits_{i=1}^{k} n_i = 50$。

平均缺陷数：$\bar{c} = \dfrac{1}{k} \sum\limits_{i=1}^{k} c_i = \dfrac{141}{25} = 5.64$。

平均单位缺陷数：$\bar{u} = \dfrac{\bar{c}}{\bar{n}} = \dfrac{5.64}{50} = 0.1128$。

因此，控制图设计如下：

对于 c 控制图：

$$CL = \bar{c} = 5.64$$

$$UCL = \bar{c} + 3\sqrt{\bar{c}} = 5.64 + 3\sqrt{5.64} = 12.76$$

$$LCL = \bar{c} - 3\sqrt{\bar{c}} = 5.64 - 3\sqrt{5.64} = -1.48$$

因为缺陷数不能为负数，且必须为整数，故 c 控制图须作如下调整：

$$CL = 5.64, \ UCL = 13, \ LCL = 0。$$

c 控制图见图 8-13。从图 8-13 可见，有三个点在控制界限之外，如确是由系统性原因造成的，则应将它们剔除，然后重新设计控制图（从略）。

对于 u 控制图：

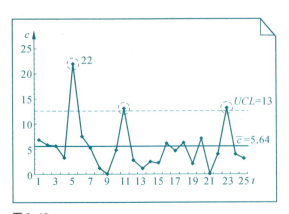

图 8-13
例 6 的 c 控制图

$$CL = \bar{u} = 0.1128$$

$$UCL = \bar{u} + 3\sqrt{\frac{\bar{u}}{n}} = 0.1128 + 3\sqrt{\frac{0.1128}{50}} = 0.2553$$

$$LCL = \bar{u} - 3\sqrt{\frac{\bar{u}}{n}} = 0.1128 - 3\sqrt{\frac{0.1128}{50}} = -0.0297$$

单位缺陷数不能为负值，故 u 控制图须作如下调整：

$$CL = 0.1128, \quad UCL = 0.2553, \quad LCL = 0。$$

u 控制图从略。

四、控制图的分析与判断

用控制图监视和识别生产过程的质量状态，就是根据样本数据形成的样本点的位置及变化趋势对工序质量进行分析和判断。如发现异常情况，应及时查明原因，采取相应措施，使工序重新回到受控状态。控制图是在生产过程中，对工序质量进行预防为主的、面向生产现场的重要监控工具。

生产过程受控状态的典型表现是同时符合下列两方面的要求。

（1）样本点全部处在控制界限内。

（2）样本点在控制界限内排列无异常。

原则上，如不符合上述任何一方面的要求，就表示生产过程已处于失控状态。

但是，由于控制图的两类错误的客观存在，使得在利用控制图对过程质量状态进行实际分析与判断时难以使用这些一般原则。为了提高可操作性，需要对这些一般原则进一步细分和量化。

（一）表示受控状态的控制图的特点

在受控状态下，生产过程只受偶然性因素的影响。工序质量波动在控制图上的正常表现为：

（1）所有样本点都在控制界限内。

（2）位于中心线两侧的样本点数目大致相同。

（3）越近中心线，样本点越多。在中心线上、下各一个"σ"的范围内的样本点约占三分之二，靠近控制界限的样本点极少。

（4）样本点在控制界限内的散布是独立随机的，无明显规律或倾向。

考虑到在受控状态下仍有小概率出现样本点超出控制界限的情况，为了减少错误判断的风险，对于下列情况仍可认为生产过程处于受控状态（当然，此时仍应及时找出界外点的产生原因）。

（1）连续 25 个样本点在控制界限内。

（2）连续 35 个样本点中仅有一个超出控制界限。

（3）连续 100 个样本点中，至多只有两个样本点超出控制界限。

（二）表示失控状态的控制图的特点

失控状态就是非控制状态。因此，如控制图中样本点的散布不符合受控状态的特点，即可判断生产过程失控。表示失控状态的控制图的典型特点是有较多样本点超出控制界限，或样本点在控制界限内的散布显示非随机独立的迹象。对于前者，可参考受控状态的要求进行分析与判断；对于后者，则可细分为下面四种具体情况。

1. 有多个样本点连续出现在中心线一侧

将连续出现的样本点用折线相连构成链，链的长度表示在链上样本点的个数。那么，在中心线一侧出现 5 点链时应注意工序的发展，出现 6 点链时应开始作原因调查，出现 7 点链时就可判断生产过程已失控（见图 8–14）。此外，当出现至少有 10 个样本点位于中心线同侧的 11 点链、至少有 12 个样本点位于中心线同侧的 14 点链、至少有 14 个样本点位于中心线同侧的 17 点链，以及至少有 16 个样本点位于中心线同侧的 20 点链等情况时，也可判断生产过程失控。

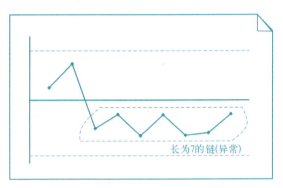

图 8–14
控制图中出现的链

2. 出现连续上升或下降的 8 点链
3. 有多个样本点接近控制界限

上、下控制界限内侧一个"σ"的范围称为警戒区。如 3 点链中至少有 2 点落在警戒区内、7 点链中至少有 3 点落在警戒区内、10 点链中至少有 4 点落在警戒区内，则可判断生产过程失控。

4. 样本点散布出现下列四种趋势或规律

（1）周期性变化。

（2）分布水平突变。

（3）分布水平渐变。

（4）离散度变大。

上述现象产生的原因可能是复杂的、多样的，但都表示生产过程已出现系统性因素的干扰，工序质量失控，必须查明原因，采取措施，恢复受控状态。

第四节 实施统计过程控制（SPC）中的一些问题

一、关于 SPC 的一些认识

SPC 和 ISO 9000：2000 具有密切的关系。一方面，ISO 9001：2000 提出了关于

质量管理的八项原则，其中"过程方法"要求对过程进行动态控制，"基于事实的决策"要求管理决策的及时性、可行性。SPC 是解决此类问题的科学方法，对 ISO 9000 族标准在企业的实施和运用有着积极的促进作用。例如：用于定量、定性评定生产线、工序、工艺参数等是否处于统计受控状态，特别适用于生产线的认证。另一方面，ISO 9000 族标准中本身就含有 SPC 的内容，如 ISO/TR 10017《统计技术指南》就是 ISO 9000 族的支持性标准。

SPC 是全面质量管理的重要内容。SPC 利用控制图，强调全过程监控、全员参与，强调用科学方法（主要是统计技术）保证以预防为主的全过程质量控制。SPC 不仅适用于生产过程的质量控制，也可应用于一切管理过程（如产品设计、市场分析等）。实施 SPC 可以帮助企业在质量控制上真正做到"事前"预防和控制，取得良好的效果。例如：对过程作出可靠的评估，确定过程的统计控制界限，判断过程是否失控和过程是否有质量保证能力；为过程提供早期预警系统，及时监控过程的情况以防止废品的发生；减少对常规检验的依赖性，定时的观察以及系统的测量方法替代了大量的检测和验证工作；区分质量特性值散布的正常原因和异常原因，作为采取局部措施和对系统采取措施的指南。

但是，实践表明，企业实施 SPC 也经常会有如下认识误区。

（1）缺少适宜的测量工具。计量值控制图需要用测量工具取得质量特性值的实际数据。控制图对测量系统有很高的要求，否则控制图不能识别过程的实际变化。有些企业忽略了这一点，导致作出的控制图无法有效应用，甚至造成误导。

（2）生产过程未经验证，直接使用控制图。在使用控制图之前，一定要对生产过程进行验证，其目的是确定生产过程处于稳定的受控状态，并且过程能力是符合要求的。否则，控制图无法区分质量波动中的正常原因和异常原因。

（3）没有将控制图用于质量改进。大部分企业的控制图都是应客户的要求而建立的，往往只是用于侦测与预防过程异常变异的发生，很少有用于过程改进的。其实，当控制图显示有异常原因出现时，正是过程改善的契机。如果从异常点切入，能回溯到造成异常发生的 5M1E 的变化，问题的症结也就找到了。用控制图进行过程质量改进时，如与 SPC 其他方法结合使用，会取得很好的效果。

（4）使用控制图是质量管理部门或人员的事情。SPC 成功的必要条件，是全员参与。每一个员工，都要了解变差、正常原因、异常原因等概念，都要能看懂控制图。技术人员一定要了解适度调整的概念等。如果缺乏必要的培训，控制图最终只能被认为是质量管理部门或人员的事。其实，质量特性指标的过程变差及均值更多是由生产过程设计人员及调机的技术人员所决定的。

二、关于 SPC 的实施现状及发展

中国的许多企业开始进入"新质量管理时代"，它以建立企业质量优势为核心。相

对于传统的质量管理方法，SPC 更加注重质量管理的实效性、系统性，更加重视企业与外界的供应链关系，更加支持国际化的经营等，是企业在"新质量管理时代"的有力工具和质量保证手段。现在，大多数的中国企业无论是从企业的信息管理硬件，还是从掌握信息应用的人员来说，都已经具备了实施 SPC 的企业环境。目前已有越来越多的企业开始采用 SPC 来进行质量管理，并取得了明显成效，同时大型企业也开始要求供应商采用 SPC 控制质量，SPC 正以其显而易见的功效得到企业的普遍认可。

但是，SPC 不是处理质量问题的万灵丹，处理质量问题不能局限于 SPC 或其他任何管理工具，而是依靠公司全员由上而下确知质量问题的重要影响，如质量与销售量、质量与生产力、质量与利润、质量与竞争力的关系等。关于 SPC 的理论研究和实际应用，受到广泛的重视，其发展呈现如下五个特点。

1. 分析功能强大，辅助决策作用明显

在众多企业的实践基础上发展出繁多的统计方法和分析工具，应用这些方法和工具可根据不同目的、从不同角度对数据进行深入研究与分析，在这一过程中 SPC 的辅助决策功能越来越得到强化。

2. 体现全面质量管理思想

随着全面质量管理思想的普及，SPC 在企业产品质量管理上的应用也逐渐从生产制造过程质量控制扩展到产品设计、辅助生产过程、售后服务及产品使用等各个环节的质量控制，强调全过程的预防与控制。

3. 与计算机网络技术紧密结合

现代企业质量管理要求将企业内外更多的因素纳入考察监控范围，企业内部不同部门管理职能同时呈现出分工越来越细与合作越来越紧密两个特点，这都要求可快速处理不同来源的数据并做到最大程度的资源共享。适应这种需要，SPC 与计算机技术尤其是网络技术的结合越来越紧密。

4. 系统自动化程度不断加强

传统的 SPC 系统中，原始数据是手工抄录，然后人工计算、打点描图，或者采用人工输入计算机，然后再利用计算机进行统计分析。随着生产率的提高，在高速度、大规模、重复性生产的制造型企业里，SPC 系统已更多采取利用数据采集设备自动进行数据采集，实时传输到质量控制中心进行分析的方式。

5. 系统可扩展性和灵活性要求越来越高

企业外部和内部环境的发展变化速度呈现出加速度的趋势，成功运用的系统不仅要适合现时的需要，更要符合未来发展的要求，在系统平台的多样性、软件技术的先进性、功能适应性和灵活性以及系统开放性等方面提出越来越高的要求。

三、关于控制图判断的概率论解释

用控制图分析判断生产过程质量状态的各项规则，其理论依据是小概率事件实际上不可能发生的概率论的基本原理。假设一个随机现象(如生产过程工序质量状态)只有两种可能的结果 A(如受控状态)和 $\bar{A}$(如失控状态)。为了验证实际的结果究竟是 A 还是 $\bar{A}$,作了有限次的观测。对观测结果进行分析后,如认为观测结果来自 A 的可能性极大(如概率超过 99%),而来自 $\bar{A}$ 的可能性极小(如概率不足 1%),那么,理所当然地判断随机现象的实际结果是 A(即生产过程处于受控状态),而不是 $\bar{A}$(即生产过程处于失控状态)。反之亦然。根据上述原理,下面对控制图判断中的若干规定从概率论的角度进行一些说明。

1. 样本点在控制界限内不同区域的分布概率

设工序质量特性值或其统计量 $X \sim N(\mu, \sigma^2)$。又设 $CL = \mu$,$UCL = \mu + 3\sigma$,$LCL = \mu - 3\sigma$。

因为,$P(X < \mu) = P(X > \mu) = 0.5$
$$P(\mu - \sigma < X < \mu + \sigma) = 0.6826$$
$$P(\mu - 2\sigma < X < \mu + 2\sigma) = 0.9544$$
$$P(\mu - 3\sigma < X < \mu + 3\sigma) = 0.9973$$

所以有,

(1) 样本点落在中心线之下或之上的概率相同,皆为 0.5 左右;

(2) 样本点落在中心线上或下各一个"σ"区域内(即中心线附近)的概率约为 0.6826(即约 2/3);

(3) 样本点落在中心线之上一个"σ"到两个"σ"之间,或中心线之下一个"σ"到两个"σ"之间的概率约为 0.9544−0.6826=0.2718(约 1/4 多);

(4) 样本点落在上、下控制界限内侧各一个"σ"的范围(即警戒区)的概率约为 0.9973−0.9544=0.0429(约 1/20~1/25)。

2. n 点链中有 k 点位于中心线同一侧的概率 $P_{n,k}$

在受控状态下,样本点落在中心线一侧的概率为 0.5,且相互是随机独立的。因此,n 点链中有 k 点位于中心线同一侧的概率可用二项分别来计算,即

$$P_{n,k} = C_n^k \left(\frac{1}{2}\right)^k \left(\frac{1}{2}\right)^{n-k} = C_n^k \left(\frac{1}{2}\right)^n$$

(1) 7 点链在中心线同一侧的概率。

$$P_{7,7} = C_7^7 \left(\frac{1}{2}\right)^7 = 0.0078$$

(2) 11 点链中至少有 10 点位于中心线同一侧的概率。

在 $P_{11,11}$ 和 $P_{11,10}$ 中,$P_{11,10}$ 较大。

$$P_{11,10} = C_{11}^{10} \left(\frac{1}{2}\right)^{11} = 0.0054$$

(3) 14 点链中至少有 12 点位于中心线同一侧的概率。

在 $P_{14,14}$、$P_{14,13}$ 和 $P_{14,12}$ 中，$P_{14,12}$ 最大。

$$P_{14,12} = C_{14}^{12} \left(\frac{1}{2}\right)^{14} = 0.005\ 6$$

（4）17 点链中至少有 14 点位于中心线同一侧的概率。

在 $P_{17,17}$、$P_{17,16}$、$P_{17,15}$ 和 $P_{17,14}$ 中，$P_{17,14}$ 最大。

$$P_{17,14} = C_{17}^{14} \left(\frac{1}{2}\right)^{17} = 0.005\ 2$$

（5）20 点链中至少有 16 点位于中心线同一侧的概率。

在 $P_{20,20}$、$P_{20,19}$、$P_{20,18}$、$P_{20,17}$ 和 $P_{20,16}$ 中，$P_{20,16}$ 最大。

$$P_{20,16} = C_{20}^{16} \left(\frac{1}{2}\right)^{20} = 0.004\ 6$$

3. n 点链中有 k 点位于警戒区的概率 $P_n(k)$

样本点落入警戒区的概率为 0.042 9，未落入警戒区的概率为 0.957 1。因此，n 点链中有 k 点位于警戒区的概率：

$$P_n(k) = C_n^k (0.042\ 9)^k (0.957\ 1)^{n-k}$$

（1）3 点链中至少有 2 点位于警戒区的概率。

在 $P_3(2)$ 和 $P_3(3)$ 中，$P_3(2)$ 较大。

$$P_3(2) = C_3^2 (0.042\ 9)^2 (0.957\ 1)^{3-2} = 0.005\ 3$$

（2）7 点链中至少有 3 点位于警戒区的概率。

在 $P_7(3)$、$P_7(4)$、$\cdots$、$P_7(7)$ 中，$P_7(3)$ 最大。

$$P_7(3) = C_7^3 (0.042\ 9)^3 (0.957\ 1)^{7-3} = 0.002\ 3$$

（3）10 点链中至少有 4 点位于警戒区的概率。

在 $P_{10}(4)$、$P_{10}(5)$、$\cdots$、$P_{10}(10)$ 中，$P_{10}(4)$ 最大。

$$P_{10}(4) = C_{10}^4 (0.042\ 9)^4 (0.957\ 1)^{10-4} = 0.000\ 5$$

4. 8 点链连续上升或下降的概率

8 点链连续上升的概率和连续下降的概率相等。以连续上升的情况为例。

第 2 点位于第 1 点上方的概率为 0.5，第 3 点位于第 2 点上方的概率也为 0.5，$\cdots$。所以，8 点链连续上升的概率为：

$$P_8 = (0.5)^7 = 0.007\ 8$$

本章小结

本章首先介绍工序质量的受控状态和失控状态,以及工序能力的概念。在此基础上,对工序能力指数和控制图的概念、原理,设计方法和实际应用作了较系统的介绍。最后,提出了统计过程控制(SPC)实施中的若干问题。

练习与思考

1. 什么叫工序质量的受控状态?什么叫失控状态?各有哪些表现形式?
2. 在质量控制中,为什么经常假设涉及的总体是正态分布?
3. 为什么工序能力测定必须在工序受控状态下才能进行?
4. 工序能力指数和不合格率有什么关系?两者各有什么用途?
5. 为什么工序能力既要符合工序质量保证的要求,又要符合经济性的要求?
6. 工序质量控制图的基本原理是什么?控制图设计的一般步骤是什么?
7. 某工序测得的125个数据如下表,设计 $\bar{x}-R$ 图和 $\tilde{x}-R$ 图。

样本号	x_1	x_2	x_3	x_4	x_5
1	47	32	44	35	20
2	19	37	31	25	34
3	19	11	16	11	44
4	29	29	42	59	38
5	28	12	45	36	25
6	40	35	11	38	33
7	15	30	12	33	26
8	35	44	32	11	38
9	27	37	26	20	35
10	23	45	26	37	32
11	28	44	40	31	18
12	31	25	24	32	22
13	22	37	19	47	14
14	37	32	12	38	30
15	25	40	24	50	19
16	7	31	23	18	32
17	38	0	41	40	37
18	35	12	29	48	20
19	31	20	35	24	47
20	12	27	38	40	31
21	52	42	52	24	25
22	20	31	15	3	28
23	29	47	41	32	22
24	28	27	22	32	54
25	18	36	32	26	37

8. 某化工厂为在乙醇生产中控制甲醇含量收集了如下数据，请设计甲醇含量的 x-R_s 图。

样本号	1	2	3	4	5	6	7	8	9	10	11	12
x	1.09	1.13	1.29	1.13	1.23	1.43	1.27	1.63	1.34	1.10	0.98	1.37
样本号	13	14	15	16	17	18	19	20	21	22	23	24
x	1.18	1.58	1.31	1.70	1.45	1.19	1.33	1.18	1.40	1.68	1.58	0.90

9. 车床加工机轴，机轴的技术要求为 $\phi 50 \pm 0.05$，在一定工序生产条件下，随机抽样100件，测得 $\bar{x}=50$，$s=0.015$。试求工序能力指数，并估计工序不合格率。

第九章 6Sigma 管理简介

学习目标

1. 了解 6Sigma 管理的起源和意义。
2. 理解 6Sigma 管理的基本概念和特点。
3. 掌握 6Sigma 管理中常用度量指标和工具的含义及用途。
4. 了解 6Sigma 管理的组织结构和实施过程,理解无边界合作思想的意义。
5. 掌握 6Sigma 改进(IFSS)和 6Sigma 设计(DFSS)两种基本模式的特点、过程和相互关系。
6. 对中国企业实施 6Sigma 管理的问题和对策有所思考。

    6Sigma 管理是追求卓越的现代质量管理方法之一。20 世纪 90 年代以来,摩托罗拉(Motorola)、通用电气(GE)等世界级企业推行 6Sigma 管理的成功,展示了一条通向卓越之路,使"依靠质量取得效益"成为现实。6Sigma 管理已成为企业迎接经济全球化挑战,提升竞争力的有效的质量实践。

第一节 6Sigma 管理的起源和意义

一、6Sigma 管理的起源

20 世纪 70 年代，全美国在惊呼：美国，你到底怎么啦？（American, what went wrong?）因为日本人的汽车、电子等制造业产品正以优异的质量和低廉的价格不断击败美国产品，如潮水般涌入美国，而这些正是美国人最具有优势的产业。

摩托罗拉（Motorola）作为美国最大的电子产品生产商，在同日本的竞争中失掉了收音机和电视机市场，后来又失掉了 BP 机和半导体市场。一个日本企业在 20 世纪 70 年代并购了 Motorola 的电视机生产公司，经过日本人的改造后，很快投入了生产。他们使用了同样的人员、技术和设计，不良率只有 Motorola 管理时的二十分之一。在市场竞争中，严酷的生存现实使 Motorola 的高层接受了这样的结论："我们的质量很低劣。"通过调查发现，日本企业的产品之所以具有高质量水平，很大程度上得益于在制造过程中大量使用数理统计技术。1987 年 Motorola 通信业务部的乔治·费舍首先提出 6Sigma 的概念，在其 CEO 领导下，Motorola 开始了 6Sigma 质量之路。从公司开始实施 6Sigma 管理的 1987 年到 1999 年，公司平均每年提高生产率 12.3%，由于质量管理缺陷造成的费用消耗减少 84%，制作流程失误降低 99.7%，节约制造费用总计超过 110 亿美元。公司平均每年业务、利润和股票价值的综合收益率平均每年增长 17%。1998 年，Motorola 获得了美国波多里奇国家质量奖。6Sigma 管理使 Motorola 从濒于倒闭发展到当今世界知名的质量与利润领先公司。

20 世纪 90 年代中后期，通用电气（GE）总裁杰克·韦尔奇在全公司实施 6Sigma 管理并取得辉煌业绩，使得这一管理模式真正名声大振。GE 于 1995 年实施 6Sigma 管理改进核心业务，建设了若干基础设施，实施业务资源整合，进行 6Sigma 培训和认证，从技术和财务上对质量进行评估，提高了生产率和资产利用率。1997 年将重点转为改革新产品设计工序，以 6Sigma 设计标准改进产品设计工序，改革了 GE 业务部门中的 5 000 多个项目。1998 年将 6Sigma 管理应用到客户生产率和增值服务中，有 200 个黑带为客户工作，客户决定项目范围、认定和验证效益，成功地达到了使收入增长和股票收益提高的目的，客户产量由 450 单位/天增长为 800 单位/天，节约成本 100 万美元，而 GE 项目增长平均 150 万美元。客户获得生产率的提高，而 GE 获得市场份额的回报。

成功地运用 6Sigma 管理，使得 GE 从一个优秀的企业铸造成了一个卓越的企业，取得市场价值第一的业绩。与此同时，6Sigma 管理的理论逐渐完善，应用实践不断推广。杰克·韦尔奇在总结成功经验时说："6Sigma，一种突破性、提升式的企业管理战略，是 GE 公司曾实行过的企业管理中最重要的一个，它是未来 GE 公司领导核心中的基因成分。"GE 公司把 6Sigma 管理作为公司生存和发展的根本所在。GE 制定的三大发展战略，即 6Sigma、产品服务、全球化，使 GE 成为全球最大、最成功的多元化经营的跨国集团。

GE 将 6Sigma 管理扩展到制造活动之外的过程，包括服务与工作过程，取得了非常显著的成就。

（1）推行 6Sigma 管理节约的成本收益 3 亿美元（1997 年）、7.5 亿美元（1998 年）、20 亿美元（1999 年）。

（2）利润率从 13.6%（1995 年）提高到 16.7%（1998 年）。

（3）市值突破 30 000 亿美元。

GE 把 6Sigma 管理从单纯的一种质量管理系统方法上升为一种管理理念和经营哲学，从而形成一种企业文化。自 GE 之后，更多公司将 6Sigma 应用于全部企业流程的优化，而不仅局限于制造流程，成为追求管理卓越企业的最为重要的战略措施。

6Sigma 管理在 Motorola 和 GE 推行并取得丰硕成果后，引起了世界范围的高度关注，各大企业如联合信号、花旗、杜邦、美国快递、联合技术、康柏、福特、戴尔、卡特彼勒、柯达、三星、LG、东芝、索尼等纷纷引进 6Sigma 管理，来强化管理水平，降低成本，提高客户忠诚度，增加销售业绩和增强核心竞争力。6Sigma 管理的运用范围正逐步扩大，开始进入金融保险、运输物流、医疗保健、电信运营、电力运营、分销零售、旅游娱乐、教育和政务管理等领域。

在这个过程中，6Sigma 从一个衡量优良程度的标准、解决问题的技术演化为一个企业建立持续改进系统、增强综合领导能力、不断提升业绩、带来巨大利润的管理理念和系统方法。不仅要满足规范的要求，还要满足客户的期望，甚至超越客户的期望。6Sigma 管理正是在全面质量管理的背景下，不断摸索和完善，逐步总结应运而生的一套创新的管理方法，既能大大改善质量，又能突出改进公司的业绩，成为世界上追求管理卓越的企业最为重要的战略举措，为组织在全球化、信息化的竞争环境中处于不败之地建立坚实的管理和领导基础。

二、6Sigma 管理的意义

美国《质量进展》杂志 2000 年公布的一项调查表明，传统的质量活动对财务业绩的影响并不如想象中那样明显，波多里奇国家质量奖的得主并不比其他的一些公司业绩好。有些质量改进做得好的公司，其关键的财务指标并不一定能获得明显改善。许多企业将大部分注意力集中在顾客方面，但是企业为实现顾客满意所做的各种努力与为盈利所做的努力之间是割裂的。6Sigma 管理强调从整个经营的角度出发，将注意力同时集中在顾客和企业两个方面（见图 9-1）。

对质量的这种关注，能使企业的质量活动同时为顾客、员工、所有者和整个公司创造价值和经济利益。6Sigma 管理正是这样一种质量管理实践，它注重质量的经济

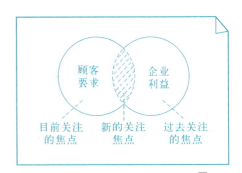

图 9-1
6Sigma 质量的关注焦点

性，当有缺陷的过程得到改进后，会使成本下降，顾客满意度上升，使顾客和企业同时获得满意。顾客希望能以最低的价格及时获得最好的产品，企业希望能以最小的成本和最短的周期实现最大的利润，只有当这些同时实现时，"依靠质量取胜"才对企业和顾客真正有了意义。图 9-2 是美国朱兰学院的 6Sigma 质量与经济的关系图。

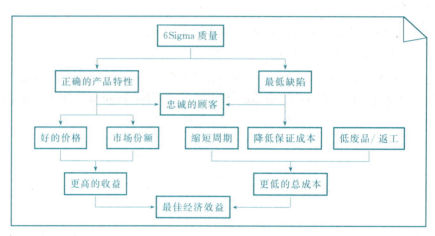

图 9-2　6Sigma 质量与经济关系

必须认识 6Sigma 管理对企业文化建设的作用。成功企业在致力于产品与服务质量改进的同时，肯花大力气去改造它们与 6Sigma 质量不相适应的企业文化，以使全体员工的信念、态度、价值观和期望与 6Sigma 管理保持同步，从而创造出良好的企业质量文化，保证了 6Sigma 质量战略的成功。例如，"通力合作"精神在 GE 实施 6Sigma 管理中的作用。通力合作有 3 个演进过程。第一阶段是行动阶段，这是打破等级界限，激发员工寻求速度、简化、自信行为的行动。第二阶段进入程序阶段，通力合作的初步成果已被广泛认可，速度、简洁见解和奉献精神已成为企业文化的一部分，从而使企业得到大的发展。在第三阶段，通力合作作为企业文化的精髓，已成为人们的自觉行动，为把 GE 建设成学习型组织，开展 6Sigma 管理奠定了重要基础，使 GE 开始向世界上最富效率的公司迈进。

第二节　6Sigma 管理的概念和特点

一、6Sigma 管理的概念

（一）"6σ"和 6Sigma 质量标准

无论是产品质量、服务质量，还是过程质量、工作质量，波动是客观存在的。我们习惯于用"平均"来描述结果，但"平均"掩盖了波动。质量管理的基本任务就是通过系统措施寻找降低波动的方法，即消除异常波动，控制正常波动。

"σ"表示标准差，衡量波动的大小。用"3σ"作为控制质量波动的标准，意味着99.73%的合格率，即0.27%的不合格率。这在很多场合已被认为是一个很高的标准了，我们的很多企业目前还达不到这个水平。然而，为了获得顾客的满意和忠诚，为了降低企业成本，赢得更好业绩，"3σ"标准是缺少竞争力的。

"6σ"标准意味着100万次机会中仅有3.4个缺陷，也即"完美无瑕"的、无缺陷的质量水平。一个过程具有6Sigma能力意味着过程平均值与其规格上下限的距离为六倍标准差，此时过程波动很小，每100万个机会仅有3.4个落入规格限以外。"3σ"标准和"6σ"标准的比较见图9-3。

"6σ"标准和"3σ"标准的差别更主要的是在"合格"概念本身。"6σ"标准的"不合格"不仅指结果，还包括过程中任何不符合要求的缺陷，或不创造价值的无效活动。顾客对于质量的期望与其实际体验间存在着相当大的差距（GAP）。任何差距都可能造成缺陷，缺陷存在于质量链的全过程中（见图9-4）。

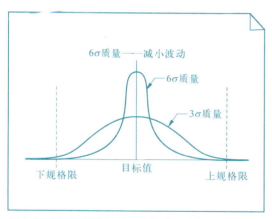

图 9-3 "3σ"标准和"6σ"标准的比较

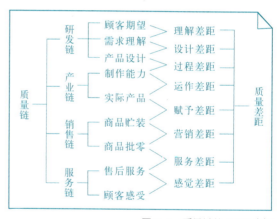

图 9-4 质量链的 GAP 分析

必须提到的是，美国质量管理专家克劳斯比（Philip B. Crosby）于1962年首次提出的"零缺陷"（Zero Defects）概念。他有一句名言："质量是免费的。"（Quality is free.）之所以不能免费是由于"没有第一次把事情做好"，美国许多公司常耗用了相当于营业总额的15%~20%去消除缺陷。因此，在质量管理中既要保证质量又要降低成本，其结合点是要求每个人"第一次就把事情做好"（Do it right at first time.），亦即人们在每一时刻、对每一作业都需满足工作过程的全部要求。只有这样，那些浪费在补救措施上的时间、金钱和精力才可以避免，这就是"质量是免费"的含义。他指明：产品精度要视情而定，否则会产生不经济的生产状态，而过程的工作质量却要求是"零缺陷"的。克劳斯比的"零缺陷"理论指明了6Sigma管理的对象是过程的"工作质量"。因此，对过程要设计、调整、优化，"第一次就把事情做好"，使产品符合质量标准。

（二）6Sigma 管理的定义

关于 6Sigma 管理，由于理解的角度不同，有如下许多说法。

（1）一种近乎完美地满足顾客需求的管理法。

（2）一种把公司的定位转移到更好地满足顾客需求的状态的方法，以此获得更大的利润和更强的竞争力，是一种迅猛的"文化变革"。

（3）一种灵活的综合性系统方法，通过它获取、维持、最大化公司的成功。它需要对顾客需求的理解，对事实、数据的规范使用、统计分析，以及对管理、改进、业务过程重建的密切关注。

（4）通过设计和监控日常各种商业活动，使得公司极大地提高净收益。

（5）指导公司在做任何事上少犯错误——小到填写订单，大到制造飞机引擎——在质量上缺陷刚刚显示出征兆时就予以消灭。

（6）可提供明确的方法进行流程创新，从根本上防止错误的发生。

（7）寻求同时增加顾客满意和企业经济增长的经营战略途径。

（8）一种以 TQM 为基础，以"零缺陷"为目标，以 6Sigma 质量水平为标尺，以统计技术为手段，以突破性改进为方式，通过改进并优化过程，消除缺陷，既能保证顾客满意，又能提高企业效益的现代质量管理方法。

（9）6Sigma 不仅指过程或产品业绩的一个统计量，更是指公司业绩改进区域完美的一个目标，是能实现持续领先和世界级业绩的一个管理系统，是系统解决问题的方法和工具，是基于数据的一种决策方法。

（10）1996 年，在通用电气公司年会上，Jack Welch 是如此阐述 6Sigma 管理的："在 GE 的进展过程中，我们有一项重大科技含量的质管任务，这项质管任务会在 4 年内将我们的生产方式引至一个卓越的层次，使我们无论是在产品制造还是在服务方面的缺陷或瑕疵都低于百万分之四。这是我们 GE 前所未有的大挑战，同时也是最具潜力和最有益处的一次出击。""我们推翻了老旧的品管组织，因为它们已经过时了。现代的品管属于领导者，属于经理人员，也属于员工——每一位公司成员的工作。""我们要改变我们的竞争能力，所依恃的是将自己的品质提升至一个全新的境界。品质乃是要提供一个超越顶级的事物，而不仅是比大多数的事物更好而已。我们要生产无缺陷的产品、服务和交易，使消费者觉得极为特殊而有价值，并且对他们来说是相当重要的成功因素。如此一来，我们自然就会成为他们最有价值的唯一选择。"

综上所述，可以把 6Sigma 管理定义为：一项以顾客为中心、以质量经济性为原则、以追求完美无瑕为目标的管理理念；是通过以统计科学为依据的经济分析，实施确定问题、测量目标、分析原因、改进优化和保持效果的过程，使企业在运作能力方面达到最佳境界的综合管理体系；也是寻求同时增加顾客满意和保持企业经营成功并将其业绩最大化的发展战略。

二、6Sigma 管理的理念和特点

（一）6Sigma 管理的理念

1. 6Sigma 管理是一种追求完美的质量文化

实行 6Sigma 管理，整个公司（组织）从上至下需要改变"我一直都这么做，而且做得很好"的想法。推行 6Sigma 管理会改变个人行为、企业行为，乃至企业文化。6Sigma 管理的企业质量文化要求全体人员必须有这样的理念。

（1）6Sigma 质量管理属于领导者，属于经理人员，也属于员工——每一位公司成员的工作。

（2）要改变我们的竞争能力，所依仗的是将自己的质量提升至一个全新的境界。

（3）我们要使自己的质量让顾客觉得极为特殊而有价值，是他们相当重要的成功因素，从而使我们成为他们最有价值的唯一选择。

（4）我们所做的工作是最好的。必须做到最好，否则就别去做。

2. 6Sigma 管理注重于目标

通过 6Sigma 质量标准清楚知道自身水准，改进多少，离目标多少。6Sigma 管理尤其注重企业经济效益。以数据为基础，统计技术为手段，建立过程输入与输出变量之间的优化模型，通过对关键输入变量的调控，达到改善输出变量特性的目标。为此，必须建立和完善以下工作。

（1）高层管理的承诺。6Sigma 管理的核心目标之一是节约成本和增加收入，这种综合质量战略需要高层管理者制定长远的 6Sigma 目标。

（2）有关各方参与。要把 6Sigma 管理的改进思想和统计方法灌输给员工和供应商，甚至股东和社会。6Sigma 管理的全面推进要求整个公司从上至下使用同样的 6Sigma 工具和语言。

（3）培训推广。任何 6Sigma 计划都包括过程性能、改进、方法、统计工具、财务（成本）分析、推广等方面的知识。这些知识需在整个企业中形成梯次，并成为员工的知识、企业的知识。

（4）测量体系。6Sigma 管理为整个公司用一个简单的尺度来测量过程性能提供了一个有效的指标——每百万次的差错数（DPMO）或百万分之差错率（PPM）。测量的对象是过程和产品中"对顾客重要的"特性。首先要对"波动性"进行测量，因为"波动性"能提示不良过程并及早提供问题发生的迹象。

3. 6Sigma 管理是一项重视基础的管理活动

推行 6Sigma 管理，需要把 6Sigma 作为企业经营管理的中心环节，成为一种规范化的工作体系，从而真正实现以顾客为中心和以数据为依据的基本原则。这就要求准备实施 6Sigma 的企业：

（1）必须具有准备参与全球竞争的长远发展规划；

（2）必须具有一个比较扎实的管理基础；

（3）必须拥有一支素质比较高的员工队伍；

（4）必须能得到企业最高管理者的大力支持。

4. 6Sigma 管理是一个管理哲学和战略方法

6Sigma 管理要求企业把管理的重点放在理解客户需要和产生缺陷的根本原因上，认为质量是靠流程的优化来实现的。组织应该把资源放在认识、改善和控制原因上而不是放在售后服务、质量检查等活动方面。6Sigma 管理打破了传统意义上职能部门的分工壁垒，追求完美成为组织中每一个成员的行为。6Sigma 管理的实施是企业整体流程的变革，要求所有相关职能部门员工的深度参与，由此贯通业务流程的相关领域，使企业整体业务无边界地流畅运转。6Sigma 管理有一整套工具和方法来帮助组织推广实施流程优化工作，并为企业培养具备组织能力、激励能力、项目管理技术和数理统计诊断能力的核心人才，帮助企业达到战略目标。

（二）6Sigma 管理的特点

1. 6Sigma 管理与以往管理方法的区别

（1）比以往更广泛的业绩改进视角，强调从顾客的关键要求以及企业经营战略焦点出发，寻求业绩突破的机会，为顾客和企业创造更大的价值。

（2）强调对业绩和过程的度量，通过度量，提出挑战性的目标和水平对比的平台。

（3）提供了业绩改进方法。针对不同的目的与应用领域，这种专业化的改进过程包括 6Sigma 改进 IFSS 流程、6Sigma 设计 DFSS 流程等。

（4）由经过培训、职责明确的人员作为实施上的组织保障。

（5）通过确定和实施 6Sigma 项目，完成过程改进项目。

（6）明确规定成功的标准及度量方法，以及对项目完成人员的奖励。

（7）组织文化的变革是其重要的组成部分。

2. 6Sigma 管理和 ISO 9000：2000 的关系

6Sigma 管理和 ISO 9000：2000 之间有许多相同之处。

（1）6Sigma 管理和 ISO 9000：2000 均强调重视顾客。ISO 9000：2000 中八项质量管理原则的第一条就是"以顾客为关注焦点"，即组织应当理解顾客当前和未来需求，满足顾客要求并争取超越顾客期望。因此，组织应当调查、识别并理解顾客的需求和期望，确保组织的目标与顾客的需求和期望相结合，确保在整个组织内沟通顾客的需求和期望，测量顾客满意度并根据结果采取相应的活动和措施，系统地管理好与顾客的关系。

6Sigma 管理要求"对顾客真正的关注"。例如：6Sigma 管理的绩效评估首先从顾客开始，定义顾客需求，收集顾客数据，制定"顾客反馈"战略，建立绩效指标并制定需求说明，分析并对顾客需求排序。6Sigma 管理改进的程度是用其对顾客满意度和价值的影响定义的。

（2）6Sigma 管理和 ISO 9000：2000 同样重视领导者的作用。ISO 9000：2000 要

求领导者确立组织统一的宗旨及方向，创造并保持使员工能充分参与实现组织目标的内部环境，也即要为组织的未来描绘清晰的远景，确定富有挑战性的目标；在组织的所有层次上建立价值共享、公平公正和道德伦理观念；为员工提供所需的资源和培训，并赋予其职责范围内的自主权。

在6Sigma管理的推广和实施中，领导者有着无可比拟的影响力；形成一个强有力的理念；建立"推广6Sigma管理计划"，推动计划实施；成为强有力的支持者，积极参与；使自己及其他人具有责任感。

（3）6Sigma管理和ISO 9000：2000都要求基于事实的管理。ISO 9000：2000中八项质量管理原则的第七条为"基于事实的决策方法"，要求组织确保数据和信息足够精确和可靠；让需要者能得到数据／信息；基于事实分析，权衡经验与直觉，做出决策并采取措施。

6Sigma管理强化了"事实管理"的概念：首先从澄清什么是业务绩效标准化的关键手段着手，接着使用统计数据和分析方法来构筑对关键变量和最优目标的理解。通俗地讲，6Sigma管理在支持以事实为基础的决策时，首先要求决策回答以下两个问题：什么是真正需要的数据／信息？怎么使用这些数据／信息才能使收益最大化？

6Sigma管理和ISO 9000：2000之间也有不同之处，如ISO 9000为组织的质量管理提供了一个基础平台，而6Sigma管理给组织的质量管理带来了一个新的、垂直的方法体系；ISO 9000是组织进入国际市场的"护照"，而6Sigma管理将是组织"定居"国际市场的"绿卡"。

综上所述，ISO 9000和6Sigma管理是相辅相成、互为补充的。对于任何一个组织来说，应该依据ISO 9000标准建立质量管理体系，进而加强组织质量管理的基础建设工作，同时实施6Sigma管理，以推进和加强组织的质量改进工作。

3. 6Sigma管理的主要特点

根据6Sigma管理和其他管理方法及ISO 9000的关系，6Sigma管理的思想和理念特点集中在以下6个方面。

（1）真正关注顾客。

（2）以数据和事实驱动管理。

（3）采取的措施应针对过程。

（4）预防性管理。

（5）无边界的合作。

（6）力求完美但容忍失败。

6Sigma管理的实施过程显示了如下9个特点。

（1）质量管理组织（包括专职和责任人团队）。

（2）简单高效的改善和改进模式。

（3）实用的统计技术和有效的质量分析工具。
（4）突破性的思维和挑战性目标。
（5）量化并测量 PDCA 的质量改进过程。
（6）"点面结合"，"集中优势兵力打歼灭战"。
（7）培训骨干人员，掌握统计技术和工具。
（8）大幅度降低不良率和运营成本。
（9）好操作。

6Sigma 管理的很多内容都不是新的创造，但它将质量管理中核心的管理方法集成在一起，真正地落实到了实处，并贯穿于整个管理过程中，是稳定与革新、框架与细节、创造性与理性推理的巧妙结合，这种结合使许多组织取得了市场和业绩的丰厚回报，吸引着越来越多的企业走上了 6Sigma 管理之路。

第三节 | 6Sigma 管理中常用的度量指标和工具

一、σ 水平 Z

对应于过程输出无偏移的情况，σ 水平 Z 是指规格范围（USL-LSL）与 2σ 的比值。

例 1 某送餐公司为某学校送午餐，学校希望在中午 12:00 送到，但实际总有误差，因而提出送餐的时间限定在 11:55 至 12:05 之间，即 LSL 为 11:55，USL 为 12:05。过去一个星期以来，该送餐公司将午餐送达的时间为：11:50、11:55、12:00、12:05、12:10。将送达时间按相对于目标值 12:00 的差值进行变换，记录为 -10、-5、0、5、10，则

$$\bar{x} = -10-5-0+5+10 = 0（即平均送达时间为 12:00）$$

$$s = \sqrt{\frac{(-10)^2 + (-5)^2 + 5^2 + 10^2}{5-1}} = 7.91$$

用样本标准差 s 估计总体标准差，得到 $\sigma = s = 7.91$，故

$$Z = \frac{USL - LSL}{2\sigma} = 10/(2 \times 7.91) = 0.63$$

即该公司准时送餐的 σ 水平仅为 0.63。

二、百万机会缺陷数

缺陷是指产品、服务、过程的输出没有达到顾客要求或超出规格规定。缺陷机会

数是指产品、服务、过程的输出可能出现缺陷之处的数量。如一块线路板有 200 个焊点就有 200 个出现焊接缺陷的机会;一张申请表有 15 个栏目就有 15 个出现填表缺陷的机会。机会缺陷率(defects per opportunity,DPO)是每次机会中出现缺陷的比率。百万机会缺陷数(defects per million opportunity,DPMO)表示一百万次机会中出现缺陷的个数。

例 2 假定 100 块电路板中,每一个电路板都含有 100 个缺陷机会。若在制造这 100 个电路板时共发现 21 个缺陷。则

$$DPO = \frac{21}{100 \times 100} = 0.0021 = 0.21\%$$

故 $DPMO = DPO \times 10^6 = 0.0021 \times 10^6 = 2100$。

在 6Sigma 管理中常常将 DPMO 折算为 σ 水平 Z。DPMO 和 Z 的对应关系见表 9-1。

表 9-1 缺陷率与过程输出 σ 水平的对应关系
(考虑 1.5 倍偏移时)

Z	DPMO	Z	DPMO	Z	DPMO	Z	DPMO	Z	DPMO
1.5	539 828	2.4	184 060	3.3	35 930	4.2	3 467	5.2	108
1.6	460 172	2.5	158 655	3.4	28 717	4.3	2 555	5.3	72
1.7	420 740	2.6	135 666	3.5	22 750	4.4	1 866	5.4	48
1.8	382 088	2.7	115 070	3.6	17 865	4.5	1 350	5.5	32
1.9	344 578	2.8	96 800	3.7	13 904	4.6	968	5.6	21
2.0	308 537	2.9	80 757	3.8	10 700	4.7	687	5.7	13
2.1	274 253	3.0	66 807	3.9	8 198	4.8	483	5.8	8.6
2.2	241 964	3.1	54 799	4.0	6 210	5.0	233	5.9	5.5
2.3	211 856	3.2	44 565	4.1	4 661	5.1	159	6.0	3.4

6Sigma 管理从过去的不合格品率的度量方式进化到"缺陷"的度量方式,定义"缺陷"的内涵和计算缺陷的发生概率。由于引入了缺陷的概念,因而将组织内不同过程、不同部门、不同行业的绩效联系起来,形成了可以相互进行比较的标尺。这种测量不仅适用于制造业,也适用于服务业。用统一的 σ 水平尺度来衡量公司的业绩,可以准确定位自己,发现与世界级优秀企业之间的差距。

三、劣质成本

劣质成本(cost of poor quality,COPQ)表示生产过程中不增值的那一部分成本。

劣质成本分析是通过减少过程中的不增值过程来降低COPQ，以实现成本的节约。

COPQ分析充分体现了质量经济性特征，它具有如下功能。

1. 发现了通常被忽视的质量损失

与传统质量成本观相比，6Sigma管理更重视那些可以避免的无效率行为。例如，文件延迟、对现状缺少跟踪、报价或结账错误、未正确完成销售订单、不必要的快递等，这些行为在企业中经常发生，而又常常被忽视。正如朱兰博士所描绘的"水下冰山"一样，6Sigma管理就是要去挖掘水下的"金矿"。

2. 减少非增值过程

COPQ分析的步骤一般是先画出详细的过程流程图，然后针对过程的每一环节分析哪些是增值过程、哪些是非增值过程，然后减少非增值过程，但并不是彻底清除非增值过程。如计算机文件备份、从顾客角度分析，这是非增值过程，但对于公司而言，是维持公司正常安全运转的、不可缺少的过程。因此，只能尽量减少非增值过程，并谋求增值过程与非增值过程之间的平衡。

四、流通合格率

流通合格率（rolled throughput yield，RTY）的计算步骤大致如下：首先根据顾客要求确定整个过程中的关键环节，然后分别计算各个关键环节的合格率，最后将各个环节的合格率相乘，其结果就是RTY。

RTY体现了如下作用。

1. 真实反映过程绩效

传统的评价指标——最终合格率关注的只是过程中的最后结果，不能反映整个过程的效率。RTY体现了对整个过程的关注，衡量的是整个过程中不出现一个缺陷的概率，是对过程绩效的真实反映。

2. 揭示"隐蔽工厂"

RTY是各个关键环节合格率的乘积，揭露了生产过程中存在的严重质量损失环节，减少或避免了过程中的大量返工、返修等问题。

3. 提高管理效率

RTY强调一次成功率，倡导"第一次就把事情做好"。这种理念改变了员工，也改变了企业。

五、$y=f(x)$模型

6Sigma管理将处理问题的思路转化成一个简单的数学模型$y=f(x)$。其中y是顾客期望和要求的产品质量特性，反映了企业的绩效，是因变量；x是影响产品质量特性的内在因素，是自变量；f是y与x的函数关系，即y与x的内在联系。

$y=f(x)$模型是对质量波动规律的概括和量化，它体现了如下功能。

1. 量化顾客的需求

y 是过程的输出,只有体现了顾客的需求,$y=f(x)$ 反映的规律才是有价值的。

2. 抓"关键"

关键质量特性 CTQ(critical to quality)是出现得比较频繁的符号之一,常见的还有 CT_c(critical to customer)、CT_y(critical to y)、CT_x(critical to x)。通常将 CT_c 和 CT_y 称为 CTQ。$y=f(x)$ 的更为具体的表达式为:$CT_y=f(CT_x)$,这反映了 6Sigma 管理的理念——将最小的投入(CT_x)集中在顾客关注的问题上(CTQ)。

3. 抓"源头"

由模型 $y=f(x)$ 可知,x 是影响 y 的关键因素,只有针对 x 采取措施才能保证 y 有一个好的结果。6Sigma 管理体现了"源头治理"的思想。

4. 把握内在联系

只有认识了原因(x)与结果(y)之间的内在联系,才能真正彻底地解决问题。在众多影响 CT_y 的因素中找出关键因素 CT_x,通过改进 CT_x 达到提高 CT_y 的目标。

六、SIPOC 流程图

SIPOC(S,supply 供方;I,input 输入;P,process 过程;O,output 输出;C,customer 顾客)流程图是项目界定阶段的分析路线,是整个活动的"蓝图",也是最常用的过程管理工具。

SIPOC 流程图始终关注顾客的需求,并不断向前传递,体现出如下特点。

1. 识别过程角色

SIPOC 流程图的末端——顾客,是过程中最重要的角色,顾客只有在其需求得到充分理解并获得满足后,才会满意和忠诚。

2. 界定项目范围

将过程两边延伸至顾客和供方,顾客的需求在这样一个有限的范围内传递,以使过程中的各个环节都充分理解顾客的需求,有助于在计划的时间内获得成效。

3. 着眼全过程

分清供方、输入、过程、输出、顾客之间的关系,理解这些方面在流程中的职责,并明确各自对项目实施的贡献。对过程有一个全面的了解,明确哪里需要关键数据,哪里可以获得关键数据,对质量改进起着非常重要的作用。

4. 明确改进方向

SIPOC 流程图不仅可以用来描述当前的或已有的过程,而且还能够帮助团队在确定顾客需求的过程中,明确过程改进的思路和方向。

第四节 6Sigma 管理的组织和实施

一、6Sigma 管理的组织

（一）6Sigma 组织是推进 6Sigma 管理的基础

6Sigma 管理的全面推行要求整个企业从上至下使用同样的 6Sigma 语言和采用同样的 6Sigma 工具。因此，要建立一支符合项目开展要求的 6Sigma 专业队伍。通常，组织的 6Sigma 管理是由执行领导、倡导者、黑带主管、黑带、绿带和项目团队传递并实施的。

在组织方面，6Sigma 促进委员会是一个跨部门的功能性组织，负责规划全公司 6Sigma 管理的策略、进度、资源分配与管理制度，也负责推动 6Sigma 管理与执行的落实。6Sigma 工作推行小组负责各种沟通与行政的工作。6Sigma 执行领导担任总部 6Sigma 促进委员会秘书长和工作推行小组负责人，实际从事规划与执行双重工作。各事业部是推行 6Sigma 管理的具体单位，企业可在各事业部分设 6Sigma 促进委员会与推行工作小组。

在基层的运作中，倡导者、黑带主管、黑带与绿带等专家为促进 6Sigma 项目的关键人物。倡导者和黑带主管负责指导项目的进行、排除项目进行过程中所遭遇的困难。黑带与绿带则为项目的执行者，带领项目小组，使用 6Sigma 工具来达成项目的目标。

组织在遴选人选时，应该严谨进行，以确保 6Sigma 推行过程中，各种不同功能的人都能恰如其分地扮演好促进者的角色。对从事 6Sigma 管理的人员须予以专门培训。

资料表明，实行 6Sigma 管理，必须有约 20% 的人员接受 6Sigma 管理的专业性培训（如工具的正确使用）。因此，执行领导和倡导者应与人力资源部门充分合作，为人员遴选与人才培养定下明确的规范和规划。

（二）6Sigma 组织的结构

6Sigma 组织的结构示意见图 9-5。

6Sigma 组织结构中各级人员的背景和职责如下。

1. 执行领导

执行领导（executives）应具有为全公司导入、推进 6Sigma 管理的实务经验，以及运作管理与发展策略的能力。执行领导的主要职责为：

（1）建立组织的 6Sigma 管理愿景。

（2）确定组织的战略目标和组织业绩的度量系统。

（3）确定组织的经营重点。

（4）在组织中建立促进应用 6Sigma 管理方法与工具的环境。

图 9-5 6Sigma 组织结构

2. 倡导者

倡导者（champion）是 6Sigma 管理的关键角色，对于项目的进行效率及执行效果有决定性的影响，一般由企业高级管理人员担任。倡导者应有基本的 6Sigma 概念，具有协调跨部门、跨功能人员间交流合作的能力，能够在专业知识方面指导项目小组。对倡导者应给予必要的培训，使其理解 6Sigma 管理的原理和工具，了解自己的功能角色和日常工作内容。组织应在管理办法中明确规定倡导者的职责、工作内容与考核办法。倡导者的主要职责为：

（1）负责 6Sigma 管理在组织中的部署，决定"该做什么"，保证项目与企业的整体目标一致。

（2）向执行领导报告 6Sigma 管理的进展。

（3）构建 6Sigma 管理基础，例如部署人员培训、建立报告系统、提供实施资源等，以及制定项目选择标准，批准项目，核准改进方案。

（4）为项目团队提供或争取相应的资源，建立奖励制度，推进活动展开。

（5）为项目团队提供专业上的指导，确保项目有效率地进行，检查阶段活动进展状况，帮助排除障碍。

（6）负责项目实施中的沟通与协调。

（7）评价已完成的 6Sigma 项目。

3. 黑带主管

黑带主管（master black belt, MBB）是全职的 6Sigma 管理人员，对 6Sigma 管理理念和技术方法具有较深的了解与体验。黑带主管的主要职责为：

（1）为倡导者提供 6Sigma 管理咨询。

（2）协助倡导者和管理层选择 6Sigma 项目。

（3）协调和指导跨职能的 6Sigma 项目。

（4）为黑带提供项目指导与技术支持，推动项目实施，确保完成项目。

（5）执行及管理 6Sigma 培训，确保项目团队掌握适用的工具和方法。

（6）协助黑带向上级提出报告。

4. 黑带

黑带（black belt, BB）是全面推行 6Sigma 管理的中坚力量。黑带是专职的，具有一定的技术与管理工作背景，往往来自中层管理或技术人员，在职期间需完成一定数量的 6Sigma 项目并为组织带来相应经济效益。黑带是统计技术与质量管理的高手，解决问题的实际操盘人，擅长项目管理和团队合作。黑带的主要职责为：

（1）领导项目团队，实施并完成 6Sigma 项目。主要是在倡导者及黑带主管的指导下，识别过程改进机会，界定 6Sigma 项目，开发并管理项目计划，建立评价制度，监督资料收集和分析，核算项目效益，向倡导者和管理层报告项目进展，项目完成后编写项目报告。

（2）向团队成员提供适用的工具与方法，进行必要的指导和培训。

（3）向团队传达6Sigma管理理念，建立共识，运用人际关系及组织技巧，让团队始终保持高昂的士气与稳定的情绪。

（4）将通过项目实施获得的知识传递给组织和其他黑带。

5. 绿带（green belt, GB）

绿带是组织中经过6Sigma管理方法与工具培训的、结合自己的本职工作完成6Sigma项目的兼职人员，通常为企业各基层部门的骨干或负责人，是6Sigma活动中人数最多的，也是最基本的力量。通常，他们是黑带领导的项目团队的成员，或结合自己的工作开展涉及范围较小的6Sigma项目。绿带接受6Sigma技术的培训项目与黑带类似，但要求较低。绿带的作用是把6Sigma的新概念和工具带到企业日常活动中去。绿带的主要职责为：

（1）提供过程有关的专业知识。

（2）与非团队成员进行沟通。

（3）参加会议和活动，收集资料，接受并完成被分派的工作。

（4）执行改进计划。

6. 6Sigma项目团队

6Sigma项目是通过团队合作完成的。6Sigma项目团队（six sigma team）由项目所涉及的有关职能（如技术、生产、工程、采购、销售、财务、管理等）人员构成，一般由3~10人组成，并且应包括对所改进的过程负有管理职责的人员和财务人员。

7. 过程管理者

除了选择和培养好项目负责人——黑带之外，成功的6Sigma管理还需要过程管理者（部门负责人）的支持和配合，没有他们的协调和帮助，要取得丰硕的6Sigma成果是较为困难的。过程管理者的主要职责是：

（1）帮助建立对6Sigma管理的共识。

（2）过程知识的沟通。

（3）推荐团队成员。

（4）确保过程改进能够落实，保持成果。

（三）6Sigma管理中的"无边界合作"

黑带在带领团队实施跨部门的质量改进活动过程中，不自觉地孕育了团队合作的环境和土壤，体现了无边界合作的思想。

无边界合作的思想体现在如下三个方面。

1. 建立黑带专职队伍

黑带是实施项目改进的精英，是项目改进团队的负责人，而项目往往是跨部门的。黑带要想完成项目，就必须打破部门之间的障碍，成为技术和跨部门人际关系联系的纽带。

2. 组织合作团队

团队成员来自不同的领域，开放、坦诚、沟通是一种基本条件，无边界的合作建立在广泛沟通的基础上。黑带必须拥有出色的领导力和亲和力，实现团队内部的团结，用 TARGET（truth 事实，accountable 负责，respect 尊重，growth 成长，empowered 授权，trust 信任）的激励方式实现真正的"无边界"合作。

3. 使用共同语言

6Sigma 培训具有一定的系统性，黑带培训除了脱产学习外，其余时间实施项目改进，也就是边学习边实践。在这种相互学习的过程中，形成了共同交流的语言。这种交流不仅出现在工作中，也出现在茶余饭后以及闲谈娱乐中，部门之间的边界也因有了共同的语言变得模糊起来，慢慢凸现的是强大的合作整体。

韦尔奇对于消除影响公司发展步伐的速度障碍有着强烈的责任感。由于公司中存在着沟通与交流的边界，工人与新思想相隔绝、与顾客相隔绝，彼此之间也相互隔绝。韦尔奇构筑了 GE 高效学习型的黑带改进团队，就是专为消除这些障碍而设计的战略之一。

二、6Sigma 管理的实施

6Sigma 管理的实施过程可以分为以下六个步骤：实施前的准备；项目选择；制定项目计划；项目阶段评审；项目效果评价和成果表彰；总结经验教训，建立和完善自己的 6Sigma 管理模式。

1. 第一步：6Sigma 管理实施前的准备

6Sigma 管理是以顾客满意为导向的一整套的企业业务持续改进的管理模式和方法体系，其具体效果是通过大量的 6Sigma 项目来实现的。这些项目之所以取得效果并推动企业的持续改进，是因为项目的目标与企业的战略相吻合。因此，企业在实施 6Sigma 管理之前，必须制定或重新评价企业的发展战略。

制定或评价企业战略的方法中，常用的有战略要素评价矩阵、SWOT 分析和企业战略的竞争性比较或基准评价（benchmarking）。战略要素评价矩阵可以帮助企业战略决策者对企业外部或内部各个领域的主要优势与劣势进行全面综合的评价。SWOT 分析通过分析企业内部的优势（strength）、劣势（weakness）以及企业外部面临的机会（opportunity）和威胁（threat），确定企业的战略定位、战略方针和目标。基准评价可以通过与竞争对手的比较，确定竞争优势和劣势，制定致力于超越竞争对手的战略。另外，采用世界级企业的卓越绩效标准进行自评，可以发现企业自身的问题并建立适当的竞争战略。

企业发展战略确定以后，需要将战略逐层分解，制定从高层到基层的业绩考核指标。目前国际上普遍采用的方法是平衡记分卡（balanced scorecard）。平衡计分卡通过对客户和市场、财务、企业内部、学习和发展四个方面的绩效考核将企业战略逐步展开。

组织上的准备工作包括确定6Sigma管理的执行领导,全面负责6Sigma管理的推广工作,包括项目选择、协调、评审、考评等。

2. 第二步:6Sigma项目的选择

项目选择不是黑带的个人行为,要有管理层参与。在具体选择项目时,重点从以下三个方面考虑改进的机会。

(1)顾客方面。通过问卷调查、访谈、处理顾客投诉等方法或渠道确定顾客关键需求(critical customer requirements, CCR),并整理出关键质量特性CTQ。6Sigma项目应从顾客的关键需求出发,解决最影响顾客满意度的关键因素。

(2)企业内部流程方面。主要是分析平衡计分卡中的弱项指标,或关键业绩指标(key performance indicator, KPI)中的弱项,明确这些指标和企业的一些关键业绩指标(如利润、现金流、成本或质量等)之间的关系,6Sigma项目选择的改进机会应是影响关键业绩指标的流程。

(3)竞争对手方面。主要是通过基准评价找出本企业与同业之冠(best in class)之间的差距,确定本企业的哪些流程是急需改进的流程。

一般来讲,从这些改进机会中要筛选出优先改进机会作为6Sigma项目,并要考虑企业的资源是否充分,项目之间有没有目标或资源上的冲突,项目本身属于黑带项目还是绿带项目等。

3. 第三步:制定6Sigma项目计划

确定6Sigma项目以后,需要根据6Sigma项目所涉及的职能部门,确定跨职能的团队人员和负责人,即黑带或绿带的候选人。

项目团队建立起来以后,为了明确项目的目标、内容和工作计划,需要建立团队宪章(team charter)。团队宪章主要包括:拟改进业务个案、改进机会描述、项目的目标、项目的范围、项目具体计划和团队成员。业务个案重点在于阐述本项目和企业战略之间或整体的业绩指标之间的关系;改进机会重点描述企业当前的业绩水平与顾客需求或企业战略目标之间的差距;项目目标应以具体和量化的形式表明项目的总目标以及分阶段的目标;项目的范围指出项目的起始点和终止点,以及项目所涉及的职能部门,通过绘制拟改进过程的SIPOC图来确定项目的边界;项目计划要用甘特图的形式具体列出,要尽量详细,要能通过项目计划看出项目执行过程中的关键节点、里程碑事件以及相应的评审点;最后,在项目团队成员中要说明团队成员的来源、主要职责等。除此以外,为了保证项目团队的工作效果,还必须制定团队的行为规范。

4. 第四步:项目阶段评审

为了保证项目严格按计划执行,需对项目进行定期的阶段评审。企业的高层领导、6Sigma倡导人、项目出资人等参加项目评审,发现项目执行过程的问题后要及时采取纠偏行动。在项目定义阶段,重点评估项目的团队宪章,评估方法简称为

SMART（specific, measurable, attainable, relevant, time-bound；意为具体、可测量、目标可实现、与战略相关和有具体的时间安排）；在测量阶段，重点评价测量项目是否有意义、测量的数据是否真实可靠、测量系统是否可以接受等；在分析阶段，重点评审是否找到了问题的根本原因，分析工具和分析结果是否可靠等；在改进阶段，重点评审改进方案的可行性、效果和改进方案实施计划等；在控制阶段，重点评审过程控制系统和控制方法的有效性，保持改进的成效。

5. 第五步：项目效果评价和成果表彰

项目效果的评价分为两个方面。一是直接的经济效益评价，一般由财务部门配合完成。直接经济效益评价指标包括投资收益比、净现值、收益率等。二是间接效益评价，主要包括项目所带来的管理水平的提高、员工士气提升、环境改善以及社会效益等。效果评价和宣传可以起到明显的示范作用，对于进一步推广 6Sigma 工作至关重要。对项目成员，根据他们在项目工作中的表现，授予 6Sigma 黑带或绿带资格。这些黑带或绿带以后要继续完成更多的 6Sigma 项目，在企业内部进行 6Sigma 培训，并有责任发现和培养更多的人加入到 6Sigma 持续改进活动之中。

6. 第六步：总结经验教训，建立和完善自己的 6Sigma 管理模式

这一过程是 6Sigma 管理的客户化过程或固化过程。主要任务是建立共享学习机制，定期开展 6Sigma 项目交流，构建学习的信息平台，编写内部培训教材，培养资深黑带，将 6Sigma 推广工作日常化，鼓励黑带、绿带等参与国内外 6Sigma 交流。

第五节 ｜ 6Sigma 管理过程的两个基本模式

6Sigma 管理过程包括 6Sigma 过程改进、6Sigma 过程设计和 6Sigma 过程管理。

每个项目团队都必须确定顾客需要，通过过程改进，去除产品和服务中存在的缺陷。当过程已经达到了最大能力，但仍不能满足顾客提高了的要求时，团队将过程改进转向创造新过程，即过程设计，以实现 5Sigma 或 6Sigma 质量水平。所有的改进团队都必须实施某种方法来管理改进后的过程，并把它交接到其他员工的手中。如果不指定人来追踪结果并保持成果，新的解决方案或过程很难生存和持续。

6Sigma 改进（improvement for six sigma, IFSS）的基本模式是"DMAIC"，6Sigma 设计（design for six sigma, DFSS）的基本模式是"DMADV"。从改进质量以降低产品和过程差错，到设计质量以避免产品和过程问题，6Sigma 设计体现了 6Sigma 管理的经济性原理。

一、6Sigma 改进（IFSS）的实施模式（DMAIC）

（一）DMAIC 模式的五个阶段

1. 界定（define, D）

项目界定是 6Sigma 项目成功与否最为关键的阶段。主要工作内容包括改进机会的确定、绘制 SIPOC 图、确定顾客的需求和关键质量特性、绘制详细流程、项目团队的建设等。

2. 测量（measure, M）

测量阶段要明确测量的对象、方法和指标，定义测量过程，确定过程输出指标和 CTQ、输入指标及过程指标之间的关系，进行测量系统分析。测量阶段的目的是保证项目工作能够采用正确的方法，测量正确的指标，测量结果的变异尽可能小，保证后续分析阶段使用的数据准确可靠。

3. 分析（analyze, A）

分析阶段的目的是要找出影响业绩指标的关键的、潜在的因素。因此，要综合采用各种统计方法和管理技术，进行数据的统计分析、比较试验、缺陷分析、变异来源分析、关键因素分析、多变异分析、相关分析和回归分析、失效模式和效应分析（FMEA）、作业增值性分析等。

4. 改进（improve, I）

改进阶段的任务是基于分析阶段找到的根本原因，提出问题解决方案。对于有些工程技术问题，实验设计（design of experiments, DOE）技术可以用于过程参数优化或产品设计改进。一些创造性思维方法也是非常有帮助的。改进方案要进行评价和筛选，可以采用一些综合评价技术进行方案的选择。为了保证方案实施的成功，有必要进行一些局部试运行试验，对改进方案进行验证。

5. 控制（control, C）

在控制阶段，要在质量管理体系中及时更新流程改进后的程序文件或作业指导书，建立过程控制系统和失控行动方案，采用统计过程控制的技术对过程进行实时监控。另外，还要将项目成果向其他类似的业务流程推广。

（二）DMAIC 模式的特点

DMAIC 是一个逻辑严密的系统。其特点体现在以下三个方面。

1. 融合各种工具和技术

由项目管理技术（需求识别、项目计划、项目团队、项目控制、项目成本等）、统计分析技术（质量功能展开 QFD、过程能力分析、测量系统分析 CR & R、假设检验、实验设计 DOE、响应曲面法 RSM 等）和各种管理方法综合而成的系统。

2. 依据数据决策

从认识问题，确定问题，到分析原因，找到对策，一直到控制"关键少数"，整个过程都建立在统计技术的数据分析基础上，依据数据分析的结论进行决策。它帮助企业以科学的方式认识问题，解决问题，实现更佳（质量）、更快（交货期）和更低（成本）的目标。

3. 遵循 PDCA 循环模式

DMAIC 是建立在 PDCA 模式基础之上，经个性化发展而成的。每经过一次 DMAIC 模式的改进活动，质量水平都会有一次提高，但顾客要求的变化以及 6Sigma 的高质量要求推动企业不断实施 DMAIC 模式的循环改进活动。

（三）DMAIC 模式的应用

DMAIC 流程可用于以下三种基本改进计划。

（1）6Sigma 产品与服务实现过程改进。

（2）6Sigma 业务流程改进。

（3）6Sigma 产品设计过程改进。

企业经营的成功依赖于持续的质量改进。改进活动关注两个目标：一是更有效地满足顾客需求；二是改进组织内部的所有流程。6Sigma 管理追求以顾客为中心，是企业改进其业务流程、改善产品质量的良方。IFSS 侧重在改进原产品和现有过程，减少非符合性成本和不增值的符合性成本，通过 DMAIC 改进过程，实施突破性改进，从而实现提高顾客满意度和降低经营成本的目标，体现了经济性管理的思想。

IFSS 强调定量方法和工具的运用，强调对顾客需求满意的详尽定义与量化表述，每一阶段都有明确的目标并由相应的工具或方法辅助。DMAIC 流程涵盖了 6Sigma 管理的策划、组织、人力资源准备与培训、实施过程与评价、相关技术方法的应用、管理信息系统的开发与使用等方面。IFSS 的过程计划得以实现，需要准确选择和合理使用各种统计技术和工具，也需要类似 Minitab 这样的软件系统的支持。

推行 6Sigma 管理要求企业从上至下都必须改掉"我一直都这样做，而且做得很好"的惯性思维。也许你确实已经做得很好，但是距 6Sigma 管理的目标却差得很远。IFSS 不仅专注于不断提高，更注重目标，即企业的底线收益。

二、6Sigma 设计（DFSS）的实施模式（DMADV）

（一）6Sigma 设计的五个阶段和实施流程

IFSS 是对原有过程的一种渐进式改进方式，当过程的 σ 水平改进到一定程度（大约 4.8σ 水平）时，进一步的改进空间就变得非常狭窄，依靠 DMAIC 模式很难推动质量水平的进一步提高，此时应考虑对过程进行重新设计。这种重新设计过程的方法就称为 6Sigma 设计（design for six sigma，DFSS）。DFSS 是对过程的突破式改进方式，它的实施模式有 DMADV、IDDOV（identify 识别，define 界定，develop 展开，optimize 优化，verify 验证）和 PIDOV（plan 策划，identify 识别，design 设计，optimize 优化，verify 验证）等。这些模式的基本途径类似，具体内容可能有所不同。其中，DMADV 较有代表性，它的五个阶段及其内容见表 9-2。

表 9-2　DMADV 的五个阶段及其内容

阶　段	内　容
D, define 界定阶段	• 目标描述 • 过程范围界定 • 过程输出和需求修改
M, measure 测量阶段	• 了解客户需求，描述过程 • 验证测量系统 • 测量过程绩效，明确可量化指标的设计要求（CTQ）
A, analyze 分析阶段	• 价值分析 • 过程时间分析 • 概念设计
D, design 设计阶段	• 确认/调整范围、绘制高水平过程图 • 创造设计理念 • 建立详尽和优化的设计方案
V, verify 验证阶段	• 每个操作步骤的评价 • 改进设计 • 试验新的过程 • 全面推广

6Sigma 设计应用得当，可以达成用适当的成本、在适当时间点、产出适当产品的目标。6Sigma 设计的功能是强化企业的新产品和服务的开发过程。

6Sigma 设计的实施流程见图 9-6。

在 6Sigma 管理中，IFSS 和 DFSS 相互依赖，相互补充。6Sigma 改进相当于量变，6Sigma 设计相当于质变，在质变与量变相互交替的过程中动态质量曲线呈螺旋式不断上升，逐渐逼近零缺陷目标。

（二）6Sigma 设计中的经济性及注意问题

实施 6Sigma 设计，重新

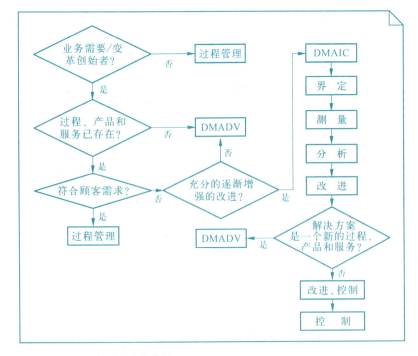

图 9-6　6Sigma 设计的实施流程

设计过程和产品，可以确保新设计成功并达到提高顾客满意度和降低经营成本的目标，避免非符合性成本和减少不增值的符合性成本，体现经济性管理的思想。

1. 设计新产品和过程

有资料表明，在许多开发的新产品中，只有大约50%会成功；投入开发与商业化新产品的资源，大约有45%会被浪费，或者无法带来适当的财务报酬。新产品开发失败的主要原因可归纳为：不正确的市场分析（24%）；产品问题或瑕疵（16%）；缺乏有效的营销（14%）；成本过高（10%）；竞争激烈或对手的反应（9%）；上市时机不好（8%）；技术或生产问题（6%）。

如果在新产品开发时导入6Sigma设计，应用其卓越的各项指标和工具寻找和识别顾客的需求，确定顾客满意的标准和规范，可以使设计流程提升到6Sigma水平（DPMO仅为3.4），从而避免或最大限度地减小新产品开发的风险。

2. 重新设计产品和过程

当发现过程绩效同顾客的需求相差甚远，以至于仅仅通过依靠"修理"已经不能解决问题，或者发现使过程恶化的原因过多时，就要重新思考这个项目是否需要"变革"，即重新设计产品和过程。

在开始设计和重新设计过程之前，6Sigma团队要注意以下四个问题。

（1）是否愿意花较长的时间来完成重新设计？重新设计一个过程比改进现有过程需要更多的时间。通常，团队会在着手重新设计之前，进行几次DMAIC改进，以便吸引或保持顾客，并且通过提高效率缩短重新设计的时间，降低重新设计的成本。

（2）有必需的人力和物力资源吗？过程设计可能需要很多投入，如进行顾客调查，获得具有技术和新观念的人员。

（3）高层管理人员对重新设计关注吗？重新设计过程工作量很大，并且需要做出许多重要决策，黑带和有关管理人员要有足够的决心和投入的态度。

（4）团队和管理层愿意承担设计/重新设计的风险吗？大多数创新活动可能会失败，黑带和项目倡导者必须愿意并且具备管理具有高失败可能性项目的能力。6Sigma设计使用的有效工具能帮助管理风险，增加成功的可能性。

三、6Sigma项目常用的工具

6Sigma项目常用的工具如图9-7所示。

利用图9-7中的工具，可以有效地将问题抽丝剥茧，营造出6Sigma漏斗效应，逐步将各个影响结果的原因，针对其影响力之深浅，予以排序，找出最显著的因子并加以严格管制，有效且经济地将结果予以控制。

在图9-7中，漏斗左侧是五大核心工具，用以一步步筛选出关键的因子。漏斗右侧列出的方法虽不具有直接筛选因子的功能，但却在整个项目执行过程中不断地被应用，如为确认数据的一致性、为追踪项目生命周期各阶段的能力实况、为监测与控制

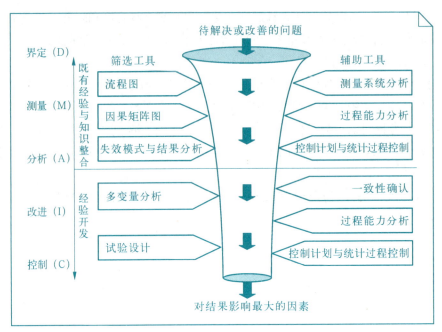

图 9-7　6Sigma 项目常用的工具

改善成效等,支持核心工具的有效执行。

图 9-7 中的横线将核心工具区分为上下两块。许多项目,尤其是针对事务性的流程,只需进行到上半部的终点——失效模式与结果分析。这类项目,将项目小组既有的经验与智慧整合,通常能够有效改善问题,但对于流程相关的经验累积,帮助有限。项目深入到图 9-7 中的下半部,即采用多变量分析、试验设计等统计方法,进一步深入探讨输入因子与输出因子的关联性,开发出更多经验,使问题可以在更经济、更有效率的情况下被控制。一个追求卓越的组织,应该鼓励各项目小组尽可能尝试应用统计工具进一步打开流程的黑盒子,让企业经验能够有效累积,竞争力可以大幅度提升。

第六节　中国企业实施 6Sigma 管理的问题和对策

中国企业对 6Sigma 管理无疑是向往的,虽然已经有一些很好的实践,但是应该说 6Sigma 管理在中国企业中仍处于摸索阶段。如何正视中国企业的现状,让 6Sigma 管理在中国的企业里生根开花,是亟待我们研究和探索的现实问题。

一、企业实施 6Sigma 管理可能遇到的问题

（一）缺乏高层领导的支持与参与

6Sigma 管理是一项自上而下的管理活动，高层领导的支持和参与是影响 6Sigma 管理成败的一个关键因素。有些高层领导缺乏对 6Sigma 管理的认识，一知半解，在高层领导团队没有达成一致认识的情况下匆匆实施 6Sigma 管理，结果往往会虎头蛇尾，效果寥寥。有些高层领导对 6Sigma 管理有决心、有承诺，但无行动、无参与，6Sigma 管理推进过程中的问题不能得到及时和有效的解决。

许多企业最高层领导态度很随意，说一句"我们要推行 6Sigma"，就把这些事交给下属去做。他们在 6Sigma 管理的导入初期往往会保持比较高的热情，参加一些项目实施的大会来鼓舞士气，但一段时间以后，他们已经完全不知道 6Sigma 项目推进到什么阶段了。因为他们觉得有更重要的事情要去做，比如要去忙并购、忙企业上市、忙市场扩张，等等。

（二）缺乏科学合理的项目实施规划

6Sigma 管理的实施是一项系统工程，需要进行科学合理的实施规划。规划工作包括确定 6Sigma 管理实施高层领导团队、确定 6Sigma 管理倡导人、明确 6Sigma 管理的推进目标、制定 6Sigma 管理推进计划、建立相应的激励制度，等等。有些企业推行 6Sigma 管理，认为只要选派几个人参加 6Sigma 管理学习班，拿到 6Sigma 黑带/绿带证书就可以了。离开企业 6Sigma 项目实施，任何公司的 6Sigma 黑带/绿带证书都是废纸一张。

（三）缺乏对 6Sigma 管理的专业培训和咨询

在活动初期借助专业咨询公司的帮助是必要的。6Sigma 咨询师能够系统地应用统计学、现代管理学、工业工程技术、计算机技术等帮助黑带/绿带解决企业的实际问题。生搬硬套统计工具并不能够解决企业的实际问题（在现实中，统计方法的误用比正确使用的次数要多）。6Sigma 项目的成功实施至少可以为企业带来两大回报：一是财务回报，使前期的花费变成投资；二是为企业培养组织内部的流程管理人才。因此，如何正确地选择专业的咨询机构是企业实施 6Sigma 管理前期最关键的工作。

（四）管理体制和机制落后，基础管理相对薄弱

6Sigma 管理适用于所有类型的企业。但是，如果企业管理体制和机制落后，基础管理相对薄弱，还做不到经营数据化、信息化，缺少激励机制，评审与授权不足，尚未开展目标管理，缺乏财务支持和科学的财务评估，来自部门间的壁垒或人为抵触严重，这样的企业还是要先抓好体制和机制建设，健全基础管理。操之过急地推广 6Sigma 管理可能难以达到预期结果。

（五）一些企业缺乏推行 6Sigma 管理的财力与耐心

6Sigma 管理需要投入巨大的人力、物力、财力。据成功导入 6Sigma 管理的企业经验，购买一套常用的统计工具软件 Minitab 就需几百万元；培养一名黑带需要几万

元的培训费，至少需 1 年时间。此外，6Sigma 管理推行时间跨度大，头几年产生的效益不明显，也使国内许多企业望而却步。

二、企业实施 6Sigma 管理的若干对策

（一）企业最高管理者强有力的推动是 6Sigma 管理有效实施的关键

对于任何一个企业，实现 6Sigma 管理的长远目标都是前所未有的挑战，要与企业的战略相结合，因此必须有企业最高管理者公开的强有力的支持。最高管理者公开承诺：一方面，是向全体员工传达一种信息，即最高管理者有坚定的意志和信心，在可以预计的将来把企业的业绩提高到空前的程度；另一方面，也是向员工提供了保障，即在今后的改进工作中遇到任何困难，最高管理者都会毫无保留地予以支持。比如，摩托罗拉、通用电气等公司都是由 CEO 亲自负责推行 6Sigma 管理。

高层领导如何参与 6Sigma 管理呢？首先，企业要有一个由高层领导组成的 6Sigma 实施领导团队，他们的主要职责是：明确企业战略以及战略分解，建立 6Sigma 组织保障，参与 6Sigma 项目选择，参与 6Sigma 项目评审，倡导 6Sigma 企业文化。其次，要有专门的高层领导作为 6Sigma 推进的倡导人，负责 6Sigma 实施的具体工作。

6Sigma 管理表面上是一些业务流程的优化，但长期不断做下去就会是对企业文化的一种改变。这需要最高领导自始至终的支持。如在西门子公司，每一次 6Sigma 表彰大会，最高管理层都会亲临现场，为在各领域有出色表现的员工颁奖，提出新的希望。这种优良传统已经深深地融入了西门子的企业文化中。此外，西门子公司每一个项目的倡导者都是由总监以上领导担纲，这样的话，在项目的运作中，团队就会有更高的视界，也容易调动相关各方面的资源。

（二）有针对性的教育培训是 6Sigma 管理有效实施的基础

6Sigma 管理的教育培训应该分层次进行。对企业高层管理以及黑带主管的培训，主要是 6Sigma 管理理念的导入；对黑带与绿带的培训，是培训中投入最多、耗时最长、回报最大的活动。通过 6Sigma 管理方法的学习及实践，使黑带与绿带掌握 6Sigma 管理突破方法和技术，体验 6Sigma 管理理念，实现解决问题的思维方式和行动方法的转变，从而使他们成为企业推动 6Sigma 管理的中坚力量；对全体员工的 6Sigma 管理培训，一般由黑带与绿带开展，并随着项目的实施而推进。6Sigma 管理教育培训还应使企业全体员工产生强烈的自发参与质量改进活动的意识，并逐渐形成一种以质量为核心的企业文化。

6Sigma 管理必须选拔最优秀的员工参加，才会获得最出色的绩效。所以，企业在导入 6Sigma 管理时不能简单地请几个专家来包办代替，而是要亲自培养专职的黑带大师，形成一个强有力的团队，做好长期作战的准备。真正能让 6Sigma 管理成功应用的并不在于其多么先进的工具，而在于如何把 6Sigma 管理的理念植入到员工每天的工作中去，植入到企业的流程和战略中去。

（三）坚持连续改进是有效实施 6Sigma 管理的基本要求

6Sigma 管理是一个长远目标，企业需要根据自己的实际情况，有计划地制定分阶段的短期目标，并逐步实现。以 Motorola 为例，在 1987 年开始推行 6Sigma 管理时，提出质量水平每两年提高 10 倍，每 4 年提高 100 倍的连续改进目标。为把这一目标落实到公司各层，每条生产线都要依据这一目标制定其月度、季度质量改进目标（如 DPU 降低率），并进行考核。

然而，并非任何企业都适用这些优秀的管理方法。中国最初导入 6Sigma 方法论的只是宝钢、联想、中兴国际这样的企业。这些企业对管理的改善一直走在前沿，多年来也形成了很强的管理体系。所以，对 6Sigma 管理理念接受快，实施也很顺利。但差不多从 2002 年开始，越来越多的中小企业对 6Sigma 表现出了浓厚的兴趣，跟风似的也在导入 6Sigma 的方法论，事实证明，那些还不知道 6Sigma 为何物却又急于要跟上的企业最终并未收到好的效果。

本章小结

本章对 6Sigma 管理的思想、理念、概念、特点、组织、指标、工具和两种基本模式作了比较简要但又比较全面的介绍。6Sigma 管理是一项以顾客为中心、以质量经济性为原则、以追求完美无瑕为目标的管理理念；是通过以统计科学为依据的经济分析，实施确定问题、测量目标、分析原因、改进优化和保持效果的过程，使企业在运作能力方面达到最佳境界的综合管理体系；也是寻求同时增加顾客满意度和保持企业经营成功并将其业绩最大化的发展战略。6Sigma 管理适用于任何企业。无论是制造业企业还是服务业企业，无论是追求卓越经营的企业还是正在完善管理基础的企业，都可以从 6Sigma 管理中得到好处，使自己逐步取得竞争优势。

练习与思考

1. 什么是 6Sigma 质量标准？它的主要特点是什么？
2. 6Sigma 管理的特点是什么？
3. 6Sigma 管理中常用的度量指标和工具有哪些？主要作用是什么？
4. 6Sigma 组织的结构是怎样的？在 6Sigma 项目管理中如何发挥作用？
5. IFSS 的基本模式是什么？DFSS 的基本模式是什么？IFSS 和 DFSS 在 6Sigma 过程管理中是如何起作用的？
6. 你认为中国企业应当如何看待 6Sigma 管理？对于那些基础条件较差的企业，应当如何办？

第十章

质量检验

学习目标

1. 认识质量检验的含义、任务、职能、方式和类型等基本概念。
2. 了解检验计划、三检制、标识与可追溯性、不合格品管理等质量检验的组织和主要管理制度。
3. 理解验收抽样检验的原理、分类和常用术语。
4. 了解验收抽样方案的基本类型,理解验收抽样方案的操作特性,掌握验收抽样方案的设计原理和简单使用。
5. 对验收抽样方案操作特性的统计模拟方法和调整型抽样方案的使用有一定的了解。

第一节 | 质量检验的基本概念

质量检验是人们最熟悉、最传统的质量保证方法，也是各类组织质量体系中必不可少的质量要素。

一、检验的含义和任务

ISO 9000：2000 中的 3.8.2 指出，检验（inspection）是"通过观察和判断，适当时结合测量、试验所进行的符合性评价"。

检验包括四个基本要素。

（1）度量：采用试验、测量、化验、分析与感观检查等方法测定产品的质量特性。

（2）比较：将测定结果同质量标准进行比较。

（3）判断：根据比较结果，对检验项目或产品作出合格性的判定。

（4）处理：对单件受检产品，决定合格放行还是不合格返工、返修或报废。对受检批量产品，决定是接收还是拒收。对拒收的不合格批产品，还要进一步作出是否重新进行全检或筛选甚至是报废的结论。

一般来说，质量检验有五项基本任务。

（1）鉴别产品（或零部件、外购物料等）的质量水平，确定其符合程度或能否接收。

（2）判断工序质量状态，为工序能力控制提供依据。

（3）了解产品质量的等级或缺陷的严重程度。

（4）改善检测手段，提高检测作业发现质量缺陷的能力和有效性。

（5）反馈质量信息，报告质量状况与趋势，提供质量改进的建议。

做好质量检验，必须具备下列四个条件。

（1）要有一支熟悉业务、忠于职守的质量检验队伍。

（2）要有可靠和完善的检测手段。

（3）要有一套齐全明确的检验标准。

（4）要有一套既严格又合理的检验管理制度。

二、检验的质量职能和职能活动

在产品质量形成的全过程中，为了最终实现产品的质量要求，必须对所有影响质量的活动进行适宜而连续的控制，而各种形式的检验活动正是这种控制必不可少的条件。

（一）检验的质量职能

质量检验作为一个重要的质量职能，其表现可概括为三个方面：鉴别的职能、把关的职能和报告的职能。

1. 鉴别的职能

检验活动的过程就是依据产品规范（如产品图样、标准及工艺规程等），按规定的检验程序和方法对受检物的质量特性进行度量，将度量结果与产品规范进行比较，从而对受检物是否合格作出判定。正确鉴别产品质量是检验活动的基础职能，是检验的质量职能种种表现的前提。

2. 把关的职能

在正确鉴别受检物质量的前提下，一旦发现受检物不能满足规定要求时，应对不合格品做出标记，进行隔离，防止在作出适当处理前被误用。这种层层"把关"，使"不合格的材料不投产，不合格的毛坯不加工，不合格的在制品不转序，不合格的零部件不装配，不合格的产品不出厂"，从而保证产品的符合性质量，就是检验的质量把关职能。把关是任何检验都必须具备的基本质量职能。

3. 报告的职能

报告的职能就是信息反馈的职能，是全面质量管理得以有效实施的重要条件。在检验工作的过程中，及时进行信息反馈，采取纠正措施只是报告职能的最起码要求。检验的报告职能的更主要的表现，是通过检验活动系统地收集、积累、整理及分析研究各种质量信息，根据需要编制成各种报告或报表，按规定向企业有关人员及部门报告企业产品质量的情况、动态和趋势，为企业质量决策提供及时、可靠和充分的依据。一般而言，检验质量报告大致应包括以下八个内容。

（1）原材料、外购件、外协件进厂验收检验的情况。

（2）成品出厂检验情况，如合格率、返修率、报废率、降级率及相应的经济损失。

（3）各生产单位质量情况，如平均合格率、返修率、报废率、降级率及相应的经济损失，以及质量因素的排列图分析。

（4）产品报废原因的排列图分析。

（5）不合格品的处理情况。

（6）重大质量问题的调查、分析和处理情况。

（7）改进产品质量的建议。

（8）其他有关问题。

（二）检验的职能活动

检验工作渗透在生产的全过程，和几乎所有的生产活动有关。因此，检验的职能活动相当广泛，其内容大致如下。

（1）制定产品的检验计划。

（2）进货物料的检验和试验。

（3）工序间在制品的检验和试验。

（4）成品的检验和验证。

（5）不合格品的处置。

（6）纠正措施的实施。

（7）测量和试验设备的控制。

（8）检验和试验的记录、报告及质量信息的反馈。

三、质量检验的方式及基本类型

（一）质量检验的方式

在实践中，常按不同的标准对质量检验的方式进行分类。

1. 按检验的数量划分检验方式

（1）全数检验。全数检验就是对待检产品批100%地逐一进行检验。

全数检验存在如下一些局限性：

第一，检验工作量大，周期长，成本高，占用的检验人员和设备较多。

第二，虽然投入了很大的检验力量，但由于受检个体太多，往往导致每个受检个体检验标准降低，或检验项目减少。因此，反而削弱了检验工作的质量保证程度。

第三，检验的质量鉴别能力受到各种因素的影响，差错难以完全避免。在全数检验中，这个问题往往更加突出。由于错验和漏检的客观存在，全数检验的结果并不像人们想象中的那么可靠。

第四，不能适用于破坏性的或检验费用昂贵的检验项目。

第五，对批量大，但出现不合格品无严重后果的产品批，全数检验在经济上得不偿失。

由于上述原因，在质量检验中，如无必要一般不采用全数检验的方式。全数检验常用于下述场合：

第一，精度要求较高的产品和零部件。

第二，对后续工序影响较大的质量项目。

第三，质量不太稳定的工序。

第四，需要对不合格交验批进行100%重检及筛选的场合。

（2）抽样检验。所谓抽样检验，是按照根据数理统计原理预先设计的抽样方案，从待检总体（一批产品、一个生产过程等）取得一个随机样本，对样本中每一个体逐一进行检验，获得质量特性值的样本统计值，并和相应的标准比较，从而对总体质量作出判断（接收或拒收、受控或失控等）。由于抽样检验只检验总体中的一部分个体，故全数检验的局限恰恰是抽样检验的长处。抽样检验的缺点主要表现在两方面：一方面，在被判为合格的总体中，会混杂一些不合格品，或反之；另一方面，抽样检验的结论是对批产品而言，因此错判（如将合格批判为不合格批而拒收，将不合格批判为合格批而接收）造成的损失往往很大。虽然运用数理统计原理精心设计抽样方案可以减少和控制错判风险，但不可能绝对避免。

通常，抽样检验适用于全数检验不必要、不经济或无法实施的场合，应用非常广泛。

2. 按检验的质量特性值划分检验方式

（1）计数检验。计数检验适用于质量特性值为计点值或计件值的场合。

（2）计量检验。计量检验适用于质量特性值为计量值的场合。

3. 按检验方法划分检验方式

（1）理化检验。

理化检验是应用物理或者化学的方法，依靠量具、仪器及设备装置等对受检物进行检验。理化检验通常测得检验项目的具体数值，精度高，人为误差小。

理化检验是各种检验方式的主体。随着科学技术的进步，理化检验的技术和装备不断得到改进和发展。例如：过去的破坏性试验有些已用无损检测手段代替；钢材化学成分的快速分析由于光谱分析技术的发展而得以实现等等。

（2）感官检验。

感官检验就是依靠人的感觉器官对受检物的质量特性做出评价和判断，如对产品的形状、颜色、气味、伤痕、污损、锈蚀和老化程度等，往往要靠人的感觉器官来进行检查和评价。

感官质量的判定基准不易用数值表达，感官检验在把感觉数量化及比较判断时也常受人的自身"个性及状态"的影响。因此，感官检验的结果往往依赖于检验人员的经验，并有较大的波动性。但是，由于目前理化检验技术发展的局限性，以及质量检验问题的多样性，感官检验在某些场合仍然是质量检验方式的一种选择或补充。

4. 按检验对象检验后的状态划分检验方式

（1）破坏性检验。

破坏性检验后，受检物的完整性遭到破坏，不再具有原来的使用功能。如寿命试验、强度试验等往往是破坏性检验。随着检验技术的发展，破坏性检验日益减少，非破坏性检验的使用范围在不断扩大。

（2）非破坏性检验。

破坏性检验只能采用抽样检验方式。

5. 按检验实施的位置划分检验方式

（1）固定检验。固定检验就是集中检验，是指在生产单位内设立固定的检验站，各工作地的产品加工以后送到检验站集中检验。固定检验站专业化水平高，检验结果比较可靠，但需要占用生产单位一定的空间，易使生产工人对检验人员产生对立情绪，以及可能造成送检零件之间的混杂等。

（2）流动检验。流动检验就是由检验人员直接去工作地检验。由于不受固定检验站的束缚，检验人员可以深入生产现场，及时了解生产过程的质量动态，容易和生产工人建立互相信任的合作关系，并有助于减少生产单位内的在制品的占用。

6. 按检验目的划分检验方式

（1）验收检验。验收检验广泛存在于生产全过程，如原材料、外购件、外协件及配套件的进货检验，半成品的入库检验，产成品的出厂检验等。验收检验的目的是判断受检对象是否合格，从而作出接收或拒收的决定。

（2）监控检验。监控检验也叫过程检验，目的是检定生产过程是否处于受控状态，以预防由于系统性质量因素的出现而导致的不合格品的大量出现，如生产过程质量控制中的各种抽样检验就是监控检验。

质量检验方式的分类很多。一种检验活动往往具有多种特征，因此可以同时属于多种检验方式。

（二）质量检验的基本类型

实际的检验活动可以分成三种类型，即进货检验、工序检验和完工检验。

1. 进货检验

进货检验是对外购货品的质量验证，即对采购的原材料、辅料、外购件、外协件及配套件等入库前的接收检验。为了确保外购货品的质量，进厂时的收货检验应由专职检验人员按照规定的检查内容、检查方法及检查数量进行严格的检验。

进货检验的深度主要取决于需方对供方质量保证体系的信任程度。需方可制定对供方的质量监督制度，如对供方的定期质量审核，以及在生产过程的关键阶段派员对供方的质量保证活动进行现场监察等。需方对供方进行尽可能多的质量验证，以减少不合格品的产出，是需方保证进货物品质量的积极措施。

进货必须有合格证或其他合法证明，否则不予验收。供方的检验证明和检验记录应符合需方的要求，至少应包括影响货品可接受性的质量特性的检验数据。

进货检验有首件（批）样品检验和成批进货检验两种。

（1）首件（批）样品检验。首件（批）样品检验是需方对供方提供的样品的鉴定性检验认可。供方提供的样品必须有代表性，以便作为以后进货的比较基准。

首件（批）样品检验通常用于以下三种情况。

第一，供方首次交货。

第二，供方产品设计或结构有重大变化。

第三，供方产品生产工艺有重大变化。

（2）成批进货检验。成批进货检验是对按购销合同的规定持续性后继供货的正常检验。成批进货检验应根据供方提供的质量证明文件实施核对性的检查。针对货品的不同情况，有如下两种检验方法。

第一，分类检验法。对外购货品按其质量特性的重要性和可能发生缺陷的严重性，分成A、B、C三类。A类是关键的，必须进行严格的全项检查；B类是重要的，应对必要的质量特性进行全检或抽检；C类是一般的，可以凭供货质量证明文件验收，或作少量项目的抽检。

第二，抽样检验。对正常的大批量进货，可根据双方商定的检验水平及抽样方案，实行抽样检验。进货检验应在货品入库前或投产前进行。

为了保证检验工作的质量，防止漏检或错检，应制定"入库检验指导书"或"入库检验细则"。

2. 工序检验

工序检验有时称为过程检验或阶段检验。工序检验的目的是在加工过程中防止出现大批不合格品，避免不合格品流入下道工序。因此，工序检验不仅要检验在制品是否达到规定的质量要求，还要检定影响质量的主要工序因素(5M1E)，以决定生产过程是否处于正常的受控状态。工序检验的意义并不是单纯剔出不合格品，还应看到工序检验在工序质量控制乃至在质量改进中的积极作用。

工序检验通常有三种形式。

（1）首件检验。所谓首件，是指每个生产班次刚开始加工的第一个工件，或加工过程中因换人、换料、换工装、调整设备等改变工序条件后加工的第一个工件。对于大批量生产，"首件"往往是指一定数量的样品。实践证明，首件检验制度是一项尽早发现问题，防止系统性因素导致产品成批报废的有效措施。

（2）巡回检验。要求检验人员在生产现场对制造工序进行巡回质量检验。检验人员应按照检验指导书规定的检验频次和数量进行，并作好记录。工序质量的控制点应是巡回检验的重点，检验人员应把检验结果标记在工序控制图上。

（3）末件检验。末件检验是指主要靠模具、工装保证质量的零件加工场合，当批量加工完成后，对最后的一件或几件进行检查验证的活动。末件检验的主要目的是为下批生产作好生产技术准备，保证下批生产时能有较好的生产技术状态。

3. 完工检验

完工检验又称最终检验，是全面考核半成品或成品质量是否满足设计规范标准的重要手段。由于完工检验是供方验证产品是否符合顾客要求的最后一次机会，所以是供方质量保证活动的重要内容。

完工检验必须严格按照程序和规程进行，严格禁止不合格零件投入装配。对有让步回用标识的零件经确认后才准许装配。成品质量的完工检验有两种，即成品验收检验和成品质量审核，须有用户的参与并得到用户的最终认可。供方质量体系应保证，在质量计划规定的活动完成以前决不发货；同时，质量体系还应该保证收集所有影响质量活动的记录，以便生产结束后对它们立刻进行评审。

第二节 | 质量检验的组织和主要管理制度

一、检验计划

检验计划是企业对产品质量检验工作进行系统筹划与安排的主要质量文件，它规定了检验工作的措施、资源和活动。检验计划对于实现检验的鉴别、把关和报告的质量职能，保证产品的符合性质量起着十分重要的作用。

检验计划因产品的重要性、复杂程度，以及与企业其他产品的差异而不同。但是，一个完整的检验计划一般应包括如下基本内容。

（1）检验流程。
（2）质量缺陷严重性分级表。
（3）检验指导书。
（4）测量和试验设备配置计划。
（5）人员调配、培训、资格认证等事项的安排。
（6）其他需要特殊安排的事宜。

（一）检验流程图

检验流程图用来表达检验计划中的检验活动流程、检验站点设置、检验方式和方法及其相互关系，一般应以工艺流程图为基础来设计。检验流程图的标识符号有顺序符号和检验符号两类。

（二）产品质量缺陷严重性分级

产品加工制造过程中不可能完全避免质量缺陷。对于不能满足产品预期使用要求的质量缺陷，在质量特性重要程度、偏离规范程度，以及对产品适用性的影响程度上存在着差别。对质量缺陷实施严重性分级有利于检验质量职能的有效发挥和质量管理综合效能的提高。

表 10-1 给出了检验用产品质量缺陷严重性分级原则，供实践中参考。

表 10–1　检验用产品质量缺陷严重性分级原则

涉及方面	缺陷级别			
	致命缺陷（A）	严重缺陷（B）	一般缺陷（C）	轻微缺陷（D）
安全性	影响安全	不涉及	不涉及	不涉及
运转或运行	会引起难于纠正的非正常情况	可能引起易于纠正的非正常情况	不会影响运转或运行	不涉及
寿命	会影响寿命	可能影响寿命	不影响	不涉及
可靠性	必然会造成产品故障	可能会引起易于修复的故障	不会成为故障的起因	不涉及

续表

涉及方面	缺陷级别			
	致命缺陷（A）	严重缺陷（B）	一般缺陷（C）	轻微缺陷（D）
装配	/	肯定会造成装配困难	可能会影响装配顺利	不涉及
使用安装	会造成产品安装困难	可能会影响产品安装的顺利	不涉及	不涉及
外观	一般外观缺陷构成致命缺陷	使产品外观难于接受	对产品外观影响较大	对产品外观有影响
下道工序	肯定造成下道工序的混乱	给下道工序造成较大困难	对下道工序影响较大	可能对下道工序有影响
处理权限	总质量师	检验负责人	检验工程师	检验站组长
检验严格性	100% 严格检验，加严检验	严格检验 正常检验	一般正常检验 抽样检验	抽样检验 放宽检验

（三）检验指导书

检验指导书是产品检验规则在某些重要检验环节上的具体化，是产品检验计划的构成部分。编制检验指导书的目的在于为重要的检验作业活动提供具体的指导。通常对于质量控制点的质量特性的检验作业活动，以及关于新产品特有的、过去没有类似先例的检验作业活动都必须编制检验指导书。

检验指导书的基本内容如下。

（1）检验对象。受检物品的名称、图号及在检验流程图上的位置（编号）。

（2）质量特性。规定的检验项目、需鉴别的质量特性、规范要求、质量特性的重要性级别、所涉及的质量缺陷严重性级别。

（3）检验方法。检验基准（或层面）、检测程序与方法、检验中的有关计算方法、检测频次、抽样检验的有关规定和数据。

（4）检测手段。检验使用的工具、设备（装备）及计量器具，这些器物应处的状态及使用注意事项。

（5）检验判断。正确指明对判断标准的理解、判断比较的方法、判定的原则与注意事项、不合格的处理程序及权限。

（6）记录与报告。指明需要记录的事项、方法和记录表式，规定要求报告的内容与方式、程序与时间。

（7）对于复杂的检验项目，检验指导书应该给出必要的示意图表及提供有关的说明资料。

二、三检制

三检制就是操作者自检、工人之间互检和专职检验人员专检相结合的一种检验制度。这种三结合的检验制度有利于调动广大员工参与质量检验工作的积极性和责任感，是任何单纯依靠专业质量检验的检验制度所无法比拟的。

（一）自检

操作者根据工序质量控制的技术标准对自己加工的产品自行检验。自检的最显著特点是检验工作基本上和生产加工过程同步进行。因此，通过自检，操作者可以及时了解自己加工的产品质量以及工序所处的质量状态，当出现问题时，可及时寻找原因并采取改进措施。自检制度是工人参与质量管理和落实质量责任制度的重要形式，也是三检制能取得实际效果的基础。

（二）互检

互检就是工人之间相互检验。一般是指：下道工序对上道工序流转过来的在制品进行抽检；同一工作地轮班交接时的相互检验；班组质量员或班组长对本班组工人加工的产品进行抽检等。互检是对自检的补充和监督，同时也有利于工人之间协调关系和交流技术。

（三）专检

专检就是由专业检验人员进行的检验。专业检验人员熟悉产品技术要求，工艺知识和经验丰富，检验技能熟练，效率较高，所用检验仪器相对正规和精密，因此专检的检验结果比较正确可靠。而且，由于专业检验人员的职责约束，以及和受检对象无直接利害关系，其检验过程和结果比较客观公正。所以，三检制必须以专业检验为主导。专业检验是现代化大生产劳动分工的客观要求，已成为一种专门的工种和技术。在质量检验工作中，任何弱化检验，以自检排挤专检的做法都是错误的。实践表明，自检（包括互检）容易发生错检和漏检，这不仅和生产工人的检验技能及检测手段等客观因素有关，还和生产工人在自检和互检时的立场、态度、情绪等主观因素有关。检验的质量职能必须通过专检来保证。

三、标识与可追溯性

ISO 9001：2000 的 7.5.3 对标识和可追溯性作了明确的规定。完善的产品标识和可追溯性制度对保证产品检验的准确性十分重要，对分析质量问题的原因和降低采取补救措施的成本很有帮助。标识和可追溯性的目的主要有两个方面。

（1）便于标识产品，防止混料、误发和误用。适当的产品标识可以防止在加工过程中出现混淆，可以保证只有合格的原材料和零件才会进入生产，避免不合格品在生产现场出现；还可以使仓储的原材料等按先进先出的原则投入生产。

（2）便于通过产品标识及其相关记录实现产品质量追溯。质量追溯包括自企业外部追溯到企业内部，把用户在产品使用中出现的问题及时反馈给生产者，辨明责任、分析原因、采取纠正措施，为质量改进提供依据；还包括自企业内部发现质量问题时能够追溯到用户，将有问题的产品及时追回或采取补救措施，维护用户利益和企业声誉，避免更大的损失。

产品标识的对象很广泛，包括原材料、辅料、零部件、半成品和成品。因此，产品标识的对象涉及进货、技工、装配、包装、交付等产品生产物流的全部过程。

产品标识的方法和要求如下：

（1）产品标识的内容一般有产品的型号、件名、名称、规格和厂名、商标等。对于大批量的产品，可以用批次号、生产的日历日期等。

（2）产品标识的形式一般有粘贴标签、挂标牌、打钢印、记号笔手写、喷墨射印、电笔刻蚀和条形码等，也可采用随行文件（如流转单）的方式。

（3）产品标识的部位一般有产品上、包装上、料架上、专用推车上、工位器具上和座位上等。

（4）产品标识必须正确、清晰、牢固。当产品标识在加工过程中被破坏时，应该作好标识移植。

四、不合格品管理

ISO 9000：2000 的 3.6 和 3.1.2 给出了不合格的定义。所谓"不合格"是指"未满足要求"，即未满足"明示的、通常隐含的或必须履行的需求或期望"。

（一）不合格品的确定和管理

在质量检验工作中，对可疑的不合格品或生产批，必须认真加以鉴别。对确实不符合要求的产品必须确定为不合格品。

对质量的鉴别有两种标准：一种是符合性标准，即产品是否符合规定的技术标准。这种鉴别有明确的标准可以对照，是质量检验人员及机构的经常性工作。另一种是适用性标准，即产品是否符合用户要求。用户要求往往因人、因时、因地而异，较多个性而较少共性，因此产品质量的适用性标准可能会超出质量鉴定的范畴。从现代质量观来看，产品质量的符合性标准和适用标准在本质上应该是一致的，但是现实生活中这两类标准未必总能合拍。一个完全符合质量标准的产品，某些用户可能会觉得并不称心如意，而一个不完全符合质量标准的产品，某些用户反而觉得其性能和质量正合心意。但是，不管怎样，为了真正发挥质量检验的把关和预防职能，在任何情况下都应该坚持质量检验的"三不放过"原则，即"不查清不合格原因不放过，不查清责任者不放过，不落实改进措施不放过"。

不合格品的管理不但包括对不合格品本身的管理，还包括对出现不合格产品的生产过程的管理。当生产过程的某个阶段出现不合格品时，决不允许对其作进一步的加工。同时，根据"三不放过"的原则，应立即查明原因。如果确系生产过程失控造成，则在采取纠正措施前，应该停止生产过程，以免产生更多的不合格品。根据产品和质量缺陷的性质，可能还须对已生产的本批次产品进行全面复查。

对于不合格品本身，应根据不合格品管理程序及时进行标识、记录、评价、隔离和处理。

（二）不合格品的处置

对不合格品（产品、原材料、零部件等）应通过指定机构负责评审。经过评审，对不合格品可以作出如下处置。

（1）返工（rework）。可以通过再加工或其他措施使不合格品完全符合规定的要求。如机轴直径偏大，可以通过机械加工使其直径符合公差范围成为合格产品。返工后必须经过检验人员的复验确认。

（2）返修（repair）。对其采取补救措施后，仍不能完全符合质量要求，但能基本上满足使用要求，判为让步回用品。在合同环境下，修复程序应得到需方的同意。修复后须经过复验确认。

（3）让步（concession）。不合格程度轻微，不须采取返修补救措施，仍能满足预期使用要求，而被直接让步接收回用。这种情况必须有严格的申请和审批制度，并得到用户的同意。

（4）降级（regrade）。根据实际质量水平降低不合格品的产品质量等级或作为处理品降价出售。

（5）报废（scrap）。如不能采取上述种种处置时，只能报废。报废时，应按规定开出废品报告。

第三节 验收抽样检验的基本概念

一、验收抽样检验的原理和分类

验收抽样检验的对象是一批产品而非个别产品。在很多情况下，验收检验需要采用抽样检验的方式来实施。

（1）带破坏性的检查项目。

（2）检查费用高或耗费时间长的一般质量特性。

（3）不便于划分单位产品的连续性产品。

（4）数量多、生产速度快、不适宜全数检查的产品。

（5）其他。

验收抽样检验实施时，按照预先规定的抽样方案，从交验批（如产品批、原材料批、半成品批、外购件批等）中抽取一个或几个随机样本，通过样本检验的结果和标准的比较，判定整批产品的合格接收或不合格拒收。抽验方案的制定以数理统计原理为基础，兼顾供需双方的风险损失，对交验批的质量给予整体上的保证，但允许合格批中有少数不合格品，也允许不合格批中含一定数量的合格品。

根据不同的使用要求，验收抽样检验可作不同的分类。例如，按照收集的数据性质可分为记数抽样验收和计量抽样验收；按照抽取样本的数目可分为一次抽样验收、二次抽样验收、多次抽样验收和序贯抽样验收；按照提交检验时是否组成批可分为逐批抽样验收和连续抽样验收；按照抽样方案能否随情况调整可分为标准型抽样验收和调整型抽样验收；按照对不合格批的处置办法可分为挑选型抽样验收和非挑选型抽样验收等。

在实际应用中，可根据实际情况自行设计抽验方案。但是，在一般情况下，为了达成供需双方对检验结果的共同信任，应尽可能采用合适的国际标准或国家标准，参见表10-2。

表 10-2　不同检验场合下选择抽样验收标准/方案的指导

检验对象	抽样验收标准/方案			
	计 数 型			计 量 型
进厂检验	连续批	数个供方	GB 2828，ISO 2859—1	GB 6378，ISO 3951
		一个供方	GB 2828，ISO 2859—1	GB 6378，ISO 3951
	间断购入	每批数量少	GB/T 13262，GB/T 13264	GB 8053，GB 8054
		只采购一次	GB/T 13262，ISO 2859—2	GB 8053，GB 8054
过程检验	连续批	质量稳定	GB 2828，ISO 2859—1，GB/T 13546AOQL	GB 6378，ISO 3951
		质量不稳定	GB/T 13546LQ	GB 8053，GB 8054
	间隔长	每批数量少	GB/T 13546LQ	GB 8053，GB 8054
		只生产一批	GB/T 13262，ISO 2859—2	GB 8053，GB 8054
	流水线生产		GB 8052，MIL－STD－1235B	
出厂检验	出厂连续批		GB 2828，ISO 2859—3，GB/T 13546AOQL，ISO 2859—1，GB/T 13262	GB 6378，ISO 3951
	间断出厂	品种多、数量少	GB/T 13546LQ	GB 8053，GB 8054
		只生产一批	GB/T 13262，ISO 2859—2	GB 8053，GB 8054
周期检验		生产了一段时间	GB 2829	
贵重品或危险品检验	接受少量不合格品会造成重大损失；检验没有破坏性		100% 检验	
			GB 2828，ISO 2859—1，GB 8051，GB/T 13264	GB 6378，ISO 3951，GB 8053，GB 8054

二、验收检验中的一些常用术语

(一) 单位产品

单位产品也可称为个体,是构成产品总体的基本单位。在测试或检验中,一般将每个样品叫作一个单位产品。单位产品有时可以自然地划分,如一批灯泡中的每只灯泡;有时不能自然地划分,如在不同的需要下,一尺布、一丈布以至一匹布都可以作为一个单位产品。

(二) 样本

样本由取自产品总体的单位产品(即个体)组成。根据统计原理,构成样本的各个单位产品应随机地取自总体,并相互独立,以便使样本的统计特性能够较好地反映总体的分布特性。样本中单位产品的数目称为样本容量或样本大小,一般用 n 来表示。

(三) 交验批

提供检验的产品总体称为交验批。交验批中单位产品的数目称为批量,当批量有限时常用 N 来表示。可以用不同的指标来衡量交验批的质量,例如:

批中所有单位产品的某个特性的平均值,如一批灯泡的平均使用寿命;

批中所有单位产品的某个特性的标准差或变异系数(即标准差与平均值的比值);

批中每个(或每百个等)单位产品的平均瑕疵点数(或缺陷数);

批中不合格的单位产品所占的比例(即不合格率)。

(四) 合格判定数 Ac 和不合格判定数 Re

在抽样方案中,预先规定的判定批产品合格的样本中最大允许不合格数称为合格判定数(acceptance number),常被记作 Ac 或 C;相应地,预先规定的判定批产品不合格的样本中最小不合格数称为不合格判定数(rejection number),常被记作 Re 或 R。

(五) 批不合格率 p 和过程平均不合格率 $\bar{p}$

批不合格率是批中不合格品数 D 占整个批量 N 的比率,一般用百分数来表示,即

$$p = D/N$$

过程平均不合格率是指批产品的平均不合格率,用 $\bar{p}$ 来表示。$\bar{p}$ 可以用这些批产品的样本抽验结果来估计。设共有 k 批产品,从每批产品中抽取的随机样本的大小依次为 $n_1, n_2, \cdots, n_k$;其中的不合格品数依次为 $d_1, d_2, \cdots, d_k$。则

$$\bar{p} = (d_1 + d_2 + \cdots + d_k)/(n_1 + n_2 + \cdots + n_k)$$

为了使上式成为 $\bar{p}$ 真值的良好估计,必须注意下列三个问题。

(1) 生产过程必须稳定,保证 k 个连续交验批具有相同的质量水平。

(2) k 个随机样本中的不合格数是首次检验的结果。如经过返工或挑拣,则其中的不合格品数不能反映交验产品的整体质量的真实水平。

（3）用于计算过程平均数的批数必须足够多，通常不应少于 20 批。一般来说，批数越多，检验的单位产品数越多，对产品质量水平的估计就越可靠。

上述有关讨论对批不合格率 p 也适用。

（六）合格质量水平 AQL 和生产者风险 PR

合格质量水平（acceptable quality level, AQL）也称为可接受质量水平，是供需双方共同认为可以接收的连续交验批的过程平均不合格率的上限值。供方应当有能力使其交付的产品批的实际质量水平以高概率优于 AQL，需方则应对能有高概率接收实际质量水平优于 AQL 的产品批而感到满意。

生产者风险（producer's risk, PR）是供方所承担的合格批被错判为不合格批的风险，风险概率通常记为 α。

在抽验方案的制定中，为了控制交验批的质量，同时又能维护供方的利益，通常将 AQL 和 PR 相联系。若 $PR=\alpha$，则抽验方案应能使实际质量水平（批不合格率 p）为 AQL 的交验批以 $(1-\alpha)$ 的高概率判为合格。

（七）批最大允许不合格率 LTPD 和消费者风险 CR

批最大允许不合格率（lot tolerance percent defective, LTPD）也称为可拒收质量水平，是需方能够接受的产品批的极限不合格率。供方应当有能力使其交付的产品批的实际质量水平以高概率不劣于 $LTPD$，需方则有权要求当产品批实际质量劣于 $LTPD$ 时能有高概率检出而拒收。

消费者风险（customer's risk, CR）是需方所承担的不合格批被错判为合格批的风险，风险的概率通常记为 β。

在抽验方案的制定中，为了控制交验批的质量，同时又能维护需方的利益，通常将 $LTPD$ 和 CR 相联系。若 $CR=\beta$，则抽验方案应能使实际质量水平（批不合格率 p）为 $LTPD$ 的交验批以 $(1-\beta)$ 的高概率判为不合格。

三、验收抽样方案的基本类型

根据对交验批最多可以作几次抽样才能作出合格与否的判定这一标准，抽样方案可以分为一次抽样方案、二次抽样方案和多次抽样方案。

对于批量为 N 的交验批，决定抽样方案特征的参数为样本容量 n 和合格判定数 Ac 及不合格判定数 Re。若设二次及多次抽样方案中第 i 个样本的容量为 n_i，合格判定数及不合格判定数为 Ac_i 及 Re_i，则一次、二次和多次抽样方案的操作程序可分别见图 10-1、图 10-2 及图 10-3。

一次抽样方案操作简单，干脆利落，但易使人感觉武断；多次抽样方案操作复杂，优柔寡断，反而使人容易产生怀疑。相对而言，从操作的方便程度和对人的心理影响来看，二次抽样方案比较适中，因此应用也较广。

计量验收抽样方案中也有一次、二次及多次之分，其操作程序和记数抽样相仿。

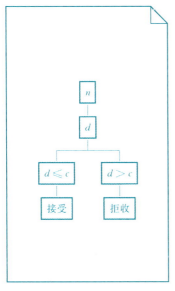

图 10-1　一次抽样

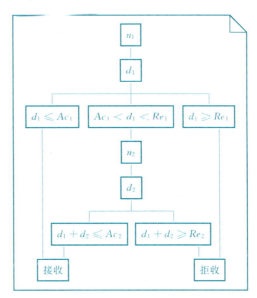

图 10-2　二次抽样

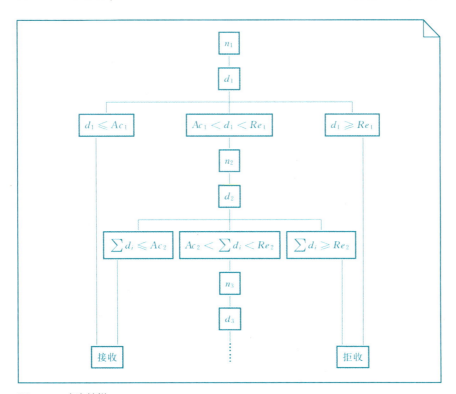

图 10-3　多次抽样

一般来说，对于相近的平均抽验量，多次抽样的鉴别能力要强于二次抽样，而二次抽样要强于一次抽样。综合利弊，抽样的次数不宜过多。从已正式发布的抽样方案来看，ISO 2859 的抽样次数是较多的，可达 7 次；我国的 GB 2828：1987 的抽样次数也可达 5 次。

多次抽样的极端是"无限次"抽样，如特别适合于破坏性检验的序贯抽样。

设有一批产品需要验收。当批不合格率 $p=p_0$（如 $p_0=AQL$）时，认为是合格批，愿以高概率 $(1-\alpha)$ 接收这批产品。当 $p=p_1$（如 $p_1=LTPD$）时，认为是不合格批，要求因错判而接收这批产品的可能性只是小概率 β。

按照序贯抽样方案的操作程序，每次只从批中抽验一个单位产品。在每抽检一个单位产品后，根据已经抽检的各单位产品的累计测试结果（即合格单位产品数目和不合格单位产品数目），比较 $p=p_1$ 和 $p=p_0$ 时出现这些测试结果的概率。若前一概率比后一概率明显地小，说明 $p=p_0$ 的可能性大，因而判定这批产品是合格的；若反之，则判定这批产品不合格。而当前后两个概率相差不大，因而难判定时，则继续抽验一个单位产品。如此继续，直到能够对这批产品作出合格与否的判定为止。序贯抽样检验的操作比较复杂，检验人员需经专门培训。

在实际的抽样验收中，由于验收对象和验收要求等条件的不同，有各种各样的抽样方案，有的甚至非常复杂，但多数抽样方案以一次、二次、多次抽样为基础。

第四节 | 验收抽样方案的操作特性和设计

一、抽样方案的操作特性

抽样方案的操作特性也称为抽检特性，是指抽样方案对交验批实际质量水平的鉴别能力。对于确定的抽样方案，如用它来对某个交验批作验收抽样检验，则将交验批判为合格因而接收是一随机事件，这一随机事件的发生概率称为抽样方案对交验批的接收概率，常用 P_a 来表示。抽样方案的操作特性可以通过其对不同质量水平的交验批的接收概率来反映。

接收概率是交验批实际质量水平的函数，这个函数称为抽样方案的操作特性函数（operation characteristic function），简记为 OC 函数，函数的图像称为抽样方案的操作特性曲线（operation characteristic curve），即 OC 曲线。OC 函数和 OC 曲线是研究抽样方案操作特性的重要工具。

若交验批质量水平用批不合格率 p 来表示，则抽样方案对交验批的接收概率为 $P_a=L(p)$。当抽样方案对交验批的合格判定标准定为批不合格率 p_0 时，则理想的抽样方案应当以 100% 的概率接收批不合格率 $p \leqslant p_0$ 的交验批，即当 $p \leqslant p_0$ 时，$P_a = L(p)=1$；而以 100% 的概率拒收批不合格率 $p > p_0$ 的交验批，即当 $p > p_0$ 时，$P_a=L(p)=0$。像这样理想的抽样方案的 OC 曲线见图 10-4。但是，实际抽样方案只能以高概率接收合格批，而以高概率拒收不合格批。若抽样方案合格判定标准为 p_0（如 $p_0=AQL$），不合格判定标准为 p_1（如 $p_1=LTPD$），当 $p=p_0$ 时，抽样方案将合格批误判为不合格批的错判风险概率为 α（即 $\alpha = PR$），而当 $p=p_1$ 时，抽样方案将不合格批误判为合格批的错判风险概率为 β（即 $\beta=CR$）。那么，抽样方案的 OC 曲线的大致形状如图 10-5 所示。

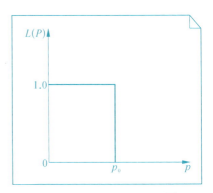

图 10-4
理想方案的 OC 曲线

二、验收抽样方案的设计

（一）方案设计的一般原理

抽样方案其实是实施抽样检验时的一组规则，包括如何抽取样本、样本的大小以及批合格与否的判别标准。由于方案中样本个数一般在事先已经确定，所以方案设计要做的事只是选择样本大小和判别标准。例如，对于图 10-1 所示的一次抽样，只需选择样本大小 n 和合格判定数 C （$Ac=C$；$Re=C+1$）；对于图 10-2 所示的三次抽样，只需选择两个样本的大小 n_1 和 n_2，以及相关的合格判定数 Ac_1 和 Ac_2 及不合格判定数 Re_1 和 Re_2（$Ac_1=C_1$；$Re_1=Ac_2=C_2$；$Re_2=C_2+1$）。其他抽样方案的设计也类似。为了表达上的方便，常用符号 $(n|C)$ 表示上述一次抽样方案，用符号 $(n_1, n_2|C_1, C_2)$ 表示上述三次抽样方案。

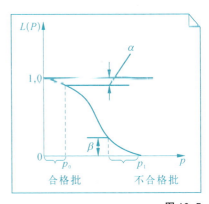

图 10-5
实际方案的 OC 曲线

方案设计时，为了使抽样方案能符合预期的性能要求，常见的方案参数约束有如下四种。

（1）合格质量水平 AQL 的约束：$L(AQL)=1-\alpha$。

（2）批最大允许不合格率 LTPD 的约束：$L(LTPD)=\beta$。

（3）平均出厂质量极限 AOQL 的约束：$AOQL=p_1$。其中，p_1 是事先确定的 AOQL 的限定值。AOQL 能为用户提供明确的质量保证，是挑选型抽检方案设计时的重要参数约束。应用 AOQL 指标设计的典型的挑选型抽检方案，如美国的道奇-罗米格（Dodge-Romig）抽检表和日本的 JIZ9006，还能使检验工作量减至最少的程度，因而特别适合企业内部的检验工作。

（4）使平均检验量 ASN 最小的约束。平均检验量 ASN（average sampling number）又常记作 $\bar{I}$，也是反映抽检方案性能的重要指标。对于多次抽样，只有当前一样本抽检结果无法对批质量是否合格作出判定时才需抽检下一个样本；对于挑选型抽样，只有当判定批质量不合格因而拒收时才需对整批产品实施全数检验。因此，多数检验方案实施时的实际检验量是不确定的。和操作特性函数一样，抽检方案的平均检验量也是交验批的实际质量水平的函数。

在抽检方案的设计中，可根据上述一个或几个约束条件来确定参数。当然，也可以考虑其他约束条件,但上述几个约束条件是最常使用的。当所给条件不足以确定方案参数时,也即有多种方案可供使用时,则需要比较它们各自的 OC 曲线,找出合乎理想的抽检方案。

(二) 计数标准型一次抽检方案的设计

1. 计数标准型抽检方案的特点

(1) 为了对供需双方同时提供保护,方案参数必须满足如下约束:

$$\begin{cases} L(AQL) = 1 - \alpha \\ L(LTPD) = \beta \end{cases}$$

(2) 不要求供方提供交验批验前资料,适用于对孤立批的检验。

(3) 对破坏性检验也适用。

(4) 不规定对拒收批如何处理。

(5) 和提供验前资料或只保护供需双方某一方利益的抽检方案相比,如要求同等操作特性,所需抽检量较大。

2. $(n \mid C)$ 方案设计的例子

在应用中,为了方便,往往利用各种现成的方案表来确定参数 n 和 C。

(1) J. M. Cameron 抽检表。J. M. Cameron 抽检表(见表 10-3)规定和合格质量水平 AQL 对应的生产者风险 $PR = \alpha = 0.05$,和批最大允许不合格率 LTPD 对应的消费者风险 $CR = \beta = 0.10$。相应地,在表中记 $AQL = p_{0.95}$,$LTPD = p_{0.10}$。J. M. Cameron 抽检表适用于样本中不合格品数服从泊松分布的抽样检验问题。当不合格品数服从二项分布或超几何分布时也可近似采用。

例 1 如 $AQL = p_{0.95} = 0.001$,$LTPD = p_{0.10} = 0.01$,求抽检方案 $(n \mid C)$。

解:由于 $p_{0.10}/p_{0.95} = 0.01/0.001 = 10$,查表 10-3 中 $p_{0.10}/p_{0.95}$ 列,发现 10.946 和 10 最接近,故确定 $C = 1$。

在 $C = 1$ 行中,根据 $np_{0.95} = 0.001n = 0.355$,得 $n = 355$,即采用方案 $(355 \mid 1)$。此方案相应的 $p_{0.10} = 3.890/355 = 0.011$。

同样,在 $C = 1$ 行中,根据 $np_{0.10} = 0.01n = 3.890$,得 $n = 389$,即采用方案 $(389 \mid 1)$。此方案相应的 $p_{0.95} = 0.355/389 = 0.0009$。

方案 $(355 \mid 1)$ 和 $(389 \mid 1)$ 都能基本满足问题要求。虽然两者的操作特性存在微小差异,但实际应用中是可以忽略的。为了节约检验工作量,可以考虑选择方案 $(355 \mid 1)$。

(2) JIS-Z-9002。JIS-Z-9002 是日本工业标准,由计数标准型一次抽检表(见表 10-4)和抽验设计辅助表(见表 10-5)组成。表 10-4 中,p_0(一般为合格质量水平 AQL)栏分 21 个区段,p_1(一般为批最大允许不合格率 LTPD)栏分 17 个区段。在设计方案时,可能会遇到下列四种情况。

① 在 p_0 行和 p_1 列交叉格上有方案,则该方案即为所求方案。

表 10–3　J.M.Cameron 抽检表

C	$np_{0.95}$	$np_{0.10}$	$p_{0.10}/p_{0.95}$	C	$np_{0.95}$	$np_{0.10}$	$p_{0.10}/p_{0.95}$
0	0.051	2.303	44.890	16	10.831	22.452	2.073
1	0.355	3.890	10.946	17	11.633	23.606	2.029
2	0.818	5.322	6.509	18	12.442	24.756	1.990
3	1.366	6.681	4.890	19	13.254	25.902	1.954
4	1.970	7.994	4.057	20	14.072	27.045	1.922
5	2.613	9.275	3.549	21	14.894	28.184	1.892
6	3.286	10.532	3.206	22	15.719	29.320	1.865
7	3.981	11.771	2.957	23	16.548	30.453	1.840
8	4.695	12.995	2.768	24	17.382	31.584	1.817
9	5.426	14.206	2.618	25	18.218	32.711	1.795
10	6.169	15.407	2.497	30	22.444	38.315	1.707
11	6.924	16.598	2.397	35	26.731	43.872	1.641
12	7.690	17.782	2.312	40	31.066	49.390	1.590
13	8.464	18.958	2.240	45	35.441	54.878	1.548
14	9.246	20.128	2.177	50	39.849	60.339	1.515
15	10.035	31.292	2.122				

② 在上述交叉格上是箭头，则沿箭头方向寻找，首先遇到的方案格上所列方案，即为所求方案。

③ 按上述方法寻找方案，若找到的是"*"号，则采用表 10-5 设计方案。

④ 根据 p_0 和 p_1 值，表 10-4 中对应的是空格，则表示没有相应的计数标准型一次抽检方案（因为此时的 $p_0 > p_1$，不合理）。

采用表 10-5 设计方案时，若 n 值非整数，则取最接近的整数；若 n 太大，如 $n \geq N$，则意味着应实行全数检验。

JIS-2-9002 还附列了方案的 OC 曲线，可用来确定抽检方案的两类风险概率 α 和 β。

例 2　采用 JIS-2-9002，确定例 1 所要求的抽验方案 $(n \mid C)$。

解：在表 10-4 中，$p_0 = 0.001 = 0.1\%$ 属于（0.090%～0.112%）行，$p_1 = 0.01 = 1\%$ 属于（0.91%～1.12%）列。行列交叉格处为方案格，所示方案（400｜1）即为所求的计数标准型一次抽验方案。

方案（400｜1）和例 1 中所得的方案（355｜1）及（389｜1）相比，三个方案都能满足问题的要求，但它们的操作特性略有差别。

例 3　求 $p_0 = 0.003$，$p_1 = 0.05$ 所对应的抽检方案 $(n \mid C)$。

解：在表 10-4 中，（0.281%～0.355%）行和（4.51%～5.6%）列的交叉格处为箭头"←"。在"←"左边为"↓"，在"↓"下方为方案格，所示方案（100｜1）即为所求。

例 4　求 $p_0 = 0.02$，$p_1 = 0.04$ 所对应的抽检方案 $(n \mid C)$。

解：查表 10-4，对应的交叉格为"*"，故需利用表 10-5 设计方案。

表 10-4 计数标准型一次抽验表

p_0(%) \ p_1(%) \ (n|C)	0.71~0.90	0.91~1.12	1.13~1.40	1.41~1.80	1.81~2.24	2.25~2.80	2.81~3.55	3.56~4.50	4.51~5.60	5.61~7.10	7.11~9.00	9.01~11.2	11.3~14.0	14.1~18.0	18.1~22.4	22.5~28.0	28.1~35.5
0.090~0.112	*	400|1	→	→	→	↑	→	→	↓	→	↓	↓	→	→	→	→	→
0.113~0.140	*	→	300|1	→	→	→	50|0	→	40|0	→	→	25|0	→	↓	→	→	→
0.141~0.180	*	500|2	→	250|1	200|1	150|1	→	↑	←	30|0	↓	→	→	→	→	→	→
0.181~0.224	*	*	400|2	300|2	200|2	150|2	120|2	100|1	↑	←	25|0	20|0	↑	→	↓	→	→
0.225~0.280	*	*	500|3	300|2	250|2	200|2	150|3	100|1	80|1	→	50|1	→	→	15|0	→	7|0	5|0
0.281~0.355	*	*	*	400|3	300|3	250|3	200|3	120|2	100|2	60|1	60|2	40|1	30|1	←	10|0	→	→
0.356~0.450	*	*	*	500|4	400|4	300|4	250|4	150|3	120|3	80|2	60|2	50|2	40|2	↑	→	→	←
0.451~0.560	*	*	*	*	500|6	400|6	300|6	200|4	150|4	100|3	80|3	60|3	50|3	→	→	←	10|1
0.561~0.710	*	*	*	*	*	*	500|10	250|6	200|6	120|4	100|4	70|4	60|4	40|4	20|2	15|1	→
0.711~0.900	*	*	*	*	*	*	*	400|10	300|10	150|6	120|6	100|6	80|6	50|4	25|3	20|2	15|2
0.901~1.12	*	*	*	*	*	*	*	*	*	250|10	200|10	150|10	120|10	60|6	30|3	20|3	↓
1.13~1.40	*	*	*	*	*	*	*	*	*	*	*	*	*	100|10	40|4	25|3	20|3
1.41~1.80	*	*	*	*	*	*	*	*	*	*	*	*	*	*	70|10	30|4	25|4
1.81~2.24	*	*	*	*	*	*	*	*	*	*	*	*	*	*	*	40|6	25|4
2.25~2.80	*	*	*	*	*	*	*	*	*	*	*	*	*	*	*	60|10	30|6
2.81~3.55	*	*	*	*	*	*	*	*	*	*	*	*	*	*	*	*	*
3.56~4.50	*	*	*	*	*	*	*	*	*	*	*	*	*	*	*	*	*
4.51~5.60	*	*	*	*	*	*	*	*	*	*	*	*	*	*	*	*	*
5.61~7.10	*	*	*	*	*	*	*	*	*	*	*	*	*	*	*	*	*
7.11~9.00	*	*	*	*	*	*	*	*	*	*	*	*	*	*	*	*	*
9.01~11.2	*	*	*	*	*	*	*	*	*	*	*	*	*	*	*	*	*

表 10-5 抽验设计辅助表

p_1/p_0	C	n	p_1/p_0	C	n
17 以上	0	$2.56/p_0+115/p_1$	3.5~2.8	6	$164/p_0+527/p_1$
16~7.9	1	$17.8/p_0+194/p_1$	2.7~2.3	10	$308/p_0+770/p_1$
7.8~5.6	2	$40.9/p_0+266/p_1$	2.2~2.0	15	$502/p_0+1\,065/p_1$
5.5~4.4	3	$68.3/p_0+334/p_1$	1.99~1.85	20	$704/p_0+1\,350/p_1$
4.3~3.6	4	$98.5/p_0+400/p_1$			

备注：$p_1/p_0=1.86$ 时，算出的 n 值非常大，失去了抽验的意义，故未列入表内。

由于 $p_1/p_0=0.04/0.02=2$，在表 10-5 中，属于（2.2~2.0）行，故 $C=15$，而 $n=$（502/0.02）+（1 065/0.04）= 51 725。因此，所求方案为（51 725 | 15）。

方案（51 725 | 15）中样本实在太大，这是由于 p_0 和 p_1 过于接近所造成的。当遇到这样的情况时，可能需要对原定的 $AQL=p_0$ 和 $LTPD=p_1$ 是否合理进行研究并作适当调整。

第五节 | 验收抽检方案应用中的一些问题

一、验收抽检方案的统计分析

（一）对一些常见抽检方案的统计分析

1. 关于 $C=0$ 的抽检方案

在批产品的质量检验中，人们往往对 $C=0$ 的抽检方案怀有特别的兴趣，因为样本中全是合格品的抽检结果能使人获得良好的心理满足，从而以为批产品的质量是无可挑剔的。但是，这是一种错觉，$C=0$ 的抽检方案往往并不可靠和合理，其抽检特性有时甚至是很差的。

设计数一次抽检方案（$n\,|\,0$），样本中不合格品数服从泊松分布，则（$n\,|\,0$）对批不合格率为 p 的交验批的操作特性函数为：

$$L(\bar{p}) = \sum_{d=0}^{C} \frac{(np)^d}{d!}e^{-np} = e^{-np}$$

由 $\frac{\partial L}{\partial n} = -pe^{-np}$ 可知,对于相同质量水平的交验批,随着 n 的增大,接收概率不断变小。因此,采用 $C=0$ 的抽检方案对产品批进行抽检时,对于优质批,大样本方案可能会使生产者风险 PR 过大;对于劣质批,小样本方案可能会使消费者风险 CR 过大。表 10-6 显示了对于不同质量水平的交验批(以 $p=0.001$ 表示优质批,$p=0.05$ 表示劣质批),不同的抽检方案 $(n|0)$ 对其接收概率的变化特点。

表 10-6　接收概率变化特点

$L(p)$ n p	5	10	50	100	500	1 000	5 000
0.001	0.995	0.990	0.951	0.905	0.607	0.368	0.008
0.05	0.779	0.607	0.082	0.008	0	0	0

同样,分析 $\frac{\partial L}{\partial p} = -ne^{-np}$ 可知,用 $(n|0)$ 检验优质批(p 较小)时,p 的稍微增大会引起接收概率的显著下降,从而导致优质批被大量拒收。因此,在很多情况下,$C>0$ 的一次抽检方案 $(n|C)$ 的操作特性比 $(n|0)$ 要合理。

2. 关于百分比抽检方案

在百分比抽检方案中,样本大小 n 和交验批批量 N 成一定的比例,即 $n/N=$ 常数。由于百分比抽样以大批量大样本、小批量小样本为原则,所以常使人们误以为是一种对供需双方都公平合理的抽样检验方案。

典型的百分比抽检方案往往取合格判定数 $C=0$,故也属于 $(n|0)$ 抽检方案,所以如上所述的关于 $C=0$ 抽检方案的不合理性对百分比抽样方案同样存在。此外,还有一类百分比抽样方案,不仅 $n/N=$ 常数,而且 $C/n=$ 常数,即所谓双百分比抽样。双百分比抽样比前述百分比抽样的操作特性有所改善。但是,由于采用固定比例,其操作特性仍然不理想,因而不是一种科学合理的抽样验收方案。

(二)验收抽样方案操作特性的统计模拟

无论是抽样方案的设计,还是对现行抽样方案的评价,都需要了解方案的一些主要特性,如反映方案对批质量鉴别能力的操作特性,以及反映方案运行经济性的平均抽检量特性等。但是,在很多情况下,实际抽样方案的操作特性函数,以及平均抽检量函数很难用解析函数的形式表示出来。而且,即使获得了这些函数关系,实际计算也会遇到很多困难。统计模拟方法(statistical simulation method)是一种应用广泛的系统模拟技术,也被称为蒙特卡洛方法(monte carlo method),是解决这类困难的有效技术。

模拟是用实验来解决问题的一种技术,即在计算机上产生大量和需检验的质量特性值具有相同概率分布的随机数(random number),用来虚拟实际的抽样过程;然后,按照抽样方案规定的抽检规则作合格性判别；最后，根据大量试验结果，对抽检方案性能进行统计分析。

例 5 某计量三次抽样验收方案这样规定：在对交验批进行验收时，最多可以抽检三个样本，样本容量皆为 300。先检验两个样本，若这两个样本质量指标平均值差异不超过两个样本质量指标总平均值的 3%，就以这两个样本质量指标总平均值为检验结果。否则，再检验第三个样本，并以三个样本的质量指标总平均值为检验结果。

该质量指标技术标准为 [21.6, 23.0]。若检验结果落入此范围内，则判定批质量合格，接收交验批；否则，认为批质量不合格，拒收交验批。

根据历史资料的统计分析，该质量指标总体 X 服从正态分布，即

$$X \sim N(\mu, \sigma^2)$$

而且，标准差 σ 相当稳定。为了加速统计模拟的收敛速度，可将总体作为方差已知的正态随机变量来处理。在本例中，$\sigma = 5.018$。

试对上述抽样验收方案的特性作统计模拟分析。

解：首先，用混合同余法（mixed congruence method）产生 [0, 1] 上均匀分布 R，即按抽样公式：

$$\begin{cases} y_{i+1} = \lambda y_i + C \pmod{M} \\ r_i = y_i/M \end{cases}$$

产生均匀随机数 $r_1, r_2, r_3, \cdots$。其中，初值 x_0、乘子 λ、增量 C 和模（modulus）M 都取非负整数（当然，这些参数的选择必须满足一定的要求）。$X \equiv A \pmod{M}$ 表示整数 A 被正整数 M 除后的余数，称为按模 M 的同余式（congruence expression）。

接着，用变换抽样法从 R 产生正态分布随机变量 X，即按抽样公式：

$$\begin{cases} x_i = \sigma(-2\ln r_i)^{\frac{1}{2}} \cos(2\pi r_{i+1}) + \mu \\ x_{i+1} = \sigma(-2\ln r_i)^{\frac{1}{2}} \sin(2\pi r_{i+1}) + \mu \end{cases}$$

产生正态随机数 $x_1, x_2, x_3, \cdots$ 其中，$\sigma = 5.018$。

由于每个样本的容量 $n = 300$，故在取满 300 个 x_i 之后，相当于检验了一个样本，从而可得一个样本的质量指标平均值：

$$\bar{x} = \frac{1}{300} \sum_{i=1}^{300} x_i$$

最后，当按所需模拟的抽样验收方案的需要，产生了所需的样本，并得到这些样本的平均值后，将这些样本的平均值纳入抽样检验方案，作出抽验判断。

表 10-7 列出了四种质量水平交验批的模拟结果（模拟的交验批批数 $W = 100$。为了得到更精确、更稳定的模拟结果，批数应大大增加），同时还列出了理论计算的结果。

表 10–7 模拟值和理论值比较

检验批质量水平 μ_0	接收概率 $L(\mu_0)$			平均抽验量 $I(\mu_0)$		
	模拟值 S	理论值 T	相对偏差 $\frac{\|S-T\|}{T}$	模拟值 S	理论值 T	相对偏差 $\frac{\|S-T\|}{T}$
22.30	0.99	0.999 4	0.94%	639	628	1.78%
22.85	0.79	0.772	2.33%	630	626	0.72%
23.05	0.27	0.401 9	32.81%	633	625	1.33%
23.25	0.05	0.107 7	55.57%	612	624	1.91%

根据模拟结果可以认为，抽样方案对于不同质量水平的交验批具有较为良好的鉴别能力，并且接收概率随质量水平的变化趋势和理论值变化趋势一致，是合理的。至于对某些交验批，接收概率模拟值和理论值相对偏差较大，这与模拟交验批总批数太少有关。从平均抽检量来看，模拟值和理论值相当接近。并且，对于不同质量水平的交验批，平均抽检量相差无几，反映出抽样方案对于交验批质量的鉴别能力和实际抽检量关系不大。

二、关于调整型抽样方案

所谓调整型抽样方案，是指一组严宽程度不同的抽样方案以及将它们联系起来的转移规则。当产品质量正常时，采用正常抽样方案进行检验；当产品质量下降或生产不稳定时，采用加严抽样方案进行检验，以免第二类错判概率 β 变大；当产品质量较为理想且生产稳定时，采用放宽抽样方案进行检验，以免第一类错判概率 α 变大。调整型抽样方案较多地利用了抽样结果的历史资料，因此在对交验批质量提供同等鉴别能力时，所需抽样检验平均工作量要少于标准型抽样方案，且能较好地协调供需各方承担的抽样风险。调整型抽样方案适用于批量相同且质量要求一定的检验批的连续性接收检验，应用十分广泛。

在各种调整型抽样方案中，美国军用标准 MIL-STD-105D（以下简称"105D"）具有代表性。"105D" 是为计数抽检而设计的一套抽样方案表和抽检程序，包括一次抽检、二次抽检和多次抽检（七次抽检）。"105D" 起始于 1945 年美国哥伦比亚大学统计研究小组为美国海军制定的、由美国国防部命名的抽样检验表 JAN-STD-105。经美国国防部对其某些细节的修改，形成了于 1950 年正式出版的军用标准 MIL-STD-105A。以后，又相继更新为 1958 年出版的 MIL-STD-105B 和 1961 年出版的 MIL-STD-105C。由于这些标准在美国各工业部门和国际上的广泛影响，从 1960 年起，由美国、英国和加拿大三国联合组成了一个 ABC 工作组，在 MIL-STD-105C 的基础上，负责制定适合于三国的共同的抽样标准，于 1963 年公布了 ABC-STD-105。作为国家标准，该标准在美国被命名为 MIL-STD-105D，在英国为 BS—9001，在加拿大为

105-GP-1。1974 年国际标准化组织采用"105D"作为国际标准,代号为 ISO-2859。实际上,日本工业规格 JIS-Z-9015 和我国 1981 年初次发布、1997 年修改后再次发布的国家标准 GB 2828(逐批检查计数抽样程序及抽样表)也都是根据"105D"的原则和模型编制的。

"105D"的抽样检验程序如下。

(1) 确定质量检查标准,对缺陷及不合格品分类。

(2) 规定合格质量水平 AQL。

(3) 规定检验水平(IL)。

(4) 组成检验批并决定检验的宽严度。

(5) 检索抽样方案。

(6) 抽取并检查样本,判断逐批检查合格与否。

(7) 逐批检查后的处置。

本章小结

本章依据 ISO 9000:2000 标准介绍了质量检验的基本概念,以及质量检验实践中比较常见的组织和管理制度。本章对验收抽样检验的概念和原理作了比较系统的介绍,并以计数标准型一次抽检方案为例,介绍了方案设计的原理和使用方法。对验收抽样方案操作特性的统计模拟方法和调整型抽样方案的使用问题也作了简单介绍。

练习与思考

1. 什么叫检验?检验的基本职能是什么?
2. 全数检验和抽样检验各有什么局限性?
3. 编制检验指导书的目的是什么?它的基本内容有哪些?
4. 什么叫三检制?
5. 质量检验中为什么要强调标识和可追溯性?
6. 什么叫不合格品?不合格品的处置有哪几类?
7. 什么叫合格质量水平 AQL?什么叫批最大允许不合格率 $LTPD$?和它们联系的风险概率是什么?有何意义?
8. 什么是抽样方案的操作特性?
9. 已知 $AQL = p_{0.95} = 0.04$,$LTPD = p_{0.10} = 0.06$,求抽检方案 $(n \mid C)$。

第十一章 质量成本管理

学习目标

1. 掌握质量成本的含义和构成,了解质量成本的科目设置及其核算。
2. 了解质量成本的分析与报告、计划与控制的概念、内容和方法。
3. 理解质量成本的合理构成的意义,掌握质量成本特性曲线的特点和含义,思考质量成本优化的原理和应用。
4. 对质量成本管理在服务业和供应链管理中的应用作一定的思考。

　　符合消费者需要的高质量,以及和质量相对应的低成本历来是成功企业核心竞争力的标志,质量优势和成本优势是赢得市场的关键。因此,研究质量和成本之间的辩证关系,寻求两者的最佳结合,是摆在广大企业面前的一个现实课题。

　　对企业经济效益的贡献是衡量企业质量管理成效的主要指标。我国许多企业的质量管理活动未能达到期望的目标,究其原因,主要是忽略了质量的适用性和经济性,未能将企业的质量管理活动和经营发展目标很好地协调和统一。

质量成本管理的理论和方法是解决质量的适用性和经济性问题的有效工具。质量成本管理是企业质量体系的重要组成部分。通过对质量成本的统计、核算、分析、报告和控制,发现降低成本的途径,从而提高企业的经济效益。质量成本管理对深化全面质量管理的理论和方法,帮助企业走质量效益型的发展道路有重要意义。

第一节 | 质量成本的含义及核算

一、质量成本的含义

ISO 8402：1994 给出了质量成本的定义。所谓质量成本(quality-related costs),是指"为了确保和保证满意的质量而发生的费用以及没有达到满意的质量所造成的损失"。因此,质量成本有别于各种传统的成本概念。它既发生在企业内部,又发生在企业外部;既和满意的质量有关,又和不良质量有关。根据 ISO 9004—1：1994 的规定,质量成本的构成见图 11-1。

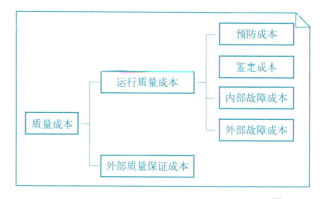

图 11-1
质量成本的构成

从图 11-1 可知,质量成本分为两部分：运行质量成本(operating quality costs)和外部质量保证成本(external assurance quality costs)。运行质量成本是企业内部运行而发生的质量费用,又可分为两类：一类是企业为确保和保证满意的质量而发生的各种投入性费用,如预防成本(prevention costs)和鉴定成本(appraisal costs);另一类是因没有获得满意的质量而导致的各种损失性费用,如内部故障成本(internal failure costs)和外部故障成本(external failure costs)。外部质量保证成本是指根据用户要求,企业为提供客观证据而发生的各种费用。

企业发生的所有费用都和质量问题存在直接或间接的关系,质量成本只是其中和满意质量及不满意质量有直接关系的那部分费用。不能认为质量成本是指高质量所需要的高成本。恰恰相反,质量成本的内容大多和不良质量有直接的关系,或者是为了避免不良质量所发生的费用,或者是发生不良质量后的补救费用。因此,美国质量管理协会前主席哈林顿(James Harrington)于 1987 年在其著作《不良质量成本》中提出,应将质量成本改称为"不良质量成本"。虽然哈林顿的看法尚未被普遍认同,但这种观点对于澄清人们关于质量成本概念的种种误解,以及推动质量成本在企业经营决策中的应用研究是十分有益的。

二、质量成本的科目设置

由于企业产品、工艺及成本核算制度等差别,对质量成本的具体构成有不同的认识和处理。质量成本的构成分析直接影响企业会计科目的设置及管理会计工作的运作。一般认为,三级质量成本科目的设置较有利于企业质量成本管理的实际运作。下面根据 ISO 9000 对质量成本的定义和有关规定,从共性的角度,对质量成本的具体构成作简单介绍。

企业质量成本的科目设置一般为:一级科目,即质量成本;二级科目,即预防成本、鉴定成本、内部故障成本和外部故障成本,以及外部质量保证成本;三级科目,即按二级科目分别展开,具体如下。

(1)预防成本是预防产生故障和不合格品的费用。例如:质量工作费(为预防发生故障、保证和控制产品质量所需的各项费用);质量培训费;质量奖励费;质量改进措施费(制定和贯彻各项质量改进措施的费用);质量评审费(新产品开发或老产品质量改进的评审费用);工资及附加费(质量管理专业人员的工资及附加费用);质量情报及信息费等。

(2)鉴定成本为评定是否符合质量要求而进行的试验、检验和检查的费用。例如:进货检验、工序检验、成品检验费用;试验材料等费用;检验试验设备校准维护费、折旧费及相关办公费用;工资及附加费(专职检验、计量人员的工资及附加费用)等。

(3)内部故障成本是交货前因产品未能满足质量要求所造成的损失。例如:废品损失;返工、返修损失;复检费用;因质量问题而造成的停工损失;质量事故处置费用;质量降等降级损失等。

(4)外部故障成本是交货后因产品未能满足质量要求所发生的费用。例如:索赔损失;退货或退换损失;保修费用;诉讼费用损失;降价处理损失等。

(5)外部质量保证成本,它不同于外部故障成本,一般发生在合同环境下,指因用户要求,为提供客观证据所支付的费用。例如:按合同要求,向用户提供的、特殊附加的质量保证措施、程序、数据等所支付的专项措施费用及提供证据费用;按合同要求,对产品进行的附加的验证试验和评定的费用;为满足用户要求,进行质量体系认证所发生的费用等。

质量成本属于管理会计范畴。研究质量成本的目的并不是为了计算产品成本,而是为了分析寻找改进质量的途径,达到降低成本的目的。

三、质量成本数据的收集

在收集质量成本数据时,必须注意两个方面。一方面,质量成本只针对制造过程的符合性质量而言。因此,只有在设计已经完成、质量标准已经确定的条件下,才开始质量成本计算。对于重新设计或改进设计以及用于提高质量等级或水平而发生的费用，不能计入质量成本。另一方面，质量成本是指在制造过程中与不合格品密切相关的费用，它并不包括与质量有关的全部费用，如生产工人的工资、材料消耗费、车间和企业管理费，多多少少与质量有关，但这些费用是正常生产所必须具备的前提条件，不应计入质量成本。

（一）质量成本数据的记录

质量成本数据是质量成本各科目在报告期内发生的费用数额。在记录质量成本数据时，既要防止重复，又要避免遗漏。例如，生产了废品，则记录废品损失，在废品损失中已包括了人工、材料、机时等损失，如果再记录这些损失会造成重复计算；又如，企业在接受了用户的质量改进意见后，对用户给以奖励，如把该费用记入攻关费用，则发生了记录遗漏，因为该费用应记入预防费用。企业在设置和定义质量成本科目以及设计质量成本原始凭证时，必须注意预防和避免这类错误。

（二）原始凭证

为了正确记录质量成本数据，准确核算和分析质量成本，有效支持质量改进和质量管理工作，企业必须重视记录质量成本数据的原始凭证。一般来讲，企业的预防成本和鉴定成本是按计划发生的，有明确目的的；而企业的质量损失，包括质量内部故障成本和外部故障成本，都是突发的，需要进一步分析原因，不仅要有解决质量问题的纠正措施，还要有避免质量问题出现的预防措施。因此，对于企业的预防成本和鉴定成本，企业可按常规的会计账目来提取相关的数据记录，而对于企业的内、外故障质量成本，则需专门设计原始凭证，从而使记录的质量成本数据，即内部故障成本和外部故障成本的数据可对应从会计账目中得到核实，并从原始凭证的数据和原因分析中找出问题和改进对策。

记录企业内、外故障成本数据的原始凭证主要有以下九种：计划外生产任务单；计划外物资领用单；废品通知单；停工损失报告单；产品降级降价处理报告单；计划外检验或试验通知单；退货、换货通知单；用户服务保修记录单；索赔、诉讼费用记录单。

为了便于质量成本分析，所有的凭证设计有一些共同的内容，如时间、产品、规格、批号、费用、数量、责任者、发生原因、质量成本科目、审核部门等。

四、质量成本核算

企业质量成本核算应以会计核算为主、统计核算为辅的原则进行。相应的总分类台账和各明细账有：质量成本总分类台账；质量成本预防费用明细账；质量成本鉴定费用明细账；质量成本内部损失明细账；质量成本外部损失明细账。常见的形式如表11-1和表11-2所示。其他几项质量成本明细表的形式与表11-2相似。

表 11-1　质量成本汇总表

项目		质量成本汇总单位						合计	
		铸造车间	金工车间	装配车间	检验科	销售科	……	金额	百分比 %
内部故障成本	废品损失费								
	返修损失费								
	降级损失费								
	停工损失费								
	处理故障费								
	小计								
外部故障成本	索赔费								
	折价损失								
	退货损失								
	保修费								
	其他损失								
	小计								
鉴定成本	各种检验费								
	检测设备维修更新费								
	小计								
预防成本	质量计划费								
	新产品评审费								
	工序质量控制费								
	质量情报费								
	质量改进费								
	检测设备费								
	质量培训费								
	质量奖励费								
	小计								
合计									

表 11-2　预防成本明细表

产品	质量计划费	新产品评审费	工序质量控制费	质量情报费	质量改进费	检测设备费	质量培训费	质量奖励费	合计

第二节 质量成本的分析与报告

一、质量成本分析

企业质量成本分析是为了找出产品质量的主要缺陷和质量管理体系的薄弱环节，为提出质量改进建议提供依据，为调整质量成本结构、寻求最佳质量水平指出方向，并为撰写质量成本报告提供素材。

（一）质量成本分析的内容

1. 质量成本总额分析

（1）企业质量成本总额的计划目标分析。通过比较计划期内质量成本总额、计划年度内质量成本累计总额与企业质量成本计划控制目标，分析企业质量成本计划控制目标的执行情况。

（2）企业质量成本总额的相关指标分析。将企业计划期内质量成本总额、计划年度内质量成本累计总额与企业其他有关的经营指标进行比较，计算产值质量成本率、销售质量成本率、利润质量成本率、总成本质量成本率和单位产品质量成本等，并与这些相关指标的计划控制目标进行比较分析。这些相关指标从不同的角度反映了企业质量成本与企业经营状况的关系。

（3）企业质量成本总额的趋势分析。将企业质量成本总额的计划目标和相关指标分析中的各种计算结果分别按时间序列作图进行分析，观察各种指标值的变动情况，用以推断企业质量成本的变化趋势。

2. 质量成本构成分析

企业质量成本的构成是指质量成本总额中预防成本、鉴定成本、内部质量损失、外部质量损失的发生金额和各自占的比重，可用于分析企业质量成本的项目构成是否合理，寻求比较合理的质量成本水平。

（1）企业质量成本构成的计划目标分析。计算计划期内预防成本、鉴定成本、内部质量损失和外部质量损失的发生金额，以及这些项目在计划年度内的累计发生金额，分别与原定的计划控制目标进行比较，分析各项目计划控制目标的执行情况。企业还可将这些项目与产值、销售额、利润、总成本、产量等相关指标进行比较分析，如百元销售收入故障成本等。

（2）企业质量成本的结构比例分析。计算和分析企业在计划期内的预防成本、鉴定成本、内部质量损失、外部质量损失占质量成本总额的比重，可以对企业质量成本总额的构成情况有清楚的认识，对于企业质量改进、调整质量成本构成、降低质量成本有很大的作用。

3. 质量损失分析

由于故障成本发生的偶然性因素较多，所以故障成本分析是查找产品质量缺陷和

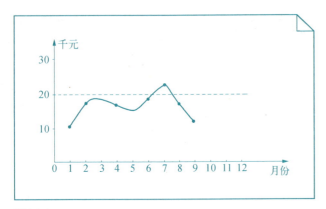

图 11-2
部门故障成本汇总金额时间序列图

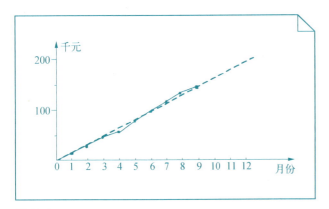

图 11-3
部门故障成本累计金额统计图

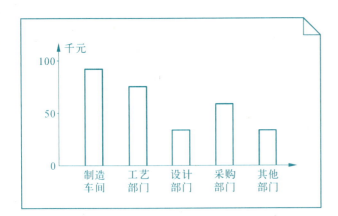

图 11-4
产品故障成本的部门责任分析

管理工作中薄弱环节的主要途径，可以从部门、产品种类、外部故障等角度进行分析。

（1）各责任部门的质量损失分析。对企业内各责任部门展开质量损失的分析，目的是掌握各部门的质量管理和质量保证状况，这样既可以促使企业各部门自觉加强和改进质量管理工作，又有利于企业领导对各部门的质量管理工作进行监督和控制，及时帮助各部门抓好质量整改工作。常用的统计图有部门故障成本汇总金额时间序列图和部门故障成本累计金额统计图，如图 11-2 和图 11-3 所示，图中实线表示损失的实际金额，虚线表示计划目标。

（2）各产品的质量损失分析。由于各产品的产量有差别，分析时可采用相对数，如各产品的故障损失与各自销售额的比率。在此基础上作 ABC 分类，选择重点研究对象。经 ABC 分析确定为 A 类的产品，其故障成本的比重可达 70%。图 11-4 为某产品故障成本的责任分析。图 11-4 说明该产品的故障成本主要是由制造车间和工艺部门造成的，在此基础上可作深入分析，如进一步确定是设备原因，还是工具原因，或是工人的主观原因，等等。

（3）外部故障成本分析。一般从三个方面进行分析：第一，作质量缺陷分类分析，从中可以发现产品的主要缺陷和对应的质量管理工作的薄弱环节；第二，按产品分类作排列图分析，从中找出几种外部故障成本较高的产品作为重点研究对象；第三，按产品的销售区域分析，不同的地理环境往往有可能引起不同的故障，按地区分析有利于查找发生缺陷的原因。

（二）质量成本分析方法

质量成本分析可采用定性和定量相结合

的方法。定性分析可以加强企业质量成本管理工作的科学性,有利于增强员工的质量意识。定量分析的作用在于作精确的计算,求得比较确切的经济效果。定量分析有以下三种。

1. 指标分析法

指标分析主要计算增减值和增减率两大类指标。设:C 为质量成本总额的计划期与基期的差额,P 为其增减率,则

$$C = 基期质量成本总额 - 计划期质量成本总额$$

$$P = \frac{C}{基期质量成本总额} \times 100\%$$

其余质量成本指标可以以此类推。

2. 质量成本趋势分析

趋势分析的目的是掌握企业质量成本在一定时期内的变化趋势。趋势分析可采用表格法和作图法两种形式。前者以具体的数值表达,准确明了;后者以曲线表达,直观清晰。

3. 排列图分析

如图 11-5 所示。图中显示制造车间质量成本所占比重最大,其次是工艺部门。还可以用排列图作追踪分析,如对制造车间质量成本作深入分析,直到一个产品、一台设备、一个工位、一道工序、一位操作者,最后找出可采用的改进措施。

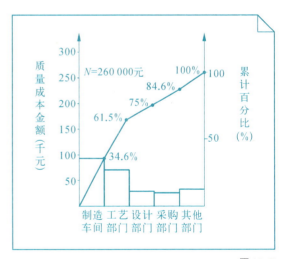

图 11-5
部门质量成本排列图

二、质量成本报告

质量成本报告是在质量成本分析的基础上写成的书面文件,是企业质量成本分析活动的总结性文件,供领导及有关部门决策使用。

(一) 质量成本报告的基本内容

1. 质量成本数据

(1) 质量成本核算数据。企业计划期内质量成本发生额、构成项目金额和计划年度内质量成本累计额、构成项目累计金额。

(2) 质量成本相关指标。产值质量成本率、销售质量成本率、利润质量成本率、总成本质量成本率、单位产品质量成本等。

(3) 质量损失的归集。企业按责任部门和产品分类归集的质量损失金额,以及按质量缺陷、产品分类和顾客特点归集的外部质量损失金额。

(4) 质量成本差异的归集。企业进行质量成本核算、质量成本相关指标计算和质

量损失的各种归集后，对于各项数据中与企业质量成本计划控制目标有偏差的项目，在质量成本报告中要按偏差的严重程度排序列表。

2. 质量成本分析

（1）质量成本总额分析。包括企业质量成本的计划目标分析、相关指标分析和趋势分析三个方面。

（2）质量成本构成项目分析。包括企业质量成本构成项目的计划目标分析和结构比例分析两个方面。

（3）质量损失分析。包括企业责任部门质量损失分析、责任产品质量损失分析和外部质量损失分析三个方面。

（4）质量成本差异分析。主要是对企业中出现的质量成本严重差异情况作进一步的技术经济分析，找出原因，落实责任。

3. 质量改进建议

企业质量改进建议既不是决策方案，也不是具体的改进措施，只能是供选择的、指出企业质量改进方向的建议。例如：减少或避免质量缺陷的改进建议；质量成本构成的合理化建议；质量管理体系中要素活动改进的建议；质量成本管理的改进建议等。

（二）质量成本报告的形式

质量成本报告的内容与形式视报告呈送对象而定。给高层领导的报告，要求简明扼要地说明企业质量成本总体情况、变化趋势、计划期所取得的效果，以及主要存在的问题和改进方向；送给中层部门的报告，除了报告总体情况外，还应该根据各部门的特点提供专题分析报告，使他们能从中发现自己部门的主要问题与改进重点。质量成本报告应该由财务部门和质量部门联合提出，以保证成本数据的正确性。

质量成本报告按时间可采用定期报告和不定期报告。书面形式有报表式、图示式、陈述式和综合式。

第三节 质量成本的计划与控制

一、质量成本的预测

质量成本预测是质量成本计划的基础工作，一般由质量管理部门负责，财务部门配合。预测时要求综合考虑用户对产品质量的要求、竞争对手的质量水平、本企业的历史资料，以及企业关于产品质量的竞争策略。

（一）质量成本预测的目的

主要有三个目的：第一，为企业提高产品质量和降低质量成本指明方向；第二，为企业制定质量成本计划提供依据；第三，为企业内各部门指出降低质量成本的方向和途径。

（二）质量成本预测的准备工作

预测需要掌握大量的观测数据和资料，例如：

（1）用户资料，包括用户对产品质量、价格和服务的要求。

（2）竞争对手资料，包括产品质量、质量成本（这些资料很难获得）、用户对竞争对手产品（如质量、价格和服务）的反应等。

（3）企业资料，主要包括本企业关于质量成本的历史资料，如质量成本结构、质量成本水平等。

（4）技术性资料，即企业所使用的检测设备、检测标准、检测方法以及企业所使用的原材料、外购件对产品质量及质量成本的影响资料，还有企业关于新产品开发、新技术新工艺使用的情况。

（5）宏观政策，即国家或地方关于产品质量的政策等。

对收集到的资料进行整理分析，从中寻找质量成本变化的规律、用户需求的变化规律、质量成本不同构成要素之间相互作用的规律等，在充分准备的基础上作预测。

（三）质量成本的预测方法

预测质量成本时要求对各成本构成的明细科目逐项进行预测，对不同科目可采用不同的预测方法。通常采用下列两种方法。

（1）定性方法。当影响因素比较多，或者影响的规律比较复杂时，可组织经验丰富的质量管理人员、财会人员和技术人员，根据已掌握的资料，凭借自己的工作经验作预测。对于长期质量成本一般适宜使用经验判断方法。

（2）定量方法。如果对历史数据作统计处理后，有关因素之间呈现出较强的规律性，则可以找到某些反映内在规律的数学表达式，用来作预测。

二、质量成本计划

质量成本计划是在预测基础上，用货币量形式规定当生产符合质量要求的产品时，所需达到的质量费用消耗计划，主要包括质量成本总额及其降低率、四项质量成本构成的比例，以及实现计划的具体措施。

质量成本计划应该由数值化的目标值和文字化的责任措施两部分组成。

（1）数据部分计划内容。包括企业质量成本总额和质量成本构成项目的计划控制目标；主要产品的质量成本计划控制目标；质量成本结构比例计划控制目标；各职能部门的质量成本计划控制目标。

（2）文字部分计划内容。主要内容包括对计划制定的说明，拟采取的计划措施、工作程序等。具体有如下内容：各职能部门在计划期所承担的质量成本控制的责任和工作任务；各职能部门质量成本控制的重点内容和责任；开展质量成本分析，实施质量成本改进计划的方案和工作程序等说明。

三、质量成本的控制

质量成本控制就是以质量成本计划所制定的目标为依据，通过控制手段把质量成本控制在计划范围内。

（一）控制的过程

控制过程分为核算、制定控制决策和执行控制决策。

核算是控制活动中的测量环节，通过定期或不定期地对质量成本的责任单位和产品核算其质量成本计划指标的完成情况，计算实际成本与计划目标的差异，评价质量成本控制的成效。当发现差异量超出控制范围时，需要及时制定控制决策。决策由一系列的可执行措施组成，并由有关部门或个人执行控制决策。在控制过程中，核算应当与考核结合进行，以增强有关部门和员工的质量意识。

（二）质量成本控制管理系统

质量成本发生在产品从生产到消费的整个过程之中，只有建立起一个完整的管理系统才能实现有效控制。要建立质量成本责任制，对每项质量成本实行归口分级管理。根据归口和分工的原则，划清各职能部门、车间、班组对质量成本费用应负的责任和控制权限，把质量成本指标层层分解，落实到有关部门和人员。

一个功能完善的控制系统应该具有测量机构、决策机构和执行机构，各个机构相对独立，承担自己的职能，又有机地组成一个系统，为整体目标服务，追求整体效果。

（三）质量成本的控制方式

企业质量成本控制的原则是支持质量成本管理方案的实施，有效地实现企业质量成本计划目标。企业质量成本的控制方式主要有两类：自我控制和监督控制。

1. 自我控制

企业质量成本的控制，首先是企业内部各部门的自我控制，即各部门内部实施质量成本管理方案，有效地实现企业质量成本计划控制目标。具体的控制活动主要有以下三个方面。

（1）明确企业质量成本的计划控制目标和质量成本方案。

（2）实行预防控制，严格执行企业质量成本控制程序，有效实施企业质量成本管理方案。

（3）对偏离企业质量成本计划控制目标的项目，及时查明原因并提出和实施改进措施。对于行之有效的控制活动，可制定标准化程序，颁布执行。

2. 监督控制

企业质量成本管理活动中的监督控制主要有财务监督、质量审核和检查考核等活动。

（1）财务监督。企业各责任部门的质量成本管理效果，必然表现在财务指标上。因此，企业质量成本管理中实施财务监督，是一种极其有效的控制手段。

（2）质量审核。对于质量成本管理工作的审核要达到两个目的：一是审核企业质量成本管理活动是否符合规定的质量成本管理程序和计划期内的质量成本管理方案的要求，其结果是否达到了规定的质量成本计划控制目标；二是审核企业质量成本管理程序文件、计划期内质量成本管理方案以及质量成本计划控制目标是否完善、正确和符合企业质量管理及经营发展目标的要求。因此，质量审核是监督企业各部门对质量成本管理活动进行自我诊断、自我调节和自我改善的重要控制手段。

（3）检查考核。企业的质量管理部门和财务部门必须密切合作，将质量成本计划控制目标层层展开落实到各责任部门和责任岗位，并制定严格的考核细则，与奖励制度、岗位责任制结合起来考核各责任部门、责任岗位的工作业绩，从而达到企业质量成本控制的目的。

第四节 | 质量成本的合理构成

不同的质量成本构成不仅影响到产品或服务的成本，还直接决定了产品或服务的总体质量水平。因此，寻求质量成本的合理构成，是企业质量成本管理的一项经常性任务。

一、质量成本的合理构成

质量成本的优化与质量成本的合理构成有关。根据国外统计资料分析，内部故障成本通常占质量成本总额的25%~40%；外部故障成本占20%~40%；鉴定成本占10%~50%；预防成本仅占0.5%~5%。其比例关系随企业产品的差别和质量管理方针的差异而有所不同。

四项成本相互之间有着内在的联系。例如，出厂前疏于检验，内部故障成本减少了，但是产品出厂后的外部故障成本肯定会增加；反之，出厂检验加强了，内部故障成本和鉴定成本增加，但外部故障成本会减少。如果企业采取预防为主的质量管理方针，预防成本会有所增加，但其他三项费用会减少。所谓质量成本的合理构成就是寻求一个比例，在保证产品质量的同时，使质量成本总额尽可能小一些。

1960年代初，美国质量管理专家费根堡姆曾经作过分析，当时美国企业尚未普遍推行质量成本管理，内部和外部故障成本在质量成本总额中的比重高达70%，鉴定成本占25%，而预防成本很少超过5%。由于忽视了预防措施的重要性，不合格品率很高，直接导致故障成本大量支出。为了减少故障损失，企业不得不进一步加强检验剔除不合格品，于是增加了鉴定成本。为限制总成本，不得不减少预防成本，但结果适得其反，不合格品率反而上升了，进入恶性循环。费根堡姆指出，实行预防为主的全面质量管理，预防成本增加3%～5%，可以取得质量成本总额降低30%的良好效果。从推行全面质量管理的结果来看，适当增加预防成本，确实可以减少故障成本和鉴定成本，使质量成本总额降低，取得较好的经济效益。

二、质量成本特性曲线

质量成本四项费用的大小与产品质量的合格率之间存在内在的联系，反映这种关系的曲线称为质量成本特性曲线，其基本形状如图11-6所示。

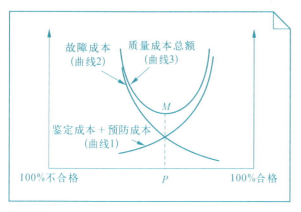

图 11-6
质量成本特性曲线示意图

在图11-6中，从左往右观察可以发现，在100%不合格的极端情况下，预防成本和鉴定成本几乎为零，说明企业完全放弃了对质量的控制，后果是故障成本极大。随着企业对质量管理的投入逐步加大，预防成本和鉴定成本逐步增加，产品合格率上升，故障成本明显下降。当产品合格率达到一定水平以后，如要进一步提高合格率，则预防成本和鉴定成本将会急剧增加，而故障成本的降低率却十分微小。从曲线3可以看出存在质量成本的极小值点 M，M 点对应着产品质量水平点 P，企业如把质量水平维持在 P 点，则有最小质量成本。

三、质量成本优化方法

在图11-6中，对质量成本最小点 M 附近的范围作研究，可将其分成三个区域，如图11-7所示。

左边区域为质量改进区。企业质量状态处在这个区域的标志是故障成本比重太大，可达到70%，而预防成本很小，比重不到5%。此时，质量成本的优化措施是加强质量管理的预防性工作，提高产品质量，可以大幅度降低故障成本，质量总成本也会明显降低。

中间区域为质量控制区。此区域内，故障成本大约占50%，预防成本在10%左右。在最佳值附近，质量成本总额是很低的，处于理想状态，这时质量工作的重点是维持和控制现有的质量水平。

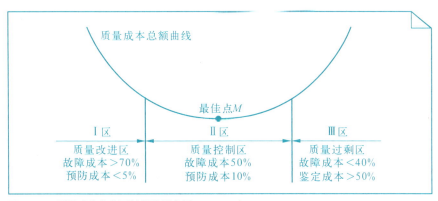

图11-7　质量成本曲线区域划分示意图

右边区域为质量过剩区。处于这个区域的明显标志是鉴定成本过高，鉴定成本的比重超过50%，这是由于不恰当地强化检验工作所致；当然，此时的不合格品率得到了控制，是比较低的，故障成本比重一般低于40%。相应的质量管理工作重点是适当放宽标准，减少检验程序，维持工序控制能力，可以取得较好的效果。

以上的讨论有两个前提，一个是M点的质量水平P满足实际的质量要求，另一个是质量成本曲线区域划分图已经获得。

对于第一种情况，如果P低于用户的质量要求，在短期内企业只能将质量控制点右移，即使引起质量成本上升，也必须坚持"质量第一，用户第一"的质量方针，以保证产品或服务的质量要求；从长期来说，企业应当依靠技术进步，优化质量成本特性曲线，使P点左移，在满足用户实际质量要求的同时，努力使质量总成本降低到最经济的水平。

对于第二种情况，如果企业还不具备质量成本曲线区域划分图，则需要经过一段时期的实践与总结，才能逐步建立起自己的质量成本模型。在摸索过程中应该借助质量成本特性曲线所揭示的规律，避免盲目性。例如，如果企业在原来基础上采取某些质量改进措施，即增加预防成本和鉴定成本，得到的结果是质量总成本有所下降，则基本可以肯定企业的质量成本工作处于改进区；反之，如果采取质量改进措施后，质量成本反而上升了，则可以认为质量成本工作处于过剩区，此时应该采取相反的措施。

第五节　质量成本管理应用的发展

质量成本管理是指导企业进行质量改进、降低成本、提高效益的有效手段，同时也是衡量质量体系有效性的重要工具，目前已在越来越多的企业中得到重视和应用。

随着质量成本管理应用的不断深入和拓展，其理论和实践已有了很大的发展。

一、质量成本管理在服务业中的应用

（一）服务企业成本项目的特点

在许多服务组织里，虽然能显著改进绩效的机会俯拾皆是，但现行成本会计体制难以辨明造成利润损失的种种问题。

服务行业的成本项目与制造行业有明显的不同。表 11-3 表明，在服务业中，直接人工成本可高达总销售额的一半。由于一般行政管理费、销售与营销费用等项目也可能是很花费人工的，因此人工成本的实际总和可能占总成本的 70% 至 80%。所以，加强人工成本管理应当是服务组织赢得更大绩效的基本途径。

表 11-3　制造业与服务业的财务对比

制造业销售额 1 000（美元）		服务业销售额 1 000（美元）	
制造成本 ● 原材料 ● 直接工时 ● 制造间接费用	 500 200 100	服务成本 ● 人工 ● 其他间接费用	 500 100
毛利润	200	毛利润	400
一般行政管理费	60	一般行政管理费	60
销售与营销费用	100	销售与营销费用	300
税前净利润	40	税前净利润	40
销售收益率	4%	销售收益率	4%

（二）利用费用图，识别改进机会

制作一张将各项成本按工作内容分类的"费用图"。首先对传统的成本项目如工时、材料和其他各项基本开支等进行分解；再按核心过程、子过程和完成各项活动所需的费用等对这些费用进行分组。费用图的详略程度根据实际需要决定。费用图要就每一领域有哪些增值活动和非增值活动进行评估，从而发现浪费现象，同时也就发现了成本改进的机会。为评估成本管理的改进机会，需要查明使用于各关键过程的各项资源，尤其是隐蔽性的和易被遗忘的费用。

降低人工成本的传统办法之一是精简人员。但是，在服务业，如果用其作为降低成本的唯一办法则会产生诸如员工情绪低落、服务质量下降、顾客日渐稀少以及降低成本工作的成效愈来愈差等消极效果。管理者必须弄清要求配备过多人员的原因。在许多服务组织，配备过多人员是因为很多过程没有起作用。

服务组织管理人员必须将组织作为一个整体，自始至终都十分注意成本数据前后出现的不一致,通过分析活动识别故障成本,如资金周转过于频繁,销售成本过高,管理及财务成本超出,运输费用过大等。

(三)故障成本的发现和改进

服务行业的内部故障成本是指,在服务提供之前发生的、完成额外工作需要的资源,以及因过程不完善而返工的有关费用。服务组织内部故障成本的一些例子见表11-4。

表11-4 服务组织的内部故障成本举例

批发/分销业	金融服务业	软件研制业
• 订单被退回 • 领货差错 • 发货差错 • 计价差错	• 计算差错 • 文件差错 • 体系出问题	• 设计差错 • 编码差错 • 文件差错

在许多情况下,不仅需要知道内部故障的事件正在发生,还需要分析这些事件对组织的资源和成本的影响。例如,某分销商在试图改进公司服务工作时发现,大约每5张订单中就有1张被退回(占20%)。如果处理每笔退单花费30美元的话,则全年需花费20万美元。结果该分销商将注意力从减少库存量上转移到订单被退回的问题上。退回订单的原因也被发现:供应商未按时发货、销售订单差错和存在着各种无增值的过程等。这些问题最终得到了妥善的处理。

"头脑风暴法"是鼓励员工列出各项内部故障成本的好方法。一旦这些活动被查明就可将其标入流程图,并进行费用估算。例如,有一家福利服务公司对其职员填写的每笔业务进行复查,如果发现差错要退回有关人员纠正,但记录中没有这种返工数据可供查考——既没有记载差错的原因,也没有记录花在复查和返工过程的时间。公司在收集了足够数据之后发现:复查和返工的费用约占该组织总费用的20%;复查过程花费了组织全部资源的7%;有30%的业务都存在某种程度的差错(这个发生率很高)。为此,公司改进了培训工作,差错也开始减少了。结果是返工率降低了,每笔业务的费用也减少了。

服务组织的外部故障成本是由于顾客不满意造成的损失,包括所有已经或将会造成顾客不满的各种问题的费用。外部故障成本一般包括:因失去客户而减少的营业额和利润;增加的管理费——因处理顾客抱怨和有关问题而增加客户服务人员;增加的服务成本——因顾客频繁使用"服务窗口";销售部门的生产率降低——要花时间处理顾客抱怨;等等。

对服务行业来说,"三包"、现场修理等传统的外部故障项目可能不太适用,而过程费用和失去客户损失的增加却更为严重。用以查明外部故障成本的方法与查明内部故障成本的方法相同。召集员工进行"头脑风暴"可以揭露出各种问题,并依次作出流程图和进行费用分析。

二、供应链质量成本管理

供应链环境下,质量成本管理发生了根本性变化。以前是在企业自身范围内关注质量和经济效益的关系,现在则是扩展到整个供应链,从中寻找缩减质量成本的机会。

在产品开发阶段,企业通过加强和供应商合作,比如企业的设计团队和供应商进行密切合作,共同寻找改进质量的措施。这个时候,虽然可能增加质量的预防成本,但可以减少产品的内部、外部质量故障成本。同时,企业也要密切联系客户,了解顾客的需求,使得设计、生产的产品(包括服务)达到顾客的满意质量。

在原材料采购阶段,企业选择能够提供高质量、稳定性强的供应商,那么可以减少进货检查、材料检验等相关的质量鉴定成本。供应商则减少次品退货、返工或废弃的外部故障成本。这种跨越企业界线而进行的质量成本管理可以取得双赢的效果,并且降低供应链的总成本、提高供应链的效率。

如果供应链系统中的企业加强合作,共同缩短提前期、降低库存水平、加快库存周转速度等,那么可以减少库存半成品或库存成品在存储过程中发生的废品损失等内部故障成本。

考虑到供应链中物流环节对产品质量、性能的影响,企业应当重视物流部门或第三方物流公司的选择,尤其是当产品对配送条件有严格要求时。比如,冰激凌对配送过程中的温度有严格要求,玻璃器皿对包装和运输条件有严格要求,新汽车在运送过程希望没有外观或装饰方面的细微损坏。重视物流配送过程,可以减少产品交货前后的内部、外部故障成本,甚至减少外部质量保证成本。在供应链环境下,企业应该意识到物流服务和企业的质量成本存在密切的关系。

本章小结

本章首先介绍质量成本的含义和构成,以及相应的科目设置和核算方法;然后介绍企业中质量成本的分析、报告、计划、控制的概念、内容和方法。在此基础上,提出了质量成本的合理构成问题,分析了质量成本特性曲线的特点,探讨了质量成本优化的原理和应用问题。本章最后提出了质量成本管理在服务业和供应链管理中的应用问题。

练习与思考

1. 什么是质量成本？怎样理解？
2. 质量成本的构成项目有哪些？分别是什么含义？
3. 质量成本研究的目的是什么？
4. 质量成本分析有哪四项内容？各有什么用途？
5. 质量成本报告应包括哪些基本内容？
6. 质量成本控制有哪些方式？各有什么特点？
7. 什么叫质量成本特性曲线？如何进行质量成本优化？
8. 请谈谈服务业中质量成本管理的意义和特点。
9. 请谈谈供应链管理中质量成本管理的意义和特点。

第十二章

服务质量管理

学习目标

1. 联系实际理解服务的定义和特征。
2. 理解服务质量的定义,认识服务质量环的意义,联系实际思考服务的技术质量和功能质量及其相互关系,了解服务质量的三个来源。
3. 了解服务质量差距分析模型,掌握服务质量测量的原理和方法。
4. 理解服务质量体系的概念,了解服务质量体系三个关键方面的内容和相互关系。
5. 了解服务过程质量管理的职责和内容,理解服务规范、服务提供规范、服务质量控制规范、服务蓝图、服务提供过程模型等重要概念。

服务质量作为服务企业管理的基础正受到越来越多的重视,提高服务质量和顾客满意度不仅是服务企业自身发展的需要,也反映了社会向前发展和人类不断追求更高质量生活的要求。

本章主要讨论服务和服务质量的概念和基本理论，以及服务企业如何通过建立完善的服务质量体系，控制服务的市场开发过程、设计过程和服务提供过程来保证服务质量。

第一节 服务的定义、特征和分类

一、服务的定义

20世纪70年代，由于服务业的发展，学术界开始重视对服务的研究。许多学者和机构对服务提出了定义。迄今为止，相比较而言，还是 ISO 9000 中的服务定义和说明较有权威性，并被普遍接受。

（1）在 ISO 9004—2：1991 标准的 3.5 中，服务的定义是"为满足顾客的需要，供方与顾客接触的活动和供方内部活动所产生的结果"。该定义的注为：在接触面上，供方或顾客可能由人员或装备来代表；对于服务提供，在与供方接触面上顾客的活动可能是实质所在；有形产品的提供或使用可能成为服务的一个部分；服务可能与有形产品的制造和供应结合在一起。

（2）在 ISO 9000：2000 标准 3.4.2 的注 2 中，服务的定义是："服务通常是无形的，并且是在供方和顾客接触面上至少需要完成一项活动的结果。"服务的提供可涉及的方面：在顾客提供的有形产品（如维修的汽车）上所完成的活动；在顾客提供的无形产品（如为准备税款申报书所需要的收益表）上所完成的活动；无形产品的交付（如知识传授方面的信息提供）；为顾客创造氛围（如在宾馆和饭店）。

二、服务的特征

尽管对服务的定义至今仍有争议，但对一般服务共有的特征的研究有助于认识服务的本质。

（一）无形性

无形性是服务的最基本特征。首先，服务不像有形产品那样，能够看得见、摸得着，服务及组成服务的要素很多具有无形的性质。其次，服务不仅其本身是无形的，甚至顾客消费服务获得的利益也可能很难觉察到或仅能抽象地表达。因此，在服务被购买以前，消费者很难去品尝、感觉、触摸到"服务"，购买服务必须参考许多意见与态度等方面的信息。例如，家用电器发生故障，使用者将其交到维修公司修理，但在修理完成以后，使用者仅从外观上往往难以准确地判断维修服务的质量。

但是，真正的、纯粹的"无形"服务是极其罕见的。大部分服务都包含有有形的成分，很多有形产品附加在服务之中一并出售，如餐饮服务中的食物、客运服务中的汽车、维修服务中的配件等。对顾客而言，更重要的是这些有形的载体所包含的服务或效用。反过来，提供服务也离不开有形的过程或程序，如餐饮服务离不开厨师加工菜肴，绿化服务需要园艺师设计、修剪花草等。

（二）服务的生产和消费不可分离

有形产品从设计、生产到流通、消费的过程，需要经过一系列的中间环节，生产和消费过程具有非常明显的时间间隔和空间间隔。服务的生产和消费具有不可分离的特征，服务人员在提供服务给顾客的同时，也是顾客消费服务的过程。例如，在教育服务中的教师和学生、医疗服务中的医生和病人，只有二者相遇（相遇的方式可以是多种多样的），服务才有可能成立。即使是如网上交易、远距离电视教学等，服务生产者和消费者也是以互联网或电视传播等媒介发生接触，其服务的生产（提供）过程和消费过程也是不可分离的。

日本学者江见康一（1983年）认为，由于服务的生产和消费的不可分离性，调节服务供求一致的工具只能是时间。作为社会化的组织方式，在医疗部门即为预约系统。又如，学校授课时间表、音乐会开演时间表、列车时刻表等全都规定着服务的时间。无论是服务的提供者还是服务的消费者，都必须在特定的时间内共同行动。但是，在同一时间内服务的供给或需求的任何一方过于集中，都会产生供过于求或供不应求的现象，这也是公共汽车在高峰时会拥挤和铁路运输在春运时压力过大现象的原因。

（三）服务是一系列的活动或过程

服务不是有形产品，即不是实物，服务是服务企业通过一系列的活动或过程将服务提供给服务的买方，也是服务企业生产和服务买方消费的一系列活动或过程。服务企业不能按传统的方式来控制服务的质量。一般而言，服务的生产过程大部分是不可见的，顾客可见的生产过程只是整个服务过程的一小部分。因此，顾客必须十分注意自己看得见的那部分服务的生产过程，对所看见的活动和过程进行仔细的体验和评估。

（四）差异性

服务业是以人为中心的产业。一方面，由于服务提供人员自身因素的影响，即使由同一服务人员在不同时间提供的服务也很可能有不同的质量水平，而在同样的环境下，不同服务人员提供的同一种服务的服务质量也有一定差别；另一方面，由于顾客直接参与服务的生产和消费过程，不同顾客在学识、素养、经验、兴趣、爱好等方面的差异客观存在，直接影响到服务的质量和效果，同一顾客在不同时间消费相同质量的服务也会有不同的消费感受。

（五）不可储存性

由于服务的无形性，以及服务的生产和消费同时性，使得服务不可能像有形产品那样可以被储存，以备未来销售；或者顾客能够一次购买较多数量的服务回去，以备未来需要时消费。尽管服务没有及时消费，如影剧院内的座位、游轮上的舱位、电信部门的通信容量等，并不一定增加服务企业的总成本，仅仅表现为服务能力的闲置，但这种闲置对服务企业的盈利影响非常大，因为单个顾客的消费成本将增加，最终可能导致服务的价格低于服务的成本。

服务企业必须研究如何充分利用现有资源包括人员、设备等，提高使用效率，解决服务企业供需矛盾。如在公共交通客运中，上下班高峰期乘客数量远远超过低峰期，旅游区淡季游客数量很少而节假日则过于拥挤，这就要求服务企业尽量增加服务供给的弹性，以适应变化的服务需求。

（六）服务是不包括服务所有权转让的特殊形式的交易活动

与有形产品交易不同，服务是一种经济契约或社会契约的承诺与实施的活动，而不是有形产品所有权的交易。服务缺乏所有权是指在较多服务的生产和消费过程中，不涉及任何东西的所有权转移。服务是无形的，又是不可储存的，服务在交易完成以后就消失了，顾客并没有"实质性"地拥有服务。例如，乘客乘汽车从一个地方到达另一个地方，乘客除了拥有车票以外，没有再拥有任何其他东西，同时客运公司也没有把任何东西的所有权转让给乘客。当然，顾客在享受商业服务时，也同时附带有购买商品的所有权的这种转移。

缺乏所有权会使顾客在购买时感受到较大的风险，如何克服这种消费心理，促进服务的销售，是服务企业管理面临的重要问题。目前，如有些商店、高尔夫俱乐部等实行的"会员制"形式，以及银行发行信用卡的方式，都是一些服务企业维系与顾客关系的做法。当顾客成为企业的会员后，他们可享受某种优惠，让他们从心理上感受到他们确实拥有企业所提供的服务。

三、服务的分类

服务是有共性的，但同时又具有广泛的差异性，从简单的搬运行李到太空旅行，从家电维修到网上购物，不同的服务具有各自的特性。尽管可以根据不同的因素来划分服务，但仍不可避免地存在两个缺陷。

（1）由于服务产品创新和技术进步，新的服务业不断产生，服务的分类必须是开放的，以便随时增添新型服务业。

（2）有关服务业的这些分类是从不同的角度认识服务，带有明显的主观性，还缺乏统一的、被一致认同的分类标准。

以下是西方学者提出的三种分类方案。

1. 根据服务的对象特征分类

（1）经销服务，如运输和仓储、批发和零售贸易等服务。

（2）生产者服务，如银行、财务、保险、通讯、不动产、工程建筑、会计和法律等服务。

（3）社会服务，如医疗、教育、福利、宗教、邮政和政府服务等。

（4）个人服务，如家政、修理、理发美容、宾馆饭店、旅游和娱乐业等服务。

2. 根据服务存在的形式划分

（1）以商品形式存在的服务，如电影、书籍、数据传递装置等。

（2）对商品实物具有补充功能的服务，如运输、仓储、会计、广告等服务。

（3）对商品实物具有替代功能的服务，如特许经营、租赁和维修服务等。

（4）与其他商品不发生联系的服务，如数据处理、旅游、旅馆和饭店服务等。

3. 按服务企业的性质分类

（1）基本上以设备提供为主。自动化设备，如洗车等；由非熟练工操作的动力设备，如影院等；由技术人员操作的动力设备，如航班等。

（2）基本上以提供服务为主。由非熟练工提供，如园丁等；由熟练工提供，如修理工等；由专业人员提供，如律师、医师等。

第二节 | 服务质量及其形成模式

一、服务质量的概念

（一）服务质量的定义

在 ISO 9000：2000 中，质量被定义为"一组固有特性满足要求的程度"，而"要求"则是指"明示的、通常隐含的或必须履行的需求或期望"。因此，服务质量就是特定服务的一组固有特性满足明示的、通常隐含的或必须履行的需求或期望的程度。但是，服务企业在建立服务质量体系时，还应根据上述定义的内涵来理解和运用其他质量术语，使质量改进和质量管理向加强服务满足需要能力的方向发展。

（二）服务质量环

ISO 9004—2：1991 中的服务质量环是对服务质量形成的流程和规律的描述。服务质量环（图 12-1）是从识别需要到评价这些需要是否得到满足的各个阶段中，影响服务质量的相互作用的活动的概念模式。该模式也是全面质量管理的原理和基础，它涵盖了服务质量体系的全部基本过程和辅助过程，其中三个最基本的过程就是市场开发、设计和服务提供。

服务质量环是设计和建立服务质量体系的基础，只有对本企业的服务质量环分析清楚，准确恰当地确认质量环，才能有针对性地选择服务质量控制要素，保证本企业的服务质量达到质量目标。只有通过对服务质量环的正确管理，才能实现对服务质量的动态识别和适时控制。

（三）受益者

在服务活动中，顾客、员工、合作者、服务企业和社会都是服务的受益者。建立服

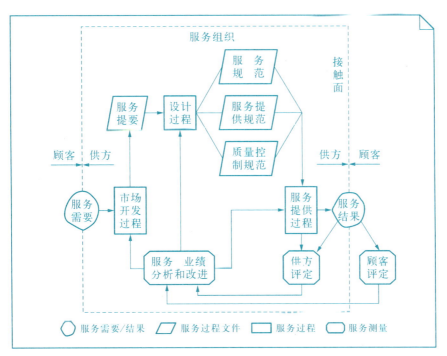

图 12-1 服务质量环

务质量体系和保证服务质量，以满足顾客的需要，这是最直接的目的，也是最表层的目的，而最根本的目的应该是使整个社会受益，其中包括企业和员工。如果不建立这种观念，将无法真正搞好质量保证。应当看到，社会的每个人和组织都是服务的使用者、加工者、供应者和受益者。管理服务质量的责任应由每个人或组织来共同承担。

（四）现代服务质量观

服务企业为取得竞争优势，得以持续发展，必须树立以下的现代服务质量观。

（1）市场竞争由价格竞争转向服务质量竞争，对服务业而言，21世纪将是一个服务质量的世纪。

（2）服务质量就是要满足需要，首先是顾客的需要，同时要兼顾其他受益者的利益。过去的符合性质量观正转变为全面满足顾客需要的质量观。

（3）服务质量是服务企业生存发展的第一要素。服务企业要生存发展，首要条件是提供的服务能在市场中转变成价值，被顾客所接受。顾客能否接受服务的决定性因素是服务质量。

（4）提高服务质量是最大的节约，在某种程度上，服务质量好等于成本低。

（5）服务企业不能仅仅从服务提供者的角度来看待服务质量，应由提供者转变到消费者和其他受益者的立场来看待服务质量，只有这样才能提供满足需要的服务。

（6）服务质量的提高主要取决于科学技术的进步，其中包括科学的管理。服务企业也只有不断开发和利用新技术，提供新的服务，给顾客更多的附加价值，才会提高服务质量。

由于服务质量内涵的深化，使得服务企业运用质量战略的广度和深度都较以前有较大变化。质量战略即优质服务战略，服务企业的竞争能力是由企业为顾客提供优质服务的能力决定的。采用优质服务战略的企业，与顾客建立并发展的是一种长期互惠关系。服务企业运用质量战略并不排斥成本和技术；相反，通过科学的质量效益分析，服务企业依靠技术创新，注重服务质量，给顾客更高的消费价值，可以大大增加对企业提供的服务的需求，并由于规模经济而降低企业的成本，形成技术—质量—成本的良性循环。

二、服务质量的内容

一般来说，服务的生产和消费是同时进行的，顾客通过与服务企业之间的接触来完成一项服务消费。从顾客的角度来说，顾客购买服务并进行消费，他对服务质量的认识可以归纳为两个方面：一方面，是顾客通过消费服务究竟得到了什么，即服务的结果，通常称之为服务的技术质量；另一方面，是顾客是如何消费服务的，即服务的过程，通常称之为服务的功能质量。服务质量既是服务的技术和功能的统一，也是服务的过程和结果的统一。

服务的技术质量是显而易见的，如快递公司将信函或包裹从一地送到另一地，银行将贷款给了企业或个人，网络用户通过互联网下载了软件或购买商品，顾客在饭店就餐得到了菜肴等食品，投资银行给顾客提供了资产重组方案或理财建议书，会计师事务所通过对客户进行审计提供给顾客审计报告，律师作为顾客的代理人通过诉讼使顾客（委托人）得到了金钱、财物等适当的补偿。以上这些都说明顾客通过消费服务得到了一定的结果，即服务的技术质量。

技术质量一般可以用某种方式来度量，如客运服务可以用运行时间作为衡量服务质量的一个依据，教育服务可以用教学成果如考试、竞赛成绩或升学率作为衡量服务质量的一个依据。一般来说，顾客非常关心他通过消费服务所获得的结果，这在顾客评价企业的服务质量中占有相当重要的地位。

然而，对顾客来说，消费服务除感受到服务的结果即技术质量以外，还明显受到所接受服务的技术质量的方式以及服务过程的影响。例如，顾客去超市，如果超市的商品陈列非常整齐、清楚，希望购买的商品很容易就被发现，顾客的感觉就很可能非常满意；相反，如果超市的商品陈列混乱，顾客很难发现自己需要的商品，当向服务员请求帮助时，服务员不够礼貌，或者自己也不清楚又向其他服务员询问，最后费了好大劲才发现了需要的商品，这必然使顾客产生不好的印象，对该超市的服务质量的评价会较差，而购买到了所需要的商品这个结果并没有变化。

顾客对服务质量的评价还要受到顾客自身知识、能力、素养的影响。顾客能够接受并操作先进的服务设施，可以获得由于科技进步而带来的服务便利，对服务质量的评价就越高。例如，自动取款机，一般知识水平的人都可以利用它给自己带来便利；但文化程度很低的顾客，当需要利用该机器存取钱款时，就会有所不便。此外，其他消费服务的顾客也会影响现有顾客对服务质量的感觉和认识。相信有很多人都有如下的经历，如在快餐店就餐时，有其他顾客端着买好的食品站在旁边等你吃完，你会感到很不自在，结果就会降低对服务质量的评价。反之，如在一些会员制的俱乐部，顾客可以通过不同的方式与其他顾客交流，甚至可以从中发掘到较好的商业机会，这样，顾客就会由于其他顾客的存在而对服务质量有很高的评价。

技术质量是客观存在的，而功能质量是顾客对过程的主观感觉和认识。顾客评价服务质量的好坏，是根据其所获得的服务效果和所经历的服务感受两个方面的状况，综合在一起形成的完整的印象。

由于各种服务千差万别，服务的技术质量和功能质量所占的比重也有较大的差别。例如，货运服务、仓储管理、技术服务、培训服务、法律服务等服务活动，虽然都提供了附加价值，但功能性的活动在不同的服务中的比重并不相同。而且，即使同一种服务，如果服务过程有差异，技术质量可能不变，但功能质量会有差异，二者的比例也就有相应的变化。例如，法律诉讼代理服务，如果诉讼过程顺利，技术质量和功能质量都将较高。反之，如诉讼过程复杂、时间长，顾客的情绪可能受到影响，甚至超过耐心的极限而非常不满意；即使最终问题解决了，顾客得到的技术质量相同，但整个诉讼过程给他留下了恶劣的印象，严重影响了服务的功能质量。这样，后一种服务的总体质量就较低。

大部分企业将技术质量视为服务质量的核心，集中企业资源提高服务的技术质量并以此作为企业竞争力主要因素。一般来说，如果一个企业能够在技术方面始终保持领先水平，通过不断开发新技术，将自己的竞争对手远远抛在后面，那么这种侧重技术质量的竞争战略是可以取得成功的。但是，高新技术在世界范围内的转移和扩散的速度越来越快，特别是新的服务缺乏像产品专利权那样的法律保护，新的服务可以很快被竞争对手所仿效，新服务的垄断优势的时间将越来越短。而且，随着技术创新的难度加大和技术淘汰步伐的加快，一个企业要想长期保持技术优势将会日益困难。有鉴于此，西方管理学家建议，一个企业即使持续拥有高新技术，也最好将侧重服务的战略作为侧重技术战略的补充。至于不具备高新技术，或是不能持续拥有高新技术的企业，最好采用侧重服务的战略，即集中资源管理提供服务的过程，以提高服务的功能质量作为自己的竞争优势。

三、服务质量的来源和形成模式

北欧学派的两位服务管理学家，瑞典的古默森教授和芬兰的格龙鲁斯教授，对产品和服务质量的形成过程进行了深入的研究，并于20世纪80年代发表了各自的研究成果。古默森的理论叫4Q模式，即质量的形成有4个来源：设计来源、生产来源、供给来源和关系来源。这里根据服务的生产和消费不可分离的特征，将服务质量的来源综合为设计、供给和关系三个来源。服务企业如何认识和管理好这三个来源，将会影响顾客对总体服务质量的认识。

（1）设计来源：服务是否优质，首先取决于独到的设计。

（2）供给来源：将设计好的服务，依靠服务提供系统，并以顾客满意和希望的方式操作实际服务过程，把理想中的技术质量转变为现实的技术质量。

（3）关系来源：服务过程中服务人员与顾客之间的关系。服务人员越是关心体贴顾客，解决顾客的实际问题，顾客对服务质量的评价就越高。

服务质量的三种来源和两方面的内容之间是相互关联。设计服务要考虑到现有的顾客和潜在的顾客。首先把顾客的要求和爱好归纳为一定的特征或要素，然后通过设计过程尽可能满足顾客的要求和爱好。通过细致周到的服务设计，不仅反映出服务的技术质量，顾客也会感到企业为满足自己的要求而作了相当的工作和努力，必然提高服务的功能质量。

服务的供给过程不仅需要服务人员和服务设施参与其中，而且需要顾客的参与和配合。顾客在参与服务提供过程中，会与服务企业的有形资源如设备、设施等接触和认识，服务企业的这些有形设施会给顾客留下深刻的印象，顾客据此评价服务的感受与预期是否相符，影响服务的技术质量。此外，服务人员操作设备的熟练程度、关心顾客的深度以及对待顾客投诉和要求的处理方式等，都会在顾客心中留下很深的印象，影响服务的功能质量。

服务过程中顾客与服务企业之间的关系是形成服务功能质量的最重要来源，也是评价服务质量优劣的重要依据。企业如何培育和发展与顾客之间的长期关系是目前服务企业提高服务质量最困难也是最关键的环节。发展这种相互关系必须深入了解顾客的需要和期望，引导和满足顾客的需求并从中不断开发新的服务项目。

上述关于服务质量的内容和来源的理论可归结为古默森—格龙鲁斯质量形成模式。这里考虑到服务的生产和供给过程的一致性，将生产和供给综合在一起来分析服务质量的形成和实质。服务质量形成模式如图12-2所示。

图12-2表明，顾客感知服务质量要受到企业形象、预期质量和体验质量三个方面的综合作用。

（1）顾客在消费服务之前，由于受到企业广告或宣传的影响，也可能由于其他顾客的口头信息传播的影响，以及自己以前消费服务的经验，在主观上形成对企业形象的一个初步认识，特别对自己准备消费的服务的质量有了比较具体的预期。

（2）顾客在消费服务之中，是带着自己对这种服务的具体预期的，在服务提供过程中，顾客体验到了该企业的服务质量。这个过

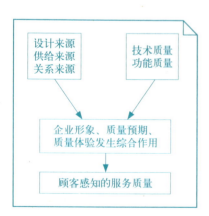

图 12-2
服务质量环

程中,顾客体验的内容分为两个部分,一是自己获得了什么,二是自己是如何获得的,即服务的技术质量和功能质量。

(3)顾客在消费服务之后,会不自觉地把自己在消费服务过程中体验到的服务质量与预期的服务质量相比较,从而得出该企业的服务质量是优、良、次、劣的结论。

(4)顾客对服务质量的最终评价还要受到顾客心目中企业形象的调节。如果该服务企业的市场形象一贯较好,顾客很可能原谅在服务过程中企业的过失,而提高对服务质量的评价;反之,如果服务企业形象不佳,就会放大服务过程中的过失或不足,使顾客得出更加不满的结论。

第三节 | 服务质量的测量

(一)服务质量差距分析模型

1985年Parasuraman, Zeuthaml和Berry提出了服务质量差距分析模型,该模型区分了导致服务质量问题的五种差距(即GAP),专门用来分析服务质量问题产生的根源,从而帮助管理者研究如何改进服务,采取措施,提高服务质量。服务质量差距分析模型的提出,奠定了进行服务质量评价的理论基础。服务质量差距分析模型如图12-3所示。

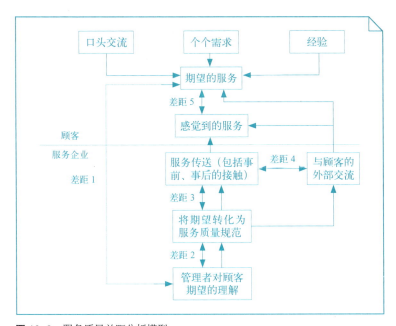

图12-3 服务质量差距分析模型

模型的上半部分指与顾客有关的内容，下半部分指与服务企业有关的内容。顾客对服务质量的期望取决顾客个人的需求、与亲朋好友的口头交流、服务的经历，以及服务企业的市场宣传四个方面的因素。

顾客感觉到的服务质量实际上就是顾客对服务的体验，它产生于服务企业一系列的内部决策和活动。首先管理层根据自己对顾客期望的理解来制定服务质量规范，然后整个服务企业按照这些服务质量规范来生产和提供服务。服务质量规范即为当服务传送时，服务组织所必须遵循的准则。顾客体验到服务的这种生产和提供过程，并感觉到服务的技术质量和功能质量，于是就会将这种体验和感觉与自己心目中的预期质量相比较，在比较的过程中，还受到企业形象的调节作用，最终形成自己对服务质量的整体感觉和认识，这就是顾客感觉到的服务质量。模型分析了产生服务质量问题的可能的根源，即如图所示的五种服务质量差距，这都是由于质量管理过程中的偏差和缺乏协调一致造成的。当然，最终的差距即期望的服务质量与所体验的服务质量之间的差距，是由整个过程的其他差距综合作用引起的。以下具体讨论服务质量的五种差距。

1. 管理层认识差距

管理层认识差距是指服务企业管理层没有准确理解顾客对服务质量的预期。这种差距主要由下列五个因素引起。

（1）管理层从市场调查和需求分析中得到的信息不准确。

（2）管理层对从市场调研和需求中得到的信息作了不准确的理解。

（3）服务企业未对顾客的需求进行分析。

（4）一线员工向管理层反馈的顾客信息不准确或不充分、不及时。

（5）服务企业内部机构重叠，组织层次过多，阻滞或歪曲了直接提供服务给顾客的一线员工向管理层的信息传递。

2. 服务质量规范的差距

服务质量规范的差距是指服务企业制定的服务质量规范未能准确反映出管理层对顾客期望的理解。产生这种差距的因素有以下六个方面。

（1）企业对服务质量规划不善或规划过程不够完善。

（2）管理层对企业的服务质量规划管理不善。

（3）服务企业未确定明确的目标。

（4）最高管理层对服务质量的规划缺乏支持力度。

（5）企业对员工承担的任务的标准化不够。

（6）对顾客期望的可行性认识不足。

3. 服务传送的差距

服务传送的差距是指服务在生产和供给过程中表现出的质量水平，未能达到服务企业制定的服务规范的要求。造成这种差距主要有如下九个因素。

（1）质量规范或标准制定得过于复杂或太具体。

（2）一线员工不认同这些具体的质量标准，或如严格按照规范执行，员工可能会觉得改变自己的习惯行为。

（3）新的质量规范或标准与服务企业的现行企业文化如企业的价值观、规章制度和习惯做法不一致。

（4）服务的生产和供给过程管理不完善。

（5）新的服务规范或标准在企业内部宣传、引导和讨论等不充分，使职工对规范的认识不一致，即内部市场营销不完备。

（6）企业的技术设备和管理体制不利于一线员工按服务规范或标准来操作。

（7）员工的能力欠缺，无法胜任按服务质量规范提供服务。

（8）企业的监督控制系统不科学，不能引导和激励员工依据服务规范和标准进行工作。

（9）一线员工与顾客和上级管理层之间缺乏协作。

4. 市场信息传播的差距

市场信息传播的差距是指企业在市场传播中关于服务质量的信息与企业实际提供的服务质量不相一致。造成这种差距的因素有以下四个方面。

（1）企业的市场营销规划与营运系统之间未能有效地协调。

（2）企业向市场和顾客传播信息与实际提供的服务活动之间缺乏协调。

（3）企业向市场和顾客传播了自己的质量标准，但在实际提供服务时，企业未能按标准进行。

（4）企业在宣传时夸大了服务质量，或作出了过多的承诺，顾客实际体验的服务与宣传的质量有一定的距离。

5. 服务质量感知差距

服务质量感知差距是指顾客体验和感觉到的服务质量未能符合自己对服务质量的预期，这是由上述四类差距引起的。通常，顾客体验和感觉的服务质量要较预期的服务质量差，这时服务质量感知差距会导致以下结果。

（1）顾客认为体验和感觉的服务质量太差，比不上预期的服务质量，因此对企业提供的服务持否定态度。

（2）顾客将自身的体验和感觉向亲友等诉说，使服务具有较差的口碑。

（3）顾客的负面口头传播破坏企业形象并损害企业声誉。

（4）服务企业将失去老顾客并对潜在的顾客失去吸引力。

利用服务质量的差距分析模型可以将引起服务质量问题的根源和症结找出来，从而可以根据导致服务质量问题的原因对症下药，制定正确的发展战略，并通过合适的处理措施来缩小差距，提高顾客的满意度和服务质量。

(二)服务质量差距分析模型的应用

Parasuraman, Zeuthaml 和 Berry 于 1985 年提出服务质量差距分析模型时,发现对任何形态的服务,消费者基本上都使用如下十个因素来评价服务质量:接近性;沟通性;胜任性;礼貌性;信赖性;可靠性;反应性;安全性;有形性;了解性。

1988 年 Parasuraman, Zeuthaml 和 Berry 以上述研究为基础,进一步获得一组具有良好信度、效度与低重复度的因素结构,即由 22 个项目所组成的五个认知构面的服务质量衡量模式,称之为 SERVQUAL 量表。

(1)有形性(tangibles):实体设施、工具、设备、员工仪态及服务人员说话的口气及用语等。

(2)可靠性(reliability):能够正确且可靠地提供承诺服务的能力。

(3)反应性(responsiveness):服务人员对提供服务的敏捷度与意愿。

(4)保证性(assurance):服务人员具备执行服务所需的知识,并能获得消费者的信赖。

(5)关怀性(empathy):服务人员能给予消费者特别的关怀与注意。

在一般情况下,利用 SERVQUAL 量表对服务质量进行评估的步骤如下。

(1)进行问卷调查,由顾客打分。问卷内容涵盖五大属性(构面)及与之相关的 22 个项目(问题)。顾客根据自身情况对每个问题打分,分数的设计从 7 至 1(最同意 = 7,最不同意 = 1)。

(2)计算服务质量的分数。简单平均的 SERVQUAL(其中,P_i = 顾客对第 i 个问题的感受,E_i = 顾客对第 i 个问题的期望值):

$$SQ = \frac{1}{n} \sum_{i=1}^{n} (P_i - E_i)$$

(3)结合服务质量差距分析模型,寻找问题根源,制定改进措施。

表 12-1 是某剧院观众 SERVQUAL 评价的汇总数据,供参考(分析从略)。

表 12-1 某剧院观众 SERVQUAL 评价的汇总数据

属性	条目内容	期望	感知	差距
可靠性	当剧院承诺在某时做到某事,确实如此	6.68	6.32	−0.36
	当观众遇到问题时剧院会尽力帮助解决	6.61	6.24	−0.37
	剧院会自始至终提供好的服务	6.56	6.30	−0.26
	剧院会在承诺的时间提供服务	6.57	6.24	−0.33
	剧院会向观众通报开始提供服务的时间	6.33	6.21	−0.12
	平均值	6.55	6.26	−0.29

续　表

属性	条目内容	期望	感知	差距
反应性	剧院员工提供迅速及时的服务	6.60	6.38	−0.23
	剧院员工总是乐意帮助观众	6.37	6.50	−0.23
	剧院员工无论多忙都及时回应观众要求	6.73	6.22	−0.15
	平均值	6.57	6.36	−0.20
保证性	剧院员工的举止行为是值得信赖的	6.63	6.43	−0.20
	剧院是观众可以信赖的	6.64	6.48	−0.16
	剧院员工总是热情地对待观众	6.78	6.45	−0.33
	剧院员工有充足的时间回答观众问题	6.41	6.18	−0.22
	平均值	6.61	6.38	−0.23
关怀性	剧院能对观众给予个别的关照	5.97	6.03	−0.06
	剧院会安排员工给予观众个别的关注	5.96	6.06	−0.10
	剧院了解观众最感兴趣的东西	6.26	6.04	−0.21
	剧院员工了解观众的需求	6.49	6.09	−0.40
	平均值	6.17	6.05	−0.11
有形性	剧院设备是现代化的	6.75	6.60	−0.16
	剧院设备外观吸引人	6.62	6.58	−0.04
	剧院员工穿着得体、整洁干净	6.84	6.58	−0.26
	与所提供的服务有关的资料齐全	6.48	6.12	−0.36
	剧院有便利的工作时间	6.63	6.20	−0.43
	平均值	6.67	6.42	−0.25
总平均		6.49	6.24	−0.24

第四节　服务质量体系

一、服务质量体系的概念

服务性企业必须把服务质量管理作为企业管理的核心和重点，把不断提高服务质量，更好满足顾客和其他受益者的需求作为企业管理和发展的宗旨。因此，任何一个服务企业要实现自己的质量战略，都必须建立一个完善的服务质量体系。服务质量体系就是为实施服务质量管理所需的组织结构、程序、过程和资源。对它的理解应注意以下三个方面。

（1）服务质量体系的内容应和满足服务质量目标的需要相一致。

（2）服务企业的质量体系主要是为满足服务企业内部管理的需要而设计的。它比特定顾客的要求要广泛，顾客仅仅评价该服务质量体系的相关部分。

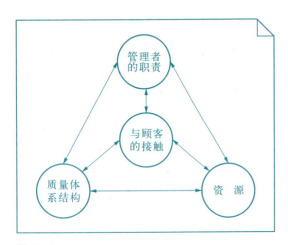

图 12-4 服务质量体系的关键方面

（3）可根据要求对已确定的服务质量体系要素的实施情况进行证实。

服务质量体系的作用是使服务企业内部相信服务质量达到要求，使顾客相信服务满足需求。服务质量体系是服务企业实施质量管理的基础，又是服务质量管理的技术和手段。建立服务质量管理体系的最终目的必须服从服务企业的质量方针和目标。

二、服务质量体系的关键方面

如图 12-4 所示，服务质量体系主要有管理者的职责、资源、质量体系结构三个关键方面，而顾客则是服务质量体系三个关键方面的核心，只有当管理者的职责、资源以及质量体系结构三者之间相互配合和协调时，才能保证顾客满意。

（一）管理者的职责

服务企业管理者的职责是制定和实施服务质量方针并使顾客满意。成功地实施这个方针取决于管理者对服务质量体系的开发和有效运行的支持。

1. 服务质量方针

服务质量方针是服务企业总的质量宗旨和方向，是企业在服务质量方面的总的意图。这涉及服务企业所提供服务的等级、企业的质量形象和信誉、服务质量的目标、保证服务质量的措施、全体员工的作用等内容。服务质量方针应是整个企业总方针的核心部分，引导企业在服务竞争日趋激烈的市场竞争中以服务质量取胜，以服务质量求得效益，以服务质量的优势保证企业生存和持续发展。

服务企业的最高管理层应高度重视并亲自主持制定本企业的质量方针，并以正式文件予以颁布。企业领导者应以必要的措施，使全体员工能理解并坚持执行。

2. 质量目标和质量活动

建立服务质量目标应考虑：用适当的质量测量如产品衡量、过程衡量和顾客满意度衡量来清楚地定义顾客的需要；采取预防和控制措施，以避免顾客的不满意；优化质量成本，达到所要求的服务业绩和等级；不断衡量服务要求和成绩，使与改进服务质量的时机相一致；预防服务企业对社会和环境的不利影响。

服务质量活动是指从服务的市场开发、设计、提供全过程中与服务质量直接相关或间接相关的全部活动。服务质量体系要素体现为一组过程，任何服务工作都是通过过程完成的，每个过程都包含一定的服务质量活动，因此，确定服务质量活动是建立组织结构的前提。

（1）确定直接服务质量活动。直接服务质量活动是指与服务质量设计、形成和实现直接相关的活动，应根据企业服务质量环、服务类别和质量特性、市场竞争形势的变化、服务企业的经济规模等来确定直接服务质量活动。

（2）确定间接服务质量活动。间接服务质量活动即以组织、计划、协调、控制、反馈为特征，通过一定的媒介对服务质量形成和实现产生间接影响的活动。间接质量活动一般有：质量改进；质量信息管理；质量教育；质量审核；质量奖惩；群众性的质量活动等。

服务企业在确定直接或间接服务质量活动后，应形成文件，并采取如下措施。

（1）明确规定一般和具体的质量职责。

（2）明确规定影响服务质量的每一项活动的职责和权限，通过赋予充分的职责、组织独立性和权限，以便按期望的效率达到规定的质量目标。

（3）规定不同活动之间的接口控制和协调措施。

（4）工作重点应该是查明潜在的或实际的服务质量问题，并采取预防或纠正措施。

3. 质量职责和权限

管理者的职责包括对由于其活动影响服务质量的所有人员明确规定一般的和专门的职责和权限。这些职责和权限包括服务企业内部和外部各个接触面上的顾客与服务提供者之间有效的相互关系。所规定的职责和权限应该与为达到服务质量所必需的手段和方法相一致。

只有明确合理的质量职责和权限，一线员工才可以在确定的职责权限范围内尽可能地满足顾客的要求，其他员工也可以通过承担规定的职责和权限与一线员工进行有效地合作。

在设计或识别质量活动的基础上，按照分解、细化的质量职能，分配到各部门、各岗位，最终落实到具体每个员工。落实职权是指分配或承担职责和权限。应该说，服务企业内每个员工都有自己的职责和权限，但一些关键人员的职责和权限的落实有利于职能部门和全体员工的质量职责的确定、分配和落实。这些少数的关键人物如高层管理人员，在明确并充分有效地行使了自己的职权以后，其他问题就能迎刃而解。

4. 管理评审

管理者应对企业质量体系进行正式的、定期的和独立的评审，以便确定质量体系在实施质量方针和实现质量目标中是否持续稳定和有效。评审中应特别关注和强调改进的必要性和机会。评审应由管理者中适当成员或有资格的、直接向最高管理者报告工作的、独立的人员进行。管理评审是管理者的一项重要职责，对于企业质量体系的有效运行和持续改进是必不可少的。

管理评审由一系列的有组织的、综合性的评价构成：服务业绩分析的结果，即在达到服务要求和顾客满意方面，有关服务提供过程的全面效果和效率的信息；与规定的服务质量目标相符的质量体系所有要素的执行情况和有效性的内部审核结果；由于新技术、质量概念、市场战略、社会或环境等各种情况带来的变化。

评审者应该把观察记录、结论和建议作为评审和评价的结果以文件形式提交管理者,以便在制定服务质量计划时采取必要的措施。

(二) 资源

资源是服务质量管理体系的物质、技术基础和支撑条件,是服务质量体系赖以存在的根本,也是能有效运行的前提和手段。资源包括人力资源、物质资源和信息资源三个部分。

1. 人力资源

人是服务企业最重要的资源,几乎所有的服务都要服务企业的员工来提供。对顾客而言,他们往往把第一线员工当作服务企业的化身。由于服务是一种情绪性的工作,管理好服务体系中的人力资源必须做到以下三点。

(1) 聘用个性适宜提供良好服务的人。服务企业中的大部分工作职位,都必须经常与顾客密切接触,而且工作过程中充满了不确定性——顾客的需要和期望各不相同,服务企业员工在执行任务时,不可能全按标准作业来进行。他们必须自行判断如何解决顾客的问题,采取主动式服务,才能针对各个顾客的特殊情况提供个性化的服务。但是,在很多服务企业中,当需要员工自己判断解决顾客面临的实际问题时,员工的服务多半不佳。

有些研究发现,即使提供服务的系统发生故障,使得服务的效率降低,只要顾客认为服务企业员工仍在关心他们,了解他们的需求,以及尽量设法补救,顾客仍然会同情谅解。传统的制造企业需要一切都在控制之下,而且整个制造过程必须防止干扰。但是,优质的服务则相反,它欢迎顾客提出要求,并且有能力进行弹性处理。许多服务质量优异的企业,如麦当劳,都列出优秀服务人员应具备的能力和个性,针对需要来了解服务企业的应征者是否具备这些素质。在服务企业中,员工的个性是否开朗,比经验、技术能力可能更重要。

(2) 培训。美国花旗银行研究过17家服务领先的公司,这些公司都拨出1%~2%的营业收入作为一线员工、管理人员和高层主管的培训经费。当然,培训的课程要因职位和职务的不同而有所差异,但所有的培训都应当包括提供后勤支援的人如何对待内部顾客——第一线员工或其他工作人员。除正式的培训以外,服务企业也可以通过非正式途径来培训员工,如通过同事和上司示范工作诀窍,传授应有的价值观和服务态度等。

如果培训只针对直接提供顾客服务的第一线员工实施,而不是针对同样需要这种训练的监督和管理人员(后勤支持人员);培训只集中于与外部顾客的关系,而不涉及与内部顾客的关系以及团队合作的重要性,这种培训对服务企业提高服务质量并无长期效果。

由于服务质量包含技术质量和功能质量两方面的内容,服务培训也可以分为技术培训和功能培训两种。要提供杰出的服务,就要确保每一个员工——并非只是与顾客直接接触的那部分员工,而是包括所有能影响到顾客对服务质量评价的员工,都对如何执行本职工作有深入的认识。服务质量体系要求服务作业过程分解成具体的步骤，然后利用各种语言、文字和形象等传播方式，把服务规范的内容灌输给员工。通过垂直式或横向式交叉培训，可以使公司在服务能力上进行较大的弹性调整，同时提高员工的自尊心和工作的积极性。更重要的是，交叉培训能确保每一个员工都有能力解决顾客面临的问题，并在顾客与服务企业内部作业之间扮演桥梁角色。

为提高服务质量而进行的培训，其具体方案可以有多种选择。例如：服务现场面对面培训；角色培训；小组在岗培训；研讨会；针对不同岗位的培训班，如经理培训班、主管人员培训班、一线员工培训班等。

迪斯尼公司对员工的培训非常有特色，他们把一线员工叫作"演员"，而人事部门则是"分配角色"。有一对兄弟曾被奥兰多市的"迪斯尼世界"雇去收门票，这看来是非常普通的工作，可是也必须经过每天八小时的四天培训以后，才被允许登上"前台"。他们要懂得什么是"贵宾（guest）"，这是用大写字母 G 开头的，而不是顾客（customer），那是用小写字母 c 开头的，不可混淆。学会收门票为什么要花上四天时间？他们回答说："要是有人来问厕所在哪里，游行表演什么时间开始，回宿营地去该乘哪路公共汽车……我们得知道怎么回答，或者到哪儿能得到最快的回答。总之，我们出现在前台上，是向我们的客人演出，我们所做的工作是要使客人的每一分钟都能感到游园的快乐。"

（3）适当的激励。员工与顾客接触得越多，越需要在情绪上投入。激励是一种正式的鼓励和赞美，可以鼓舞所有的员工。在通常情况下，很多激励方式因为缺乏公正、次数太少或缺乏心理意义而最终趋于失败。只有挑选获胜者的过程严肃认真、大公无私，并与顾客心目中的服务质量密切相关，这样的激励才有意义。要员工维持长期干劲，不能只靠赞美和奖赏，还须提供给员工可以展望的发展前景。很多服务企业的员工，特别是第一线员工，他们不仅薪资少，而且很难出人头地，导致服务企业的人员流动率较高。如何通过最佳的激励方式调动这些能直接影响企业形象和服务质量的员工的积极性是完善服务企业质量管理体系的重要课题。

美国运通公司每年都要评选"伟大表现奖"，各分公司和办事处先进行"伟大表现奖"准决赛，然后把获胜者的事迹送往公司总部参加决赛。运通公司总部主管评审各参选者的事迹，然后选出该年度的"伟大表现奖"的得主。得奖员工可以到纽约度假一周，获颁一枚"伟大表现奖"白金奖章，参加颁奖宴会，以及得到 4 000 美元的旅行支票。公司员工对参与评选该奖表现了极大的热情，都把获得"伟大表现奖"作为自己的工作目标。许多顾客对运通公司的员工追求质量，尽力为其解决问题的精神所感动。

2. 物质资源

物质资源，包括技术和装备。只有先进的物质资源，建立起完善的服务基础设施，才能保证顾客享受到高质量的服务。同时，由于服务产能与服务需求很难精确匹配，服务企业的物质资源需要具有一定的弹性，能够应付变化较大的服务需求。

服务业固然对人力资源需求巨大，但为了提供服务而必须建立的基础设施及设备，也会使服务企业资本密集度相当高。即使是纯粹的服务企业，从餐厅到电力公司，其资本密集程度也不在制造企业之下。这是由于公用事业、航空公司以及其他一些需要昂贵设施提供服务的行业，和主要依靠人力提供服务的行业：餐厅、零售店、保险公司等也都需要可观的资本投资，而且其中绝大部分是着眼于以科技代替人力。

建立完善的服务质量体系要对基础设施及设备投入大量的资金，这些基础设施及设备包括基本的装修和服务工具、有关顾客的信息系统、管理的通信网络、备用物资的储备等。对基础设施及设备的投入与对人力的投入是相互关联的。基础设施及设备的投入可以使服务员工提高生产力，并降低增聘新员工的需要，节约了挑选和培训新员工的时间和费用，又避免了损失未来的销售额即公司的发展机会。

一些服务行业具有规模经济，可以在较低的边际成本下提高服务质量，或是增添新的服务品种。如果服务企业在竞争者之前，先对服务质量体系中的基础设施及设备投入适当的规模，其产生的规模效应可以形成有力的垄断优势，甚至可构成竞争壁垒，在保证提供的服务质量基础上，排斥出现新的竞争者。

3. 信息资源

在竞争日趋激烈的今天，信息资源将是服务企业最终能在竞争中获胜的关键之一。拥有信息基础的服务企业，可以根据自身的信息资源，对顾客提供个性化的服务，针对顾客的偏好适时调整其服务，以提高服务的效率和效益。

服务企业获得信息资源的主要渠道包括顾客、企业一线员工、企业管理层、供应商、社会公众。服务企业可针对不同来源而特别设计调查方式来获得与服务质量有关的信息资源。

1984 年，沃尔玛公司耗资 2 400 万美元发射了自己的卫星。至 1990 年 1 月，沃尔玛的卫星系统是全球最大的交互式、高度整体化的私人卫星网络。卫星网络向所有商店同时广播通信，不但加快了信息的传送，也降低了电话费用。这个卫星系统给公司提供交互式的音像系统，便于库存控制的数据传输，能够在结账柜台上进行快速信用卡授权，并增强了 EDI 传输功能。这一系统是沃尔玛"迅速反应"项目的一部分，确保商店一旦库存紧缺，能够及时订货。与之相对应，沃尔玛的付款方式也较其他零售公司优惠。平均而言，沃尔玛在 29 天之内付款，而竞争对手平均在 45 天之内付款。利用这些信息资源，沃尔玛提高了服务效率，获得了竞争优势，通过快速增长逐渐成为零售业的世界巨人。

（三）质量体系结构

服务企业的质量体系结构包括组织结构、过程和程序文件三个部分。

1. 组织结构

组织结构是组织为行使其职能按某种方式建立的职责、权限及其相互关系。

服务质量体系的组织结构是服务企业为行使质量管理职能的一个组织管理的框架。其重点是将服务企业的质量方针、目标层层展开，再转化分解到各级、各类人员的质量职责和权限，明确其相互关系。由于整个管理最活跃和最关键的因素是人，所以规范人的行为的组织结构就是整个管理的核心。

组织结构可以看成是服务质量体系的静态描述。在静态条件下，考虑管理框架、层次结构，部门职能分配，职责、权限和相互关系的协调和落实，组成一个服务质量管理的组织系统。对于服务企业而言，考虑服务的特殊性，其组织结构的设立主要表现在一线员工的职责、权限，管理者的职权和管理的层次等方面。

2. 过程

服务企业的过程输出就是无形服务。每个服务企业都有其独特的过程网络，服务企业的质量管理就是通过对服务企业内部各种过程进行管理来实现的。

根据服务质量环，服务可划分为三个主要过程，即市场研究和开发、服务设计和服务提供过程。市场研究和开发过程是指服务企业通过市场研究与开发确定和提升对服务的需求和要求的过程。服务设计过程是指把市场研究和开发的结果即服务提要的内容转化成服务规范、服务提供规范和服务质量控制规范，同时反映出服务企业对目标、政策和成本等方面的选择方案。服务提供过程是将服务从服务企业提供到服务消费者的过程，是顾客参与的主要过程。

3. 程序文件

服务质量体系中的程序，是对服务质量形成全过程的所有活动，规定恰当而连续的方法，使服务过程能够按规定具体运作，达到系统输出的要求。程序文件是服务质量体系可操作的具体体现，是服务质量体系得以有效运行的可靠保证。形成文件的程序应根据服务企业的规模、活动的具体性质、服务质量体系的结构而采用不同的形式。

服务质量体系应能对所有影响服务质量的活动进行适宜而连续的控制。服务质量体系应重视避免问题发生的预防措施，同时还应保持一旦发生问题就做出反应和加以纠正的能力。为实现服务质量方针与目标，应制定、颁发和保持服务质量体系各项活动的形成文件的工作程序并加以贯彻实施。这些程序对影响服务质量的各项活动的目标和执行作出规定。

服务工作程序是服务企业为确保所提供的服务满足明确的和隐含的需要，保证质量方针和质量目标得以实现所制定和颁布的所有影响服务质量的各项直接和间接活动的规定。根据性质，可以分为管理性程序和技术性程序两类。

对某一项影响服务质量的质量活动，服务质量体系程序有如下作用。

（1）各部门、各岗位严格执行程序，可以对服务质量活动进行恰当而连续的控制，使服务质量始终保持在受控状态。

（2）由于在程序文件中事先对预防措施进行了适当安排，可以减少发生服务质量问题的风险。

（3）由于事先作出安排，一旦发生服务质量问题，可以及时作出反应并能迅速加以纠正。

程序文件是有关人员实施质量活动的依据。程序文件的基本内容是阐述影响服务质量的那些管理、执行、验证或评审人员的职责、职权和相互关系，说明如何执行各种活动、使用文件及进行控制。其详细程度要满足对有关服务质量活动进行恰当而连续控制的需要。在编写时要注意可操作性，特别是在编写细化的服务质量活动时，更需要一步一步地列出开展此项活动的工作流程和细节，明确它们与其他活动的接口和协调措施；规定开展服务质量活动时，在物资、人员、信息和环境等方面应具备的条件，明确每个环节内转换中的各种因素，即有哪个部门或岗位参与，具体做什么，做到什么程度，达到什么要求，如何控制，形成怎样的记录和报告等。同时，还应涉及可能出现的任何例外事项，规定可能发生服务质量问题的预防措施，以及一旦发生服务质量问题应采取的补救措施。

（四）与顾客的接触

顾客是服务质量体系中最关键的因素，也只有服务质量体系的其他因素和谐地服务于顾客这个中心，才能使服务质量体系有效地运行。

管理者应采取有效的措施在顾客与服务企业之间建立畅通的信息沟通渠道。与顾客直接接触的人员是企业获得服务质量改进信息的重要来源。以下五点对服务企业做好与顾客接触是十分必要的。

（1）理解顾客。
（2）发现顾客的真实需要。
（3）提供顾客需要的产品和服务，使顾客理解所提供的服务。
（4）尽最大限度地提供顾客满意的服务。
（5）使顾客成为"回头客"，并使顾客为公司的服务传播。

第五节 服务过程质量管理

一、服务市场研究与开发的质量管理

（一）市场研究与开发的质量管理的内容和要求

由于保持竞争力的需要，为维持现有提供的服务，以及获得足够的资金以适应市场竞争的需求，要求服务企业在其服务组合中，通过取代在生命周期中处于衰退期的服务品种，并利用超额服务能力以抵消季节性波动，降低风险，探索新的机会。

服务市场研究与开发一般包括以下四个方面内容。

（1）对各种市场的确认和测量。

（2）对各种市场进行特征分析，包括顾客对各种服务的需求、各种服务的功能、理想的服务特征、顾客找寻服务的方法、顾客的态度与活动、竞争状况、市场占有率、装备及竞争趋势等内容。

（3）对各种市场进行预估，包括成长或衰退的基本动力、顾客的趋势与变迁、新竞争性服务业的类型、坏境变迁（社会、经济、科技、政治等）内容。

（4）个体服务市场的特征和发展重点项目，包括确定顾客对提供的服务的需要和期望、各种辅助性服务、已经搜集到的顾客的要求和服务合同信息的分析和评审、职能部门为满足服务质量要求的承诺、服务质量控制的应用等。

通过市场研究和分析，服务企业一旦决定提供一项服务，就应把市场研究和分析的结果以及服务企业对顾客的义务都纳入服务提要中。服务提要中规定了顾客的需要和服务企业的相关能力，作为一组要求和细则以构成服务设计工作的基础。服务提要中应明确包含安全方面的措施、潜在的责任以及使人员、顾客和环境的风险最小的适当方法。

对服务市场研究与开发进行质量控制，首先要求做到识别市场研究与开发过程中对服务质量和顾客满意有重要影响的关键活动，然后对这些关键活动进行分析，明确其质量特性，对所选出的特性规定评价的方法，建立影响和控制特性的必要手段，通过对其测量和控制来保证服务质量。

瑞典联网租车公司1988年着手开发新的服务项目。根据周密的市场调查和研究，联网租车公司确定了如下新的服务项目的服务内容。

（1）向顾客提供租车信息。

（2）接受顾客预约，并为顾客准备好车。

（3）公司主动将车送到顾客期望的地方。

（4）让顾客享受公司的车。

（5）顾客还车。

（6）核定收费。

（7）开具发票。

（8）收取租车费用。

（9）受理投诉。

该项服务经过细致的设计、周密的准备和声势浩大的市场宣传，于该年9月份推出后，当月营业额增长了15%，到次年中期，全公司营业额比上年同期增长了23%，取得了较好的效果。

（二）广告的质量管理

服务行业的广告宣传过于夸张其效果可能会适得其反，而太过平淡则可能缺少冲击力度，要使广告取得适当的效果，对广告的质量管理需要注意以下四个方面。

1. 与员工直接沟通

广告虽然是为了吸引企业目前的和潜在的顾客,但服务则是由企业全体员工共同努力提供的,因此在广告的创意和制作过程中,应充分听取不同岗位员工的意见,进一步激发员工提供优质服务的热情。

2. 提供有形的说明,使服务被人理解

由于服务或多或少是无形的,顾客不容易理解,因此在广告中创造性地应用被感知的有形证据,尽可能使广告词变得具体、可信,可以使顾客更容易了解服务的内涵。在这方面,曾有一个广告佳话。1990年美国西南航空公司开辟伯班克至奥克兰航线,宣称如果乘客按其他航空公司的186美元票价付款,到达奥克兰以后,将在机场返还给乘客127美元。其主要竞争对手美国西部航空公司对此进行了嘲笑,在其广告中刻画了乘客登上西南航空公司的飞机时,因贪图便宜含羞而掩起面颊的形象。西南航空公司立即进行反击,在广告中,公司董事长头上套着一个大口袋,其容易被感知的广告词是"如果你因乘西南航空公司的飞机而害羞,我们给你这个袋子套上你的头;如果你不觉得难堪,就用它装你省下来的钱"。

3. 持续推进广告宣传

由于服务比较抽象,因此必须持续地进行广告宣传。一般来说,如果广告较长期地持续下去,可能会使顾客逐渐认同广告的内容和实质。

4. 注意广告长期效果

过度许诺,使顾客产生不切实际的期望,尽管在短期内可能效果较好,但当顾客明白服务的真相时,就会因失望而不再光顾。因此,广告必须注意长期效果,进行长期规划,维护企业的形象和声誉。

二、服务设计质量管理

服务设计是服务质量体系中预防质量问题的重要保证。一旦系统中有一个缺陷,它将被连续不断地重复。戴明认为,94%的质量问题是设计不完善而导致的,而仅有6%是由于粗心、忽视、坏脾气等原因造成的。更重要的是,服务设计的缺陷使服务质量的源泉——企业员工受到伤害。由设计而造成的系统缺陷不断地使员工和顾客之间、员工和员工之间处于不能融洽相处的状况。

设计一项服务的过程包括把服务提要的内容转化成服务规范、服务提供规范和服务质量控制规范,同时反映出服务企业的选择方案(如目标、政策和成本)。

(一) 服务设计的职责和内容

1. 服务设计的职责

服务设计的职责应包括:策划、准备、编制、批准、保持和控制服务规范、服务提供规范和质量控制规范;为服务提供过程规定需采购的产品和服务;对服务设计的每一阶段执行设计评审;当服务提供过程完成时,确认是否满足服务提供要求;根据反馈或其他外部意见,对服务规范、服务提供规范、质量控制规范进行修正;在设计服务规范、服务提供规范以及质量控制规范时,重点是设计对服务需求变化因素的计划;预先采取措施防止可能的系统性和偶然性事故,以及超过企业控制范围的服务事故的影响,并制定服务中意外事件的应急计划。

2. 服务规范

服务规范应包括对所提供服务的完整阐述。设计服务规范之前要确定首要的和次要的顾客需要,首要的顾客需要即基本的需要,如去旅游就是顾客的基本需要。如果选择飞机旅游,就有一些其他问题:怎样订票、怎样去机场和从机场到目的地等,这些就是次要需要,是由不同的选择产生的。

服务规范中要规定核心服务和辅助服务,核心服务是满足顾客首要的需求,另外附加的支持服务要求满足顾客次要需要。高质量的服务都包括相关的一系列的合适的支持服务。服务企业服务质量优劣的差别主要在于支持服务的范围、程度和质量。顾客把一些支持服务认为是理所当然的、服务企业必须要提供的,因而在设计服务规范时,定义和理解次要服务的潜在需求是必要的。

顾客需要与服务规范之间的关系如图12-5所示。

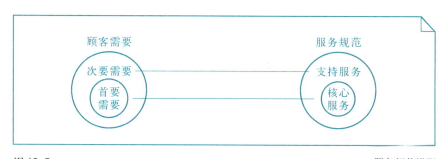

图 12-5　　　　　　　　　　　　　　　　　　　　　服务规范模型

服务规范对提供服务的阐述要包括每一项服务特性的验收标准,如等待时间、提供时间和服务过程时间、安全性、卫生、可靠性、保密性、设施、服务容量和服务人员的数量等。

3. 服务提供规范

在服务提供规范中应描述服务提供过程所用方法的服务提供程序。对服务提供过程的设计,可通过把过程再划分为若干个以程序为支柱的工作阶段来有效地实现,这些程序的描述包含了在每个阶段中的活动。其具体内容包括:对直接影响服务业绩的服务提供特性的阐述;对每一项服务提供特性的验收标准;设备、设施的类型和数量的资源要求必须满足服务规范;要求人员的数量和技能;对提供的产品和服务分供方的可依赖程度等。

4. 服务设计的内容

(1) 员工。员工不仅仅是一种"资源",而且是服务的基本组成成分,是服务质量的决定性要素。服务设计不仅仅根据体系和过程对员工有详细的要求，而且要考虑员工个人和整体怎样能对他们的工作和设计思想作出最大贡献。服务体系是一个社会—技术系统。设计应包括人员选择、培训和教育，以及与激励系统相适应的工作内容和工作设计的分析。

（2）顾客。服务质量在很大程度上是顾客之间、顾客与员工之间、顾客与有形环境之间，以及顾客与组织之间的相互作用的结果。因此，设计服务应考虑到顾客在生产服务的不同时间的作用，以及他们与体系中其他要素、和其他顾客接触的方式。在设计中考虑潜在的顾客，有利于分清服务过程中顾客参与程度和性质。

（3）组织和管理结构。首先，通过清晰定义服务概念，授权和分配责任，确保在控制和自由之间造成的平衡，这种平衡对于员工和他们处理重要事件的能力和热情是至关重要的；其次，是确保组织内的非正式结构（质量队，质量项目组）和执行不同任务的员工所在的部门之间自动协调。

（4）有形/技术环境。顾客往往对服务的有形和技术环境首先产生印象。办公室设备、技术系统和服务的价格、旅馆地理位置、建筑物的外观设计、大堂的布局和客房内家具的陈设都是有形技术环境。高质量的有形/技术环境对员工和顾客都是重要的，它们传递着无形服务的线索和信息，而且是服务质量体系的一部分。

新加坡航空公司在其推出的部分航班经济舱中增设了"银刃世界"——个人专用客舱娱乐系统，提供60多种娱乐项目，让乘客随意挑选。无论是当前最叫座的故事片、热门电视剧、紧张激烈的互动式游戏、曲目广泛的音乐或不断更新的卫星新闻，都应有尽有，甚至还拥有自己的专用电话！此外，新航还配备搁脚板及有翼头垫，使座位更舒适，提供免费香槟和其他精美菜肴。所有这些都清晰地传递了优质服务的信息，使乘客感受到新航的卓越的服务。

5. 质量控制规范

质量控制规范应能有效地控制每一服务过程，以保证服务满足服务规范和顾客需要。质量控制的设计应包括：识别每个过程中对规定的服务有重要影响的关键活动；对关键活动进行分析，明确其质量特性，对其测量和控制将保证服务质量；对所选出的特性规定评价的方法；建立在规定界限内影响和控制特性的手段。

（二）注重质量的服务设计技术——服务蓝图

蓝图是指在分析服务过程的不同阶段时所使用的一种系统的图示方法。蓝图技术把事件、活动和决策标记成不同的符号，并按时间顺序详细地描述服务是怎样被提供的。通过图表把服务看作一个流动的过程可以使我们更好地理解人、财、物与服务体系和其他部分之间的相互依赖，有助于确定服务潜在的缺陷。利用这个方法可以设计新的服务，评估和再设计已有的服务并可作为评价服务体系的工具。

在所有的服务中，时间是影响质量和成本的重要因素。蓝图技术使在服务过程的不同阶段计算顾客能接受的时间成为可能。一般来说，要求的时间与服务的复杂程度有关。

在服务蓝图中，一条"视野分界线"把服务提供过程中顾客可见的部分与顾客不可见部分分离开来，在可见线以上，顾客和员工、不同类型的有形环境打交道，但一般而言，蓝图最大部分在可见线以下。大部分的过程顾客是无法看到的，被视野分界线分开，这条隔离线有助于服务企业在顾客视线之外集中控制过程中最困难部分，减少服务质量的更大风险。

Skostack（1984）指出，蓝图技术能帮助服务企业在质量问题发生以前发现可能的问题隐患，她总结以下四个步骤：绘制事件的过程；发现潜在的缺陷；建立时间框架；分析获利能力。

Kingman-Brandage 把蓝图发展为"服务图"（sevice mapping），可以显示出服务过程的一切活动，如图 12-6 所示。服务图强调四个群体：顾客、接触员工（前台人员）、支持员工（后台人员）和管理层（经理人员）。实施分界线把管理层和运营系统分离开来，视野分界线把顾客与服务后台分离开来。

图 12-6
服务图的基本结构

运用蓝图技术，通过对服务过程时间的控制可以提高服务系统的服务能力弹性，使服务企业能随着需求的起伏而适当调整自己的供给状态。纽约市的花旗银行在其大厅地毯下面铺设电线，用以测量顾客排队等候的时间。当顾客等候时间太长时，该行会采取增添柜台等措施。诺顿百货公司在其零售服务系统的设计时，在每个旺季都雇佣大量的临时工。当其他百货公司在淡季为辞退员工而大为头痛时，诺顿公司则能一贯保持自己员工较高的工作热情。

三、服务提供过程质量管理

服务提供过程是顾客参与的主要过程。服务提供过程有两大基本特征：服务提供者与顾客之间的关系十分密切；服务生产过程和消费过程是同时的。

（一）服务提供过程模型

根据服务提供过程模型（如图 12-7 所示），服务的提供被视野分界线划分为两个部分：一部分是顾客可见的或接触到的；另一部分是顾客看不见的，由服务企业辅助部分提供的，但又是为顾客服务不可缺少的。

1. 相互接触部分

外部顾客通过相互接触部分接受服务。在相互接触过程中，能够产生和影响服务质量的资源包括介入过程的顾客、企业的一线员工、企业的经营体制和规章制度、企业的物质资源和生产设备。

2. 后勤不可见部分

在服务提供过程中，顾客极少有机会看到视野分界线后面发生的事情。后勤不可

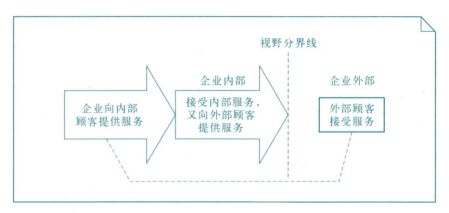

图 12-7　服务提供过程模型

见部分可分为两部分，一部分是直接为顾客提供服务的一线员工接受企业后勤人员的服务，另一部分是企业后勤人员作为服务企业向其他内部顾客提供后勤支持服务。内部后勤支持服务是企业向顾客提供服务必不可少的条件，但由于视野分界线，顾客不一定能了解，因而认识不到那部分服务提供过程对整个服务质量所作的贡献。顾客只关注相互接触阶段，即使内部服务相当优异，但接触过程服务质量低劣，顾客就会认为企业的服务质量不高。其次，由于顾客没有看到企业在可见线之后做了多少工作，他们认为看得到的服务提供过程并不复杂，因而可能无法理解为什么各种服务具有价格牌上标明的那么高价格。通常，服务企业可以采取适当宣传或扩大顾客与企业的接触范围的方式，使顾客理解服务的全部内涵，但由于扩大了相互接触部分，可能会增加服务质量控制的难度。

辅助部门在服务提供过程中起到后勤支持作用，这种支持作用表现在管理支持、有形支持和系统支持三个方面。

（二）服务企业的评定

服务企业要保证服务的质量，就要对服务提供过程是否符合服务规范进行监督，并在出现偏差时对服务提供过程进行检查和纠正。特别是对服务过程的关键活动进行测量和验证，避免出现不符合顾客需要从而导致顾客不满意的倾向，并将企业员工的自查，作为过程测量的一部分。

服务企业进行过程质量测量的一个方法是绘制服务流程图，显示工作步骤和工作任务，确定关键时刻，找出服务流程中的管理人员不易控制的部分、不同部门之间的衔接等薄弱环节，分析各种影响服务质量的因素，确定预防性措施和补救性措施。

由于服务是无形的，结果要经过顾客的主观判断，不易精确量化。除此以外，服务企业也很难量化服务质量的经济价值。服务过程质量控制关系到服务企业中每一个人，包括顾客看得见和看不见的人员，各种质量控制制度应有助于发现质量缺陷，激励质量成功，并协助改善工作，以机器代替人力，尤其是取代那些例行性服务。

例如，有一家美国航空公司通过研究以下事项，来执行服务过程质量标准：每位顾客在取得飞机票时需要花费多少时间；将行李从飞机上卸下来需要花费多少时间；有电话进来未接听之前应容许它响几下等。又如，经常被人称道的麦当劳公司，其质量标准的注意事项有：汉堡包在多少时间里要翻面多少次；未卖出的汉堡包及炸薯条只能保持多久；收银员应当以目光接触每位顾客并微笑等。这些例子说明，在服务提供过程中建立质量控制标准，应当是能够做到的。许多方法可以用来改善服务质量，如机器设备的采用、时间和动作研究、流程图、专门化、标准化、流水线作业等原则和措施。

服务承诺可以看作是一种特殊的质量标准。例如，美国联邦快递公司所承诺的24小时内将包裹送到。服务承诺可以采取多种形式，如没有达到标准向顾客退款、下次提供免费服务、提供其他一些服务作为补偿等。服务承诺由于刺激顾客主动确认并投诉未达到标准的服务而促进反馈，迫使企业思考产生不合格服务的原因，并采取措施不再出现类似问题。

(三) 顾客评定

顾客评定是对服务质量的基本测量，它可能是及时的，也可能是滞后的或回顾性的。很少有顾客愿意主动提供自己对服务质量的评定，不满的顾客在停止消费服务前往往不作任何明示或暗示，以致服务企业失去补救机会。所以，片面地依赖顾客评定作为顾客满意的依据，可能会导致服务企业决策失误。

顾客评定与服务企业自身评定相结合，可以克服自我评定中的自以为是，也可以弥补顾客评定的随机性和滞后性，对于服务企业避免质量差错、持续改进服务质量是一条行之有效的管理途径。

美国运通公司从1986年开始，每年大约追踪12 000笔交易。通过顾客访谈，以了解他们对柜台作业的满意程度，以及是否会影响他们将来对信用卡的使用。运通公司有位高层主管解释说，顾客满意度的调查能做到我们利用其他方法无法做到的事，这种调查能使我们与信用卡持有人更加接近，更重要的是这些报告提供我们改善服务质量必须采取的具体行动，以及有关如何加强服务的新观念，这种调查是质量保证的最佳工具。

(四) 不合格服务的补救

不合格服务在服务企业仍是不可避免的。对不合格服务的识别和报告是服务企业内每个员工的义务和责任。服务质量体系中应规定对不合格服务的纠正措施的职责和权限，并鼓励员工在顾客未受到影响之前，尽早识别潜在的不合格服务。

不合格服务的不可避免，是否意味着无失误服务目标是不值得争取的，当然不是这样。服务企业也应像制造业那样，实施"零缺陷服务"和统计过程控制（SPC）来不断提高服务质量的可靠性。

很多服务企业对不合格服务不能做出令顾客满意的解释，也不能采取及时有效的补救措施使顾客满意，以致让抱怨的顾客感到更糟糕。当有不合格服务发生时，顾客对服务企业的信任将会发生动摇，但并不会完全丧失，除非出现以下两种情况：过去的缺陷重复出现或不合格服务的补救并未使顾客感到满意，它加重了缺陷的程度，而不是纠正了缺陷。

第一种情况意味着服务可靠性可能发生了严重问题。由于可靠性是优质服务的基础和核心，当一个企业的不合格服务连续不断地出现时，再好的服务补救措施也不能有效地弥补持续的服务不可靠对顾客的影响。

第二种情况，即当出现不合格服务时，紧跟着一次毫无力度的服务补救，服务企业就是让顾客失望了两次，丧失了两次关键时刻，这将极大地降低顾客对服务企业的信任。即使最终采取了绝好的纠正措施，对于恢复顾客对企业的信任和对服务质量的评价也收效不大。当服务企业享有较高的服务可靠性记录时，对不合格服务的纠正措施不仅不会降低顾客对企业的评价，甚至可能增强顾客心目中的服务质量，使顾客更加信任该企业。也就是说，完善的服务质量体系要求有很高的服务可靠性，以及发生偶然的不合格服务时，有完备的超过顾客期望的纠正措施。

服务质量体系针对不合格服务的补救应有两个阶段。

1. 识别不合格服务

要识别不合格服务，成功地将服务问题揭示出来，就必须建立一个有效的系统来监测、记录和研究顾客的抱怨。

（1）监测顾客抱怨。大多数经历不合格服务的顾客虽然并不向服务企业投诉和抱怨，但会向许多人传诉他们消费不合格服务的经历。对于向服务企业直接投诉和抱怨的顾客，只需采取必要的外部行动，向顾客道歉，承认差错，将纠正措施及时通知他们。但是，对不进行抱怨的顾客，纠正不合格服务就较困难。唯一的办法是通过顾客研究，将不合格服务找出来，采取改进措施，以免影响更多的顾客。

（2）进行顾客研究。进行顾客研究的目的是识别不合格服务，可以是按计划的常规活动，也可以是计划外的特殊活动。以顾客身份亲身经历是识别一项服务的可能缺陷的有效途径。几乎每种类型的服务，从飞机旅行到汽车修理，从娱乐业到通讯业都可以通过实地观察和亲身经历来了解其中的问题。

（3）监测服务过程。通过对服务过程的详细流程图（如服务蓝图）进行细致的检查，以找出其中的缺陷和失败点，以及存在潜在问题的地方，进行重点监测，并且对过去的不合格服务进行系统的追踪和分析。一旦找出了潜在的缺陷，就可能对出现不合格的环节进行细致的观察，制定应付不合格服务的计划。

2. 处理不合格服务

服务企业若不能解决已经暴露的不合格服务，顾客往往更加不能容忍。企业要采取积极的措施来处理不合格服务。

（1）对员工作必要的培训。通过对员工的沟通能力、创造能力、应变能力和对顾客的理解能力进行培训，使员工有准备地面对不合格服务，是取得良好补救效果的重要保证。

（2）对第一线员工授权。第一线员工可以最早、最真切地感觉到顾客的不满。给员工一定权限去灵活处理顾客的不满与训练员工具有解决不合格服务的能力同样重要。在服务质量体系中，应对此作出明确的规定，如无条件退货、免收车费或免费提供食品和饮料等。

（3）奖惩员工。服务质量体系应当明确规定适宜的奖惩制度。对于能正确识别并在授权范围内采取积极措施处理不合格服务以满足顾客需求的员工进行适当的鼓励或奖励。同时，对那些面对不合格服务而麻木不仁、听之任之甚至隐瞒搪塞，以及面对不满意顾客无所作为、推诿责任甚至进一步冒犯顾客的行为和员工，应当批评教育，甚至惩处。

本章小结

本章首先介绍服务和服务质量的概念及特征，然后通过服务质量环、服务质量的两个内容和三个来源介绍服务质量的形成规律，通过服务质量差距分析模型介绍服务质量测量的原理和方法。本章还介绍了服务质量体系及其三个关键方面的概念、内容和相互关系。最后，介绍了服务过程质量管理的职责和内容，提出了服务规范、服务提供规范、服务质量控制规范、服务蓝图、服务提供过程模型等重要概念。

练习与思考

1. 服务的概念是什么？怎样理解？
2. 服务的主要特征是什么？结合实际例子，谈谈自己的理解。
3. 什么是服务质量？现代服务质量观的实质是什么？
4. 什么叫服务的技术质量？什么叫服务的功能质量？两者有什么关系？
5. 服务质量有哪三个来源？结合实例进行描述。
6. 结合餐馆服务，谈谈对服务质量差距分析的理解。
7. 什么叫服务质量体系？有哪些关键方面？
8. 什么叫服务质量环？它有什么意义？
9. 服务全过程包括哪三个主要过程？它们的质量职能是什么？
10. 什么叫服务图？有什么意义？
11. 对不合格服务应如何补救？

第十三章

顾客满意理论

学习目标

1. 认识顾客满意质量理念及其重要意义,理解顾客满意和满意度、顾客满意指数、顾客忠诚度、顾客满意经营战略等重要概念。
2. 掌握顾客的概念、分类和识别方法,理解顾客需求的概念、特点和内涵,了解顾客需求的发展属性分析、竞争属性分析、心理属性分析和技术属性分析的内容及特点,了解质量机能展开(QFD)的基本过程和用途。
3. 了解顾客满意指数的发展历史和意义,了解美国顾客满意指数(ACSI)的概况和模型,理解ACSI测评的原理。
4. 了解中国顾客满意指数(CCSI)的模型及其测评变量。
5. 了解顾客满意度的测评的两种类型,理解测评指标设计的原则,了解CS测评的基本过程。

第一节 顾客满意质量理念及其意义

市场竞争的本质是争夺顾客，或者说，是争夺顾客需求，谁取得了顾客的满意和忠诚，谁就拥有了市场，就能生存和发展。21世纪是质量的世纪，"让顾客满意"已成为企业经营战略的基础和目标。

一、企业依存于顾客

随着市场经济的迅速发展，社会供求关系发生了巨大的变化，也带来了社会需求结构和消费观念的转变。企业的竞争日趋加剧，企业间的较量已开始从基于产品的竞争转向基于顾客资源的竞争，顾客资源正在逐渐取代产品技术本身，成为企业最为重要的资源。

ISO 9000:2000将"以顾客为关注焦点"作为八项管理原则的首要原则，揭示了企业生存的基础和市场竞争的真谛：企业依存于顾客。市场竞争的本质在于企业间对顾客的争夺。企业要赢得顾客，就必须真正了解并深刻理解顾客的需求和期望，并通过自身的经营活动来满足甚至超越顾客的期望。关注顾客、服务顾客已成为企业运行的准则。只有将企业的经营目标和顾客的需求和期望有机结合起来，企业才能认识市场，掌握引导市场的主动权，才能生存和发展；只有重视顾客利益、为顾客创造价值，企业才会有旺盛的生命力。

以顾客为关注焦点已经成为企业必须遵循的基本原则，任何一家希望按照ISO 9001:2000来建立和完善质量管理体系的企业，只有牢牢树立顾客导向的观念，将顾客满意贯穿于质量管理活动之中，其质量管理体系才具灵魂，才能够得到真正实施，企业的经营目标才能够实现。

实践证明，顾客在社会经济生活中具有如下三大作用。

（1）发挥引导需求的主导作用。

（2）发挥用户对企业产品与服务质量的社会监督作用。

（3）发挥用户对企业走质量效益型发展道路的强大推动作用。

二、"以顾客为关注焦点"原则的落实

在ISO 9001:2000标准中共有15处明确提出了关注顾客的要求，以顾客为关注焦点这一原则渗透在质量管理体系的各关键环节中，从质量管理体系的总体要求、管理职责到顾客要求的识别、产品的监测，以及顾客满意度的评价等等都提出了相应的要求。企业要满足这些要求，必须采取有效的管理措施。

（一）强化顾客意识

在企业内部通过各种渠道宣传和培养各部门及所有人员的顾客意识，特别是企业

的最高管理者必须主动积极地向企业员工（包括管理者代表）强调满足顾客要求的重要性，并在实际工作中体现顾客至上的管理理念，提倡换位意识，倡导员工从顾客的角度来看待质量问题、解决质量问题。国内外许多成功企业的做法值得借鉴，如日本某公司的一名司机在商店发现公司生产的果酱其包装存在问题，为防止影响公司良好的质量形象，这位司机自己掏钱买下了那箱包装有问题的果酱，然后带回公司交由有关部门进行分析处理。有很多类似的例子，关键在于企业是否能够积极倡导和激励关注顾客的行为；是否能够大力发掘企业中典型事例，通过宣传、奖惩、教育来强化员工的顾客意识。

（二）识别顾客需求

企业要提供顾客需要的产品，首先必须知道顾客到底需要什么。识别顾客需要的途径很多，如与产品有关要求的确定、与产品有关要求的评审、管理评审、顾客反馈（包括顾客建议和顾客抱怨）、市场调查、销售人员反馈、服务人员反馈、设计人员创思等。对顾客需求的识别不仅要定性地加以分析，还要定量地加以研究，防止质量不足和质量过剩的情况。识别顾客需求，是产品质量定位的前提，准确地识别顾客的需求，是企业赢得顾客的第一步。例如，小鸭纳米复合材料洗衣机的成功就在于企业对顾客需求的准确把握。顾客购买洗衣机的目的是清洗衣物，如果洗衣机自身不能保持清洁，那么用洗衣机洗过的衣物必然不会洁净，顾客的需要显然无法得到真正的满足。为解决这一问题，小鸭集团技术中心的技术人员经过两年多的艰苦攻关，首次将纳米复合材料应用于滚筒洗衣机外桶，开创了洗衣机净水洗的先河，受到了顾客的热烈欢迎。

为准确理解和识别顾客的需求，一些企业已开始精简顾客群。例如，美国纽约按钮有限公司将顾客数量减少了31%，并根据顾客的需要来调整业务。由于企业可以更加专注于其主要顾客，由此带来顾客满意度提高，从而与这些顾客建立起稳固亲密的关系。不仅可以从这些顾客中得到更多的订单，而且可以降低运营成本，足以抵消精简顾客损失的销售收入。

（三）满足顾客需求

企业在销售产品或服务的同时，也在销售自己的品牌，甚至一种消费的选择理念：只选最真实的。在满足顾客需求上，任何弄虚作假，只能危害企业自己。

实际上，顾客需求的满足，体现在产品实现的一系列过程中。通过产品的设计与改进反映顾客的需求，通过生产制造实现设计的要求，通过质量检验确保产品达到设计标准，通过包装、储存、交付和保护来保持产品的质量，通过资源管理提供满足顾客要求所必需的资源，等等，其中任何过程出现问题都无法满足顾客需求。因此，质量管理体系的每一环节，都需要企业所有部门和所有人员的积极投入。几年前，春兰空调旺销之际，某总装工人下班时发现剩下两个紧固螺钉，这意味着当天装配的空调中有1~2台少上了紧固螺钉，尽管此时产品已打包，厂外有排队等待提货的车辆，但车间还是逐一拆箱检查，终于找到了缺少螺钉的空调。试想，如果操作工人发现了剩余的螺钉却隐瞒而不报的话，这批产品一旦交付给了用户，对此问题质检员是难以发现的。可见，要满足顾客的需求，必须识别与此有关的活动，并明确人员职责，采取相应的奖惩措施，使员工的利益与顾客满意结合起来，通过过程的自我控制来确保顾客的要求得到满足。

（四）评价顾客满意度

顾客的需求是否得到了满足或在多大程度上得到了满足，是评定企业质量管理体系业绩、进行质量改进的重要依据。因此，及时准确地掌握顾客满意度的信息是企业质量管理的重要内容。应积极主动地通过多种渠道收集顾客信息，如顾客投诉、营销服务人员反馈、各种顾客调查和座谈、媒体报道等等，以确保顾客满意信息的准确性、及时性和全面性。须注意的是，仅以顾客投诉情况来评价顾客满意，是不可靠的。据格兰尼特·洛克公司的研究发现，90%的顾客从不明说对产品和服务不满意，他们只是停止与有关公司的业务了事。另一项调查表明：向企业投诉的顾客仅占不满顾客的1/26，每位不满顾客可能对10位亲友抱怨，而这些抱怨对象中有1/3会把这种负面信息传递给另外20个人。这意味着企业每收到一个顾客投诉将有可能失去$26+26\times10+26(10\times1/3)\times20=2\,002$个顾客。所以，单纯依靠顾客投诉来评价顾客满意，企业将会失去很多的市场机会。

（五）提高顾客忠诚度

在顾客选择企业的时代，顾客对企业的态度极大程度地决定着企业的兴衰成败。企业必须对自身长处与不足有清醒的认识，采取积极有效的步骤改进自己的经营，才能取得较高的顾客满意度，从而降低企业营销成本，提高企业市场份额。因此，对企业来说，顾客满意度是企业未来成败与收益的晴雨表。

行为意义上的顾客满意度，经常表现为顾客对企业的忠诚。顾客忠诚度是企业的最大财富。营销的真谛就是努力将潜在顾客转化为现实顾客，将满意顾客转化为忠诚的顾客。正是深谙此奥妙，麦当劳和IBM的最高主管亲自参与顾客服务，阅读顾客的抱怨信，接听并处理顾客的抱怨电话。因为他们心中有一笔账：开发一个新顾客的成本是留住老顾客的5倍，而流失一个老顾客的损失，只有争取10个新顾客才能弥补！

顾客的购买过程是一个在消费过程中寻求尊重的过程。企业的一切活动都应体现其对顾客的有形或无形的尊重。企业应牢记：只有动机出于对顾客的信任与尊重、永远真诚地视顾客为朋友、给顾客以"可靠的关怀"和"贴心的帮助"才是面对顾客的唯一正确的心态，才能赢得顾客。在中国，大小商场内自选售货方式的广泛采用就是在告诉顾客：我们能做到的，都要为您去做，只要是为了您的方便。

三、顾客满意理论中的一些基本概念

著名的市场营销学大师、美国西北大学教授菲利普·科特勒说：满意是指一个人通过对产品的可感知的效果与他的期望值相比较后，所形成的愉悦或失望的感觉状态。一般来说，顾客满意是指顾客在消费了特定的商品或服务后所感受到的满足程度的一种心理感受。这种心理感受不仅受商品或服务本身的影响，还受到顾客的经济、观念、心理等自身因素的影响。

ISO 9000:2000 对"顾客满意"的定义：顾客对其要求已被满足的程度的感受。这个定义有两个注：顾客抱怨是一种满意程度低的最常见的表达方式，但没有抱怨并不一定表明顾客很满意；即使规定的顾客要求符合顾客的愿望并得到满足，也不一定确保顾客很满意。

企业了解顾客对所提供的产品或服务的满意度，除了要了解顾客对质量、价格等因素的态度外，更深层的愿望是它与顾客期望、要求的吻合程度。ISO 9000:2000 通篇强调"顾客满意"，标志着"顾客满意"已成为世界各级各类组织质量管理追求的根本目标。

"顾客满意度"作为顾客的一种心理感受，具有以下三个特性。

（1）社会客观性：顾客对某类商品或服务的满意程度是顾客在一定的社会实践活动（包括与其他顾客、群体、组织的交流接触活动），特别是在对该类商品或服务的消费实践活动中逐步形成的。它的存在以及它对企业产生的作用都是客观的，不以提供商品或服务的企业的主观意愿而转移。

（2）个体主观性：对于每一位顾客而言，关于满意与否及满意程度如何的评价是建立在各自不同的个体消费经历的基础上，并受个人的各种主观因素影响的，如顾客的性格、偏好、文化修养、价值观、经济和社会地位、家庭背景等，都会影响顾客的评价。因此，不同的顾客对于同一商品或服务的满意度评价完全有可能是不同的。

（3）动态可变性：尽管特定的顾客对某类商品或服务的满意程度具有相对的稳定性，但由于各类商品或服务提供水平存在的不稳定性，以及市场环境、科技发展和社会生活的变化，会导致顾客对原有的满意程度认知的修正。因此，即使特定商品或服务的质量水平不变，但其对应的顾客满意度仍然会发生动态的变化。

在顾客满意理论的应用中，常见的一些基本概念如下：

（1）顾客、用户（customer）：产品或服务的接受者。顾客可以是最终消费者（顾客、乘客、旅客等）、使用者（企业、用户等）、受益方（员工、所有者、分供方、社会等）或采购方（合同情况下的用户）等。

（2）满意及满意度（satisfaction）：顾客的一种心理满足状态，往往通过顾客在消费产品或服务后的实际感受和其期望的差异程度来反映。

（3）顾客满意指数 CSI（customer satisfaction index）：顾客满意程度的量化值。习惯上用 0~100 之间的量值表示。可比性是 CSI 的生命。

（4）顾客忠诚度 CL（customer loyalty）：顾客对品牌的忠诚程度，表示顾客继续接受该品牌产品或服务的可能性。

四、顾客满意经营战略

顾客满意经营战略（CS 战略）是指企业以用户满意为最高战略目标的一种经营战

略。在这种经营战略下，企业开展各项经营活动都以用户利益为核心，通过用户的持续长期满意，获得用户的忠诚，实现企业的长期生存和发展。

表 13-1 显示了传统经营战略和 CS 战略在内涵上的联系和区别。

表 13-1　两种经营战略的比较

比较点	传统经营战略	顾客满意经营战略
经营宗旨	企业发展	巩固和发展顾客关系
价值目标	企业利润最大化	顾客满意
质量目标	符合标准和规定	满足顾客需求
管理范畴	企业内部	企业、顾客（包括相关方）
管理重心	产品的生产和销售	企业与顾客的关系

企业采用顾客满意经营战略有着极其重要的现实意义：

（1）顾客满意经营战略可以提高企业市场经营管理水平，可以激励员工，创造企业的向心力。

（2）顾客满意经营战略有助于提高企业产品的市场占有率，使企业获得更高的长期盈利能力。

① 准确地了解顾客的需求和期望，新产品研制和生产少走弯路，可减少浪费；
② 满意顾客有更高的品牌忠诚度，重复购买率高将使企业获得更多的利润；
③ 重复购买的销售成本很低；
④ 满意顾客的口头宣传比其他宣传方式更有效，并且几乎不需要成本。

（3）顾客满意经营战略有助于创造名牌，使企业在竞争中得到更好的保护。

五、顾客满意经营战略的实施

实施顾客满意经营战略，要求企业将顾客需求作为产品开发或者服务设计的源头，在生产制造、销售和售后服务等各环节中以顾客需求为导向，最大限度地使顾客感到满意。

（一）以顾客满意为目标，调整企业经营战略

中国惠普有限公司在新世纪到来之际对发展战略作了重要调整，其中一项重要的决策就是实施"全面顾客服务模式"。公司的业务模式将从产品经济迅速向服务经济转型。公司原有的部门进行调整重组，新部门的设立是以顾客为中心，而不再是以产品线来划分。在这种模式下，每一位惠普的销售人员都代表了惠普全线的产品和服务。顾客在与惠普打交道时只需要面对一个部门甚至是一个人：惠普的顾客服务部门会将顾客的需求传达给后端的产品部门，并由他们相互协作组织好以后，再交给顾客；

而在顾客从选购到安装、调试、培训、使用，再到升级、发展的整个过程中，惠普公司都有专门的人员一直与顾客保持互动关系。惠普公司对顾客的承诺就是：顾客的成功就是惠普的成功，即以顾客为中心，并从顾客的潜在需求出发，提供全方位服务，展现惠普公司的整体形象，帮助顾客提升在互联网时代的竞争力。

（二）以顾客满意为宗旨，抓好顾客需求的全过程管理

顾客需求的全过程管理主要包括需求的调查、确定、转换、传递和实现等五大环节。企业要经常进行顾客需求等市场信息的调查分析，全面、及时和准确地掌握顾客的需求（包括潜在的需求），为产品的市场定位、开发设计、改进和创新及时提供依据；要将调查分析获得的顾客需求的信息（包括产品的功能、质量、价格、外观、服务等方面）全面和准确地转换为产品设计或改进的技术参数和生产要求等；在严格按产品设计或改进要求组织生产的过程中，要贯彻"下道工序/流程就是顾客"的方针，全面开展"内部顾客满意"的活动。

（三）以顾客满意为导向，抓好企业营销和服务管理的创新

要有组织地采用科学方法进行顾客满意度的调查和分析，为不断改进产品、改善营销策略和提高服务质量提供依据；在系统掌握顾客结构、需求层次、购买特点、消费心理和市场竞争等信息的基础上调整营销策略；从提高顾客"满意度"和"忠诚度"的目标出发，建立顾客档案，掌握顾客动态，建立良好的顾客关系，实施多方位、多种形式的售后服务。

（四）以顾客满意为目标，改进企业信息管理和企业组织结构的整合

重视对产品生产前和销售后的顾客和市场的信息管理，推行系统化的信息收集、分析、传递、反馈、处理和储存等管理规范；建立在企业内部实现各部门共享的系统化顾客信息数据库，用于指导"以顾客为中心"的互动营销。

为了支持经营战略的调整，需要对企业的组织结构和各部门的职能进行调整和重组，减少企业过多的机构层次和人员层次，使企业的组织结构扁平化，决策反映快速化，实现管理的科学高效化。

第二节 顾客需求分析

一、顾客的概念

（一）顾客满意度测评中的顾客概念

狭义的顾客是指愿意以一定的代价购买消费品或服务的人。广义的顾客，还包括出于设计、开发、生产、运输、储存等需要而对产品（包括中间产品）或服务的供应者

有要求的组织与人员。它还可以推广到经济以外的领域，如政府的"顾客"是公众，教师的"顾客"是学生，等等。朱兰博士认为："顾客是公司为实现目标所需要的产品和过程而影响到的人。"既包括目标达到而影响到的人，也包括目标未达到而影响到的人。在"大质量"的意义上，顾客指的是"任何被影响的人"。

在顾客满意度测评中，顾客的概念更广泛，有时还需要包括那些可能会购买你的产品或服务的顾客和那些可以选择你但不愿选择你的顾客，即潜在顾客，因为他们正是你的产品或服务的市场目标，是你巩固和发展顾客关系的研究对象。

（二）顾客的分类和识别

1. 外部顾客与内部顾客

（1）外部顾客。不是本公司的组成部分，却受到本公司活动影响的个人和组织。例如，美国国内税务总署（Internal Revenue Service）认为，他们的外部顾客包括纳税人、财政部、行政主管、国会、开会者、媒体、法院。

外部顾客的识别方法是头脑风暴法。

外部顾客按照其消费的状态，可分为以下三大类。

① 中间顾客。产品往往要经过若干流通环节，如批发商、零售商（对于提供零配件的组织还要经过主机厂），才能到达最终使用者手里。这些处于产品流通渠道中的顾客即中间顾客。

② 最终顾客。产品与服务的最终使用者。最终顾客对产品质量最有发言权。最终顾客一般有两种类型：购买者和使用者。有时，购买者就是使用者（如为自己购买的汽车、服装、设备、软件），但使用者不一定是购买者（如组织购买的设备、软件，其使用者为操作人员）。因此，使用者的类型显现出复杂性，也导致最终顾客内涵的复杂化。最终顾客满意与否，对中间顾客和内部顾客是否满意起着决定性的作用。组织应充分识别、把握最终顾客的特点，并将其作为监视和测量的重点。

③ 潜在顾客。当前的潜在顾客，可能就是日后的顾客。因此，对于潜在顾客应予以必要的关注。

（2）内部顾客。既是本公司的组成部分，又受本公司活动影响的人。

内部顾客的识别方法是流程图法。

解决"谁受影响"的问题在很大程度上是"由产品而来"，即依据跨组织小组按产品的生产全程流程图中的先后位置来解决。许多大公司都利用内部关系中各个步骤的重要特征写进书面协议，由此来识别谁是内部顾客，如职级顾客、职能顾客、工序顾客等。

2. 关键少数与次要多数

根据帕雷托原理，在任何一个群体中，相对较少的人却发挥着相当大的影响；占总数比例很大的群体，却往往只能起到较弱的作用。一个常见的例子是：在一个市场中，约 80% 的销售额来自 20% 的客户，这少数的客户就是"关键的少数"。对少数关键顾客的服务应按个人特点进行个性化策划。

在一般情况下，次要多数的累积就应该被看作关键的少数。只不过相对于真正的"关键的少数"来说，对于它们就没有必要以个体形态在非常具体的层面上进行分析，而要以集体的原则，基于对待组织的方法来进行研究，制定策略，即按集体策划。

利用流程图识别顾客，便于理解整体情况，帮助识别原先被忽略的内部顾客和外部顾客，识别改进的机会。流程图一般都显示出很多分过程，表明前一个分过程做了什么，后一个分过程需要做什么。每个分过程都可以看成是一个改进机会——在新的或修改的计划中不应该包含低效率过程。每一个过程都同全过程内的其他过程以及公司外部的过程有着种种相互关系，流程图为建立一个基础边界提供了直观图形。

3. 按满意程度和忠诚程度对顾客分类

根据顾客对企业产品或服务的满意程度和忠诚程度（即重复购买的意愿）之间不同的匹配关系，可以将企业的用户分为五种类型。

（1）"破坏者"：对品牌的满意程度和忠诚程度都很低，对品牌形象会产生不利甚至破坏的作用。

（2）"囚禁者"：对品牌不满意，但由于缺少选择其他品牌的机会，故仍然会重复购买该品牌。

（3）"随从者"：对品牌的满意程度和忠诚程度不高也不低，未来的态度不明确。

（4）"图利者"：虽然对品牌很满意，但对品牌的忠诚度不高。

（5）"传道者"：对品牌的满意程度和忠诚程度都很高，对品牌形象能产生非常积极的传播作用。

二、顾客的需求分析

（一）顾客需求的概念和特点

科特勒在《营销管理》一书中指出：需求是指人类那些有能力满足，而且又愿意满足的需要。一般而言，顾客需求具有如下九个特点。

（1）对象性。顾客需求总是包括一定的内容，或是某种具体的事物。

（2）选择性。已经形成的需求经验使人们能够对需求的内容进行选择，包括对同类需求对象的选择和相互替代的选择。

（3）连续性。当主要需求被满足后，原先处于次要地位的需求便可能上升为主要需求。

（4）相对满足性。当顾客需求被满足时，人们便会有感到需求被满足后的愉悦。

（5）发展性。顾客需求会随着社会经济和文明的不断发展，由低级到高级，由物质到精神，由简单到复杂而不断发展变化。

（6）伸缩性。当收入、价格、社会环境等发生变化时，顾客的需求量会随着条件的变化而变化。

（7）可诱导性。在外部刺激影响下，消费者的需求会发生变化，它既可以被诱发，也可以被引导和调节。

（8）可替代性。顾客可以在不同的替代性产品与服务之间选择。这种选择有时与市场供应量有关，有时还和顾客的消费倾向与习惯的变化有关。

（9）不满足性。一方面，当顾客的需求得到满足后，新的需求便会产生并有待满足；另一方面，需求有时未能得到完全满足，不满足感也会在一段时间里存在。

（二）顾客需求的内涵

人类的各种需要和欲望是市场营销的出发点，顾客满意是企业取得良好业绩的保证。需要（need）、欲望（lust 或 desire）、需求（demand）和满意（satisfaction）之间存在密切的内在联系。

需要是指没有得到某些基本满足的感受状态。人们为了生存，需要食品、衣服、住所、安全、归属和受人尊重。这些需要都不是社会和营销者创造的，它们存在于人的生理及心理要求之中。需要是个体动力的源泉，它直接影响着人的基本行为。没有需要，就不会有顾客的认识行为、情绪行为和意志行为，因而也就不会有购买行为。需要是顾客购买行为的原动力。

欲望是指对具体满足物的愿望。当需要明确指向一定目标，并产生希望满足的要求时，便称为欲望。欲望是需要的发展，已经具有了对一定目标物的指向性特征。但这并不表明个体一定会去满足它，因为欲望毕竟仅是一种愿望。欲望的广度比需要窄得多，它仅是有明确指向的需要部分。而它的强度比需要高得多，因为它向现实迈进了一步。

需求是指对有能力购买并且愿意购买的某个具体产品的欲望。当具有购买能力时，欲望便转化成需求，因此需求与需要和欲望有质的不同。需求构成了现实市场，具有当前获利性，而需要和欲望构成未来市场，只具有未来获利性。需求的广度比欲望和需要窄得多，它只是有购买力支持的欲望和需要。在需要和欲望上，个体之间是难分高低的，但一旦与购买力结合，社会就分出了层次。购买力强者，需求的广度更广；购买力弱者，需求广度就窄。在强度上，需求比欲望和需要强得多，因为它距现实最近，它是可以满足得起的需要。

满意是对需求是否被满足的一种衡量。当需求被满足时，个体便体验到一种积极的情绪反映，这称为满意，否则即体验到一种消极的情绪反映，这是不满意。高度满意的顾客会忽视竞争品牌和广告并对价格不敏感。

顾客需求是人类的一种需要与欲望。在无限的需要与永远无法完全满足的欲望当中，那些对顾客来说有足够的经济实力而可以购买的需要与欲望，构成了顾客需求的主体。对企业来说，只有对这一部分的需要进行了满足，也就是满足了顾客需求，才可能使顾客满意。

（三）顾客需求的属性分析

顾客需求具有复杂的内涵，可以从各种角度去研究顾客需求，加深对顾客需求的认识。

1. 顾客需求的发展属性分析

要成为一个成功的产品或服务品牌，就必须进行顾客细分，努力满足顾客的基本要求和形形色色的差别化需求。根据马斯洛的层次理论，按紧迫程度及满足的难度大小来划分，需求可分成五个层次：生理、安全、社会、尊重与自我实现。

（1）生理需求。这是人类（顾客）最基本的需求，如衣食住行等。在这种需求未得到最低程度的满足时，其他需求都只能处在被压抑的地位。

（2）安全需求。生理需求得到初步满足之后，人们就会希望获得一种较为长期的安全感。

（3）社会需求。当人们的个人基本需求得到满足后，还希望能从社会获得友谊、理解和亲情，能归属于某一团体，参加各种社交活动，受到社会的承认与接纳。

（4）尊重需求。人们都希望自己有一定的社会地位，受到别人的尊重和信赖。这种需求的满足，可以使人认识到自身存在的价值，增强对自己对社会的信心。

（5）自我实现需求。人们希望能从事可以充分发挥自己聪明才智的工作，渴望实现自己的理想、抱负和自身价值。这是最高层次的需求，也最难满足。

这五种需求是按层次逐级上升的，当低层次的需求得到基本满足后，就会进一步追求更高层次的需求。人们需求的发展是一个缓慢交替的过程。各层次的需求实际上是同时存在的，只不过在不同时期不同条件下，有某一种需求占主导地位罢了。

2. 顾客需求的竞争属性分析

日本专家狩野纪昭认为，从顾客角度看，产品或服务的质量可以分为当然质量、期望质量和兴趣点质量三个类型，如图 13-1 所示。

在图 13-1 中，当然质量是指产品或服务应当具有的最基本的质量特性，满足顾客对产品或服务的基本需求。顾客通常认为具有这种特征是理所当然的，往往对它不作明确表达，它的充分实现也不会带来顾客满意水平的提升。但是，当然质量的缺陷却会招致顾客的强烈不满。期望质量是指顾客对产品或服务质量的具体要求，满足顾客对产品或服务的性能需求。它的实现程度与顾客满意水平同步增长。兴趣点质量有别于顾客期望质量，产品或服务缺乏兴趣点质量并不会导致顾客不满意，然而如果具有的话则会带来顾客满意程度的大幅上升。

以桌子为例：一张普通的桌子，如果它不结实，会招致顾客的强烈不满，因为这是顾客对桌子的基本需求。但是，一张桌子即使结实到可以载重数吨，寿命长达几百年，也未必能讨得顾客的欢心。这是因为对桌子来说结实与否是基本需求，在它得到基本满足后，其对

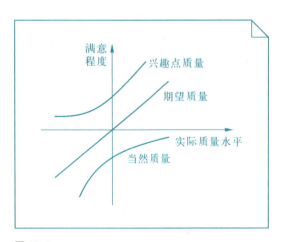

图 13-1
质量和顾客满意的关系

满意度的边际贡献率是很小的。如果顾客要求桌子的形状、尺寸和抽屉位置等性能更符合自己家庭的需要，企业就应该争取满足。因为性能需求的满足对顾客满意的贡献率较大（斜率接近1）。一般顾客决不会想到要在桌子上装指南针，但欧洲的一家公司别出心裁地在生产的桌子上加上了一个能够时时指向圣地麦加的"指南针"，此举受到伊斯兰教国家人民的热烈欢迎。产品的兴奋型需求的满足，极大地提升了顾客满意程度，产品旋即成功地打进中东市场。

卡诺的理论对于企业的新产品开发和质量改进工作有十分重要的启发意义。企业应想方设法开发自己产品或服务的兴趣点质量，这将使自己在与同行的竞争中事半功倍。

3. 顾客需求的心理属性分析

以下是常用的两种心理属性分类。

（1）显在需求与隐含需求。显在需求是指消费者有意识的需求，可以理解为消费者在进入商店之前就已计划购买的商品与服务和愿意支付的货币量。隐含需求则是消费者没有明确意识到的、处于朦胧状态的欲望。相关研究表明，有约70%的购买行为是受朦胧的欲望支配，而只有30%左右的消费者是有意识地在行动。隐含需求的存在是缘于人们主观意识与客观条件存在着不一致所造成的。主观意识有时落后于客观条件，也即形成需求的条件已经具备，但顾客却不能马上意识到它的存在，因而便出现了隐含需求。

（2）表述需求与真正需求。顾客通常是从自己的视角，用自己的语言来表述需求的，即消费者往往会就自己所希望购买的商品来表述自己的需求。真正需求是顾客希望产品和服务能为他带来的效用。

有段时间妇女在美发时都用发网把头发固定，于是两家生产发网的公司在发网产品本身的纤维种类、颜色，制造发网的工艺流程、包装以及销售渠道种种环节上激烈竞争，大打出手。然而，当一种化妆品出现时，这两家公司很快就消失了。因为那种化妆品能够通过喷雾器使妇女的头发无形的固定。那两家公司只知道顾客的"表述需求"——发网，却没考虑到她们的"真正需求"只是一种能有效固定她们头发的办法。

4. 顾客需求的技术属性分析

菲利普·科特勒在《营销管理》一书中认为，广义的商品（包括服务）的组成部分应该有核心产品、可能触知的商品、被扩延的商品。在借鉴科特勒的观点基础上，把需求分为功能属性、形式属性、外延属性三个层面。顾客对商品的需求，最根本的是产品的功能属性，即商品的价值与使用价值；功能需要一定的形式才能得到体现，这就是形式属性；商品提供者所提供的服务、商品中蕴含的文化韵味、对顾客特殊心理需求的满足，商品的价格等，可归为外延属性。

（1）功能属性。

① 主导功能需求属性。主导功能是产品或服务的核心功能及关键组成部分。主导功能决定着产品或服务的性质和特征，是产品功能的中心，其他功能都是为了配合中心功能而存在和工作的。

② 辅助功能需求属性。辅助功能是为了让主导功能更好地实现而设定的支持性功能。辅助功能依附于主导功能而存在，它的作用是使主导功能可以更好地发挥。辅助功能可以延伸，形成一个辅助功能群，而主导功能是无法延伸的。

③ 兼容功能需求属性。兼容功能的有无并不影响产品的使用效果。兼容功能显示了产品或服务的多功能性，能更多地适应顾客的需要。

（2）形式属性。形式需求是顾客对实现产品功能的物质载体、表现形式等的质量水平的需求。虽然顾客消费的是产品的功能，但功能的正常发挥却取决于产品的形式，所以顾客对产品形式的需求其实是对产品功能需求的延伸。

① 质量层。适用性，可靠性，实现度，性价比。

② 载体层。产品功能的凝结体和表现体，是质量的物质形态，是形式产品的核心部分。它有四个基本结构：物质，活动（产品功能发挥的过程），式样，外观。

③ 品牌层。形式产品中用来与其他同类产品相区别的标识系统，包括名称、标志、字体、色彩。

（3）外延属性。外延属性是指顾客在满足其功能需求、形式需求的同时，所要求的附加利益和服务，是顾客的正当需求，又是功能需求、形式需求满足的基本保证。

① 服务需求。顾客外延需求的核心部分，也是当代企业竞争的焦点。服务内容包括时间指标、空间指标、功能指标、心理指标等。

② 心理需求。顾客在购买产品和消费产品过程中所希望获得的心理酬赏，如求廉心理、求新心理、求美心理、求名心理、求速心理、求胜心理、自尊心理、癖好心理、惠顾心理等。

③ 文化需求。消费者总是生活在一定的文化背景之下，所以他们总会表现出特定的文化需求。文化需求主要包括语言文化需求、民俗文化需求、科技文化需求、宗教文化需求等。

④ 价格需求。商品之外的需求，也是顾客满意需求的核心，如价位需求、质价比、商值（产品的价位与产品使用时间之比）、价格弹性（可变价格区间）。

综上所述，顾客的需求可以细分为各种不同属性，但事实上各种需求往往是交错并存着的，如发展属性分析中的"尊重需求""自我实现需求"与竞争属性分析中的"兴奋型需求"，以及"心理属性分析"中的"隐含需求"都具有类似的相通之处，只不过分类标准不同，被划入不同的体系而已。因此，要想真正识别顾客需求，最好的方法是根据现实条件决定偏重采用哪一种，或哪几种理论的组合。这必须视不同的产品、不同的服务而定。

三、实现顾客需求的有效技术——质量机能展开

质量机能展开（quality function deployment，QFD）是将顾客需求转换为产品开发和生产中各个阶段的技术需求，并通过这些技术需求的实现和协调保证产品的最终质量，从而真正满足顾客需求的一种有效技术。

1978年6月，水野滋和赤尾洋二教授编写的《质量机能展开》问世，从全公司质量管理角度介绍了QFD的思想和方法。QFD在日本的成功引起了欧美国家的关注，竞相学习和推广。通用汽车公司的哈德·罗斯（Harold Ross）等把质量机能展开中编制的质量表比喻为"质量屋"，把"要求质量项目""质量代用特性"等一系列术语解释为"what"（顾客想要的东西和必要的东西）和"how"（如何测定性能）等，使QFD技术更为通俗易懂，便于推广。

（一）质量机能展开的基本过程

实施QFD要以顾客（市场）的需要为出发点，并以满足顾客（市场）的需要为归宿。QFD的本质在于倾听顾客声音，识别顾客需求，并合理组织企业资源来满足顾客需求。因此，实施QFD首先要识别三个关键因素：顾客类型（包括内部顾客和外部顾客），顾客需求（顾客关注的一些特殊要求或偏好），如何满足顾客需求（使产品相关特性和参数满足顾客需求）。然后，再构造"质量屋"，使顾客需求逐步向产品特性、部件特性、过程特性、生产特性转化。

1. 确定和转化顾客需求的过程

QFD用来确定和转化顾客需求的过程，见图13-2。其中4个阶段转化的含义为：把使顾客满意的需求信息转化为产品特性；把关键产品特性转化为部件特性；把关键部件特性转化为过程特性；把关键过程特性转化为生产特性。

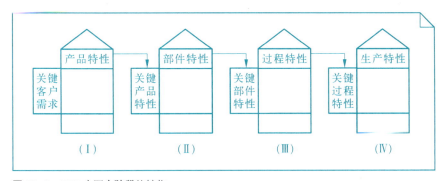

图13-2 QFD中四个阶段的转化

2. 构造"质量屋"

质量屋是描述顾客需求、设计要求、目标值和技术能力评价的表格，由顾客需求质量（左墙）、质量要素（天花板）、关系矩阵（房间）、设计质量（地板）、相关矩阵（屋顶）、比较评价与计划质量（右墙）、技术能力评价（地下室）等要素构成。

（1）质量功能的矩阵展开。QFD 以一组想要完成的"什么"项目开始。这些"什么"项目即原始的顾客需求，很可能是不明确的。每个"什么"项目应被分解为一个或多个"如何"项目，即作出关系矩阵（见图13-3）。关系矩阵表达"如何"项目和"什么"项目之间的复杂关系。表示顾客需求的"什么"项目列在关系矩阵左方，表示设计质量的"如何"项目列在关系矩阵的上方，并用特定符号描述两者的关系（◎表示强相关，○表示一般相关，△表示弱相关，空白表示不相关）。在关系矩阵的底边是"多少"项目，它是对"如何"项目的量度，"多少"项目的值将通过分析来确定。"什么""如何""多少"的处理过程就是作关系矩阵，即编制质量表的过程。

四个阶段的每个转化阶段都有相应的关系矩阵。

质量屋的三角形"屋顶"即相关矩阵（见图13-3），描述各"如何"项目之间的相关性，用特定的符号代表每个相关关系的评分（正相关用○，强正相关用◎，负相关用×，弱相关用△，强负相关用#来表示）。

（2）质量要素重要性的确定。对"什么"和"如何"的最终结果进行数量化的评分与加权，由此确定关键的产品要求（反映了关键的顾客需求）。"什么"项目的评分范围是1~5，置于"什么"项目的右方，反映该项目对顾客的相对重要性。然后，把这些评分乘以需求质量和质量要素的相关强弱程度"◎""○""△"（强、中、弱），常用的权系数为5~3~1。然后把评分与加权的计算结果记录在"多少"项目上，以确定质量要素的重要性（见图13-4）。

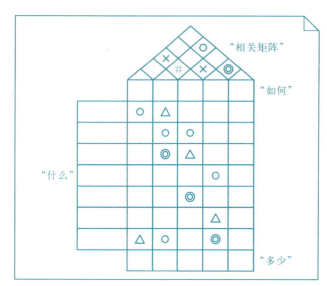

图 13-3
质量屋矩阵图

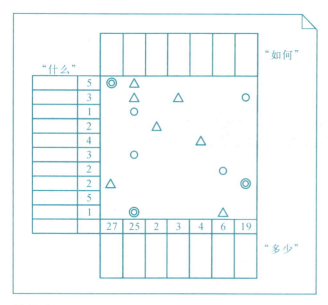

图 13-4
矩阵图的分析与评价

3. 质量机能展开的步骤

质量机能展开一般有如下十个步骤。

步骤1，确定开展 QFD 的项目。

步骤2，成立 QFD 项目小组。由销售、设计、工艺、制造、供应等有关部门的人员组成。最好能邀请顾客代表参加。

步骤3，收集原始信息。要站在顾客的立

场上收集相关的原始信息。

步骤4，转换语言信息。必须提炼的原始信息，分析哪些是顾客真正的需要，然后转换为要求项目。

步骤5，转换需求质量。将要求项目转换成需求质量时，最好用比较明确简洁的质量语言进行综合归纳。

步骤6，编制需求质量展开表。用合适的方法（如KJ法），将需求质量分类组合，整理为若干层次，把每一层次的需求质量整理在一张表中，形成需求质量展开表。

步骤7，编制质量要素展开表。质量要素是指构成产品的质量元素，其测量结果即为"质量特性"。通过质量要素展开，使需求质量得以实现和考核。质量要素一般包括物理特性、功能要素、时间要素、经济要素、生产要素、市场要素、顾客要素。对需求质量表中的质量要素用合适的方法（如KJ法）进行归类，作为二级要素，并给予适当的名称；再把二级质量要素类似的归类，作为一级质量要素，并给予适当的名称。

步骤8，编制质量表。把需求质量展开表与质量要素展开表分别按纵横排列组合成矩阵形式，即关系矩阵，也称质量表（屋），并按照前述对应关系的强弱标以记号。

步骤9，确定计划质量。根据市场调查确定质量要素重要度；通过顾客满意度调查对本公司和竞争公司的产品进行比较分析；确定计划目标，如水平提高率、商品特性等；确定需求质量权重值。

步骤10，编制零部件展开和生产制造过程展开表。通常与确定计划质量确定同步，需要进行许多配套的技术支持，还要结合设计评审工作，以使建立的质量屋不断完善。

第三节 顾客满意指数

一、顾客满意指数（CSI）的诞生及其意义

瑞典（1989）是世界上第一个测评和公布顾客满意指数（CSI）的国家，随后德国（1992）、美国（1994）、意大利、新西兰、英国、日本、韩国、马来西亚、我国的台湾等也相继采用了CSI这一新型的宏观经济指标。欧洲质量组织和欧洲质量管理基金会与阿瑟·安达信公司合作，通过对泛欧洲顾客满意指数的可行性研究，开发了欧洲顾客满意指数（ECSI）。综观各国已构建的国家顾客满意指数，其理论模型和采用的方法大同小异，其中ACSI模型和方法具有代表性。ACSI模型和方法是由密歇根大学商学院Claes Fornell教授及其同事开发的。ACSI已经引起许多国家的普遍关注。

评价国民经济总体质量的增长涉及对不同经济部门、行业、企业提供的不同产品

和服务的质量的测量、比较和综合,传统的对各个行业产品和服务的质量进行技术指标监测、评比的方法不能解决这个问题。因为对不同种类的产品和服务的质量没有统一的定义和测量量纲,难以形成统一的评价方法和指标。顾客满意指数根据产品或服务满足顾客实际需要的程度来评价质量,统一了对不同种类的产品和服务质量的评价标准,使得我们能够比较不同种类的产品和服务质量的水平,从而使得评价国民经济总体的质量成为可能。

和正在使用的各种经济指标相比,CSI 是一种基于市场业绩的产出质量指标。形象地说,CSI 正是市场经济中那双"看不见的手",通过它的指点,可以对复杂多变的竞争市场了如指掌,企业运行中的薄弱环节和发展战略中的缺陷可以暴露无遗。CSI 问世 10 多年来,在一些国家的应用实践表明,无论是宏观上还是微观上,其现实的和潜在的应用价值都是无与伦比的。

在我国建立顾客满意指数的意义可以反映在以下五个方面。

(1)有助于提高我国的经济增长质量。利用这个指数可以定量地确定经济增长质量的战略目标,进行国家与国家之间产品质量和服务质量的比较,促使我国经济尽快从数量型增长方式向质量型增长方式转变。

(2)有助于加强政府宏观指导职能,推进政府职能的转变。顾客满意指数的建立为政府管理市场和经济运行秩序提供了一个有效的工具,从而促使政府工作的重心从以往的偏重微观管理向加强宏观管理转移,建立适应社会主义市场经济体制的质量工作新机制,提高质量工作的有效性。

(3)有助于我国向市场经济体制过渡。产品和服务质量的最终评定标准只能是顾客的满意程度,而不是产品或服务符合技术标准和规范的程度。建立顾客满意指数符合我国不断完善发展市场经济体制的要求。

(4)有助于促进企业不断提高国际竞争力。开展 CSI 测评,能为企业提供不断改进产品和服务质量的动力,为质量改进提供明确的方向和目标。同时,通过与国外竞争对手的科学比较,看清存在的差距,从而有效地提高自己的国际竞争力。

(5)有助于全社会质量监督机制的形成。通过 CSI 测评,引导企业、广大消费者对产品和服务质量的关注,促进企业质量责任制度的建立和实施,在全社会营造"优胜劣汰"的质量监督机制,为国家的质量振兴创造更好的条件。顾客满意指数还可以大大提高公众对质量的认识和理解,对强化我国公众的质量意识很有帮助。

二、美国顾客满意指数(ACSI)的概况和模型

(一)ACSI 的概况

ACSI 是对美国境内产品和服务质量进行满意度测评的全国性的和跨行业的衡量指标。ACSI 由密歇根大学商学院、美国质量协会(ASQ)、安德森咨询公司联合制作而成。密歇根大学商学院的国家质量研究中心是指数的研究和编制中心;美国质量协

会是信息发布中心；亚瑟安德森专家的分析与评论协助数据使用者从行业的角度和商业的环境里更好地了解 ACSI 的意义。

ACSI 是每季度滚动更新的。每次选择 7 个领域中的一至两个领域，更新前一年的数据。7 个领域和处在其中的行业及公司每年按照如下的时间更新数据（表 13-2）。

表 13-2　ACSI 数据更新时间

更新的领域	数据收集时间	公布结果
零售业；金融/保险业	第四季度	二月
交通运输/通信/公共事业；服务业	第一季度	五月
制造业/耐用品；公共事业管理/政府部门	第二季度	八月
制造业/非耐用品	第三季度	十一月

ACSI 计量经济模型生成四个水平的指数：

第一层：全国顾客满意度指数（即 ACSI）。

第二层：七个经济领域的指数（ACSI 领域指数）。

第三层：34 个行业指数（ACSI 行业指数）。

第四层：200 多家主要公司和政府部门指数，其中包括一项与绝大多数行业相结合的"其他公司"指数。

ACSI 的计算是从第四层开始自下而上进行的。ACSI 的基础数据是根据抽样理论，对全国约 5 万个顾客进行电话访谈的结果。这些顾客的选取标准是他们最近购买或接受了某个被计划测评公司的产品或服务。对每一个计划测评的公司通过电话访谈平均约 250 个顾客，并根据访问结果计算这些产品或服务的 CSI，再把各主要产品或服务的 CSI 按销售额进行加权平均得到该公司或机构的 CSI。

然后，把某行业内所有选取的公司和机构的 CSI 按销售额或财政拨款进行加权平均求出该行业的 CSI。以此类推，得到 7 个经济领域的 CSI。最后以 7 个经济领域在 GDP 中所占比重为权重，把 7 个经济领域的 CSI 加权平均计算出整个国家的 CSI。ACSI 的主要指标具有跨产品、跨行业和跨区域的可比性，目前在各国都得到了重视和推广。

图 13-5 是 1994 年美国 7 个领域、34 个行业的 CSI 测定结果（200 多家企业和机构的结果从略）。

（二）ACSI 的模型

ACSI 模型（见图 13-6）是一个由顾客满意度及相关因素的因果关系所构成的计量经济模型，其满意度的测量通过采用多重指标的结构变量（即隐变量或潜在变量）的测量来实现。ACSI 模型中的结构变量有 6 个：顾客期望（customer

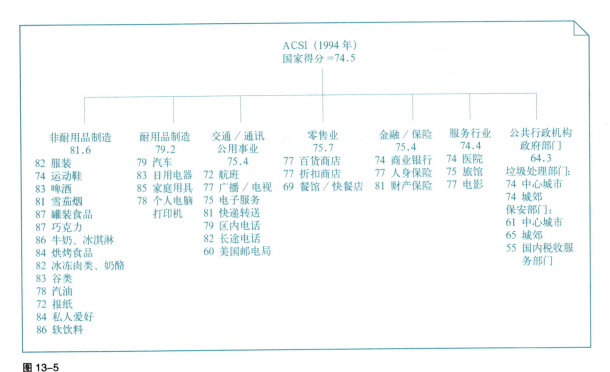

图 13-5
1994 年美国顾客满意指数

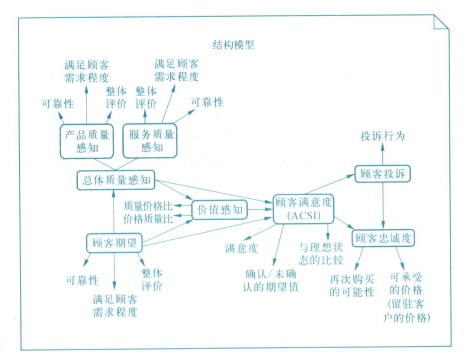

图 13-6
ACSI（耐用消费品）模型

expectations)、感知质量（perceived quality）、感知价值（perceived value）、总体满意度（overall customer satisfaction）、顾客忠诚（customer loyalty）、顾客抱怨（customer complains）。ACSI 模型中的关系链从综合顾客满意程度的三个前提因子（顾客期望、质量感知、价值感知），发展到它的两个结果因子（顾客抱怨、顾客忠诚度）。其中，"顾客满意"是整个关系链的中心，而最终将对顾客忠诚作出解释。顾客满意的理论模型既是构建 ACSI 的理论基础，又是进行 ACSI 测评并对其度量结果进行分析的基础。

图 13-6 是关于耐用消费品的 ACSI 模型。

每个结构变量都有几个对应的测评变量（即显变量或观察变量，见图 13-6），对顾客的调查是通过测评变量进行的（见表 13-3）。

表 13-3　调查问卷中的测评变量

结构变量	测评变量
顾客期望	1. 对产品和服务质量的总体期望（购买前） 2. 产品和服务满足顾客个人需求程度的期望（购买前） 3. 对可靠性或产品和服务出现故障、缺陷程度的期望（购买前）
感知质量	4. 对产品和服务质量体验的总体评价（购买后） 5. 产品和服务满足顾客个人需求程度的评价（购买后） 6. 对可靠性或产品和服务出现故障、缺陷程度的评价（购买后）
感知价值	7. 在价格给定情况下，对质量的评价 8. 在质量给定情况下，对价格的评价
ACSI	9. 总体满意度 10. 与期望的不一致性（业绩不及或超过期望） 11. 与理想产品或服务的比较
顾客抱怨	12. 对于产品或服务正式或非正式的抱怨
顾客忠诚	13. 重复购买的可能性评价 14. 重复购买条件下的价格容差（涨价的承受力） 15. 引导重复购买的价格容差（减价的吸引力）

三、ACSI 测评的原理

（一）ACSI 中结构变量和测评变量的含义

模型中的结构变量是由相关的一组测评变量的数据通过加权求和得到的，而测评变量的数据则是通过实际调查所获得的。下面介绍 ACSI 的变量的意义。

1. 顾客期望

"顾客期望"是顾客在消费某种品牌商品或服务之前对其质量的综合估计，来源于顾客以前对该品牌的消费或使用的直接经验，或来源于相关广告、亲友推荐甚至小道消息等间接渠道的信息。如果这些信息是积极的，顾客就会预期自己将购买的商品或服务的质量是较高的；反之，顾客的预期就会较低。

顾客对质量的认识主要有满足需求和可靠性两个方面，因此用如下三个测评变量（显变量）来表达顾客期望。

（1）满足顾客需求的期望。顾客在消费前对产品或服务是否满足自己特定需求的期望。

（2）对可靠性的期望。可靠性是指产品或服务在实现其功能时表现出来的性能水平，如可信性、标准化和无缺陷或故障频率的程度等等。

（3）总体期望。顾客购买前对于产品或服务总的看法。

2. 感知质量

"感知质量"是顾客消费某种产品或服务之后对其质量的综合感受。它是建立在实际消费过程基础上的主观感受，有时同产品或服务的符合性质量不完全一致，并且在一定程度上还受到顾客自身主观因素的影响。感知质量的三个测评变量同期望的测评变量相对应：满足顾客需求的程度；对可靠性的感知；总体感知。

3. 感知价值

"感知价值"体现了顾客在综合考虑了质量和价格两个因素之后对于所得利益的主观感受。感知价值表现为如下两个测评变量。

（1）给定价格下对质量的感知。通常，顾客都会以所支付的价格为基准，通过比较实际感知质量和顾客认为该价格下应该具有的质量水准来评价他所得到的价值。此时，顾客的注意力集中在产品或服务的质量上，此时只要是高质量的产品或服务就会得到认同。

（2）给定质量下对价格的感知。顾客也会以所得到的产品或服务的感知质量为标准，通过比较实际支付价格和顾客认为该质量等级所对应的价格标准来评价感知价值。此时，顾客的注意力集中在价格上，价格越低越能得到认同。

这两个测评变量可以反映顾客是受质量驱动（往往收入较高）还是受价格驱动（通常收入较低）的，对企业的产品开发或营销活动具有指导意义。

4. 总体满意度

"总体满意度"对应了我们要测定的顾客满意指数，它体现为三个测评变量。

（1）实际感知同期望之间的差异。从心理的角度而言，这是影响顾客满意程度的重要因素。

（2）实际感知同理想产品之间的差别。以同一范畴内顾客心目中的理想产品作为基准对于测评产品或服务实际感知的评价。这个变量同时指出了产品或服务质量进一步改进提高的潜力。

（3）总体满意度。指顾客在综合各方面因素后对产品或服务质量的总体感受。

5. 顾客抱怨

一般而言，顾客满意程度越高，抱怨就越少、越轻微，但如果没有顾客抱怨，并不一定表示顾客非常满意或忠诚度很高。一旦顾客产生了比较严重的抱怨(包括投诉),而企业却漠然视之,不作妥善处置,将会导致顾客与企业的关系恶化,从而通过口碑传播,影响其他顾客的满意度和忠诚度。如果企业高度重视对顾客抱怨的处理,则不但会取得顾客的谅解,并可能会增强顾客的满意度或忠诚度。该结构变量反映了顾客对购买的商品/服务从抱怨(含投诉)的程度及对抱怨/投诉的处理的角度所感受的满意程度。"顾客抱怨"可以表现为如下两个观测变量。

(1)抱怨或投诉的程度(频次及方式)。

(2)商品/服务的提供者处理抱怨或投诉的效果。

6. 顾客忠诚

"顾客忠诚"的测定可用于了解和研究产品或服务的盈利能力及市场趋势。顾客忠诚可以由如下两个测评变量来测量。

(1)重复购买可能性。一般而言,顾客的满意度越高,忠诚度也就越高,重复购买的倾向也就越大。相反,不满意的顾客可能会降低重复购买的可能性,甚至成为竞争对手的顾客。

(2)价格变化的容差。满意顾客对价格上涨的承受能力较强;反之,则承受能力较低,少许涨价,就可能使他们放弃重复购买。价格下降并不是吸引满意顾客保持忠诚的主要因素,但对于不满意顾客则往往是促使其保持忠诚的主要因素。

上述关于顾客忠诚的行为描述不一定符合具有垄断特征的市场的情况。在垄断市场中,顾客很少甚至根本没有对产品或服务的选择余地,这时消费的价格弹性很小,频繁的重购现象反映的是虚假的忠诚和被掩盖的低满意度。

(二)ACSI 的统计方法

ACSI 的一般公式为

$$ACSI = \{(E[\xi] - \min[\xi])/(\max[\xi] - \min[\xi])\} \times 100$$

其中,$\min[\xi] = \sum_{i=1}^{n} \omega_i \min[x_i]$,$\max[\xi] = \sum_{i=1}^{n} \omega_i \max[x_i]$,公式中的 ξ 是总体顾客满意的结构变量,$E[\xi]$、$\min[\xi]$ 和 $\max[\xi]$ 分别表示结构变量 ξ 的期望值、最小值和最大值;x_i 是顾客满意结构变量的第 i 个测评变量,ω_i 是权重,n 是测评变量的个数。

在 ACSI 模型中,总体顾客满意度 ξ 有三个测评变量,调查按 10 标度进行,所以公式可简化为

$$ACSI = \frac{\sum_{i=1}^{3} \omega_i \bar{x}_i - \sum_{i=1}^{3} \omega_i}{9 \sum_{i=1}^{3} \omega_i} \times 100$$

由于影响顾客满意度的因素既有经济方面的,也有心理方面的,其人文特征非常显著,存在着大量的不确定性;同时,这些因素之间还存在着多重相关性。在典型相关分析的基础上可以结合主成分提取的方法,采用一种新型的多因变量对多自变量的回归建模方法即偏最小二乘法(partial least-square regression, PLSR),能够比较有效地解决回归变量之间的多重相关性问题。

第四节 中国顾客满意指数(CCSI)介绍

1999年国务院颁布的《关于进一步加强产品质量工作若干问题的决定》中提出,"要研究和探索产品质量用户满意度指数评价方法,向消费者提供真实可靠的产品质量信息"。我国有关政府机构、学术团体和行业协会都一直在探索构建中国用户满意指数。从2003年年初开始,清华大学中国企业研究中心以第三方的形式正式对某些消费品和服务进行用户满意指数调查,并与中国质量协会合作,向全社会正式公布这些行业主要品牌的用户满意指数。

CCSI模型吸收了瑞典、美国和欧共体等顾客满意指数模型的基本原理,并结合了中国消费者行为的实际特点构建的,其基本模型如图13-7所示。和ACSI相比,少了顾客抱怨结构变量,但多了品牌形象结构变量。

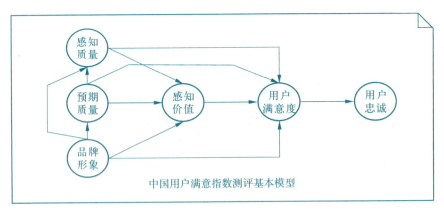

图13-7 CCSI(耐用消费品行业)基本模型

CCSI中各结构变量的测评变量如下。

1. 品牌形象的测评变量

(1)品牌特征显著度。顾客心目中该品牌与竞争品牌相比是否具有独到之处。

(2)总体形象。顾客对某品牌或公司的总体印象。

2. 预期质量的测评变量

（1）顾客化预期质量。顾客在购买前对产品满足自己特定需要程度的估计。

（2）可靠性预期质量。顾客对产品将来出问题的可能性的估计。

（3）服务预期质量。顾客对购买的产品的服务质量水平的估计。

（4）总体预期质量。顾客在购买前对要购买的产品的总体质量的估计。

3. 感知质量的测评变量

和预期质量的四个测评变量相对应，依次为顾客化感知质量、可靠性感知质量、服务感知质量、总体感知质量。

4. 感知价值的测评变量

和ACSI中一样，有两个测评变量，分别是给定价格下对质量的感知和给定质量下对价格的感知。

5. 顾客满意度的测评变量

和ACSI相比，除了总体满意度、与期望的不一致性（业绩不及或超过期望）、与理想产品或服务的比较这三个测评变量外，多了一个"与同类其他品牌的比较"测评变量。

6. 顾客忠诚的测评变量

和ACSI中一样，有三个测评变量，分别是重复购买的可能性、重复购买条件下的价格容差（涨价的承受力）、引导重复购买的价格容差（减价的吸引力）。

中国顾客满意指数模型有四个，分别适合耐用消费品行业、非耐用消费品行业、服务行业和特殊行业，以上介绍的是耐用消费品行业的模型。其他模型从略。

第五节 顾客满意度的测评

一、CS测评的类型

顾客满意度的测评可以分为两种类型。

（一）通用型

该类测评获得的信息或数据综合性和系统性强，基本构架普遍适用，测评的结果能进行跨行业、跨地域的比较。但是，针对某一行业或品牌而言，它所获得的信息或数据不如专用型测评详细具体和针对性强。例如，ACSI、CCSI就属于此类测评模型。

（二）专用型

该类测评专门为某一特定行业、企业或品牌所设计，其特点是测评的针对性强，获得的信息或数据比较具体，咨询功能强，常被企业采用。

在实际应用中，常将以上两种类型相结合，取长补短、相得益彰。

二、CS 测评的指标

（一）测评指标设计的原则

（1）全面性。指标应全面反映与顾客基本需求和差别化需求所对应的产品特性项目，应能全面、系统地评价企业的顾客满意度。

（2）代表性。在各个已确定的产品特性项目中，每一个项目都会存在多个反映因子，必须找出其中顾客比较关注的代表因子。

（3）相关性。应有助于了解企业的经营与管理现状，并对企业的所得与所失进行总体评价。

（4）经济性。有些评价指标虽有用，但若为获取该指标的数据代价太大，一般应转用其他成本较低的替代性指标。

（5）可操作性。各个用于评价的代表因子应当使顾客比较容易理解并易于表达其实际的满意程度。同时，必须是能从评价项目中分解出来的，能独立存在的，能与其他代表因子相区分的。

（二）评价指标的结构

CSI 测评指标具有层次性的结构。由于测评对象复杂程度的差别，以及测评深度的不同选择，结构层次可以不同。以三层结构为例，其示意图见图 13-8。

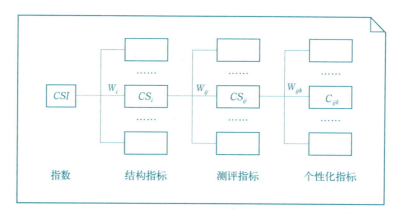

图 13-8　调查问卷层次结构

在图 13-8 中，指数、结构指标和测评指标经常是通用型测评中 ACSI 或 CCSI 的指标，而个性化指标则可以安排专用型测评中特定行业、企业或品牌的产品或服务特性项目指标。在实际应用中，评价指标从右向左方向逐级加权平均得到。

CSI：测评对象（产品或服务）顾客满意指数；

结构指标 CS_i：第 i 个结构变量满意度；

测评指标 CS_{ij}：第 i 个结构变量的第 j 个测评变量的满意度；

个性化指标 C_{ijk}：第 i 个结构变量的第 j 个测评变量的第 k 个个性化指标（问题）的顾客平均分。

ω_i, ω_{ij}, ω_{yk} 为各级指标的权重。

除上述系统性指标外，为了满足 CS 咨询的需要，还经常使用下列辅助性指标。

（1）满意率类指标。满意率，高满意率，不满意率，高不满意率。

（2）相关系数类指标。各结构变量（或测评变量）和满意度或忠诚度的相关系数。

（3）频数和频率类指标。在测评中，常设置一些问题来调查顾客特征、故障特征等，此时，需要频数或频率类指标。

（4）排序类指标。对指标平均分或频数（频率）进行排序，以突出典型指标。

各类指标可以数据、图形、表格等形式表示。

（三）个性化评价指标的运用

为了对特定品牌进行有针对性的顾客调查，需要有各种各样的个性化指标。

（1）产品方面。产品质量（适用性、安全性、经济性、耐用性、可靠性、可信性、可维护性），产品功能（单一性、多样性、兼容性），产品利益（实用性、快感性、审美性），产品特色（地方特色、民族特色、国际特色、历史特色、现代特色），产品设计（品种、规格、颜色、体积、样式、包装、档次、品名），产品价格，产品创新等。

（2）服务方面。服务质量（可感知性，可靠性，反应性，保证性，理解性，便利性等），服务过程，服务项目，服务方式，服务创新等。

（3）员工方面。仪表，道德，修养，知识，素质，能力，信誉等。

（4）企业形象方面。企业精神，企业文化，企业信誉，企业伦理，企业技术，企业经营管理，企业环境，企业综合实力，管理者素质等。

由于顾客可以是外部的，也可以是内部的，所以对于企业而言，完整的顾客满意度评价体系还应包括员工满意度评价指标体系。员工满意度评价指标体系大体可分为五个逐层递进的满意层次。

（1）生理满意层次。如对工资待遇、医疗保健、福利保障、工作时间、工作环境等的满意。

（2）安全满意层次。如对就业保障、退休养老保障、健康保障、意外保险、劳动防护等的满意。

（3）尊重满意层次。如对薪水等级、晋升机会、奖励、参与企业日常活动等的满意。

（4）社交满意层次。如对上下级沟通、同事关系、教育培训等的满意。

（5）自我实现满意层次。对参与企业决策、工作的挑战性、发挥个人特长、实现自我价值等的满意。

三、CS 测评的调查方法

选择调查方法的基本原则是可靠性，但要兼顾经济性和方便性。可以根据各企业产品或服务的特点以及顾客特点来选择一种合适的调查方法，或将几种调查方法组合运用。

(1) 计算机辅助电话采访系统。在美国等发达国家普遍采用。调查信息准确可靠，随机性强，方便快捷，有效样本量易控制。

(2) 问卷信函调查。常被采用。方便，调查对象可精心选择，调查信息较可靠，调查周期也较易控制。但是回函率不易控制，如回函率低，则调查成本上升。

(3) 现场随访调查。调查对象代表性强，有效样本量易控制，方便快捷。但是，对调查人有较高要求，费用大。调查信息的质量不易控制。

(4) 其他。如互联网调查，上门专访调查，座谈会调查等。

被调查的对象必须是在近期内消费过受测评的品牌或服务的自然人。所谓"近期"是指从调查时起向前追溯的一定时期，这一时间的限定对不同类型的消费品有不同的要求。通过时间来限定顾客的概念，可使受调查的顾客对于产品或服务的购买和使用过程有一个清晰的回忆，避免了顾客根据模糊的记忆来接受调查从而导致调查数据失真，同时也保证获取的是顾客对市场上目前正在销售的产品或服务的反映。

调查对象的样本设计应根据被测评产品或服务的顾客总体分布的实际情况，采用"分层定比"和"随机抽样"相结合的方法。

被调查对象是否具有代表性，将影响到调查测评结果的科学性和可靠性。因此，在确定调查对象时尽可能考虑具有不同特征的顾客群体（包括团体和个体的顾客）都列入调查范围，且有一定的数量。

四、CS 测评的调查问卷设计

设计调查问卷是顾客满意度调查测评中的一个关键环节，问卷设计的偏差会影响测评模型实施的正确性和有效性。由于问卷是和顾客直接"见面"的，问卷是否能被顾客较容易地理解，乐于接受调查并正确表达意见，将影响 CSI 测量的正确性。因此，设计调查问卷应遵循以下六项原则。

(1) 所有结构变量应正确地转化为测评变量。

(2) 测评变量可以适当地分解成若干具体的调查问题。过多的调查问题会影响被调查者的情绪，从而影响评价信息的准确性；过少的调查问题又会影响信息的可信度。

(3) 调查的问题应以封闭型为主，应包括逆向和中性的问题，不能仅有正向问题。要通俗易懂，避免歧义性。

(4) 问卷应采用结构型设计，有利于顾客答题时保持逻辑性和系统性。

(5) 主要的调查问题一般采用 10 级标度法的定序量表，并应使顾客反应的程度代码和定序顺序相一致。

(6) 比较复杂的问题要有一定的指导说明语。

调查问卷的内容要根据调查目的和任务来确定。调查问卷一般包括系统性问题（ACSI 或 CCSI 问题）和个性化问题（因测评产品或服务的特性而异，如选择该品牌的原因，消费偏好，技术性质量，功能性质量，对新业务的评价，对品牌的期望，和竞争品牌的比较等）。

为了便于分层分析，还可以通过调查问卷了解一些顾客具体信息。

一般而言，调查问题以"封闭型问题"为主，因为通过这种类型问题调查所获得的信息，有较明确的含义和较强的单一解释性。而"开放型问题"所获得的信息往往是笼统的、发散的，其信息指向往往是多重的，也不够明确。

五、CS 测评的评价报告

编写顾客满意度测评报告必须遵循以下三项原则。

（1）坚持客观公正实事求是的原则。

（2）坚持以调查信息为基础，用数据说话的原则。

（3）坚持科学的评价和分析方法的原则。

顾客满意度测评报告的内容通常应包括以下十二个方面。

（1）测评的背景和目的。

（2）调查测评工作的实施概况。

（3）调查测评指标的设置说明。

（4）调查和抽样方法的说明。

（5）测评结论。

（6）主要测评变量与顾客满意度之间的关联程度。

（7）主要测评变量与顾客忠诚度之间的关联程度。

（8）对企业品牌、产品和服务的顾客评价的各种分层分析。

（9）顾客对企业品牌、产品和服务的认知程度分析。

（10）顾客潜在需求的调查分析。

（11）产品质量和服务各环节的存在问题分析。

（12）企业品牌、产品和服务改进的建议。

本章小结

本章首先介绍顾客满意质量理念，以及顾客满意和满意度、顾客满意指数、顾客忠诚度、顾客满意经营战略等重要概念。然后介绍顾客的概念、分类和识别方法，顾客需求及其四种属性分析的概念、特点和内容，以及将顾客需求转换为产品开发和生产中各个阶段的技术需求的质量机能展开（QFD）的基本过程及其用途。在此基础上，本章介绍了顾客满意指数（CSI）的发展历史和重要意义，美国顾客满意指数（ACSI）的概况和模型，中国顾客满意指数（CCSI）的模型及其测评变量。最后，介绍了在实际应用中顾客满意度测评的两种类型、测评指标设计的原则和测评的基本过程。

练习与思考

1. ISO 9000：2000 将"以顾客为关注焦点"作为八项管理原则的首要原则，你是怎样理解的？
2. 顾客满意的概念是什么？有哪些主要特点？
3. 谈谈你对顾客满意经营战略的认识。
4. 如何理解顾客和顾客需求。
5. 什么是顾客需求的竞争属性分析？试否举一个例子，并进行分析。
6. 什么是质量机能展开？它的基本过程是怎样的？
7. 在 ACSI 模型中，有哪些结构变量？有哪些测评变量？它们的意义是什么？
8. 顾客忠诚的概念是什么？试举一个例子，谈谈你的理解。
9. 和 ACSI 比较，CCSI 模型有什么特点？
10. 顾客满意度测评对企业有什么作用？应注意些什么？

第十四章 卓越绩效评价准则介绍

学习目标

1. 了解 GB/T 19580—2012《卓越绩效评价准则》国家标准和 GB/Z 19579—2012《卓越绩效评价准则实施指南》国家标准化指导性技术文件的产生背景、目的和现实意义。
2. 理解卓越绩效评价的内涵。
3. 掌握卓越绩效准则的基本术语、框架、内容构成、分值及应用。

第一节 概 述

21世纪是一个科技迅猛发展的时代,随着经济全球化的发展,国际竞争日趋激烈,质量在企业的竞争中日益显示出至关重要的作用,追求卓越绩效已成为21世纪质量管理的重要发展趋势。

卓越绩效评价模式（performance excellence evaluation model）产生于 20 世纪下半叶，是以美国质量奖评价准则为代表的一类经营管理模式的总称。实施卓越绩效评价模式已成为美国提升企业竞争力，实现企业自身持续改进，保持而且不断增强竞争优势的有效途径。卓越绩效评价模式的产生至今已有二十多年。1987 年美国通过了立法设立国家质量奖，1988 年美国在制造业领域开展国家质量奖的评定。国家质量奖的评定依据是由美国国家标准与技术研究院（NBT）颁布的卓越绩效评价准则国家标准。

于 2004 年 8 月 30 日质量月（9 月）前夕发布的 GB/T 19680—2004《卓越绩效评价准则》国家标准以及 GB/Z 19579—2004《卓越绩效评价准则实施指南》国家标准化指导性技术文件。这一对联合使用的国家标准的制定与发布，标志着我国质量管理的新发展，反映了新时期质量工作的新思考，对我国广大企业的质量管理工作提出了不断发展，追求卓越的新要求。

GB/T 19680—2004《卓越绩效评价准则》为广大企业追求卓越绩效提供了自我评价的准则，可指导和帮助企业提高整体绩效和能力，为企业的所有者、顾客、员工、供方、合作伙伴和社会创造价值，更有助于企业获得长期成功和发展。该标准适用于国家质量奖的评价，也是国家质量奖评价的唯一标准，各省、市质量奖的评价也可参照进行评价。2012 年，为了进一步总结和完善该标准，对 2004 年首次发布的这套标准进行了修订，现行版本为 GB/T 19680—2012《卓越绩效评价准则》和 GB/Z 19579—2012《卓越绩效评价准则实施指南》。

一、制订《卓越绩效评价准则》国家标准的背景及目的意义

在改革开放的形势下，1978 年我国引进了全面质量管理，并在全国各行各业广泛推广。随着经济全球化的发展，国际竞争日趋激烈，质量在企业的竞争中日益显示出至关重要的作用，2001 年我国加入了 WTO，我国企业面临着剧烈的国际市场竞争的大环境。如何进一步提高我国企业的质量管理水平，从而在激烈的市场竞争中取得竞争优势，是摆在领导者与管理者面前的重要课题。特别是已获得 ISO 9000 质量管理体系认证的组织，如何追求卓越绩效，使质量管理工作跃上新的台阶，完全融合到世界经济一体化的经营环境中，已成为不得不面对的重大难题。

追求卓越绩效是 21 世纪质量管理的重要发展趋势，为了适应这种发展，很多国家和地区设立了质量奖。设立政府行为的国家质量奖既是国际通行做法，也是政府主管质量工作部门科学执法、依法执政的表现。目前，世界上有 80 多个国家和地区组织设立了质量奖，最有名的三大质量奖是日本的戴明奖、美国的波多里奇奖和欧洲质量奖。其中，波多里奇国家质量奖的影响最广泛，其评审准则也称卓越绩效评价准则，代表了当今世界最先进的质量管理水平。波多里奇国家质量奖在提高组织业绩，改进组织

整体绩效，促进美国所有组织相互交流、分享最佳经营管理实践并为组织带来市场成功等方面发挥了重要的作用。

1993年我国颁布了《中华人民共和国产品质量法》，该法明确规定："对产品质量管理先进和产品达到国际先进水平、成绩显著的单位和个人，给予奖励。"国务院颁发的《质量振兴纲要》提出："依照《中华人民共和国产品质量法》的有关规定，建立质量奖励制度。"因此，原国家质检总局在研究建立质量奖励制度的同时，与国家标准委联合发布了《卓越绩效评价准则》国家标准和《卓越绩效评价准则实施指南》国家标准化指导性技术文件，为企业提供了追求卓越绩效的经营管理模式，并用量化指标为国家质量奖的评价和企业的自我评价提供了依据。

制订《卓越绩效评价准则》国家标准有三个目的。

（1）为企业追求卓越提供一个经营模式的总体框架。

（2）为企业诊断当前管理水平提供一个系统的检查表。

（3）为国家质量奖和各级质量奖的评审提供是否达到卓越的评价依据。

《卓越绩效评价准则》国家标准是我国推行全面质量管理经验的总结，是多年来实施ISO 9000标准的自然进程和必然结果，是政府引导和企业需求相结合的产物，是全面质量管理理论的发展和现实相结合的反映，它也是国际成功经验和中国国情相结合的成果。卓越绩效模式是世界级成功企业公认的提升企业竞争力的有效方法，也是我国企业在新形势下经营管理的努力方向。这套国家标准的发布是我国质量振兴事业的一件大事，是履行政府综合质量管理职能、实现质量振兴的一大举措。它反映了新时期质量工作的新思考，体现了政府在加强宏观经济管理的同时，重视引导、鼓励企业管理创新。学习、贯彻这套标准，必将帮助组织提高整体绩效和能力。

二、《卓越绩效评价准则》国家标准的特点

我国《卓越绩效评价准则》国家标准是以美国的波多里奇卓越绩效评价准则为蓝本，融合了世界最有影响的三大质量奖的基本要求，并充分考虑国情，结合我国实际情况而制定的。标准体现了质量管理模式的先进性，它源自TQM的基本思想和方法，是对TQM的创新和发展，体现如下七个特征。

（1）强调质量对组织绩效的增值和贡献，"质量"已经成为"追求卓越的经营质量"的代名词。"质量"将以追求"组织的效率最大化和顾客的价值最大化"为目标，作为组织一种系统运营的"全面质量"。

（2）更加强调系统思考和系统整合。组织的经营管理过程就是创造顾客价值的过程，为达到更高的顾客价值，就需要系统、协调一致的经营过程。

（3）更加强调以顾客为中心的理念。把以顾客和市场作为中心作为组织质量管理的第一项原则，把顾客满意和忠诚即顾客感知价值作为关注焦点，反映了当今全球化

（4）更加强调重视组织文化的作用。无论是追求卓越绩效、确立以顾客为中心的经营宗旨，还是系统思考和整合，都涉及企业经营的价值观。所以，必须首先建设符合组织远景和经营理念的组织文化。

（5）坚持可持续发展。在制定战略时要把可持续发展的要求和相关因素作为关键因素加以考虑，必须在长短期目标和方向中加以实施，通过长短期目标绩效的评审对实施可持续发展的相关因素加以确认，并为此提供相应的资源保证。

（6）坚持科学发展观，强调战略决策和发展目标能均衡地考虑长短期的机遇和挑战、资源的优势和劣势、潜在的风险等。在治理结构中强调有效性，在人力资源方面要求为开展创新性、持续性改进提供资源。在基础设施方面要求制定和实施更新改造计划，不断提高基础设施的技术水平。在技术发展方面要求以国际先进水平为目标，积极开发、引进和采用先进技术和先进标准提高组织的创新能力。在产品和服务结果方面，是与国际同类产品和服务水平相比较的结果。组织的主要产品和服务不仅应具有特色，而且是创新成果。

（7）更具有实用性和可操作性。为了更适合我国读者阅读标准的习惯，在《卓越绩效评价准则》国家标准的基础上，吸收我国广大企业在实现卓越绩效经营方面的成功经验制定了《卓越绩效评价准则实施指南》国家标准化指导性技术文件。与《卓越绩效评价准则》一并使用，使其对广大企业更具指导作用。

三、卓越绩效评价准则与TQM、GGB/T 19000族、GB/T 24001、GB/T 28001，以及6Sigma等的关系

在导入卓越绩效评价准则的过程中，人们常常会将其与我们已经比较熟悉的TQM、GB/T 19000族、GB/T 24001、GB/T 28001标准及六西格玛（6Sigma）之间的关系作对比，实际上它们之间确有相同、相似之处，当然也有相异的地方。下面作简单的比较。

（一）与TQM的关系

卓越绩效评价准则与TQM有着共同的渊源。质量管理作为一门科学，从产生、发展到不断变革已历经了将近一个世纪。在TQM形成的半个世纪里，经历了从"TQC"到"TQM"的重大变革。质量管理的发展阶段也从质量检验阶段发展到统计质量管理阶段（SQC）、全面质量管理阶段（TQM）。

TQM的前身TQC、CWQC（公司范围的质量管理）就是由最早的质量奖——戴明实施奖的评奖准则演变而来的。今天质量奖已由最初的戴明实施奖发展到欧洲质量奖、美国波多里奇国家质量奖等七十多个国家、地区的质量奖。这些奖项均体现了TQM的概念和原则，所关注的质量概念已经远远超出了产品质量范畴，扩展到了包括过程和工作质量、经营质量的大质量。卓越绩效模式是建立在大质量概念

下的、比较完整的质量管理模式，是一个集成的现代质量管理的理念和方法，是从企业、顾客、社会多个方面解决质量和效益的模式；是企业界和管理界公认的提升企业竞争力的有效方法和管理模式，世界级的成功企业都选择了这个模式。正因为"卓越绩效模式"是一种综合的组织绩效管理方式，是一套系统化、标准化、具有操作性的事实上的企业管理国际标准。因此，《卓越绩效评价准则》是 TQM 的具体实施细则。

我国从 1978 年导入了 TQM 至今，全面质量管理在各行各业广泛推行，伴随着改革开放的进程，取得瞩目的成就，为经济社会发展做出应有的贡献。但是，对如何评估 TQM 做到什么程度，成效如何，如何识别经营管理的优势和改进机会，并推动持续改进和创新，不断提高管理的成熟水平等问题，需要一个全面、系统的解决方案。《卓越绩效评价准则》就可以作为现代 TQM 的具体实施细则，以卓越绩效评价准则为框架来构建组织的 TQM，测评组织 TQM 的实施过程和结果，以结果为导向，使 TQM 的每一分努力都被输送到最需要的地方，体现被证明行之有效的那些前沿管理实践，持续追求卓越。

（二）与 GB/T 19000 族的关系

《卓越绩效评价准则》与 GB/T 19000 族都是质量管理领域的标准，都能帮助组织提高质量管理水平、增强竞争能力，但其目的和性质都有所不同。《卓越绩效评价准则》与 GB/T 19000 族的具体关系可归纳为与 GB/T 19001 和与 GB/T 19004 的关系。

（1）GB/T 19001 是一个针对质量管理体系要求的标准，对内用于建立以顾客为关注焦点的质量管理体系基础平台，规范质量管理，对外用于双方合同和第三方认证的质量保证场合，通过质量管理体系审核和认证，证实组织有能力稳定地提供满足顾客和适用法律法规的产品，并通过认证结果的国际互认，消除贸易壁垒，促进国际贸易。在组织的质量工作中只起到基础性的作用，主要聚焦于组织中最直接地影响着产品质量的那些职能和过程管理类别的活动。

与 GB/T 19001 相比，《卓越绩效评价准则》的内容更全面、系统，包容组织经营管理的方方面面，所关注的质量已扩展到包括经营质量的大质量，强调社会责任、战略策划和经营结果，反映了现代质量管理的最新理念和方法，是许多成功组织的实践经验总结，为组织提供了追求卓越的经营模式，并用量化评分的方法全方位、平衡地诊断评价组织经营管理的成熟度，为组织的自我评价和外部评价提供依据。

简要地说，GB/T 19001 认证属于质量管理体系是否合格的符合性评定，类似于体育达标、电影审查合格，而卓越绩效评价属于质量管理体系是否卓越的成熟度评价，类似于运动会拿奖牌、电影得奖。下面将《卓越绩效评价准则》与 GB/T 19001 的对比列于表 14-1。

表 14-1 GB/T19001 与 GB/T19580 的对比

标准 项目	GB/T 19001	GB/T 19580
方法	合格评定	管理成熟度评审和绩效水平对比
目的	旨在使顾客满意	使顾客和其他相关方综合满意平衡和谐
范围	组织的质量管理体系	整个组织的经营和相关方
重点	强调过程	既强调过程，更重在结果
主线	围绕顾客关注的产品质量	战略规范和发展方向
要求	管理方法、管理技术	管理方法、管理技术和组织文化

（2）与 GB/T 19004 的关系。

GB/T 19004—2011《追求组织的持续成功质量管理方法》标准为组织提供了通过运用质量管理方法实现持续成功的指南，帮助组织应对复杂的、严峻的和不断变化的环境。组织的持续成功取决于其长期、均衡地满足顾客和其他相关方需求和期望的能力。通过对组织进行有效的管理，了解组织的环境，开展学习以及进行适当的改进（或）创新，能够实现持续成功。GB/T 19004—2011《追求组织的持续成功质量管理方法》标准倡导将自我评价作为评价组织成熟度等级的重要工具，包括评价领导作用、战略、管理体系。资源和过程等方面，从而识别组织的优势、劣势以及改进和（或）创新的机会。GB/T 19004 主要是用于组织自我评价的范畴，不作为认证的依据。

尽管 GB/T 19004 的范围和深度超出了 GB/T 19001，并趋向于卓越绩效评价准则，但其定位介于 GB/T 19001 和卓越绩效评价准则之间，即大部分组织都能够实现的水平上，用于指导组织丰富和提高其 GB/T 19001 基础并向 TQM 发展。然而，卓越绩效评价准则的内容更全面系统，包括组织的经营管理的方方面面，关注范围已扩展到经营质量的范畴，强调社会责任，战略策划和经营结果，为组织提供了追求卓越的经营模式，应该说它兼容了 GB/T 19001 和 GB/T 19004。而且，它不仅用于组织自我评价且该标准适用于国家质量奖的评价，也是国家质量奖评价的唯一标准，各省、市质量奖的评价也可参照进行评价。

（三）与 GB/T 24001 和 GB/T 28001 的关系

GB/T 24001 和 GB/T 28001 是分别针对组织在某一方面管理的系统要求。

GB/T 24001《环境管理体系 规范及使用指南》标准针对社会和众多相关方对环境保护的不断发展的需要，规定了对环境管理体系的要求，旨在建立一个符合环境法律法规，并持续改进其环境绩效的管理体系，以规范组织的环境行为，确定并应对重大环境因素，实现污染预防和资源节约，促进可持续发展。

GB/T 28001《职业健康安全管理体系 规范》标准针对员工和相关方对职业健康

安全的需要，规定了对职业健康安全管理体系的要求，旨在建立一个符合职业健康安全法律法规，并持续改进其职业健康安全绩效的管理体系，以规范组织的职业健康安全管理行为，确定并降低重大职业健康安全风险，预防、控制事故的发生，保障员工和相关方的安全与健康。

GB/T 24001 和 GB/T 28001 均可用于认证，都属于管理是否合格的符合性评定，而卓越绩效评价属于管理是否卓越的成熟度评价。从《卓越绩效评价准则》的覆盖范围观察，组织的卓越绩效管理体系兼容了对环境管理体系和职业健康安全管理的要求。

（四）与六西格玛的关系

六西格玛（6Sigma）管理产生于20世纪中期，最早由美国摩托罗拉公司作为改进产品质量的系统方法。它的用途和作用是，在技术方面六西格玛水平表示对缺陷的测量评价指标，也就是质量的波动水平。六西格玛表示接近零缺陷的超严的质量要求，从缺陷及测量入手，推动经营绩效的改进。六西格玛管理在美国联合信号和通用电气公司得到了进一步的应用和发展，成为提升企业战略执行力和改善经营绩效的有效方法，后来逐步被世界各国越来越多的企业引进并得到不同程度的应用。六西格玛管理的运作特点：由企业的最高管理者推进，以六西格玛项目管理的形式组织，围绕企业的经营绩效提升，而开展有组织、有计划地实施六西格玛的项目改进，并实现其预定的目标。

《卓越绩效评价准则》与六西格玛关注的都是大质量，两者之间存在互补和兼容的关系。《卓越绩效评价准则》旨在评价经营管理的七大领域，识别优势和改进机会并予以排序。六西格玛是持续改进的方式之一，它具备强大的改进功能，属于典型的自上而下的改进方式，优先解决与战略相关的关键问题，对卓越绩效模式是一种实施改进和创新的补充。对过程的持续改进和创新（包括实施六西格玛改进和创新）是卓越绩效评价准则之灵魂。从管理框架的角度看，卓越绩效模式兼容了六西格玛。

综上所述，了解了卓越绩效评价准则与其他管理模式的关系以后，组织可以结合各自的具体情况在学习、实施、整合各自管理模式的基础上，按照《卓越绩效评价准则》国家标准，逐步建立一个追求卓越绩效的经营管理模式。例如：首先，按照GB/T 19001 建立质量管理体系的基础框架，并根据需要适时建立 GB/T 24001、GB/T 28001 等管理体系。其次，根据组织的实际情况，可以参照 GB/T 19004 进行质量管理体系的扩展和深化，进而导入卓越绩效评价准则，也可以直接导入卓越绩效评价准则，并以卓越绩效评价准则为框架进行管理体系整合，将 GB/T 19001、GB/T 24001、GB/T 28001 等合格评定体系要求融入其中，综合六西格玛和合理化建议等持续改进和创新方法，建立高度整合的卓越绩效管理体系或全面质量管理体系。

第二节 卓越绩效评价准则

为了引导组织追求卓越，提高产品、服务和发展质量，增强竞争优势，促进组织持续发展，依据《中华人民共和国产品质量法》《质量发展纲要（2011—2020年）》，国家相关部门提出并制定了GB/T 19680—2012《卓越绩效评价准则》国家标准及GB/Z 19579—2012《卓越绩效评价准则实施指南》国家标准化指导性技术文件。

GB/T 19680—2012《卓越绩效评价准则》标准借鉴国内外卓越绩效的经验和做法，结合我国企业经营管理的实践，从领导、顾客与市场、资源、过程管理、测量、分析与改进以及结果等7个方面规定了组织卓越绩效的评价要求，为组织追求卓越提供了自我评价的准则，也可作为质量奖的评价依据。卓越绩效评价准则以落实科学发展观、建设和谐社会为出发点，坚持以人为本，全面协调和可持续发展的原则，为组织的所有者、顾客、员工、供方、合作伙伴和社会创造价值。标准的制定和实施可促进各类组织增强战略执行力，改善产品和服务质量，帮助组织进行管理的改进和创新，持续提高组织的整体绩效和管理能力，推动组织获得长期成功。

GB/Z 19579—2012《卓越绩效评价准则实施指南》指导性技术文件遵循GB/T 19680—2012《卓越绩效评价准则》国家标准的评价要求，借鉴国内外卓越绩效的经验和做法，结合我国企业经营管理的实践，从领导、顾客与市场、资源、过程管理、测量、分析与改进以及结果等七个方面给出了卓越绩效评价准则的实施指南，有助于《卓越绩效评价准则》使用者更好地理解和使用该标准。

GB/T 19680—2012《卓越绩效评价准则》详细规定了卓越评价要求，是卓越评价的主要依据，GB/Z 19579—2012《卓越绩效评价准则实施指南》指导性技术文件是组织实施《卓越绩效评价准则》配套的指导性技术文件，为组织理解和应用《卓越绩效评价准则》提供指南。由此可知，这是一对联合使用的标准，这对标准适用于追求卓越的各类组织。

一、GB/T 19580—2012《卓越绩效评价准则》的基本理念

2004版卓越绩效评价准则及其实施指南自发布实施以来反响很大，许多企业按照该标准建立并实施了卓越绩效模式，提高了企业的质量管理和经营管理水平，同时也满足了许多企业通过GB/T 19001质量管理体系认证后进一步提高管理水平，特别是追求卓越的需求。为了总结该标准发布以来实施标准的实践，进一步完善该标准，国家标准委对这对标准进行修订，形成2012版。

在GB/T 19680—2012《卓越绩效评价准则》的引言中，增加了0.3基本理念的内容，而且阐明"该标准建立在基本理念的基础上，高层领导可运用这些基本理念引导组织追求卓越"增加的基本理念共有九项如下：

（一）远见卓识的领导

以前瞻性的视野，敏锐的洞察力，确立组织的使命、愿景和价值观，带领全体员工实现组织的发展战略和目标。

（二）战略导向

以战略统领组织的管理活动，获得持续发展和成功。

（三）顾客驱动

将顾客当前和未来的需求、期望和偏好作为改进产品和服务质量，提高管理水平及不断创新的动力，以提高顾客的满意和忠诚程度。

（四）社会责任

为组织的决策和经营活动对社会的影响承担责任，促进社会的全面协调可持续发展。

（五）以人为本

员工是组织之本，一切管理活动应以激发和调动员工的主动性、积极性为中心，促进员工的发展，保障员工的权益，提高员工的满意程度。

（六）合作共赢

与顾客、关键的供方及其他相关方建立长期伙伴关系，互相为对方创造价值，实现共同发展。

（七）重视过程与关注结果

组织的绩效源于过程，体现于结果。因此，既要重视过程，更要关注结果，要通过有效的过程管理，实现卓越的结果。

（八）学习、改进和创新

培育学习型组织和个人是组织追求卓越的基础，传承、改进和创新是组织持续发展的关键。

（九）系统管理

将组织视为一个整体，以科学、有效的方法，实现组织经营管理的统筹规划，协调一致，提高组织管理的有效性和效率。

基本理念又称核心价值观，它反映了国际上最先进的经营理念、方法和模式，也是许多世界级成功企业的经营总结，基本理念贯穿于GB/T 19680—2012《卓越绩效评价准则》标准的各条款要求中，应成为追求卓越组织、高层管理人员和全体员工的理念和经营管理准则。增加的九项基本理念可分成三个层面。

（1）说明组织的驱动力基本理念有三项，包括远见卓识的领导、战略导向、顾客驱动；

（2）阐明组织的经营行为的基本理念有三项，包括社会责任、以人为本、合作共赢；

（3）提供组织运行方法与技术的基本理念，也有三项包括：重视过程与关注结果、学习、改进与创新及系统管理。

二、主要术语

GB/T 19680—2012《卓越绩效评价准则》标准中提出了七个重要的术语，这些重要术语出现在准则和实施指南的各条款中，构成了条款的重要内容。

（一）卓越绩效（performance excellence）

卓越绩效的定义："通过综合的组织绩效管理方法，为顾客、员工和其他相关方不断创造价值，提高组织整体的绩效和能力，促进组织获得持续发展和成功。"

绩效指的是自过程、产品和服务的输出结果。这些结果可加以评价并于有关的目标、标准、过去的结果和其他组织进行评价和比较。

绩效可以用财务的和非财务指标进行表述。《卓越绩效评价准则》中所描述的卓越绩效包括顾客满意程度、产品和服务的绩效、市场绩效、财务绩效、人力资源绩效、过程绩效，以及组织的治理和社会责任绩效等七个方面。卓越绩效是一种综合的组织绩效管理方式，运用这种方式，可使组织获得持续成功。

（二）使命（mission）

使命的定义："组织存在的价值，是组织所应承担并努力实现的责任。"

使命也称为宗旨、目的，是指组织的角色、任务或总体功能，反映了一个组织之所以存在的理由或价值，以及组织的灵魂之所在。使命可以界定为所服务的顾客或市场，所提供的产品和服务功能或价值，与众不同的能力，或所运用的技术。组织的所有工作均应以使命为导向。具体组织的使命是对其存在的规定，应有其独特性。

（三）愿景（vision）

愿景的定义："组织对未来的展望，是组实现整体发展方向和目标的理想状态。"

愿景是指组织所渴望的未来图景和境界，是一个组织的整体发展方向和所要追求的目标。愿景描绘的是：哪儿是组织的前进方向，什么是组织的图谋，或者组织希望将来如何被理解。作为现代领导理论最具魅力的领导方式，愿景规划的领导必须具备相当的远见卓识和高度的想象力。愿景应当是组织是全体成员的共同心愿，也应反映到各利益相关方对组织的绩效期望。

（四）价值观（values）

价值观的定义："组织所崇尚文化的核心，是组织行为的基本原则。"

价值观是指期望组织及其员工如何运作的指导原则或行为准则。它反映和增强组织所渴望的文化，以适当的方式，支持和指引每一位员工做决定，帮助组织完成其使命，达成其愿景。价值观必须以高层领导的行动和行为作为支持，且体现于组织全体人员的言行举止中，并通过价值链影响着组织的相关方。

（五）治理（governance）

治理定义："在组织的监管中实行的管理和控制系统，包括批准战略方向、监视和评价高层领导绩效、财务审计、风险管理、信息披露等活动。"

治理过程可能包括批准战略方向、监视和评价高层领导绩效、财务审计、风险管理、信息披露和股东报告等。确保有效的治理对于增强受益者和社会的信任以及组织的有效性非常重要。

（六）标杆（benchmarks）

标杆的定义："针对相似的活动，其过程和结果代表组织所在行业的内部或外部最佳的运作实践和绩效。"

标杆指的是行业内外代表同类活动中最佳做法或绩效的过程和结果。标杆分析是一种依据产业最佳行事方式来确立业绩目标和质量改进项目的方法，也是一场广泛开展的调研与取经的运动，它确保了以最佳的形式能够被发现、采纳和实施。标杆分析一般包括十个步骤：

（1）对什么产品、业务过程的输出或职能的输出进行标杆分析；

（2）对哪些组织进行标杆分析；

（3）收集数据和实地调查；

（4）分析绩效差距；

（5）预测绩效水平；

（6）沟通调查结果；

（7）建立职能目标；

（8）制定行动计划；

（9）执行计划和检测结果；

（10）重新标定绩效水平。

标杆分析是质量领域中最令人鼓舞的新工具之一，通过辨别组织的竞争差距，标杆分析有助于组织确定变革的对象，通过实施改进和创新，达到实现领先的绩效水平的目标，其目的是取得竞争优势。

（七）关键过程（key processes）

关键过程的定义："为组织、顾客和其他相关方创造重要价值或做出重要贡献的过程。"

支持组织日常运作、生产、服务交付过程可以包括财务与统计、设备管理、法律服务、人力资源服务、公共关系和其他行政服务。这些过程虽然不能直接为顾客增加价值或创造价值，但为创造价值过程的实施起到保证、支持作用。组织须识别全部支持过程，并确定为组织、顾客和其他相关方创造重要价值或做出重要贡献的关键过程。

在识别和确定关键过程时，应对组织的一些重要过程进行测量、分析，比较这些过程对盈利能力和组织取得成功的贡献，从而识别并确定关键过程。

应加强对关键过程的管理，制定相应的管理办法，在关键过程的实施中以持续满足过程设计要求为目的进行有效的管理，并不断改进关键过程，确保关键过程的有效性和效率。

三、卓越绩效评价准则框架

在 GB/Z 19579—2012《卓越绩效评价准则实施指南》的附录 A 中提出了卓越绩效评价准则的框架图 A、1。见图 14-1 所示。该图形象而清楚地表达了卓越绩效评价准则的内容结构，是由组织概述及 4.1～4.7 七个条款构成，图 14-1 还显示了七个模块之间的逻辑关系。

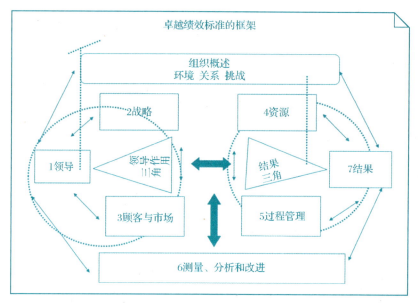

图 14-1　卓越绩效标准框架图

（1）"组织概述"在图 14-1 的最上部，组织概述的内容，包括组织的环境、关系和组织面临的挑战，给出了组织运作的背景状况，同时也是组织运作的关键因素。

（2）卓越绩效模式旨在通过卓越的过程创造卓越的结果，即：应对评价准则的要求，确定、展开组织的方法，并定期评价、改进、创新和分享，使之达到一致、整合，从而不断提升组织的整体结果，赶超竞争对手和标杆，获得卓越的绩效，实现组织的持续发展和成功。

（3）有关过程的类目包括 4.1，4.2，4.3，4.4，4.5，4.6，结果类目为 4.7。过程旨在结果，结果通过过程取得，并为过程的改进和创新提供导向。

（4）组织高层领导的引导和推动是组织持续经营的关键，起着决定性的作用，"领导"掌控着组织前进的方向，并密切关注"结果"。

（5）"领导""战略""顾客与市场"构成"领导作用"三角，是驱动性的，旨在强调领导对战略和顾客与市场的关注；"资源""过程管理""结果"构成"资源、过程和结果"三角，是从动性的，显示利用资源，通过过程管理取得结果。"测量、分析与改进"则是组织运作之基础，是链接两个三角的"链条"，并转动着改进和创新的PDCA之轮。

四、评价要求的内容构成和分值

卓越绩效评价准则为组织提供了追求卓越的经营模式，并且用量化评分（1 000分）的方法全方位、平衡地诊断评价组织经营管理的成熟度，为组织的自我评价和外部评价提供了很好的依据。

卓越绩效评价准则共包括七大类目："4.1 领导""4.2 战略""4.3 顾客与市场""4.4 资源""4.5 过程管理""4.6 测量、分析与改进"和"4.7 结果"。共有23个评分项（4.1.2 至 4.7.7）。GB/Z 19579—2012《卓越绩效评价准则实施指南》国家标准化指导性技术文件的附录 A 给了卓越绩效评价准则评分条款分值表 A、2。见表 14-2 所示。

表 14-2 卓越绩效评价准则评分条款分值表

条款名称	条款分值	条款名称	条款分值
4.1 领导	110	4.5 过程管理	100
4.1.2 高层领导的作用	50	4.5.2 过程的识别与设计	50
4.1.3 组织治理	30	4.5.3 过程的实施与改进	50
4.1.4 社会责任	30	4.6 测量、分析与改进	80
4.2 战略	90	4.6.2 测量、分析和评价	40
4.2.2 战略制定	40	4.6.3 改进与创新	40
4.2.3 战略部署	50	4.7 结果	400
4.3 顾客与市场	90	4.7.2 产品和服务结果	80
4.3.2 顾客和市场的了解	40	4.7.3 顾客和市场结果	80
4.3.3 顾客关系与顾客满意	50	4.7.4 财务结果	80
4.4 资源	130	4.7.5 资源结果	60
4.4.2 人力资源	60	4.7.6 过程有效性结果	50
4.4.3 财务资源	15	4.7.7 领导方面的结果	50
4.4.4 信息和知识资源	20		
4.4.5 技术资源	15		
4.4.6 基础设施	10		
4.4.7 相关方关系	10		

五、卓越绩效评价准则的应用

（一）质量奖的评价依据

美国作为世界上最发达的资本主义国家在 1987 年就按照《马尔科姆·波多里奇

国家质量提高法》设立了政府质量奖,同时制定了卓越绩效模式标准作为美国国家奖的评价依据。在美国,每年获得波多里奇国家质量奖的企业只有几家,但却有上百万个家美国的组织采用波多里奇质量奖标准根据自身的目标进行自我评价,实现了竞争力和绩效的提升。据美国国家标准和技术研究院报告,波奖得主的绩效胜过了标准普尔500指数,收益比较约为2.5∶1。获奖企业实现了362%的增长。自从美国国家质量奖创立以来,美国历届总统都很重视,亲自颁奖并发表热情洋溢的讲话,充分肯定美国国家质量奖对美国经济的促进作用。

为了鼓励企业提高产品质量,增强管理水平,我国于1981年设立了国家质量管理奖。我国质量奖发展现状是1982—1991年是计划经济时代的质量管理奖,1991年因种种原因,这项奖励制度停止了。到1996年各地逐步开始恢复质量(管理)奖的评比。在国家质检总局指导下,中国质量协会自2001年起,根据《中华人民共和国产品质量法》的有关精神,启动了全国质量管理奖评审工作。全国质量奖2001年启动伊始,由工作委员会组织质量专家起草了全国质量管理奖评审标准。2003年对评审标准进行了修订,基本采用了美国波多里奇国家质量奖——卓越绩效模式标准,并结合我国的实际情况,作了适当的调整。2004年9月我国《卓越绩效评价准则》国家标准正式发布,全国质量管理奖审定委员会审议决定:2005年起全国质量管理奖评审标准采用GB/T19580—2004《卓越绩效评价准则》国家标准。

中国质量协会明确提出设立全国质量管理奖的三个目的:一是引导企业关注市场竞争的焦点,重视产品质量、服务质量,进而重视经营质量;二是通过卓越绩效模式,引导和激励企业追求卓越的质量经营,加速培育我国具有国际竞争力的企业;三是树立获得卓越绩效的标杆企业,将他们的经验为广大企业分享,提高我国企业的整体水平。卓越绩效模式也伴随全国质量奖的推进在中国企业产生了深远的影响力,全国质量管理奖也成为中国企业在经营质量方面的最高奖项,成为中国经营管理最佳公司的标志。全国质量奖评审标准具有广泛适用性,可用于大企业、小企业、服务业,以及政府和非营利组织等。根据国际上"大质量"概念的发展趋势及《卓越绩效评价准则》国家标准中的提法,经全国质量管理奖工作委员会提议,审定委员会审议通过,从2006年起将"全国质量管理奖"更名为"全国质量奖"。

为推进质量发展,建设质量强国,中央批准设立中国质量奖,按照中央部署,国家质检总局积极组织中国质量奖评选表彰工作。根据《中华人民共和国产品质量法》和《质量发展纲要(2011—2020年)》规定。设立中国质量奖的宗旨是为完善国家质量奖励制度树立质量先进典型,推进质量发展,建设质量强国。

中国质量奖是国家在质量领域的最高政府性荣誉,中国质量奖是政府奖励,是国家在质量领域的最高荣誉。授予在中华人民共和国境内质量领先、技术创新、品牌优秀、效益突出的组织和对促进质量发展做出突出贡献的个人。项目周期为两年,下设质量奖和提名奖,质量奖名额每次不超过10个组织和个人,提名奖名额每次不超过

90个。

中国质量奖的评审依据是由国家质检总局制定的评审规则,其主要依据也是GB/T 19680—2012《卓越绩效评价准则》标准及GB/Z 19579—2012《卓越绩效评价准则实施指南》。

首届中国质量奖颁奖仪式2013年12月16日在北京航天城举行,国务委员王勇出席并为中国质量奖获奖组织和个人颁奖。

经中国质量奖评选委员会评审、评审表彰委员会审定并报国务院批准,决定对中国航天科技集团公司基于质量问题"双归零"的系统管理方法、海尔集团公司"人单合一双赢"为核心的质量管理模式和在我国推广、普及全面质量管理模式做出突出贡献的中国工程院院士刘源张授予首届中国质量奖。另外,有43个组织、3名个人获得首届中国质量奖提名奖。

2016年3月29日,第二届中国质量奖颁奖大会在人民大会堂举行。中建一局与华为、北京同仁堂、厦门航空、中国航天、中海油等一起摘得中国政府质量领域最高奖"中国质量奖"。

至此我国的质量奖终于实至名归成为中国境内所有的组织的努力方向,一个企业想长期在市场中立于不败之地,在行业领先,追求卓越的质量理念已成为推动企业发展的必由之路。卓越绩效评价准则标准为企业提升经营质量提供一个平台,谁率先利用这个平台,谁就有可能先期达到"卓越"境界。

(二)指导自我评价

要想在日趋激烈的竞争中占有一席之地,组织必须不断地"自我省思",只有在认识自我的基础上,发扬优势,改进不足,才能实现组织的整体优化和持续发展,自我评价就是组织审视自我,自觉地采用某种标准,对其活动和结果全面、系统、定期地进行评审的管理活动,其目的是自我改进,明确优势和发现改进机会的一个有效办法。GB/T 19004《质量管理体系 业绩改进指南》中的"附录A 自我评定指南"通常是自我评价的简易的准则,如果要全面地、系统地进行自我评价,则《卓越绩效评价准则》是最好的准则。

自我评价包括评价、改进、创新和分享的"学习循环",也就是说,通过评价,找到改进和创新的机会并排出优先次序,配置资源予以实施,并在获得成效后在组织内部分享、推广,然后再回到新一轮的学习循环。自我评价为组织提供了一种识别优势和改进机会的有效方法,有助于组织实施,追求卓越。卓越绩效评价是一种诊断式的评价,既包括对组织的优势和改进机会的定性评价部分,又包括总分为1 000分的定量评价部分,以便全方位、平衡地诊断评价组织经营管理的成熟度。这两部分的评价相互关联,定性评价是定量评价的依据,而定量评价是定性评价的度量。除了初期自我评价可能会仅使用定性评价外,在大多数实际评价中两者是联合使用的。

自我评价本身只是一项分析和评价的活动,不会导致组织经营管理水平的提高。对于发现的待改进领域,如果不采取任何改进措施,则自我评价是无效的。因此,组织必须制定和实施相应的改进和创新计划,才能真正体现自我评价促进组织持续改进和创新,向着"卓越"目标迈进的特点。图14-2描述了组织自我评价的一般流程。

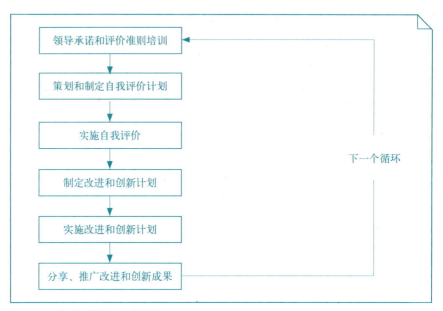

图 14-2　自我评价的一般流程图

美国国家质量奖成功的经验表明,创奖只是手段,而不是目的,更不是形象工程。绝大多数企业正是通过创奖过程中的不断学习,提高了企业管理水平,增进了合作,从而取得实际的经济效益,这才是设立该奖项的目的所在。因为,能够获得国家质量奖的企业毕竟是其中极少数的佼佼者,在近百家申报的优秀企业中,每年只能评出5家左右;而应用波多里奇国家质量奖标准进行学习、贯彻和自评的企业则多达数万家。设立中国质量奖目的更是在于此。

从符合性质量到实用性质量,从顾客满意到相关方满意,随着质量管理的演化,卓越绩效评价标准反映了现代质量经营的先进理念和方法,为企业追求卓越提供了途径和测量标准,也引导它们在观念和运作模式上实现改进和创新。可以说,标准的实施是企业展示管理特色和经营业绩的过程,也是学习和借鉴先进经验的过程。卓越无止境,企业只有深入理解和实践新的标准,坚持持续改进,不断追求卓越,才能真正提高质量水平和国内外竞争实力,获得持久的生命力。

本章小结

本章对 GB/T 19580—2012《卓越绩效评价准则》国家标准和 GB/Z 19579—2012《卓越绩效评价准则实施指南》国家标准化指导性技术文件做了简明扼要的介绍。首先,介绍了卓越绩效准则的产生背景、目的和现实意义。然后,通过卓越绩效准则与 TQM、GB/T 19000 族、GB/T 24001、GB/T 28001、6Sigma 等标准及管理方法的关系对比。最后,阐述卓越绩效评价准则的基本理念、基本术语、框架及评价要求的内容、构成和分值,以及卓越绩效评价准则的应用,指出卓越绩效评价准则作为国家质量奖和企业自我评价的方法,推进了我国质量管理领域向世界先进管理模式跨了一大步。

练习与思考

1. 制定卓越绩效评价准则国家标准的目的是什么?
2. 简述卓越绩效评价准则国家标准与 ISO 9000 族标准的关系。
3. 卓越绩效评价准则如何量化评分?为什么结果在评分中比重最大?
4. 结合实际如何应用卓越绩效评价准则指导组织进行自我评价?

第十五章 与质量管理有关的其他管理体系

学习目标

1. 了解 GB/T 24001—2016/ISO 14001:2015、GB/T 28001—2011 标准概况,掌握基本术语和运行模式。了解环境管理体系(EMS)、职业健康安全管理体系(OHSMS)的建立与应用。
2. 对和质量管理体系有关的其他管理体系,而且目前已在我国开展体系认证的几个体系:食品安全管理体系(FSMS)、TL 9000 电讯业质量管理体系、ISO/IEC 27001:2005 信息安全管理体系(ISMS)、ISO 13485/EN 46001 医疗器械质量管理体系、SA8000 社会责任,以及近年来新发展的 ISO 55001:资产管理体系、ISO 39001:道路交通安全管理体系、ISO 20121:大型活动可持续性发管理体系、ISO 50001 能源管理体系等有所了解。
3. 了解一体化管理体系的基本概念,探索实现三大体系一体化可能性。

我们从质量认证制度的起源与发展已经知道认证是随着商品生产和交换而发展起来的。质量认证工作至今已经经历了一个世纪,在促进企业提高管理水平、产品质量和市场竞争力方面发挥了积极的作用。随着经济全球化和社会保障体制的发展,认证活动也逐渐向深度、广度拓展,在各行各业和各个领域不断涌现类似质量管理体系的许多管理体系。

目前,在管理体系认证方面,已涉及质量管理体系(QMS)、环境管理体系(EMS)、职业健康安全管理体系(OHSMS)、食品安全管理体系(FSMS)等诸多领域。

本章将阐述和质量管理有关的其他管理体系,介绍环境管理体系(EMS)、职业健康安全管理体系(OHSMS)等管理体系,及一体化的基本概念。

第一节 环境管理体系

回首 20 世纪,既是人类社会获得物质财富最多的世纪,也是大力破坏环境最严重的世纪,在品尝了人类自己酿成的恶果后,国际社会于 1972 年在瑞典斯德哥尔摩召开了人类环境会议,并开始了防治污染保护环境的征程,实现了人类环境认识史上的第一次飞跃。

1992 年联合国环境与发展大会提出了"可持续发展"战略,揭示了人类文明发展的新篇章,引起了人类社会各领域、各层次的深刻变革。ISO 14000 系列标准的出台是对可持续发展的积极响应,其目的是以"污染防治,持续改进"为指导思想,强化环境管理,保护当代人乃至今后人类赖以生存的环境,ISO 14000 系列标准的提出,是全球环境保护发展的必然趋势。

一、ISO 14000 环境管理标准的产生

1990 年,国际标准化组织(ISO)和国际电工委员会(IEC)出版了《展望未来——高新技术对标准的需求》一书,其中"环境与安全"问题被认为是目前标准化工作最紧迫的四个课题之一。1992 年 6 月,在联合国环境与发展大会上,一百多个国家就长远发展的需要,一致通过了关于国际环境管理纲要,环境保护与持续发展已成为各国环境的重要课题。1992 年 ISO/IEC 成立了"环境问题特别咨询组(ISO/SAGE)",同年 12 月,SAGE 向 ISO 技术委员会建议:制定一个与质量管理体系方法相类似的环境管理体系方法,帮助企业改善环境行为,并消除贸易壁垒,促进贸易发展。

为此,ISO 借鉴了其成功推行 ISO 9000 标准的经验,总结了各国环境管理标准

化的成果,尤其是参考了英国环境管理体系标准 BS 7750,于 1996 年年底正式颁布了 ISO 14000 环境管理体系系列标准(首批颁布了五个标准),作为 ISO 14000 系列标准的原型。ISO 14000 系列标准颁布以后,立即被世界各国广泛采用,并作为本国推广使用。ISO 14000 被称为是 ISO 继成功地推出了 ISO 9000 之后的又一贡献。ISO 14000 系列标准的影响和作用将会超过 ISO 9000 而被载入史册。

二、ISO 14000 系列标准简介

(一) ISO/TC 207

国际标准化组织于 1993 年 6 月正式成立了 ISO/TC 207 环境管理技术委员会,通过制定和实施一套环境管理的国际标准,规范企业和社会团体等所有组织的环境行为,以达到节省资源、减少对环境污染、改善环境质量促进经济的持续、健康发展的目的。其核心任务是研究制定 ISO 14000 系列标准中覆盖环境管理体系、环境审核、环境行为评价、环境标志,以及生命周期评估等方面的标准。

我国与 ISO/T 207 对应的机构是成立于 1995 年 10 月的全国环境管理标准化技术委员会(SAC/T 207),其主要任务是:负责与 ISO/T 207 的联络、跟踪、研究 ISO 14000 环境管理系列标准、结合国内情况,适时地把 ISO 14000 系列标准转化为我国国家标准并组织实施。

(二) ISO 14000 系列标准

凡是 ISO/TC 207 环境管理技术委员会制定的所有国际标准称为 ISO 14000 系列或 ISO 14000 族标准。ISO 中央秘书处为 TC 207 预留了 100 个标准号,即标准编号为 ISO 14001~ISO 14100 共 100 个编号,统称为 ISO 14000 系列标准。根据 ISO/TC 207 的分工,各技术委员会负责相应标准的制定工作,其标准号分配如表 15-1 所示。

表 15-1 ISO/TC 207 各分技术委员会标准编号分配

分技术委员会	任 务	标准号
SC1	环境管理体系(EMS)	14001~14009
SC2	环境审核和调查(EA)	14010~14019
SC3	环境标志和声明(EL)	14020~14029
SC4	环境绩效评价(EPE)	14030~14039
SC5	生命周期评估(LCA)	14040~14049
SC6	术语和定义(T & G)	14050~14059
WG1	产品标准中的环境指标	14060
	备用	14061~14100

ISO 14000 系列标准是 ISO 继 ISO 9000 系列标准之后推出的又一个管理标准体系（或称战略标准体系）。ISO 14000 系列标准是对近年来常用的环境管理技术的总结和提高。这些环境管理技术是近半个世纪以来人们反省工业与社会发展的结果，是人们为了保护环境，实现可持续发展所开发的最新管理工具。

ISO 14000 系列标准有五个重要特点。第一，该标准不是强制的，而是自愿采用的。第二，ISO 14000 系列标准借鉴了 ISO 9000 标准的成功经验，使标准具有广泛适用性和灵活性，它可适用于任何类型与规模，处于不同地理、文化和社会条件下的组织。第三，ISO 14000 系列标准同 ISO 9000 标准有很好的兼容性，使企业在采用 ISO 14000 系列标准时，能与原有的管理体系有效协调。第四，"预防为主"是贯穿 ISO 14000 系列标准的主导思想，它要求企业必须承诺污染预防，并在体系中加以落实。第五，持续改进是 ISO 14000 系列标准的灵魂，组织通过实施标准，建立起不断改进的机制，在持续改进中，实现自己对社会的承诺，最终达到改善环境绩效的目的。

推行 ISO 14000 系列标准，有利于提高全民族的环境意识，树立可持续发展的思想；有利于提高人民的遵法、守法意识和环境法规的贯彻实施；有利于调动企业防治环境污染的主动性，促进企业不断改进环境管理工作；有利于推动资源和能源的节约，实现其合理利用；有利于实现各国间环境认证的双边和多边认证，消除技术性贸易壁垒。

三、ISO 14001：2015《环境管理体系 要求及使用指南》

ISO 14001：2015《环境管理体系 要求及使用指南》是 ISO 14000 系列标准中最重要的并是唯一的用于体系认证的标准。它规定了组织能够用于提升其环境绩效的环境管理体系要求，并可供寻求以系统方式管理其环境责任的组织使用，从而为"环境支柱"的可持续性做出贡献。该标准可帮助组织实现其环境管理体系的预期结果，这些结果将为环境、组织自身和相关方带来价值。与组织的方针保持一致的环境管理体系预期的结果包括：提升环境绩效；履行合规义务；实现环境目标。

ISO 14001：2015《环境管理体系 要求及使用指南》适用于任何规模、类型和性质的组织，并适用于组织基于生命周期观点所确定的其活动、产品和服务中能够控制或能够施加影响的环境因素。该标准能够全部或部分地用于系统地改进环境管理，然而只有当本标准的所有要求都被包含在组织的环境管理体系中且全部得到满足，组织才能声明符合本标准。

（一）环境管理体系的目的

为了满足当代人的需求，又不损害后代人满足其需求的能力，必须实现环境、社会和经济三者之间的平衡。通过平衡这"三大支柱"的可持续性，以实现可持续发展目标。随着法律法规的日趋严格，以及因污染、资源的低效使用、废物管理不当、气候变化、生态系统退化、生物多样性减少等给环境的压力不断增大，社会对可持续发展、透明度和责任的期望值已发生了变化。因此，各组织通过实施环境管理体系，采用系统的方法进行环境管理，以期为"环境支柱"的可持续发展做出贡献。

ISO 14001：2015《环境管理体系 要求及使用指南》旨在为各组织提供框架，以保护环境响应变化的环境状况，同时与社会经济需求保持平衡。标准规定了环境管理体系的要求，使组织能够实现其设定的环境管理体系的预期结果。环境管理系统方法可向最高管理者提供信息，通过下列途径以获得长期成功，并为促进可持续发展创建七种可选方案：

（1）预防或减轻不利环境影响以保护环境；
（2）减轻环境状况对组织的潜在不利影响；
（3）帮助组织履行合规义务；
（4）提升环境绩效；
（5）运用生命周期观点，控制或影响组织的产品和服务的设计、制造、交付、消费和处置的方式，能够防止环境影响被无意地转移到生命周期的其他阶段；
（6）实施环境友好的、且可巩固组织市场地位的可选方案，以获得财务和运营收益；
（7）与有关的相关方沟通环境信息。

环境管理体系的成功实施取决于最高管理者领导下的组织各层次和职能的承诺。组织可利用机遇，尤其是那些具有战略和竞争意义的机遇，预防或减轻不利的环境影响，增强有益的环境影响。通过将环境管理融入组织的业务过程，战略方向和决策制定过程，与其他业务的优先项相协调，并将环境管理纳入组织的全面管理体系中，最高管理者就能够有效地应对其风险和机遇。成功实施标准，可使相关方确信组织已建立了有效的环境管理体系。

（二）策划-实施-检查-改进模式

构成环境管理体系的方法是基于策划、实施、检查与改进（PDCA）的概念。PDCA模式为组织提供了一个循环渐进的过程，用于实现持续改进。该模式可应用于环境管理体系。图15-1展示了标准采用的结构如何融入PDCA模式，它能够帮助新的和现有的使用者理解系统方法的重要性。

该模式可简述如下：
（1）策划：建立所需的环境目标和过程，以实现与组织的环境方针相一致的结果；
（2）实施：实施所策划的过程；
（3）检查：依据环境方针（包括其承诺）、环境目标和运行准则，对过程进行监视和测量，并报告结果；
（4）改进：采取措施以持续改进。

（三）ISO 14001：2015《环境管理体系 要求及使用指南》常用的十五个术语

ISO 14001：2015《环境管理体系 要求及使用指南》共提出了"与组织和领导作

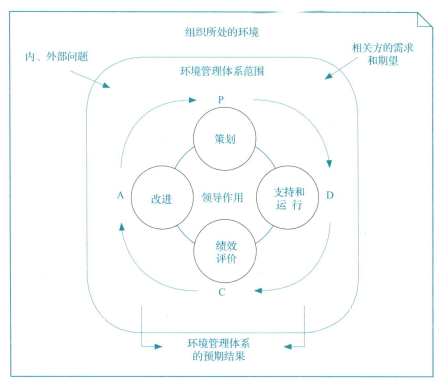

图 15-1　PDCA 与标准结构之间的关系

用有关"6 个术语、"与策划有关"11 个术语、"与支持和运行有关"5 个术语、"与绩效和改进有关"11 个术语。共收录了 33 个术语。其中有些与 ISO 9000：2015 的术语是相同的。

ISO 9000：2015《质量管理体系　基础和术语》标准以"有关人员""有关组织""有关活动""有关过程""有关体系""有关要求""有关结果""有关数据信息和文件""有关顾客""有关特性""有关确定""有关措施""有关审核"等 13 类共收录了 138 条术语和定义，并为一致理解和应用质量管理体系的其他标准奠定了基础。

下面介绍有关环境管理常用（或专用）的 15 个术语。

1. 管理体系（management system）

组织用于建立方针、目标以及实现这些目标的过程的相互关联或相互作用的一组要素。

注 1：一个管理体系可关注一个或多个领域，如质量、环境、职业健康和安全、能源、财务管理。

注 2：体系要素包括组织的结构、角色和职责、策划和运行、绩效评价和改进。

注 3：管理体系的范围可能包括整个组织，其特定的职能，其特定的部门，或跨组织的一个或多个职能。

2. 环境管理体系（environmental management system）

管理体系的一部分，用于管理环境因素、履行合规义务，并应对风险和机遇。

3. 环境方针（environmental policy）

由最高管理者就环境绩效正式表述的组织意图和方向。

4. 环境（environment）

组织运行活动的外部存在，包括空气、水、土地、自然资源、植物、动物、人，以及它们之间的相互关系。

（1）外部存在可能从组织内延伸到当地、区域和全球系统。

（2）外部存在可用生物多样性、生态系统、气候或其他特征来描述。

5. 环境因素（environmental aspect）

一个组织的活动、产品和服务中与环境或能与环境发生相互作用的要素。

（1）一个环境因素可能产生一种或多种环境影响。重要环节因素是指具有或能产生一种或多种重大环境影响的环境因素。

（2）重要环境因素是组织运用一个或多个准则确定的。

6. 环境状况（environmental condition）

在某个特定时间点确定的环境的状态或特征。

7. 目标（objective）

要实现的结果。

（1）目标可能是战略性的、战术性的或运行层面的。

（2）目标可能涉及不同的领域，如财务、健康与安全以及环境的目标，并能够应用于不同层面，如战略性的、组织层面的、项目、产品、服务和过程。

（3）目标可能以其他方式表达，如预期结果、目的、运行准则、环境目标，或使用其他意思相近的词语，如指标等表达。

8. 环境目标（environmental objective）

组织依据其环境方针建立的目标。

9. 污染预防（prevention of pollution）

为了降低有害的环境影响而采用（或综合采用）过程、惯例、技术、材料、产品、服务或能源以避免、减少或控制任何类型的污染物或废物的产生、排放或废弃。

污染预防可包括源消减或消除、过程、产品或服务的更改、资源的有效利用、材料或能源替代、再利用、回收、再循环、再生或处理。

10. 合规义务（compliance obligations）（首选术语）

法律法规和其他要求（legal requirements and other requirements）（含许用术语）

组织必须遵守的法律法规要求，以及组织必须遵守或选择的其他要求。

（1）合规义务是与环境管理体系相关的。

（2）合规义务可能来自于强制性要求，如适用的法律法规，或来自于自愿性承诺，如组织的和行业的标准、合同规定、操作规程、与社团或非政府组织间的协议。

11. 风险（risk）

不确定性的影响。

（1）影响指对预期的偏离——正面的或负面的。

（2）不确定性是一种状态，是指对某一事件，其后果或其发生的可能性缺乏（包括部分缺乏）信息、理解或知识。

（3）通常用潜在"事件"和"后果"，或两者的结合来描述风险的特性。

（4）风险通常以事件后果（包括环境的变化）与相关事件发生的"可能性"的组合来表示。

12. 风险和机遇（risks and opportunities）

潜在的不利影响（威胁）和潜在的有益影响（机遇）。

13. 生命周期（life cycle）

产品（或服务）系统中前后衔接的一系列阶段，从自然界或从自然资源中获取原材料，直至最终处置。

（1）生命周期阶段包括原材料获取、设计、生产、运输和（或）交付、使用、寿命结束后处理和最终处置。

14. 持续改进（continual improvement）

不断提升绩效的活动。

（1）提升绩效是指运用环境管理体系，提升符合组织的环境方针的环境绩效。

（2）该活动不必同时发生于所有领域，也并非不能间断。

15. 环境绩效（environmental performance）

与环境因素的管理有关的绩效。

（1）对于一个环境管理体系，可依据组织的环境方针、环境目标或其他准则，运用参数来测量结果。

（四）ISO 14001：2015《环境管理体系 要求及使用指南》标准的结构

继 ISO 9000、ISO 9001 换 2015 版后，ISO 14001：2004 也换版为 ISO 14001：2015 版。修改的主要技术性变化有：

（1）采用了 ISO/IEC 导则第 1 部分附件 SL 中的高阶结构；

（2）修改了术语和定义；

（3）提出了战略环境管理的思维；

（4）采用了基于风险的思维；

（5）强化了领导的作用；

（6）承诺从污染预防扩展到保护环境；

（7）强调将环境管理体系融入组织的业务过程；

（8）更加强调提升环境绩效；

（9）明确要求运用生命周期观点；

（10）细化了内、外部信息交流的要求；

（11）更加强调履行合规义务；

（12）对文件化信息的要求更加灵活。

为了更好地与其他管理体系标准保持一致，新版标准与2004版标准相比，ISO 14001：2015《环境管理体系 要求及使用指南》的章节结构（即章节顺序）发生了变化。与ISO 9001：2015《质量管理体系 要求》有着相似的结构，都采用ISO/IEC导则 第1部分 ISO补充规定的附件SL中给出的高阶结构。ISO 14001：2015与ISO 14001：2004的条款对应关系见表15-2。

表 15-2　ISO 14001：2015 与 ISO 14001：2004 之间的对应情况

ISO 14001：2015		ISO 14001：2004	
条款标题	条款号	条款号	条款标题
引言			引言
范围	1	1	范围
规范性引用文件	2	2	规范性引用文件
术语和定义	3	3	术语和定义
组织所处的环境（仅标题）	4		
		4	环境管理体系要求（仅标题）
理解组织及其所处的环境	4.1		
理解相关方的需求和期望	4.2		
确定环境管理体系的范围	4.3	4.1	总要求
环境管理体系	4.4	4.1	总要求
领导作用（仅标题）	5		
领导作用和承诺	5.1		
环境方针	5.2	4.2	环境方针
组织的角色、职责和权限	5.3	4.4.1	资源、作用、职责和权限
策划（仅标题）	6	4.3	策划（仅标题）
应对风险和机遇的措施（仅标题）	6.1		
总则	6.1.1		
环境因素	6.1.2	4.3.1	环境因素
合规义务	6.1.3	4.3.2	法律法规和其他要求

续 表

条款标题	条款号	条款号	条款标题
ISO 14001：2015		ISO 14001：2004	
措施的策划	6.1.4		
环境目标及实现的策划（仅标题）	6.2	4.3.3	目标、指标和方案
环境目标	6.2.1		
实现环境目标的措施的策划	6.2.2		
支持（仅标题）	7	4.4	实施与运行（仅标题）
资源	7.1	4.4.1	资源、作用、职责和权限
能力	7.2	4.4.2	能力、培训和意识
意识	7.3		
信息交流（仅标题）	7.4	4.4.3	信息交流
总则	7.4.1		
内部细细交流	7.4.2		
外部信息交流	7.4.3		
文件化信息（仅标题）	7.5	4.4.4	文件
总则	7.5.1		
创建和更新	7.5.2	4.4.5	文件控制
		4.5.4	记录控制
文件化信息的控制	7.5.3	4.4.5	文件控制
		4.5.4	记录控制
运行（仅标题）	8	4.4	实施与运行（仅标题）
运行策划和控制	8.1	4.4.6	运行控制
应急准备和响应	8.2	4.4.7	应急准备和响应
绩效评价（仅标题）	9	4.5	检查（仅标题）
监视、测量、分析和评价（仅标题）	9.1	4.5.1	监测和测量
总则	9.1.1		
合规性评价	9.1.2	4.5.2	合规性评价
内部审核（仅标题）	9.2	4.5.5	内部审核
总则	9.2.1		
内部审核方案	9.2.2		

续　表

ISO 14001：2015		ISO 14001：2004	
条款标题	条款号	条款号	条款标题
管理评审	9.3	4.6	管理评审
改进（仅标题）	10		
总则	10.1		
不符合和纠正措施	10.2	4.5.3	不符合、纠正措施和预防措施
持续改进	10.3		
本标准使用指南	附录 A	附录 A	本标准使用指南
ISO 14001：2015 与 ISO 14001：2004 之间的对应情况	附录 B		
		附录 B	ISO 14001：2004 与 ISO 9001：2008 之间的联系
参考文献			参考文献
按字母顺序术语索引			

四、环境管理体系审核及实施

与质量体系审核类型相似，环境管理体系的审核可分以下三种类型。

1. 第一方审核

为组织内部目的而进行的环境管理体系的审核。内部审核由组织自行实施执行或由外部其他方代表其实施。审核报告和形式比第二方或第三方审核简单。

2. 第二方审核

通常是对供应商或分承包商的环境管理体系审核，由需方组织中胜任的人员承担。

3. 第三方审核

通常是以 ISO 14001 标准的认证为目的的。例如，购买者希望由一个独立组织评价潜在的供应商而不是他自身来进行。第三方审核是由公正的并由权威部门认可的机构来承担。这种审核和评价要求相当严格。

第一方审核通常称为内部审核，第二方和第三方通常称为外部审核。

审核可以是结合审核（结合两个或多个领域）。

环境管理体系审核的审核员要求及具体的审核实施过程与质量管理体系审核基本相同，均应符合 ISO 19011 的规定（可见第四章第二节）。

五、ISO14000 环境管理体系标准的推行状况

1996 年国际标准化组织 ISO 14000 系列标准的颁布，引起了世界各国的普遍关

注，全世界有 100 多个国家转化和引用了该标准。我国对 ISO 14000 环境管理系列标准的实施也非常重视，我国于 1996 年 12 月将其转化为国家标准，1997 年 5 月 27 日国务院批准成立了中国环境管理体系认证指导委员会，具体指导 ISO 14000 环境管理系列标准在我国的实施工作。2001 年 4 月，组建国家质量监督检验检疫总局（2018 年撤销并组建国家市场监督管理总局），成立国家认证认可监督管理委员会，统管国家的认证认可工作，我国环境管理体系认证制度也纳入国家认证认可 / 合格评定体系的总体框架内。随着我国加入 WTO，非关税贸易壁垒之一的环境保护将是我国企业界新的挑战，越来越多的企业在寻求认证，以取得通往国际贸易的绿色通行证。经过国家 ISO 14000 系列标准的主管部门的努力和各机构、各地方有关单位和企业的不懈工作，ISO 14000 系列标准的实施工作进展很快，并出现了良好的发展势头，积极建立环境管理体系并申请认证的企业类型已由单纯生产型企业向生产经营型企业、服务型企业等多种类型企业发展。环境管理体系认证已由独立的个别企业的自愿行为向区域、集团认证发展，截至 2015 年，获得中国合格评定国家认可委员会（CNAS）颁发环境管理体系认证证书 86 009 份。

我国是一个发展中国家，经济社会必须走可持续发展的道路的道理已逐渐深入人心。在"十一五"我国环境保护取得积极进展，特别是污染和减排两项指标都超额完成规划目标，《国家"十二五"环境保护规划》确定的约束性指标也基本在 2014 年底提前完成，但是我国的环境形势依然极其严重。

为贯彻落实《国民经济和社会发展第十三个五年规划纲要》，大力推进生态文明建设，按照山水林田湖系统保护的要求，通过强化生态监管、完善制度体系，促使生态空间得到保障、生态质量稳中有升、生态功能逐步改善，从而维护国家生态安全，《全国生态保护"十三五"规划纲要》中提出 12 项约束性指标。其中，涉及环境质量的 8 项指标是第一次进入五年规划的约束性指标。相信有了政府的推动，结合我国质量体系认证的经验，ISO 14001 的贯标认证工作将更健康发展。

第二节 | 职业健康安全管理体系

随着工业科技的不断进步，职工的安全健康问题越来越突出，全球安全生产事故持续增长。据国际劳工组织估计，世界范围内每年约发生 2.7 亿起职业事故，200 万人死于职业事故和与工作相关的疾病，1.6 亿人遭受职业病，职工的安全健康受到严重威胁。同时，在世界经济贸易活动中，企业的生产活动、产品服务中所涉及的职业健康安全问题受到普遍关注。各国对职业安全卫生方面的法令规定日趋严格，日益强调人员安全的保护，有关的配合措施相继展开，各相关方对工作场所及工作条件的要求提升。对企业而言，职业安全卫生是应尽的社会道义和法律责任。各类企业组织日益关心如何控制其作业活动、产品或服务对其员工所造成的各种危害风险，并考虑将对职工安全卫生的管理纳入企业日常的管理活动中。人们在寻求一种有效的、结构化的管理模式，需要统一的国际标准来规范相关的职业健康安全行为，特别是 ISO 9000、ISO 14000 标准在世界范围内的成功实施，促进了国际职业健康安全标准化的发展。

一、OHSAS 18000 职业健康安全管理体系标准的产生

20 世纪 80 年代后期，一些发达国家借鉴 ISO 9000 认证的成功经验开展了实施职业健康安全管理体系的活动，以保障从业人员的健康安全。1996 年英国颁布了 BS 8800《职业安全卫生管理体系指南》国际标准。以后，美国、澳大利亚、日本、挪威的一些组织制定了关于职业健康安全管理体系的指导性文件，1999 年英国标准协会（BSI）、挪威船级社（DNV）等 13 个组织提出职业健康安全评价系列（OHSAS）标准，即 OHSAS 18001《职业健康安全管理体系——规范》、OHSAS 18002《职业健康安全管理体系——OHSAS 18001 实施指南》。

随着 ISO 9000 及 ISO 14000 在世界各国和地区的成功实施和认证，ISO 组织自 90 年代中后期一直努力把职业安全卫生标准国际化，1996 年 9 月 5—6 日召开专门会议，44 个国家及 IEC、ILO、WHO 等 6 个国际组织参加，但未达成一致。1997 年 1 月又召开了技术工作委员会（TMB）会议，会议决定职业安全卫生暂不发布国际标准。同时，建议各成员国可参照 ISO 14000 开展标准的制定和职业健康安全体系的认证工作。尽管国际标准组织（ISO）决定暂不颁布这类标准，但许多国家和国际组织继续进行相关的研究和实践，并使职业健康安全管理体系标准成为继 ISO 9000、ISO 14000 之后又一个国际关注的标准。

2001 年 4 月在国际劳工组织举办的三方专家会议上，《职业健康安全管理体系导则》（ILO-OSH 2001）得到了与会专家的认可。同年，国际劳工组织理事会正式批准发布该导则。鉴于国际劳工组织是讨论国际贸易协议中劳动核心标准的恰当机构，该组织所制定的导则可为各类组织建立可持续发展的安全文化提供坚实、灵活和合理的基础。

二、GB/T 28000 标准

改革开放以来，我国国民经济一直保持着高速增长，但作为社会发展重要标志之一的职业健康安全状况却远远滞后于经济建设的步伐。为了尽快提高我国生产安全水平，保障广大劳动人民的根本利益，促进贸易发展，符合 WTO 规则的要求，2001 年国家质检总局发布了国家标准 GB/T 28001—2001《职业健康安全管理体系规范》，该标准覆盖了 OHSAS 18001：1999 所有的技术内容，GB/T 28001—2001（OHSAS

18001：1999）标准是目前可用于第三方认证的唯一的 OHSMS 标准。2002 年 12 月我国发布 GB/T 28002—2002《职业健康安全管理体系指南》，为 GB/T 28001—2001《职业健康安全管理体系规范》的应用提供了一般的建议，有助于理解和实施 GB/T 28001，对照 GB/T 28001 中的各项要求，解释了 GB/T 28001 的基本原理，阐述了各项要求的意图、典型输入、过程和典型输出。既不对 GB/T 28001 中规定的条文提出另外的要求，也不对 GB/T 28001 的实施方法做出强制性规定。

2011 年，GB/T 28000《职业健康安全管理体系》系列国家标准考虑了与 GB/T 19001—2008《质量管理体系 要求》、GB/T 24001—2004《环境管理体系 要求及使用指南》标准间的兼容性，以便满足组织整合质量、环境和职业健康安全管理体系的需求换版为 2011 版。此外，GB/T 28000 系列标准还考虑了与国际劳工组织（ILO）的 ILO-OSH：2001《职业健康安全管理体系指南》标准间的兼容性。发布了 GB/T 28001—2011《职业健康安全管理体系 要求》，标准等同采用了 OHSAS 18001：2007《职业健康安全管理体系 要求》（英文版）。

（一）GB/T 28001—2011《职业健康安全管理体系 要求》（OHSAS 18001：2007，IDT）的运行模式

如果将 GB/T 28001—2011 与 GB/T 24001—2004 标准作比较，不难看出两者的结构几乎完全相同，其要素和运行模式也基本相同。标准规定了对于职业健康安全管理体系的要求，旨在使组织在制定和实施其方针和目标时能够考虑到法律法规要求和职业健康安全风险信息。标准适用于任何类型和规模的组织，并于不同的地理，文化和社会条件相适应。图 15-2 给出了标准所用的方法基础，体系的成功依赖于组织

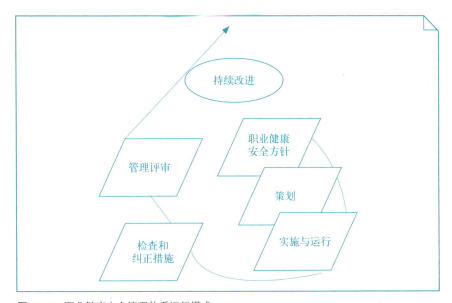

图 15-2　职业健康安全管理体系运行模式

各层次和职能的承诺,特别是最高管理者的承诺。这种体系使组织能够制定其职业健康安全方针,建立实现方针承诺的目标和过程,为改进体系绩效符合标准而采取必要的措施。

职业健康安全管理体系的运行模式与其他管理的运行模式相似,共同遵守由查理·戴明(Chailes Demiry)提供的管理模式。职业健康安全管理体系(OH&S)要素运行过程的典型模式见图15-2。它展示了一个周而复始、螺旋上升的动态循环过程,体系按照这一模式运行,在不断循环中实现持续改进。由查理·戴明提供的规划(plan)、实施(do)、验证(check)和改进(action)运行模式也称PDCA模式,见图15-3。概括戴明模型,其核心内容是根据管理学的原理,为组织建立一个动态循环的管理过程框架,以持续改进的思想指导组织系统地实现其既定目标。

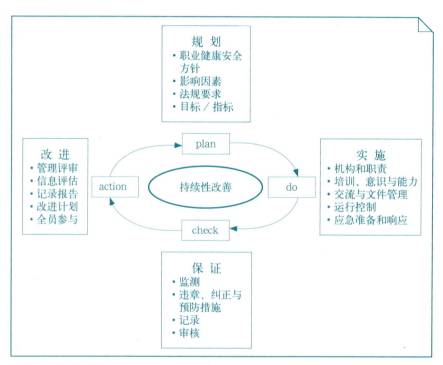

图15-3 PDCA模式

(二)GB/T 28001—2011《职业健康安全管理体系 要求》的基本术语

由于ISO 14001:2015已于2015年修改发布,我国相应的GB/T 24001—2016《环境管理体系 要求及使用指南》标准也于2016年正式发布(详细可见本章第一节的介绍),GB/T 19001—2016《质量管理体系 要求》标准(详细可见第三章第三节介绍)的结构及术语都变化比较大。GB/T 28001—2011《职业健康安全管理体系 要求》目前虽仍滞后,但不影响该标准的运用及其积极意义。

在GB/T 28001—2011《职业健康安全管理体系 要求》标准中针对职业健康安全

管理体系常用术语的定义主要有以下 14 个。

1. 可接受风险（acceptable risk）

根据组织法律义务和职业健康安全方针已降至组织可容许程度的风险。

2. 持续改进（continual improvement）

为了实现对整体职业健康安全绩效的改进，根据组织的职业健康安全方针，不断对职业健康安全管理体系进行强化的过程。

3. 风险源（hazard）

可能导致人身伤害和（或）健康损害的根源、状态或行为，或其组合。

4. 危险源辨识（hazard identification）

识别危险源的存在并确定其特性的过程。

5. 健康损害（ill health）

可确认的、由工作活动和（或）工作相关状况引起或加重的身体或精神的不良状态。

6. 事件（incident）

发生或可能发生与工作相关的健康损害或人身伤害（无论严重程度），或者死亡的情况。

注 1：事故是一种发生人身伤害、健康损害或死亡的事件。

注 2：未发生人身伤害、健康损害或死亡的事件通常称为"未遂事件"。

注 3：紧急情况是一种特殊类型的事件。

7. 相关方（interested party）

工作场所内外与组织职业健康安全绩效有关或受其影响的个人或团体。

8. 职业健康安全（occupational health and safety，DH&S）

影响或可能影响工作场所内的员工或其他人员（包括临时工和承包方员工）、访问者或任何其他人员的健康安全的条件和因素。

注：组织应遵守关于工作场所附近或暴露于工作场所活动的人员的健康安全方面的法律法规要求。

9. 职业健康安全管理体系（OH&S management system）

组织管理体系的一部分，用于指导和实施组织的职业健康安全方针并管理其职业健康安全风险。

注 1：管理体系是用于指定和实施方针和目标的一组相关联的要素。

注 2：管理体系包括组织结构、策划活动（如风险评价、目标建立等）、职责、惯例、程序、过程和资源。

10. 职业健康安全目标（OH&S objective）

组织自我设定的职业健康安全绩效方面要达到的职业健康安全目标。

注 1：只要可行，目标就宜量化。

注2：要求职业健康安全目标符合职业健康安全方针。

11. 职业健康安全绩效（OH&S performance）

组织对其职业健康安全风险进行管理所取得的可测量的结果。

注1：职业健康安全绩效测量包括测量控制措施的有效性。

注2：在职业健康安全体系背景下，结果也可根据组织的职业健康安全方针、职业健康安全目标和其他职业健康安全绩效要求测量出来。

12. 职业健康安全方针（OH&S policy）

最高管理者就组织的职业健康安全绩效正式表述的总体意图和方向。

注：职业健康安全方针为采取措施和设定职业健康安全目标提供框架。

13. 风险（risk）

发生危险事件或有害暴露的可能性，与随之引发的人身伤害或健康损害的严重性的组合。

14. 风险评价（risk assessment）

对危险源导致风险进行评估、对现有控制措施的充分性加以考虑，以及对风险是否可接受予以确定的过程。

（三）职业健康安全管理体系标准的特点

（1）绝对自愿性、广泛应用性和充分的灵活性。组织实施职业健康安全管理体系标准并不改变其法律责任，是否实施体系或寻求认证完全取决于组织的自身意愿。标准广泛适用于各个行业。组织建立体系的复杂程度取决于组织自身的活动性质和规模，标准也未对组织的职业健康安全绩效水平提出具体要求。

（2）采用系统化、结构化的 PDCA 循环管理思路，通过目标、管理方案、运行控制、应急准备和响应、监视和测量等体系要素的实施，减少伤害和损失。

（3）以现代安全科学理论中的系统安全管理思路为基础，从组织的整体出发，将管理置于事故预防的整体效应上。

（4）强调必须遵守法律法规和其他要求。这是组织建立和实施职业健康安全管理体系的最基本要求，应识别、获取、评价、了解并贯彻法律法规要求，并对法律法规的符合性进行监督检查。

（5）引进预防为主的先进管理机制，彻底消除各种事故和疾病隐患，严格控制风险，最大限度地减少生产事故和劳动疾病的发生。

（6）坚持持续改进思想，强调对风险的控制采用动态管理，对方针、目标的适宜性、法律法规的适用性、危险源和风险的变化进行跟踪、评价和改进，以确保组织的职业健康安全管理绩效不断提高。

（7）强调最高管理者的意识、责任和承诺。

（8）全员参与、全过程管理、全方位控制，使组织的职业健康安全管理工作始终处于有序和受控状态。

（四）职业健康安全管理体系标准的应用范围

GB/T 28001 标准提出了对职业健康安全管理体系的要求，旨在使组织能够控制其职业健康安全风险，并改进其职业健康安全绩效。它既不规定具体的职业健康安全绩效准则，也不提供详细的管理体系设计规范。

标准适用于任何有下列愿望的组织：

（1）建立职业健康安全管理体系，以消除或尽可能降低可能暴露于与组织活动相关的职业健康安全危险源中的员工和其他相关方所面临的风险。

（2）实施、保持和持续改进职业健康安全管理体系。

（3）确保组织自身符合其阐明的职业健康安全方针。

（4）通过下列方式来证实符合标准：

① 做出自我评价和自我声明；

② 寻求与组织有利益关系的一方（如顾客等）对其符合性确认；

③ 寻求外部一方对其自我声明的确认；

④ 寻求外部组织对其职业健康安全管理体系的认证。

标准中的所有要求旨在被纳入到任何职业健康安全管理体系。其应用程度取决于组织的职业健康安全方针、活动性质、运行的风险与复杂性等因素。

标准旨在针对职业健康安全，而非诸如员工健身或健康计划、产品安全、财产损失或环境影响等其他方面的健康和安全。

三、职业健康安全管理体系标准的推行状况

国际劳工组织（ILO）积极开展职业健康安全管理体系标准化工作。1999 年 4 月在巴西召开的第 15 届世界职业健康安全大会上，ILO 负责人指出，ILO 将像贯彻 ISO 9000 和 ISO 14000 进行认证那样，依照 ILO 的 155 号公约和 161 号公约等推行企业健康安全评价和规范化的管理体系，按照制定的质询表，逐一评估企业健康安全状况。这表明职业健康安全管理标准化问题成为继质量管理、环境管理标准化之后世界各国关注的又一管理标准化问题。2001 年 6 月在第 281 次理事会议上批准印发《职业健康安全管理体系导则》（ILO-OSH 2001），使职业健康安全管理体系的实施成为今后安全生产领域最主要的工作内容之一。

我国于 1999 年 10 月由国家经贸委颁布了《职业安全卫生管理体系试行标准》。2001 年 12 月，国家经贸委又依据我国职业健康安全法律法规、《职业安全卫生管理体系试行标准》，并参考国际劳工组织《职业健康安全管理体系导则》，制定并发布了《职业健康安全管理体系指导意见》和《职业健康安全管理体系审核规范》，指导各单位建立并保持职业健康安全管理体系，推动安全管理工作更向科学化、规范化发展。2001 年 11 月原国家质量监督检验检疫总局根据 OHSAS 18001：1999《职业健康安全管理体系 规范》发布了国家标准 GB/T 28001—2001《职业健康安全管理体系 规范》。

2004年之前,前述的国家经贸委及质检总局发布的标准均可以作为国内企业实施职业健康安全管理体系的依据。按认监委要求2004年后企业均需以GB/T 28001《职业健康安全管理体系 规范》作为建立和实施职业健康安全管理体系的标准。截至2015年由中国合格评定国家认可委员会(CNAS)颁发的职业健康安全管理体系认证证书86 713份。

全社会致力于推行职业健康安全国际标准,今年7月13日职业健康安全(OH&S)管理体系标准ISO 45001国际标准草案第二版(DIS2)公开征询国际标准草案已获通过。该草案获得了ISO成员高度认可,离标准最终发布更进一步的ISO 45001将是第一部全球职业健康安全管理体系标准。ISO 45001国际标准最大的改变就是在条款结构上的变化,与其他管理体系标准的一致性。例如:与ISO 14001—2015的条款结构高度一致,目的便是在于使未来的ISO 45001更易于与ISO 9001:2015以及ISO 14001:2015整合,毕竟企业往往是将EHS整合为一个职权部门的。

第三节 其他管理体系

随着我国加入世贸组织以及全球化经济一体化的形成,国际市场大门进一步向企业敞开。同时,以认证认可等形式的技术性贸易壁垒,正逐步取代关税和非关税壁垒,成为新的贸易障碍。面临机遇与挑战,我国企业积极应对,立足市场,正不断寻求产品认证和体系认证,通过体系认证,不但可以消除技术性贸易壁垒的影响,取得进入国际市场通行证,还能够促进企业规范管理,提升形象,提高自身的综合竞争能力,由此带来的巨大利益也使我国的认证事业不断地向广度和深度推进。本节将简单介绍目前在我国已开展的体系认证的管理体系,如食品安全管理体系(FSMS)、TL 9000电讯行业质量管理体系、信息安全管理体系等管理体系。

一、食品安全管理体系(FSMS)

食品是一种关系到人的生命健康的特殊商品,出口食品还涉及国家的信誉。食品质量的含义广泛,包括品质、规格、数量、重量、包装、安全卫生等内容。其中,食品安全(包括卫生)是至关重要的,也是消费者最为关注的。随着经济全球化的快速发展,国际食品贸易的数额也在急剧增加,目前,全球年食品贸易额已经达到3 000亿至4 000亿美元。各国政府所关心的最重要的问题是:从他国进口的食品对消费者健康是否安全,是否威胁动植物的健康和安全。为了保护本国消费者的安全,各食品进口国政府纷纷制定强制性的法律、法规或标准来消除或降低这种威胁,但是各国的法规特别是标准繁多且不统一，使食品生产加工企业难以应付，妨碍了食品国际贸易的顺利进行。为了有效地控制食品安全，需要用一个系统化、结构化的管理体系实施有效的管理。为了满足各方面的要求，在丹麦标准协会的倡导下，2001 年，国际标准化组织（ISO）便着手开发一个适合审核的食品安全管理体系标准，即《ISO 22000——食品安全管理体系要求》，简称 ISO 22000。国际标准化组织（ISO）已在 2005 年 9 月 1 日正式颁布了 ISO 22000：2005《食品安全管理体系 食品链中任一组织要求》。该标准为提供国际水平的一致性要求，是由食品专家会同有关国际组织的代表，并与联合国粮农组织（FAO）与世界卫生组织（WHO）联合成立的开发食品标准的组织——食品法典委员会（CAC）密切合作完成的。该标准已经被我国转化为 GB/T 22000—2006《食品安全管理体系 食品链中各类组织的要求》，并于 2006 年 7 月 1 日实施。

今年 7 月 ISO 发布了 ISO 22000 标准草案（DIS），预计 2018 年 6 月发布正式版本。从标准结构及条款采用了 HSL 高级结构，可以与跟 ISO 9001 更好融合。从过程模式很好体现了 PDCA 循环，一个是体系的 PDCA，另一个层面是危害控制的 PDCA。很好地体现风险管理思维，从组织层面及食品安全危害控制两个层级的风险管理。食品安全危害控制的风险管理基本遵循的是 HACCP 原则。

（一）ISO 22000：2005《食品安全管理体系 食品链中任何组织要求》简介

ISO 22000 是基于 HACCP 原理开发的一个国际标准。那什么是 HACCP？

危害分析与关键控制点（HACCP）是（hazard analysis and control point）的缩写，指确定、评估并控制对食品安全具有显著危害的体系，它是通过对可能发生的食品安全危害进行预测，是国际公认的一种有效预防性食品安全控制体系。在 20 世纪 60 年代由 Pillsbury 公司、美国 Natick 军队实验室和国家航空宇宙管理部门在开发美国宇宙计划食品中首次提出了 HACCP 这一概念。HACCP 是一种控制危害的预防性体系，是一种用于保护食品防止生物、化学、物理危害的管理工具。HACCP 是建立在食品安全项目的基础上，如良好操作规范（GMP）、标准的操作规范（SOP）、卫生标准操作规范（SSOP）等，由于 HACCP 建立在许多操作规范上，于是形成了一个比较完整的质量保证体系，HACCP 作为最有效的食源疾患的控制体系已被许多国家及社会所接受。HACCP 已经被多个国家的政府、标准化组织或行业集团采用，或是在相关法规中作为强制性要求，或是在标准中作为自愿性要求予以推荐，或是作为对分供方的强制要求，如美国水产品和果蔬汁法规（FDA 1995 和 FDA 2001）、国际食品法典委员会（CAC）《食品卫生通则》（CAC 2001）、丹麦 DS 3027 标准，荷兰 HACCP 体系实施的评审准则等。

2001 年国际标准化组织（ISO）将 HACCP 原理引入 ISO 9000 质量管理系统标准中，形成了 ISO 15161：2001《ISO 9000：2000 在食品和饮料工业的应用指南》，至此食品安全控制从采用 HACCP 的 7 个原理和 12 个步骤的管理方法开始逐步向系统化管理方式演变。2005 年 ISO/TC 34（国际标准化组织食品分技术委员会）与国际食品法典委员会合作，完成了 ISO 22000：2005《食品安全管理体系 食品链中各类组织的要求》并发布。将 HACCP 七个原理和十二个步骤融入管理体系中，彻底完成了 HACCP 体系向食品安全体系管理的演变，其管理范围也延伸至整个食品链，并增加了食品安全管理工具，使之在食品安全控制活动中更具有系统性、协调性和可操作性。

ISO 22000：2005《食品安全管理体系 食品链中任何组织要求》为食品企业提供了一个系统化的食品安全管理体系框架，标准整合了 HACCP 原理及实施步骤，在其附件中列出了与 HACCP7 个原理及其 12 个应用步骤的关系，见表 15-3 的对照表。

表 15-3　ISO 22000 与 HACCP 原理及 12 个步骤的对照

HACCP 原理	HACCP 实施步骤		ISO 22000：2005	
	组成 HACCP 小组	步骤 1	7.3.2	食品安全小组
	产品描述	步骤 2	7.3.3 7.3.5.2	产品特性 加工步骤和控制措施的描述
	规定预期用途	步骤 3	7.3.4	预期用途
	绘制流程图 流程图的现场验证	步骤 4 步骤 5	7.3.5.1	预期用途
原理 1 进行危害分析	列出所有潜在危害 进行危害分析、考虑控制措施	步骤 6	7.4 7.4.2 7.4.3 7.4.4	危害分析 危害识别和确定可接受水平 危害评估 控制措施的选择和评价
原理 2 确定 CCPS	确定 CCPS	步骤 7	7.6.2	识别关键控制点 （CCOS）
原理 3 建立关键限值	为每个 CCP 建立关键限值	步骤 8	7.6.3	确定关键控制点的关键限值
原理 4 建立 CCP 的监控系统	为每个 CCP 建立监控系统	步骤 9	7.6.4	用于关键控制点监视的系统
原理 5 建立当监控表明 CCP 偏离时的纠正措施	建立纠正措施	步骤 10	7.6.5	监视结果超出关键限值时采取的措施
理 6 建立验证程序，以证实 HACCP 体系有效运行	建立验证程序	步骤 11	7.8 8.2	验证策划 控制措施组合的确认
原理 7 建立与上述原理及其应用的程序和记录的文件	建立文件和保持记录	步骤 12	4.2 7.7	文件要求 预备信息。规定前提方案文件和 HACCP 机会的更新

ISO 22000 标准用前提方案（PRP）替代传统的良好操作规范（GMP）和卫生操作步骤程序（SSOP）。良好操作规范（GMP）是政府强制性的有关食品生产、加工、包装贮存、运输销售的卫生法规。GMP 所规定的内容是食品加工企业必须达到的基本条件。企业应结合适用的法律法规、GMP 法规、组织的类型和组织在食品链中的位置，制定文件化的前提方案。前提方案 PRP 是指（食品安全）在整个食品链中保持卫生环境所必需的基本条件和活动，以适合生产、处理和提供安全最终产品和人类消费的安全食品。前提方案决定于组织在食品链中的位置及类型（见标准附录 C），等同术语如良好农业规范（GAP）、良好兽医规范（GVP）、良好操作规范（GMP）、良好卫生规范（GHP）、良好生产规范（GPP）、良好分销规范（GDP）、良好贸易规范（GTP）。

今年 7 月 ISO 发布了 ISO 22000 标准草案（DIS）并预计 2018 年 6 月发布正式版标准。从标准条款看，ISO/DIS 22000：2017 采取了 HSL 高级结构，可以跟 ISO 9001 更好地融合。从过程模式看很好的体现了 PDCA 循环，也是分两个层次来理解 PDCA，一个是体系的 PDCA，包括体系策划、体系运行、体系检查和体系改进。另一个层面是危害控制的 PDCA，危害控制的核心仍然是前提方案+危害措施（HACCP 计划/OPRP 方案）的基本组合。而且，更好地体现了对未来所有管理体系都要考虑的一个方向，那就是风险管理的思维，一个是组织层面的风险管理及食品安全危害控制的风险管理。

（二）我国食品安全管理体系（FSMS）推行状况

我国对 HACCP 的研究和实践始于 20 世纪 90 年代，从 1988 年开始引入 HACCP 概念，在国内实施广泛的培训，分别在加工业、乳品业、餐饮、饲料等行业推广 HACCP 模式，并在检验检疫和出口食品领域率先展开，经历十几年的发展，逐步形成了具有中国特色的以 HACCP 为核心的食品安全管理体系模式。2002 年 12 月认监委开始认可我国的认证机构试点 HACCP 的认证工作。国家认监委 2005 年 1 月发布并要求试行的《食品安全管理体系 要求》（HACCP-EC-01）标准是等同采用 ISO/DIS 22000 的研究结果。ISO 22000：2005《食品安全管理体系 食品链中各类组织要求》在 2005 年 9 月 1 日正式颁布实施后，我国已转化为 GB/T 22000—2006《食品安全管理体系 食品链中各类组织的要求》（IDT, ISO 22000：2005），并于 2006 年 3 月 1 日实施。为规范食品安全管理体系认证活动，国家认监委发布 2007 年第 3 号公告，公布了《食品安全管理体系认证实施规则》，自 2007 年 3 月 1 日施行（2010 年修订），并明确规定了其基本认证依据是 GB/T 22000《食品安全管理体系 食品链中各类组织的要求》，以及专项技术要求。（对于罐头、水产品、肉及肉制品、果蔬汁、速冻果蔬、含肉和（或）水产品的速冻方便食品生产企业及餐饮业等行业已附有专项技术要求。）截至 2015 年，由中国合格评定国家认可委员会（CNAS）共颁发食品安全管理体系认证证书 9 326 份。

二、TL 9000 电讯业质量管理体系

随着电讯行业的全球化,在该行业中设立一套统一的质量体系要求,已经成为全世界电讯企业的共同需求。1996 年春,以贝尔公司为首的一些电讯业知名服务提供商提出要制定一个统一的质量体系标准,并于 1997 年 10 月成立了 Quest 论坛(Quality Excellence for Suppliers of Telecommunications Forum)。Quest 论坛是一个电讯业服务提供商和产品制造商之间合作和沟通的世界论坛,其目标是统一所有电讯业的质量体系标准,在现有标准和实践的基础上制订和保持一个通用的电讯业质量体系管理标准 TL 9000。论坛负责该标准的制定、发布和修改,并保持 TL 9000 和其他标准的一致性。TL 9000 标准共分两大部分即质量体系要求和质量体系指标。质量体系要求为电讯产品(硬件、软件和服务)的供方建立了一套通用的质量体系要求,这些要求是在现有的行业标准(包括 ISO 9000 国际标准)的基础之上制定的;质量体系指标定义了一系列最基本绩效指标,以衡量和评价质量体系运行的结果。该标准进一步细化了电讯行业产品范围所包含的硬件、软件和服务,涵盖了各个部门、各类电讯产品,是设计→开发→生产→配送→安装→维护→改进的一整套系统要求,并依照行业特点,制定了一系列的成本绩效指标,为服务提供商和产品制造商提供了一套可横向比较的测量方法和有效的沟通方式。

TL 9000 标准适用于电讯业的硬件、软件、服务质量体系及其相关组合。TL 9000 认证证书样本的对象可以是一个完整的公司,也可以是一个组织单元、装置或者被供方和认证机构共同认可的限定的明确的生产线。TL 9000 的认证范围将在证书中明确。TL 9000 证书有三种不同的形式:TL 9000-HW 硬件、TL 9000-SW 软件、TL 9000-SC 服务。通讯电子企业可以申请上述任何一种证书或其相关组合。TL 9000 质量管理体系要求 5.0 标准已于 2009 年 11 月 15 日正式发布实施,TL 9000 5.0 标准以 ISO 9001:2008 标准为基础框架,适应 ISO 9001:2008 标准的变化,针对通信行业特点的增补条款部分进行相应调整,强调了风险管理、供方管理、可制造性的设计等,以期更好地满足通信行业的用户要求,提供增值。

截至 2015 年由中国合格评定国家认可委员会(CNAS)颁发的按 TL 9000 4.0 标准的质量管理体系证书 143 份。

三、QS-9000、VDA-6.1、ISO/TS 16949 等汽车行业的质量管理体系标准

汽车行业在质量保证方面提出特殊要求的标准,有 QS-9000(美国)、VDA-6.1(德国)、EAQF 标准(法国)和 AVSQ 标准(意大利)等。

(一) QS-9000

QS-9000 标准是美国三大汽车公司(福特、克莱斯勒、通用)为保证采购的汽车零部件质量,对提供产品的供方提出的质量保证要求,属于第二方认证,即需方对供方的注册或认证。但是,这些公司为节约审核经费而委托经认可的认证机构进行审

核、发证。QS-9000 标准于 1994 年 8 月发布，它整合了美国三大汽车制造商（通用、福特、戴姆勒-克莱斯勒）对汽车供应商的质量管理体系要求，也是对提供以下产品/服务的供应商的契约性要求：生产材料、生产或服务部件、热处理、喷涂、电镀或其他表面处理服务等。QS-9000 标准第三版的有效日期截至 2006 年 12 月 14 日，原所有 QS-9000 的证书从 2006 年 12 月 14 日起都已作废。

（二）DVA-6.1

汽车行业为保证采购的汽车零部件质量，对提供产品的供方提出的质量保证要求的标准除 QS-9000 标准外，还有 DVA-6.1 标准（德国）。VDA 是德国汽车工业协会，其成员包括：大众、宝马和奔驰。与 QS-9000 相类似，德国的汽车制造商也为供应商共同开发了一套他们自己的质量要求通用标准。这一标准包括联合打分/评估体系和报告要求，被称作 VDA-6.1 德国汽车制造业的供应商必须获得有资质的第三方的 VDA-6.1 认证。

（三）ISO/TS16949

由于汽车供应商即使通过了 QS-9000 或 VDA-6.1 质量体系认证后，其证书在全世界范围内并不能得到所有国家的承认和认可，为减少汽车供应商不必要的资源浪费和利于汽车公司全球采购战略的实施。目前由国际上占据显著地位的 8 个汽车主机厂，以及美国、德国、英国、法国、意大利等 5 国的汽车协会组建了 ILTF，与 ISO/TC 176、质量管理和质量保证委员会及其分委员会的代表在以 ISO 9001：1994 版质量体系的基础上结合 QS-9000、VDA-6.1、EAQF（法国）94 和 AVSQ（意大利）941 等质量体系的要求制定了 ISO/TS 16949 技术规范，并于 1999 年 1 月 1 日颁布发行试用。ISO/TS 16949 技术规范已通过 ISO 技术委员会 2/3 成员国的投票同意，每隔三年 ISO 技术委员会要对其进行一次评审，以决定其是否可转化为国际标准。

ISO/TS 16949 第二版已于 2002 年 3 月 1 日制订完成，最新版 TS 16949：2009 英文版已于 2009-6-15 日发布，TS 16949：2009 版更新修订的内容主要是结合 ISO 9001：2008 版标准的修订内容。ISO/TS 16949 技术规范符合全球汽车行业中现用的汽车质量体系要求，并可避免多重认证审核，ISO/TS 16949 技术规范的发行可供汽车行业临时应用，以使收集使用中的信息和经验。

国际汽车工作组（IATF）于 2016 年 10 月发布新标准 IATF 16949：2016，并取代原有旧标准 ISO/TS 16949：2009。此项新标准的发布在于发展质量管理体系，将致力于持续改进、强调缺陷预防、涵盖汽车行业的特定要求和辅助工具、和在整个供应链中减少变差和浪费。IATF 16949 新标准着重考虑了汽车顾客的特定要求和高层次结构框架（HLS），以及 ISO 9000：2015 基础和术语，一起定义了汽车生产件及相关服务件组织的基本质量管理体系要求。因此，IATF 16949：2016 标准不能被视为一部独立的质量管理体系标准，而必须把该标准当作 ISO 9001：2015 标准的补充来理解，并与 ISO 9001：2015 标准相结合共同使用。IATF 16949：2016 新标准包括 ISO

9001：2015 的标准，要求组织理解其运行情境，并以确定风险作为策划的基础，基于风险的思维和 PDCA 循环相结合的方法，应用于策划和实施质量管理体系的过程，并借以确定形成文件的信息的范围和程度，来确保实现组织预期的结果。

目前由 IATF 认可的认证机构（主要是国外的认证机构）实施 ISO/TS 16949 认证。但是，在 2017 年 10 月 1 日之后不能实施 ISO/TS 16949：2009 标准的认证审核（包括正式审核、监督审核、再认证审核或转证审核）。必须转换为 IATF 16949：2016 系标准，且审核只能在组织当前周期内策划的审核时实施，并必须在 2018 年 9 月 14 日前完成。

我国今年也颁发了 GB/T 18305—2016/ISO/TS 16949：2009《质量管理体系 汽车生产件及相关服务件组织应用》标准，2017 年 7 月 1 日实施。该标准是与 GB/T 19001—2008 相结合，规定了质量管理体系要求，用于汽车相关产品的设计和开发、生产；相关时，也适用于安装和服务。另外，还适用于组织进行顾客规定的生产件和/或服务件制造的现场，且无论其在现场或在外部（如设计中心、公司总部及分销中心），由于它们对现场起支持性作用而构成现场审核的一部分，但不能单独获得本标准的认证，可适用于整个汽车供应链。

四、ISO/IEC 27001：2005 信息安全管理体系（ISMS）

随着在世界范围内信息化水平的不断发展和贸易全球一体化的不断普及和深入，信息系统在商业和政府组织中得到了真正的广泛的应用。许多组织对其信息系统不断增长的依赖性，加上在信息系统上运作业务的风险、收益和机会，使得信息安全管理成为企业管理越来越关键的一部分；在很多的场合，它已经成为一个组织生死存亡或贸易亏盈成败的起决定性的因素，因此信息安全逐渐成为人们关注的焦点。世界范围内的各国家、机构、组织、个人都在探寻如何保障信息安全的问题，各相关部门和研究机构也纷纷投入相当的人力、物力和资金试图来解决信息安全问题。

正是在这样的世界大环境和学术界共同认同的原则下，各国的研究机构都纷纷研究和制定信息安全管理、风险评估、信息安全技术的标准，而英国标准化协会（BSI），在成功地为 ISO 9000、ISO 14000、OHSAS 18000 等世界著名的标准打好基础后，其制定的 BS 7799 信息安全管理标准又一次成为国际上最具权威的和最具代表性的标准。BS 7799 是英国标准协会针对信息安全管理而制定的一个标准，最早始于 1995 年，后来几经改版，成为了目前由两部分内容构成的并且被广泛接受的信息安全管理标准。BS 7799 标准分两个部分：第一部分，也就是被 ISO 组织吸纳成为 ISO/IEC 17799：2005 标准的部分，是信息安全管理实施细则；第二部分，即最新的 ISO/IEC 27001：2005，是建立信息安全管理体系（ISMS）的一套规范。ISO/IEC 27001：2005 标准提出的信息安全管理体系（ISMS）是一个系统化、程序化和文档化的管理体系，它指出信息安全管理系统（ISMS）应该包含如下内容：用于组织信息资产风险管理、确保组织信息安全的、包括为制定、实施、评审和维护信息安全策略所需的组织机构、目标、职责、程序、过程和资源。此外，该标准还特别声明，并不是所有的控制都适合任何组织，组织可以根据自己的实际情况来选择。ISO/IEC27001：2005（《信息安全管理体系要求》）是 ISMS 认证所采用的标准。目前我国已经将其等同转化为国家标准 GB/T 22080—2008/ISO/IEC 27001：2005。ISO/IEC 27002：2005《信息技术 安全技术 信息安全管理实用规则》已等同转化为国家标准 GB/T 22081—2008/ISO/IEC 27002：2005。

目前，全国信息安全标准化技术委员会（TC 260）信息安全管理工作组（WG7）正在不断推进信息安全管理体系国家标准的编制和转化工作。

2007 年 5 月，国务院信息办开始着手在一些重要信息管理领域开展信息安全管理体系试点工作。截至 2015 年由中国合格评定国家认可委员会（CNAS）依据 GB/T 22080：2008/ISO 27001：2005 标准颁发的信息安全管理体系认证证书 16 份，依据 ISO/IEC 27001：2013 标准颁发的信息安全管理体系认证证书 2 822 份。

五、ISO 13485/EN 46001 医疗器械质量管理体系

欧洲的各个国家，为了降低彼此的贸易障碍，促进货物的流通所以成立了欧共体，为了保证各项流通产品的质量，针对某些与人身安全有关的产品，订立了一些欧洲共同遵守的标准。EN 46000 就是针对医疗器械所提出来的一项质量管理系统标准。EN 46000 是欧共体医疗器械行业质量管理体系标准，它是在 ISO 9000 基础上增加了医疗器械行业的特殊要求，对产品标识外，还须通过 EN 46000 体系审核。出口到欧洲的各项医疗器械及设备必须满足欧共体医疗类指令 93/42/EEC 的要求。实施 EN 46000 体系可视为满足指令 93/42/EEC、过程控制等方面提出了更严格的控制要求。在所有销往欧共体国家的医疗器械产品都已强制要求带有 CE 标识。要想获得权威机构的 CE 证书，还须通过产品的相应的测量要求条件。

ISO 13485：2003 标准的全称是《医疗器械 质量管理体系 用于法规的要求》（medical device-quality management system-requirements for regulatory）。该标准由 SCA/TC 210 医疗器械质量管理和通用要求标准化技术委员会制定，是以 ISO 9001：2000 为基础的独立标准。标准规定了对相关组织的质量管理体系要求，应用于医疗器械行业，在法规目的的要求下运行的独立标准。它不是 ISO 9001 标准在医疗器械行业中的实施指南。

ISO 13485：2003 是以 ISO 9001：2000 为基础的，它采用了 ISO 9001 各章、条的架构和其主要内容。ISO 13485 内容包含安全上的基本要求、风险评估分析，临床调查评估、上市后的监督、客户抱怨调查、警戒系统，以及其他技术标准。目前世界各国多依此规范审核产品输入，若能通过此标准之认证，表示您的产品已得到客户的信任。由于医疗器械作为救死扶伤、防病治病的特殊产品，直接关系到人的生命和健康，

中国和世界各国都为其制定了较其他产品更多的法律、法规，提出了更严格的控制要求，以便达到使医疗器械安全和有效的主要目的。ISO 13485 的认证范围是通用医疗器械、体外诊断医疗器械、主动性植入式医疗器械。目前美国、加拿大和欧洲普遍以 ISO 9001、EN 46001 或 ISO 13485 作为质量保证体系的要求，建立医疗器械质量保证体系均以这些标准为基础。医疗器械要进入北美，欧洲或亚洲不同国家的市场，应遵守相应的法规要求。

ISO 13485：2016 标准已于 2018 年 3 月 1 日正式生效。2018 年起不再运行 2003 版标准要求。新版标准的重要变化是导入了生命全周期的基调，贯穿了产品设计开发、生产、贮存、安装、服务和废弃处置等每一个环节，比 2003 版更严格和贴近法规更具体。适用范围更明确，删减条款更合理，术语和定义更实际，风险管理更趋强化，条款的变化更合规。根据要求，2003 版标准将在新标准发布后 3 年失效，2018 年以后不再运行 2003 版要求，建议相关组织在 2016 版 2 年内完成过渡。

目前我国是将 ISO 13485 纳入医疗器械 GMP 强制执行。

ISO 13485 是医疗器械领域重要的标准。质量体系的保证已成为医疗器械产品上市前控制和上市后监管的主要手段。我国政府也极为关注这一重大变化，如 CFDA 医疗器械标准管理中心于 2015 年 10 月 29 日在北京召开新版 ISO 13485 标准转化工作研讨会。建议医疗器械企业迎合国际标准的新变化，积极与第三方机构沟通新旧标准的转化，充分考虑标准与我国法规或其他国家法规的协调性，增强标准的可实施性，提升医疗器械企业的竞争力。

六、SA 8000 社会责任标准

SA 8000 即"社会责任标准"，是 Social Accountability 8000 的英文简称，由社会责任国际组织（SAI）制定执行的，是全球首个道德规范国际标准。自 1997 年问世以来，它创建了一个衡量社会责任的共同语言，它适用于世界各地，任何行业，不同规模的公司，与 ISO 9001 质量管理体系、ISO 14001 环境管理体系一样，是第一个在社会责任领域可以用于审核和第三方认证的国际标准。其宗旨是确保供应商所供应的产品皆符合社会责任作业要求，即组织运营必须考虑社会公平工作条件，卓越的健康和安全条款，以及环保的生产状况。利用 SA 8000 标准来展示组织的社会责任，改善员工，客户和公众对组织的信心。

依据 SAI 最新消息，自 2016 年 7 月 1 日起，将全面废除旧版 SA 8000：2008 认证。SA 8000：2014 将成为唯一可接纳的社会责任认证标准。

SA 8000：2014 标准关注的九大要素是童工、强迫劳工、健康和安全、结社自由和集体谈判自由、歧视、惩戒性措施、工作时间、薪酬福利、管理体系。SA 8000 审核可以确保企业符合国际行业准则或采购要求，帮助企业识别社会责任存在的问题，展示企业对社会责任的承诺，规避风险并提高国际竞争力，该审核可以促进企业学习先进

的管理方法，提高管理水平，降低违规成本，减少用工风险。

ISO 26000 是国际标准化组织 ISO 在 2010 年 11 月制定发布的社会责任指南标准，它侧重于各种组织生产实践活动中的社会责任问题，主要从社会责任范围、理解社会责任、社会责任原则、承认社会责任与利益相关者的参与、社会责任核心主题指南、社会责任融入组织指南等方面展开描述，将社会责任的主题内容归纳为组织治理、人权、劳工实践、环境、公平运营实践、消费者问题预计社会参与和发展七个方面。ISO 26000 统一了社会各界对社会责任的认识，为组织履行社会责任提供可参考的指南性标准和将社会责任融入组织实践的指导原则。但是，ISO 26000 不是一个可认证的标准。

七、ISO 55000、ISO 39001、ISO 20121 管理体系标准

（一）ISO 55001：资产管理体系

资产管理起源于 19 世纪工业革命，当时的工业发展规模较小，设备工程师同时也是商人、领导人和设备维修联系人，随着工业化的迅速发展，20 世纪企业的生产规模和输出效率发生了巨大的变化，资产管理专业化的需求也随之显现。1977 年英国标准协会 BSI 颁布《资产的经济管理指南标准》（BS 3843），并于 1992 年由英国管理学会资产管理集团更新换版。1994 年"资产管理学院"（IAM）成立，2004 年资产管理学院与英国标准协会 BSI 联合发布《固定资产管理体系标准》（PA 555），该标准发布后，在英国、美国、澳大利亚等西方国家得到广泛应用。2008 年英国标准协会对 PA 555 进行换版，使之更加完善，帮助企业实现良好的资产管理。

2014 年 1 月 15 日国际标准化组织（ISO）颁布了《资产管理体系》系列标准，该系列标准由三部分组成：ISO 55000《资产管理——综述、原理与术语》；ISO 55001《资产管理体系——要求》；ISO 55002《资产管理体系——ISO 55001 应用指南》。其中，ISO 55001：2014 是可用于第三方认证的资产管理体系标准。

ISO 55001 国际标准用于特定的实物资产（或称固定资产）的管理，通过资产管理体系的建立和实施，组织能够建立起资产全生命周期管理体系及完善的资产管理机制，从而可有效降低资产管理风险，持续改进绩效，更好地帮助组织实现业务目标。该管理体系标准特别适用于下列固定资产密集型行业组织的资产管理：电力、供水、天然气供应；交通运输、港口、机场、铁路服务业；石油和天然气、钢铁、采矿和矿业加工业、制造业、航空服务等。

该国际标准将 PDCA（策划、实施、检查、处置）循环与基于风险的方法相结合，采用了与 ISO 9001：2015 版标准和 ISO 14001：2015 版标准相同的结构，便于组织与现有的质量、环境及其他管理体系相整合。标准包含了 10 个一级条款和 24 个二级条款。具体一级条款是范围、规范性引用文件、术语和定义、组织和环境、领导力、策划、支持、运行、绩效评价、改进。该标准主要目的是帮助客户改善与组织关键相关的

财务绩效，建立和实施更加系统的风险管理，改进和系统管理资产的维修活动，进而改进提供服务的质量。通过资产管理体系认证，还能有效地帮助组织向社会展示良好的管理能力和管理水平。

（二）ISO 39001：道路交通安全管理体系

据 WHO 在 2003 年的统计，全球每年因道路交通事故导致 120 万人死亡、8 000 万人受伤，经济损失达 5 000 多亿美元，约占全球 GDP 的 1% ～ 3%。相关研究预计如果不立即采取有效行动，到 2030 年，道路交通事故每年将造成 240 万人死亡，成为全球第五死因。近年来，发达国家经过多年努力，已经将道路交通事故导致的伤亡控制在了非常低的水平，拥有全球车辆保有量 52% 的发达国家，每年道路交通事故死亡人数只占全球的 10%。这说明道路交通事故的伤害能够有效降低！近年来瑞典等国，通过实施"零死亡"愿景战略，道路交通"安全系统"方法等措施，已经成为道路交通安全管理的全球典范。

在这一背景下，2008 年 6 月，由瑞典发起，国际标准化组织（ISO）立项开展了"道路交通安全管理体系"国际标准的制定工作。ISO 39001《道路交通安全管理体系要求及使用指南》标准已于 2012 年 10 月正式发布。ISO 39001 标准采用了国际标准化组织发布的与 ISO 9001：2015 版标准和 ISO 14001：2015 标准相同的高阶结构，便于组织与现有的质量、环境及其他管理体系相整合。标准包含了 10 个一级要素和 24 个二级要素。一级要素包括范围、规范性引用文件、术语和定义、组织的环境、领导力、策划、支持、运行、绩效评价、改进。ISO 39001 标准强调应用过程方法和 PDCA（策划、实施、检查、措施）循环，实现组织管理体系的不断完善和绩效持续改进。同时，标准以"安全系统"方法为核心，强调道路交通安全系统的系统化解决和企业交通安全效益的发现，通过诸如"道路设计和安全速度；根据车辆的类型、使用者、货物和设备类型进行合理的道路使用；个人安全设备的使用；考虑到车型、交通和天气状况的安全行车速度；驾驶员的身体状况；安全出行规划；车辆的安全；对车辆和驾驶人员的许可及事故后的反应与急救，应急预案和事故后的恢复和康复"等道路交通安全绩效因素的规定和应急准备与响应，以及事故、事件调查的要求，体系"安全系统"方法的核心理念和管理措施。ISO 39001 标准的适用范围涵盖了任何与道路安全有关的组织。标准提供了小型出租公司、公路运输公司、跨国贸易公司、学校、超市、道路运营管理组织等多种类型组织应用该标准的要点。目前道路安全管理体系认证工作中全球已经得到广泛开展。

我国是最早参与 ISO 39001 制定工作的国家，是 ISO/TC 241 "道路交通安全管理体系技术委员会"首批有投票权的成员国。我国参与制定的 ISO/IEC 17021—7《道路交通安全管理体系认证审核能力要求》于 2014 年 10 月 15 日发布，中国合格评定国家认可委员会也已于 2015 年立项开展了道路交通安全管理体系认证机构认可制度的研究。积极推进 ISO 39001 体系认证，不仅有利于我国企业利用 WTO 规则，规避技术性贸易壁垒，更有利于企业提升道路交通安全管理能力和水平，与国际接轨，提高企业国际竞争力。

（三）ISO 20121：大型活动可持续性管理体系

大型活动往往因其具有高关注度和高影响度的特性而给经济、社会和环境带来积极或消极的影响。在以可持续发展为主题的时代，大型活动将愈来愈多地被要求融入可持续发展的理念。活动可持续管理是一项综合管理流程，它帮助修改各方认识到潜在的危机和相关影响，识别重要的可持续议题，策划制订并运行应对措施，开展绩效评估并不断改进，其总体目标是为了提高组织活动的可持续性，减少活动的社会和环境的不良影响。

2012年国际标准化组织发布了由ISO/PC 250活动可持续性管理项目委员会制定的新标准ISO 20121：2012《大型活动可持续性管理体系——要求及使用指南》。标准旨在支持举办各种类型活动的组织机构进行可持续性管理，适用于对公共赛事（如奥运会）、各类展览、演出及庆典等大型活动的管理。我国等同采用该国际标准，并将其转化为国家标准GB/T 31598—2015《大型活动可持续性管理体系 要求及使用指南》，该标准已于2015年6月2日正式发布，自2016年1月1日正式实施。

标准的主要内容包括前言、引言、标准正文，以及三个附录。在正文部分已经按照ISO导则要求采用了"高层结构"（同ISO 9001：2015）包括了范围、规范性引用文件、术语和定义、组织背景（环境）、领导力、策划、支持、运行、绩效评价和改进等十个部分。三个附录中附录A介绍有关策划和如何实施本标准的指南，附录B讲述了供应链管理的相关内容，附录C介绍了确定议题的重要性与开展评价时需要考虑的内容。活动可持续性管理体系的运行模式包括策划、实施、检查和纠正四个部分，秉承了管理体系所采用的PDCA循环模式。该标准适用于所有希望建立、实施、保持和改进大型活动的可持续性管理的组织，也可用于第三方认证。

该管理体系标准要求组织改进过程和思维，进而持续改进绩效，并赋予组织灵活性，在不偏离活动目标的前提下，以创新方式开展与活动相关的工作。组织可灵活应用这一标准，对于尚未正式引入可持续发展理念的组织来说可以以本标准为起点，建立一套活动可持续性管理体系，对于已有管理体系的组织来说，可将本标准的要求融入现有体系之中。随着时间的推移，所有组织均能从持续改进的过程中获益。2012年伦敦奥运会成为该国际标准颁布后全球第一个实施该标准的综合体育赛事活动。此项认证能够协助解决活动行业中举行活动的过程中所面对的三个不同层面的可持续发展挑战，即经济、社会和环境问题，让业界能够以全球认可的方式为可持续发展做出承诺。

在我国，ISO 20121管理体系标准也得到了广泛的执行和推广。例如，2014年3月由中国台湾贸易中心主办的国际绿色产品展，其执行单位南港展览馆也已导入ISO 20121可持续性管理体系标准，并通过第三方认证。中国澳门奥尼斯人于2014年4月通过 ISO 20121 活动可持续性管理体系认证等。我国申办和承办相关国际性活动或成为其供应商，也愈来愈多地面临这道标准的门槛。目前我国已成功申办 2022 年冬奥会，国际奥运会明确要求相关活动必须通过 ISO 20121 的认证。

八、GB/T 23331—2012/ISO 50001：2011《能源管理体系要求》标准

能源是国民经济和社会发展的重要物质基础，中国资源不足，能源短缺已成为制约国民经济持续发展的重要因素，由于现阶段还是粗放型经济，能源利用效率低，能耗高，造成能源严重浪费现象十分严重，能源的紧缺形势又给我国的资源不足和环境治理造成巨大压力。

节能工作是一个系统性、综合性很强的工作。由于缺乏相互联系、相互制约和相互促进的科学的能源管理理念、机制和方法，就会造成能源管理脱节，使能源使用无依据、分配无定额、考核无计量、管理无计划、损失无监督、节能无措施、浪费无人管等现象。一些思想前瞻的组织建立了能源管理队伍，在能源管理中逐渐认识到开发和应用节能技术和装备仅仅是节能工作的一个方面，单纯地依靠节能技术并不能最终解决能源供需矛盾等问题。应用系统的管理方法降低能源消耗、提高能源利用效率，推动行为节能，进行能源管理体系建设成为能源管理的关键。有计划地将节能措施和节能技术应用于实践，使得组织能够持续降低能源消耗、提高能源利用效率，这不仅促进了系统管理能源理念的诞生，也推动了许多国家能源管理体系标准的开发与应用。

联合国工业发展组织（UNIDO）也在积极推进能源管理体系国际标准的制定进程。2007 年初至今，先后在奥地利、泰国和中国召开了 3 次关于能源管理体系标准的国际研讨会，特别是 2008 年 4 月在北京由国家标准委（SAC）和 UNIDO 共同组织召开的能源管理体系标准国际研讨会上，ISO、UNIDO 以及相关国家标准化组织的代表和专家就能源管理体系国际标准的结构、核心理念、要素、与其他国际标准的差异等进行了卓有成效的交流和讨论，并就能源管理体系国际标准的框架内容达成基本共识。这几次重要会议的召开为我国能源管理体系标准的研制提供了改进和完善的机会。

为推动能源管理体系国际标准的制定，国际标准化组织（ISO）成立了 ISO/PC 242——能源管理体系项目委员会，由美国、中国、巴西和英国共同承担该委员会的相应职务，由美国和巴西承担秘书处的工作。该委员会已于 2008 年 9 月召开第一次工作会议，起草标准草案，并于 2012 年正式发布。

GB/T 23331—2012《能源管理体系 要求》国家标准已于 2012 年 12 月 31 日发布，于 2013 年 10 月 1 日正式实施。国家认监委在《关于开展能源管理体系认证试点工作有关要求的通知》（国认可 44 号）中规定，由于《能源管理体系 要求》的内容适用于各类组织，属于组织建立能源管理体系的通用要求。因此，能源管理体系认证试点的依据应是以国家标准为基础，根据我国不同行业能源使用和管理的实际情况，制定行业认证实施规则。

第四节 一体化管理体系的概念

国际标准化组织环境战略咨询组早在起草 ISO 14000 标准之时，就对国际标准化组织建议"考虑到质量与环境管理体系均是组织管理体系的一部分，最终还会融合在一起，可能会更有效率。因此制定环境管理体系标准时，应与 ISO 9000 标准保持协调和相似"。因此，ISO 在制定 ISO 14000 等标准时就一直重视标准的结合问题。从本章前几节所介绍的可看出，自 ISO 9000 系列标准、ISO 14000 系列标准 2015 年版换版后，再制定的各类管理体系标准，都遵循 ISO 的高层结构，使得标准的内容构成描述及相关术语均与质量、环境管理体系相应一致。这将会更有利于组织对于管理体系的策划、资源配置、确定总目标和互补关系，有利于评价组织整体的有效性，也可降低认证成本和事实费用，大大提高体系的有效性和效率。

一、一体化管理体系的概念

"一体化管理体系"（integrated management system）（又被称为"综合管理体系"、"整合型管理体系"等）就是指两个或多个管理体系并存，将公共要素整合在一起，两个或多个体系统一的管理构架下运行的模式。通常是指组织将 ISO 9000、ISO 14000、OHSAS 18000 等标准整合的模式。

在 GB/T 19000—2000《质量管理体系 基础和术语》标准的 2.1.1 中对"一体化"做出如下描述，"一个组织的管理体系的各个部分，连同质量管理体系可以合成一个整体，从而形成使用共有要素的单一的管理体系"。该标准的 3.9.1 的注中规定"当质量管理体系和环境管理体系一起审核时，这种情况成为'一体化审核'"。在 GB/T 19004—2000《质量管理体系 业绩改进指南》标准的 0.4 这样阐述："本标准使组织能够将自身的质量管理体系与相关的管理体系结合或整合。"

通过上述对"一体化管理体系""结合""整合"概念的阐述，我们可以认为"一体化管理体系"必须满足以下三个条件：

（1）必须是两种或两种以上不同的管理体系；

（2）一体化管理体系不是多种管理体系的简单相加，而是按照系统化原则形成相互统一、相互协调、相互补充、相互兼容的有机整体，才能发挥一体化的整体有效性和效率。

（3）使用共有要素，不要把那些共有要素人为地分开。

虽然在 2015 版的 GB/T 19000—2016《质量管理体系 基础和术语》标准中已没有"一体化管理体系"的定义，但在 3.13 有关审核术语的 3.13.2 给出了"多体系审核"的定义："在一个受审核方，对两个或两个以上管理体系一起实施的审核。" 3.13.3 给出了"联合审核"的定义："在一个受审核方，由两个或两个以上审核组织同时实施的审核。"

在 GB/T 19011—2013《管理体系审核指南》标准的术语和定义 3.1 给出了"审核"的定义:"为获得审核证据并对其进行客观的评价,以确定满足审核准则的程度所进行的系统的独立的并形成文件的过程。"特别在注 3 及注 4 给出了"结合审核"和"联合审核"的说明。

注 3:当两个或两个以上不同领域的管理体系(如指、环境、职业健康安全)被一起审核时,称为结合审核。

注 4:当两个或两个以上审核组织合作,共同审核同一个受审核方时,成为联合审核。

二、一体化管理体系要素之间的关系

联合国环境计划署于 1996 年发表了《环境管理》一书,其中专门有一章论述质量管理体系、环境管理体系和职业健康安全管理体系的一体化,分析了三个体系的相同之处,相似之处和相异之处,提出了一体化的理论模型,同时指出了促进和妨碍一体化的因素。理论模型由 6 个要素构成,分别是方针和策划、信息提供、改进、保证、评价和人员与组织。一体化管理体系要素之间的关系见图 15-4。理论模型各要素包含的内容如表 15-4 所示。

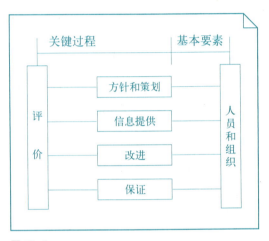

图 15-4
一体化管理要素之间的关系

表 15-4 一体化管理体系理论模型要素详解

要素	详细内容	要素	详细内容
方针和策划	寻找相关方的领域 与已有体系的接口 整理相关团体的需求 制定方针和目标 确定活动方案并制定计划 确定资源	提供信息	确定所需信息 测量与具体参数 收集信息 文件控制 信息交流
改进	识别改进的过程和活动 确定改进方案 制定并至此能够改进计划	保证	识别需求和保证活动 制定并实施保证措施
评价	比较信息与需求 确认并评审反馈结果 制定并实施纠正措施	人员和组织	激励并支持职工保持竞争力 安排工作任务 明确职责和权限 保持资源的获得

从图 15-4 可以看出，人员与组织要素的内容应是对任何管理体系的最基本要求，而方针和策划、信息提供、改进和保证等要素构成了一体化管理体系的关键过程，评价是为了比较、分析、纠正和改进。

国际上在讨论一体化管理模型时，曾用图 15-5 形象地表示诸多体系的结合程度。从图 15-5 可看出，任何管理体系均寓于企业管理体系之中，它们之间的区别在上层。尽管我们可以把质量方针、环境方针和职业健康安全方针合成一个企业的管理方针，但是这三方面的内容均应包括在内，互相不可替代的，所有的管理体系均是基于企业的操作层，任何管理体系的运作和控制没有操作层就不能实现，它们在操作层融合在一起。

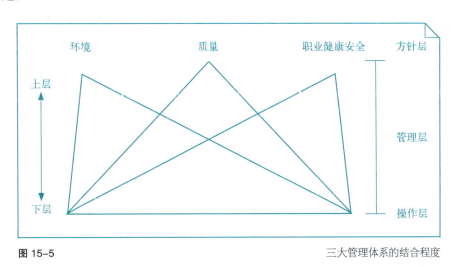

图 15-5　　　　　　　　　　　　　　　　　　　　　　　　　三大管理体系的结合程度

三、三大管理体系一体化的可能性

三大管理体系标准有很强的关联性，从体系的运行模式、标准文件结构构架上基本相同，特别是 2015 版标准更是都说明采用了 ISO/IEC 导则 第 1 部分 ISO 补充规定的附件 SL 中给出的高阶结构；都采用基于风险的思维；更强化了领导作用；对文件化信息的要求更加灵活等。

（一）运行模式一致

质量管理、环境管理、职业健康安全三个管理体系都是基于 PDCA（策划－实施－检查－处置）螺旋式上升的运行模式，通过内部审核和管理评审使组织的体系在实施运行中不断自我完善。

（二）遵循共同的管理原则

七项质量管理原则是 ISO 9001：2015 标准的理论基础，也是 ISO 14001：2015 标准和 GB/T 28001 标准（ISO 45001 DIS 2：2017《职业健康安全管理体系 要求》即将发布）所遵循的共同管理体系原则。

（1）以顾客为关注焦点；（2）领导作用；（3）全员参与；（4）过程方法；（5）改

进；(6)循证决策审核；(7)关系管理。

(三)标准文件结构构架上基本相同

三大体系管理体系标准的条款结构上高度一致，见对照表15-5所示。

表15-5　三大体系管理标准条款对照表

ISO 9001：2015	ISO 14001：2015	ISO 45001 DIS 2：2017
4.组织环境	4.组织所处的环境	4.组织所处环境
4.1 理解组织及其环境	4.1 理解组织及其所处的环境	4.1 理解组织及其情境
4.2 理解相关方的需求和期望	4.2 理解相关方的需求和期望	4.2 理解工作人员与相关方的需求及期望
4.3 确定质量管理体系的范围	4.3 确定环境管理体系的范围	4.3 确定健康安全管理体系的范围
4.4 质量管理体系及其过程	4.4 环境管理体系	4.4 职业健康安全管理体系
5.领导作用	5.领导作用	5.领导力与员工参与
5.1 领导作用与承诺	5.1 领导作用与承诺	5.1 领导力与承诺
5.2 方针	5.2 环境方针	5.2 健康安全方针
5.3 组织的岗位、职责和权限	5.3 组织的角色、职责和权限	5.3 组织的角色责任及授权
		5.4 参与与协商
6. 策划	6. 策划	6. 策划
6.1 应对风险和机遇的措施	6.1 应对风险和机遇的措施	6.1 应对风险和机会的行动措施
	6.1.1 总则	6.1.1 总则
6.1.2 组织策划	6.1.2 环境因素	6.1.2 危害辨识和风险与机会评估
	6.1.3 合规义务	6.1.3 决定法规要求
	6.1.4 措施的策划	6.1.4 策划行动措施
6.2 质量目标及其实现的策划	6.2 环境目标及其实现的策划	6.2 OSH 目标及计划实现
6.2.1 建立目标	6.2.1 环境目标	
6.2.2 策划如何实现质量目标	6.2.2 实现环境目标的措施的策划	
6.2.3 变更的策划		
7. 支持	7. 支持	7. 支持
7.1 资源	7.1 资源	7.1 资源
7.1.1 总则		
7.1.2 人员		
7.1.3 基础设施		

续表

ISO 9001：2015	ISO 14001：2015	ISO 45001 DIS 2：2017
7.1.4 过程运行环境		
7.1.5 监视和测量资源		
7.1.6 组织的知识		
7.2 能力	7.2 能力	7.2 能力
7.3 意识	7.3 意识	7.3 意识
7.4 沟通	7.4 信息交流	7.4 沟通
7.5 成文信息	7.5 文件化信息	7.5 文件化信息
7.5.1 总则	7.5.1 总则	7.5.1 总则
7.5.2 创建和更新	7.5.2 创建更新	7.5.2 创新和更新
7.5.3 成文信息的控制	7.5.3 成文信息的控制	7.5.3 文件化信息的控制
8 运行	8 运行	8 运行
8.1 运行的策划和控制	8.1 运行策划和控制	8.1 运行策划和控制
		8.1.1 总则
		8.1.2 消除危害与减低风险
		8.1.3 变更管理
		8.1.4 外包
		8.1.5 采购
		8.1.6 承揽商
8.2 产品和服务的要求	8.2 应急准备和响应	8.2 应急准备与响应
8.3 产品和服务的设计和开发		
8.4 外部提供的过程、产品和服务的控制		
8.5 生产和服务提供		
8.6 产品和服务的放行		
8.7 不合格输出的控制		
9. 绩效评价	9. 绩效评价	9. 绩效评价
9.1 监视、测量、分析和评价	9.1 监视、测量、分析和评价	9.1 监视、测量、分析与绩效评价
9.1.1 总则	9.1.1 总则	9.1.1 总则
9.1.2 顾客满意	9.1.2 合规性评价	9.1.2 合规性评价

续 表

ISO 9001:2015	ISO 14001:2015	ISO 45001 DIS 2:2017
9.1.3 分析与评价		
9.2 内部审核	9.2 内部审核	9.2 内部审核
9.3 管理评审	9.3 管理评审	9.3 管理评审
10 改进	10 改进	10 改进
10.1 总则	10.1 总则	10.1 总则
10.2 不合格和纠正措施	10.2 不符合和纠正措施	10.2 事件、不符合项与纠正措施
10.3 持续改进	10.3 持续改进	10.3 持续改进

（四）三个管理体系标准使用统一的术语及实施体系审核指南

术语定义是理解标准的基础，它可以统一标准使用者对标准内容的理解。在 ISO 9000:2015《质量管理体系　基础和术语》中以"有关人员""有关组织""有关活动""有关过程""有关体系""有关要求""有关结果""有关数据、信息和文件""有关顾客""有关特性""有关确定""有关措施""有关审核"等 13 类共收录了 138 条术语和定义，也为一致理解和应用质量管理体系的其他标准奠定了基础。在本章的第一节介绍了 ISO 14001《环境管理体系　要求及使用指南》标准中有关环境管理常用（或专用）的十五个术语；在本章第二节介绍了 GB/T 28001—2011（OHSAS:2007，LDT）《职业健康安全管理体系　要求》标准中有关职业健康安全常用（或专用）的十四个术语。

GB/T 19011—2013（ISO 19011:2011，IDT）管理体系审核指南标准的引言指出自从 2003 年发布 GB/T 19011 第一版以来，我国又发布了若干新的管理体系，因而需要考虑更宽范围的管理体系审核以及提供更通用的指南。该标准采用的方法适用于两个或更多的不同领域的管理体系共同审核（称之为"结合审核"）的场合，当这些管理体系整合为一个管理体系时，审核原则和过程与结合审核相同。组织应根据自身管理体系的规模、成熟度水平、受审核组织的性质和复杂程度及所实施的目标和范围不同，来使用该标准。

管理体系审核指南标准的范围是提供了管理体系审核的指南，包括审核原则、审核方案的管理和管理体系审核的实施，也对参与管理体系审核过程的人员的能力提供了评价指南，这些人员包括审核方案管理人员、审核员和审核组长。该标准适用于需要实施管理体系内部审核、外部审核或需要管理审核方案的所有组织。

从以上分析可以看到三大管理体系一体化管理的实施是有可能的，企业建立一体化的管理体系和机构实施一体化的认证审核也是可行的。

四、一体化管理的推行趋势

随着 OMS、EMS、OHSMS 在企业的广泛建立和实施，在我国，三个标准的推广和实施为企业带来了良好的发展机遇和参与国际市场竞争的条件，建立满足质量、环境和职业安全健康管理体系要求的整合型管理体系，并寻求一体化认证，已成为众多企业共同的需求。

（一）国际上一体化管理的动态

实施质量、环境、职业健康安全一体化管理体系在国际上备受关注。国际标准化也积极推动这一工作的开展。由法国、荷兰、美国、英国、德国、加拿大和比利时等7个国家组成一个专题研究小组，课题名称为《管理体系标准的一体化实施》该课题组编写一本《管理体系标准的一体化实施手册》，为组织提供实施方案，以整合共管体系，并在其中纳入各种管理体系标准的要求。而且，发达国家的企业界和认证机构对一体化管理的反响也很强烈。例如，美国朗讯公司、英国核燃料有限公司运输部、日本夏普公司的复印机制造厂、Akron Nobel 化工集团、巴西 Bahia Sal Cellulose S.A.（BSC）公司等都已经建立了质量、环境、职业健康安全的一体化管理体系。国外著名的认证机构如英国标准协会（BSI）、挪威船级社（NQA）于1999年便推出了一体化管理体系的审核。据有关信息和资料报道，澳大利亚、新西兰、新加坡、韩国、我国的香港特区、台湾地区都在三体系的建立及整合或一体化管理体系方面，正在尝试或取得了成功的经验。

（二）国内一体化管理体系的实施情况

我国加入 WTO 以后，面临严酷的国际竞争，只有靠实力才能取得国际市场的准入证。国际市场的需要是多方面的，需要多种认证，企业也将建立实施多种管理体系，各种管理体系之间的接口、各管理体系要素之间的协调等问题必然提到议事日程。一个企业的管理功能和效率发挥的好坏，不能只靠一个或几个体系的有效性，而是企业管理体系的整体发挥，因此近年来对建立质量、环境和职业健康安全一体化管理体系，也引起我国标准的研究人员、认证机构、咨询机构和企业界的注视，目前我国虽还没正式出台整合管理体系或一体化管理体系的相关标准，但已经有一些认证机构或企业对一体化管理体系的建立及实施进行探讨，并陆续有相关企业实施一体化管理体系的相关报道。在总体上说，实施一体化管理是一个系统工程，从前面的介绍中看出，理论上是可行的，实际上在实践中将会遇到许多具体问题，涉及组织的自身需求与能力、审核机构及审核人员的能力能否适应等。整合后的管理体系既要遵循各个管理体系标准的要求，又要保持各自管理对象的需求及其管理体系标准要求及其管理过程的完整性。如果在实现一体化管理的过程中，某一种体系的运行模式或逻辑关系受到破坏或肢体，将会大大降低整合后体系管理的有效性。因此，我国目前具体的一体化管理体系的实施还处于探索阶段。

本章小结

本章首先介绍了 GB/T 14001 和 GB/T 28001 标准的产生与发展、标准的总体结构，强调了建立环境管理体系、职业健康安全管理体系的意义和作用。对目前已逐步在我国开展认证的除三大管理体系除外的几个管理体系，如 ISO 22000：2005《食品安全管理体系 食品链中任何组织要求》、QS-9000、VDA-6.1、ISO 16949：2016 等汽车行业的质量管理体系、ISO/IEC 27001：2013 信息安全管理体系、ISO 13485：2016 医疗器械质量管理体系、SA 8000 社会责任标准等也做了简单介绍。

还结合目前管理体系的发展趋势介绍了近几年新的几个管理体系：ISO 55001：2014《资产管理体系—要求》、ISO 39001：2012《道路交通安全管理体系 要求及使用指南》、ISO 20121：2012《大型活动可持续发展性管理体系—要求及使用指南》，以及 GB/T 23331—2012《能源管理体系 要求》。

在此基础上介绍了一体化管理体系的基本概念及一体化管理体系要素之间的关系，通过对 ISO 9001：2015、ISO 14001：2015、ISO、ISO 45001 DIS 2：2017 三个标准结构条款进行具体对比分析，指出三大管理体系标准有很强的关联性。目前国内外对一体化管理体系的认证的关注和研究热情很高，但具体一体化管理体系的认证实施还处于探索阶段。

练习与思考

1. 20 世纪 80 年代后期兴起了哪些后工业时代的三大管理方法？
2. 简述环境管理体系与职业健康安全管理体系的基本要素和运行模式。
3. 请对我国实施食品安全管理体系的意义及前景，发表己见。
4. 你还了解哪些与质量管理体系有关的其他管理体系？请结合自己熟悉的行业讲述该管理体系实施情况。
5. 一体化管理体系的基本概念是什么？分析三大管理体系整合的可能性。

图书在版编目(CIP)数据

质量管理学/龚益鸣,蔡乐仪编著. —4版. —上海:复旦大学出版社,2020.12(2023.7重印)
(博学.大学管理类教材丛书)
ISBN 978-7-309-15046-9

Ⅰ.①质… Ⅱ.①龚…②蔡… Ⅲ.①质量管理学-高等学校-教材 Ⅳ.①F273.2

中国版本图书馆 CIP 数据核字(2020)第 081086 号

质量管理学(第四版)
龚益鸣　蔡乐仪　编著
责任编辑/谢同君

复旦大学出版社有限公司出版发行
上海市国权路 579 号　邮编:200433
网址:fupnet@fudanpress.com　http://www.fudanpress.com
门市零售:86-21-65102580　团体订购:86-21-65104505
出版部电话:86-21-65642845
上海华业装潢印刷厂有限公司

开本 787×1092　1/16　印张 24.5　字数 508 千
2023 年 7 月第 4 版第 2 次印刷

ISBN 978-7-309-15046-9/F·2696
定价:62.00 元

如有印装质量问题,请向复旦大学出版社有限公司出版部调换。
版权所有　侵权必究